KB271803

경제 위기 때의 법학

뉴딜 법학의 회귀 가능성

경제 위기 때의 법학

뉴딜 법학의 회귀 가능성

경제 위기 때의 법학

김철 지음

한국학술정보㈜

　1장 '경제위기 때의 법학: 뉴딜 법학의 회귀 가능성'의 의도와 취지는 다음과 같다.

　2008년 가을, 현재 진행되고 있는 세계적인 금융자본주의의 위기의 현황을 이해사회학의 방식, 또는 이해법학적으로 파악하기 위해서(Max Weber, 1922: 18 – 19) 비교역사학적 방법을 썼다. 또한 2008년의 세계적인 사회경제 상황을 1929년부터 1930년에 이르는 세계 대공황기의 사회경제 상황과 대비시켜 같은 점과 다른 점을 찾으려 하였다.

　또한 1978년부터 시작하여, 2008년 9월 세계경제위기에 이르기까지 약 30년간 계속된 신자유주의 내지, 1980년 초에 시작되어 2008년 가을까지 영향을 끼친 레이건 경제학(Reaganomics)에 동반된 법 이론과 상응하는 법 이론이 과거에도 존재하였던가 하고 묻는다. 만약 있었다면, 이런 법 이론과 실행이 1929년 10월의 세계 대공황의 발발과 관계있을 것이라고 가정한다. 이런 가정 아래, 역사적으로 소급해서, 1929년 10월 24일 세계 대공황 이전의 시대를 추적하였다. 1929년 세계 대공황 이전의 시대는 한국에서 일반 추상적으로밖에 알려지지 않았다. 1919년 세계 1차 대전 전후 처리 이후, 1929년의 대공황에 이르는 약 10년간의 기간이다. 일차적으로 이 10년간에 초점을 두었다. 그러나 모든 역사적 흐름의 파악이 그러하듯이 대공황의 진원지인 아메리카의 법 제도사에서 1929년 10월 24일의 대공황을 야기한 이전 10년에 중점을 두면서도 더 소급하지 않을 수밖에 없었다. 19세기 말의 이른바 도금 시대(Gilded Age 1870 – 1890)에서 보수주의 시대(Conservative Era 1885 – 1895), 시장의 하향과 규제 국가의 상향 시대(1891 – 1900), 드디어 20세기에 시작된 테오도르 루스벨트의 현대 아메리카의 탄생 시대(1900 – 1912)와 우드로우 윌슨과 1차 대전 기간인 소위 '진취적 시대(Progressive Era 1910 – 1917)'에 이르는 전 과정의 법의 추세를 시대별로 추적하였다.

정부의 경제개입에 반대하고 최소국가를 지향하는 경제적 보수주의(economic conservatism)와 부채의 짐을 가능한 한 완화시키는, 정부의 개입을 정당시하는 경제적 자유주의(economic liberalism)의 상반되는 태도는 아메리카 법 제도사의 모든 시대를 통해서 관류하는 문제였다(1장 19.). 약 200년 이상의 역사를 통해 경제적 보수주의와 경제적 자유주의라는 양 둑을 따라서, 법 제도와 경제의 긴 강물이 흘러왔다. 강물에 실리는 문제는 국민의 과다한 부채, 나라의 부의 집중, 부유층의 행태와 빈곤층의 행동이었다(1장 19.).

채무자의 지불 불능에 대한 법 제도의 태도는, 고대 로마법 이래 기존의 전통 대륙 민법에서 논의되는 범위가 한국 법학의 일반적 태도였다. 그러나 한국에서도 상당한 정도, 채무 면책에 대해서는 아메리카 파산법의 새로운 태도를 수용하였다고 본다. 미국 파산법의 가장 급격한 경제적 자유주의는 대공황 때의 파산 입법(1938)에 나타났다(1장 20.). 미국 파산법의 채무자의 지불 불능에 대한 태도와 그 역사적 형성도 살펴보았다.

1930년대의 세계 대공황기는 세계법학사에서 볼 때는 법 현실주의와 제도주의가 나타난 시대이다(김철, 2008ㄱ). 1장의 숨은 취지는 세계경제사의 위기에 대해서 기존의 경제학과 법학이 어떠한 식으로 반응했는가를 살펴보는 것이다. 저자는 한국 법학도가 익숙한 전통 유럽 원산지인 신칸트학파의 방법 이원론이 1929년 기점의 세계 대공황 전기에 아메리카에서 극적인 변용을 하게 된 긴 과정을 이 책 끝 무렵의 제8장의 법철학사에서 긴 도입부와 함께 다시 철저히 설명한다(8장).

2장 '경제위기와 아노미의 법학'의 의도와 취지는 다음과 같다. 대공황의 시발점인 1929년 10월 24일 이전 10년간의 사회경제적 특징에 대해서 법 제도사의 연구가 1장의 초점이라면 경제사회학적 내지 법사회학적 연구가 2장의 초점이다.

일단 1929년 10월 24일 세계 대공황 발발 이전 10년에 주목한 것은 1장과 같다. 그러나 이 장의 분석 및 종합은 법사회학적 개념을 중심으로 경제위기를 야기한 요인을 부각시킨다.

현대 이전의 경제위기 즉 1873 - 1874년 비엔나에서 시작한 서유럽의 경제위기와 1882년 파리 증권 거래소에서 발생한 파산 사건을 유럽 사회학의 아버지 뒤르켐은 아노미(anomie)라는 거시사회학적 개념과 관계시켰다. 저자는 19세기의 고전적 사회학을 연구하다가 뒤르켐이 명료하게 표현하지 못했던 두 종류의 아노미의 관계에 대해서 가설을 세우게 되었다. 즉 이미 19세기 서유럽 대륙의 역사에서 나타난 대로, 그리고 뒤이어 신대륙의 역사에서도 다른 법사회학자에 의해서 암시된 대로, 사회적 문화적 아노미는 분명히 경제적 아노미의 원인이 될 정도로 연결되어 있었다.

따라서 2장은 사회적, 문화적 아노미(무규범 상태)가 어떻게 경제적 아노미(무규범 상태)와 연결되어 있는가를 증명하기 위한, 사회와 역사에 대한 비교적 관점 연구이다. 우선 16세기에 쓰였던 아노미란 용어를 뒤르켐이 자신의 시대(1858 – 1894)의 사회현상에 적용시켰다. 이 '에밀 뒤르켐의 시대'를 거시 역사적으로 파악한다 (1848 – 1894). 눈에 띄는 단락은 1870년대의 서유럽의 주요한 나라에 영향을 준 경제위기와 1882년 파리 증권거래소에서 발생한 파산 사건이다. 뒤르켐 이후 약 40년 뒤, 신대륙의 법사회학자 머튼이 다시 아노미를 사회현상 분석의 주된 용어로 등장시켰다. 신대륙에서 아노미가 발생하고 진행되다가 폭발한 가장 큰 단락을 1929년 10월 24일 월가에서 시작된 세계 대공황으로 파악한다. 그이전 1919년부터 약 10년간의 번영기에 아노미가 진행된 것으로 추정된다. 1929년 대공황 이후의 약 10년 동안의 뉴딜 시대를 아노미와의 전쟁 또는 아노미에서의 치유 기간으로 추정한다. 신대륙에서의 아노미의 파급은 제도로 보장된 규범과 실제 주어지는 기회와의 분리에서 오는 것으로 관찰되었다(세계 대공황에서 폭발한 아노미를 치유하기 위한 뉴딜 시대의 정신은 뉴딜 입법(1933 – 1937)과 훨씬 나중의 적극주의 법원(1954, 1955, 1957)의 헌법 혁명으로 나타나는 것과 맥락을 같이한다.) 저자는 1929년의 세계 대공황의 발생과 진행에서 얻은 통찰—즉 문화적 사회적 아노미가 경제적 아노미와 연결돼 있다는 것—을 2008년 9월 현재 지구촌의 초점이 된 월가에서 출발한 금융위기에 적용할 수 있는가를 조심스럽게 묻는다. 즉, 1998년부터 약 10년간 미국 경제는 호황이었고 그 호황은 아노미를 동반하는 것이 아니었는가. 그렇다면 2008년 9월 이후 약 10년간 세계경제의 중심인 미국은 1933년부터 시작한 뉴딜 시대와 얼마나 많은 공통점을 갖게 될 것인가. 또한 한국인으로서 이미 겪은 1998년의 외환위기를 뒤르켐―머튼의 분석 용어로 반추할 때 1998년 이전의 약 10년, 즉 1989년부터 시작된 한국의 자유화가 아노미를 동반하지 않았는가라고 묻는다.

그러나 2009년 2월 현재 가장 큰 문제는 2008년 9월부터 시작된 세계경제위기가 그 이전 약 10년간의 선진 산업국가군의 호황에 동반된 아노미와 관계된다면, 2009년 1월 극적인 반전이 성공한 이 ‘아노미와의 전쟁’이, 혹시 1933년 3월 가까스로 반전을 시도한 ‘아노미와의 전쟁’을 참조할 수 있겠느냐, 얼마나 참조할 수 있겠느냐의 실천적 의문이다.

3장 ‘경제사와 법은 서로 어떤 영향을 미치는가’의 의도와 취지는 다음과 같다.

지금까지의 한국의 법 이론의 역사는 서양에서 발달한 법 이론을 명확한 시대배경을 인식하지 않고 추상적으로 번역해 왔다는 전제에서 출발한다. 서양 근대 이후의 사회경제사라는 큰 흐름을 무시하고 파악해 왔다는 것이다. 법학의 이론적 경향은 대단히 필요한 것이나 사회 사정, 법률관계의 실제를 떠나서는 곤란한 것이다. 이 점에 있어서 법학은 정신과학(精神科學)과 구별된다. 정신과학의 전통은 아직도 구대륙에 기원을 두고 있는 어떤 사회과학,

어떤 국법학(國法學)에 영향을 미치고 있다. 요약한다면, 그 밑에 흐르는 것은 관념론(觀念論) 철학의 영향이다. 사회과학과 법학을 그 방법에 있어서 인간의 순수한 사유형식(思惟形式)('Reine Denkensform der Menschen')에만 의하려 할 때 현대의 산업사회에 있어서의 사회과학과 법학은 한쪽 방향으로만 달리는 무리를 범하게 된다. 따라서 현대 법학의 정신은 고전 및 근대정신을 거친 현대 산업사회의 사회관계, 법률관계, 인간관계를 포괄할 수 있어야 한다.

이 장은 근대 이후의 서양 공법사가 사회경제사와 상호 긴밀하게 작용해 왔다는 구체적인 역사적 사례 연구이다. 서양 근대 국가의 고전적 모델이 산업혁명 이후 생산력−경제적 여건과 서로 영향을 주고받으며 변용하여 오다가, 고용인 수천 명 이상의 기업이 경제활동의 중심부로 나타나면서 1760년 이후의 근대 시민사회를 기반으로 한 정부와 시민의 이분법이 달라졌다는 내용이다.

법 제도사와 경제사와의 관계를 분석하기 위해서, 기초적인 작업은 경제사학자인 노스(North)의 제도이론에 영향을 받았다. 경제학적 지식이 미흡한 법학자인 필자는 간명한 설명을 위해서 경제학자인 프리만(Freeman)이 작성한 콘트라티에프(Kontratieff)의 장기변동곡선에 의한 거시적 연표(1987)를 수정 없이 그대로 답습 인용하였다. 따라서 경제사 연표의 부분은 오로지 프리만(Freeman)의 요약을 기본으로 하고 법학적 전개를 하였다. 프리만(Freeman) 자체에 대해서도 비판은 있을 수 있다.

지금까지의 한국 법학이론의 역사에 있어서의 또 다른 문제는 법학이론이 주로 과거의 사회, 경제상을 향하고 있다는 것이다. 좋든 싫든 법의 과제는 오늘의 과제와 내일의 희망을 향해 있어야 하고, 따라서 사회·경제 상황이 변화하고 있을 때는, 지난날에 익숙해진 질서로 안정감을 확보하는 것도 임무 중의 하나이겠으나, 내일의 번영과 질서를 위해서 대응할 수 있지 않으면 안 된다. 이 글은 한국이 급격하게 세계경제의 흐름에 노출된 1990년대 초기를 기준점으로 하고 그 이전의 한국 법학이론이 주로 취급하던, 과거 의 근대철학에 바탕을 둔 법학 모델을 극복하는 데 목적을 두고 있다. 한국의 법학이 지금까지 의심 없이 의지하였던 이른바 고전 모델(古典 Model)의 형식법 원칙은 본 연구에 의하면, 형성과 성장 그리고 변용의 전 기간 동안 변화하도록 도전받았다.

4장 '1989년대 이후 세계체제가 자유화되면서 한국에서 역시 이 뤄졌던 자유화 과정은 어떠했는가'는 1989년 동유럽 러시아 혁명 을 계기로 전개된 세계체계에 나타난 자유화의 경과를 컨텍스트로 하면서 거의 동시에 시작된 한국의 자유화를 관찰·분석·비판한 것이다.

글의 숨은 의도는 1989년 이후 또는 1993년부터 시작된 한국의 자유화, 또는 한국 현대 자유주의가 어떻게 1997 – 1998의 IMF 외 환위기로 달려갔는가의 경위이다.

가장 넓은 역사적 컨텍스트는 자유주의 자체의 역사로서, 1648 년 명예혁명으로부터 시작되는 근대의 자유주의와 1차 대전 전후 에서 나타난 자유주의의 현대적 변용 그리고 2차 대전의 종전과 함께 다시 부활한 개인주의적 자유주의의 헌법 전통을 배경으로 한다. 세기말의 자유주의에 대한 법철학적 성찰과 함께 개체의 자 유로운 선택이라는 종전의 공리(axiom, 公理)에 대해서 이의를 제 기한 사회심리학자들의 성과도 제시한다. 글의 법학적 의도는 자유 라는 이름으로 행해지는 자유지상주의(libertarianism)의 배경과 구조, 그리고 동유럽 러시아혁명(1989) 이후 구 공산주의지역을 뒤덮은 자유지상주의가 결국 자유화 이후 어떻게 1997 – 1998의 IMF 외환 위기로 한국을 이끌었는가를 역사적으로 반성하려는 데 있다.

5장 세계의 법학은 개념법학에서 출발해서 시대상의 급변에 따라 "살아 있는 법"을 추구하게 되었다. 당시의 법학은 심리학적 법학, 사회학적 법학을 거쳐 드디어 세계 대공황이 일어났던 1929년의 "개념으로부터의 역할과 기능으로" 중점을 옮기게 되었다. 세계 대공황 전기의 법사상을 대표하는 윌리엄 오 더글러스는 그때까지의 법학방법의 부적절성을 지적하였다.

"중요한 것은 문제가 되는 가장 기본적인 요인들이다. 연구나 분석은 여기에 맞추어야 한다. 현재 작용하고 있는 경제적, 사회적 힘 자체가 조사되어야 한다. 기업의 형태라든지 조직에 따른 개념의 차이라는 것은 기업의 실제 활동에 비하면 도구적인 것이고 기업이 실제로 어떤 기능을 하는가가 더 중요한 것이다. 따라서 종전에 중요시되어 왔던 형식, 형태로부터 경험적 사실로, 또는 중세에 있어서와 같은 움직이지 않고 안정적인 사회에서 타당했던 신학으로부터 사회 안에서의 인간행동 또는 경제 활동을 서술할 수 있는 공리나 명제로 옮아가야 한다."

이와 같이 세계의 법학은 1929년 위기의 시대에 드디어 새로운 법학의 방법론 즉, 경제학적 법학을 발견하게 되었다.

1980년대 이후 세계 법학의 가장 큰 도전은 경제학적 방법론의 끊임없는, 그리고 침투적인 영향의 확대이다. 1983년 포즈너의 『정의의 경제학』이 출판되었을 때 동아시아와 유럽에서는 이것이 앞으로 수십 년에 걸쳐서 점점 커져가는 어떤 새로운 힘이라고는 예측하지 못했다. 1995년 『법의 극복』이 출간될 때까지 "경제와 법" 또는 "법의 경제 분석"이라는 새로운 조류는 아메리카 동부 연안과 서부 연안을 석권하였다. 2000년에 이를 때까지 전통적 규범주의자들의 비판에도 불구하고 포즈너의 방식은 종전의 법학의 영역에 경제학을 겹쳐 씌워 공통의 영역을 만드는 데 성공했다. 한국에 있어서 포즈너의 소개가 힘든 것은 동아시아인의 특정분야에 국한된 단일전공의 전통 때문이다. 즉, 포즈너는 판사를 본업으로 하면서 여러 분야에 걸쳐 실험적이고 과학적인 태도로 일관했기 때문에 동아시아 또는 유럽전통법학의 단조로움과는 거리가 있다. 한국에 있어서 "법과 경제"라는 영역은 경제학자에 의해서 "법경제학"이라는 이름으로 소개되기 시작했다. 그러나 법학에서는 이른바 대륙법 전통 때문에 인습적인 법학으로는 소화하기 힘들었다.

이 장에서 말하려는 바는 1970년대부터 2008년 현재까지 활약한 아메리카의 가장 대표적인 "법의 경제분석"의 법학자이며 현직 판사인 리처드 포즈너(Richard A. Posner)의 법학 방법론을 예로 들어서, 1980년대 이후 지금까지의 "법의 경제분석"의 장단점과 한국에 있어서의 문제를 반성적으로 성찰하려는 데 있다.

포즈너는 다루기 쉬운 주제도 아니고 또한 우상도 아니다. 그는 우연히도 세계경제의 신자유주의 시대에 나타나서 활약한 법학자이면서 탁월한 경제적 지식의 활용자였다. 이제 1978년 이후 약 30년의 탈규제 시대, 1980년 이후 약 28년 이상의 레이가노믹스 시대를 지난, 세계 경제위기의 모멘텀에서 볼 때, 포즈너의 평가는 엇갈릴 수 있다. 우선 그는 경제학의 목표를 부의 극대화(Maximization of wealth)로 표현한 점에서 찬반이 엇갈릴 수 있다. 2009년 현재 세계 경제위기의 절벽에서 급박한 문제해결의 전도사로 불리는 케인스 주의의 새로운 경제학자와는 거리가 있을 수 있다. 그러나 후술하다시피 그의 공적은 1930년대 이후에 법과 경제 운동의 방법론적 연장선상에서 그때까지 좀처럼 시도되지 않았던 여러 영역을 경제학을 통해서 개척한 데 있다. 그는 법의 분과 (divisions of law)를 차례로 뛰어넘었고 그의 방법론은 정리가 불가능할 정도로 다양해서 한국과 같은 특정 분야에 국한된 단일전공 (single-major), 해석론 위주의 단일한 방법론에 익숙한 학계에서는, 오해를 불러일으킬 만하다. 포즈너의 영역은 경제행정법, 경제규제법, 공정거래법과 같은 경제 공법에서부터 "법과 문학", "법과 인류학적 방법", "법과 경제학" 같은 기초법의 영역을 거쳐서 헌법 방법론에 이른다. 따라서 한국적 관점과 시각에서 본다면 포즈너의 연구 영역은 경제 행정법과 헌법 방법론을 기초로 한 공법학이며, 그 밖의 영역은 법학 기초론 혹은 법 철학으로 생각된다. 그의 영역은 규제법, 헌법, 법철학 또는 법경제학으로 구분할 수 있으나 방법론의 문제에서는 법철학, 법사회학, 법경제학의 요소가 같이 나타난다. 그러나 이 모든 것들을 지식으로서 받아들인다 하더라도, 한국인이나 또는 경제위기에 처한 세계의 다른 지역의 사람들에게 가장 큰 문제는 과연 1929년 윌리엄 더글러스가 세계 대공황을 극복하기 위해 절박한 시대에서 내어놓은 새로운 법학 방법론이었던 사회학적, 경제학적 법학이 1980년대에서 2000년대에 이르기까지 포즈너로 대표되는 경제학적 법학과 무엇이 공통이며, 무엇이 다른가? 그리고 법학 방법론으로서의 경제분석이 한국의 지난날에서 어떤 의미를 가지는가의 문제이다. 또한 포즈너의 법학이 가지는 한계는 무엇인가?

6장 '1980년대와 1990년대의 아메리카 법학의 주류를 이루었던 입헌주의 경제학의 한국에 있어서의 의미는 무엇인가'의 의도와 취지는 다음과 같다.

아메리카 법학에서도, 찰스 비어드의 20세기 초의 저작을 제외하면 헌법 전체에 대한 경제적 해석론은 문헌이 드문 편이다. 비어드는 그의 경제적 해석론을 통해 사실상 아메리카 헌법의 목적은 사회의 빈곤층으로부터, 헌법 기초의 아버지들이 속해 있던 사회 상층부로 부(富)를 재분배하는 것이라고 비판하였다. 비어드의 논의는 그 이후 아메리카의 대부분의 법학자나 경제학자에게는 부인되어 왔다. 경제학의 개념이나 헌법의 개념에서 모두 좁은 견해로 보인다.

리처드 포즈너는 70년대에 독점금지법(Anti‒Trust Law) 분야로 시작해서, 법의 경제분석(Economic Analysis of Law)의 표준적인 법학자로 나타났다. 1981년, 교과서를 제외한 그의 처녀 전작『정의의 경제학』(Economics of Justice)에서 법학 전반에 걸친 이론가(Legal Theorist)의 모습이 나타났다. 그는 경제학의 목적을 '효율성(Efficiency)' 또는 '부의 극대화(Wealth‒Maximization)'라고 하고, 그의 법 이론의 초점을 '부의 효율(效率)의 극대화'에서 구했다. 그의 경제적 접근의 법 이론은, 전반적인 일반 법 이론으로 형성되어 가는 중, 법학자와 경제학자 양면으로부터 심한 비판을 받았다.

1983년의『정의의 경제학』에서, 그는 경제이론이 원시사 또는 고대사를 설명할 수 있는가를 시험한다. 고대사회와 원시사회의 연구는 이미 비교법론자에 의해서, 인류의 규범과 제도의 원형(原型)을 찾는 유효한 방법으로 쓰여 왔다. 이 방법의 예를 들면 이미 고전이 된, 섬너(Sumner)의 고대법(The Ancient Law)을 들 수 있다. 포즈너가 그의 초기의 영역이었던 '독점금지법'이나 '법의 경제분석'에서 보여 준 계량 경제학적 모델, 수량화된 경제분석 방식에서 벗어난 것은 고대사회(古代 社會)의 경제사적 접근을 통해서라고 보인다. 그는 이 연구에서 그리스 고전의 문헌 연구를 통해, 고대국가의 제도, 규범, 역할을 분석하였다.

또한 포즈너는 「호메로스의 최소국가(The Homeric Version of Mininal State)」에서, 오디세이에서 나타난 고대의 사회제도(Social institution), 사회규범(Social norm)을 문헌학의 방법으로 추적하였다. 그는 70년대부터 이미 법 인류학자(Legal Anthropologist)들에게 알려지기 시작했던 '급격하게 다른 법문화'—즉 세계사의 주류에 속하는 문명과 나라들을 제외한, 미개지(未開地)와 제3세계에 속하는 가장 후진적인 세계의 법문화—에 대한 인류학적 연구와 병행하는 접근을 행했다. 경제 인류학적 연구로서, 예를 들면 미개인(未開人)에게, 선물의 교환이 차츰 교역이 되는 조건 같은 것이다. 이런 성과에서 그는 법 이론과 경제이론의 통시적(通時的) 타당성을 검증한 것이 된다.

그의 법 이론의 형성 과정은 세분화된 분과법(分科法)의 연구에서 차츰 상위의 이론으로 진행한 것이 된다. 매우 기술적(技術的)이고, 계량 모델을 쓰는 독점금지법의 영역에서, 법학 전부에 대한 연구방법론으로, 경제 인류학과 문화인류학적 방법을 통해 법과 국가의 상위 이론으로 서서히 진행한 것으로 볼 수 있다. 그의 이론 형성 과정은 법학 전체를 피라미드로 가정할 때(▲), 그리고 분과법(分科法)을 저변(底邊)에, 법의 이론(Legal Theory)과 헌법이론(Constitutional Theory)을 상위(上位)에 두는 가정을 전제할 때, 저변에서 상위로(From Bottom To Top) 진행한, 보기 드문 예가 된다.

7장은 '산업화 이후의 한국의 개혁에 대한 법사회학적, 법경제학적 조망은 한국의 내부적 시각을 벗어난 보편주의적 시각으로 볼 때 어떠한가'를 다루고 있다.

이 장의 주된 관심은 한국정부의 교육개혁에 대한 역사적 고찰이다. 역사적으로 관찰된 한국정부의 개혁정책은 그 시대의 주된 관심에 의해서, 분야와 영역을 막론하고, 주도적인 행위 양식과 가치관에 의해서 결정되어 왔다는 전제에서 주도적인 정책에서 시작할 수밖에 없는 것이다. 즉, 교육정책 역시 경제정책이 끌고 나가고 있었다는 판단 때문에 교육정책을 논함에 있어서 경제정책을 살펴보지 않을 수 없는 것이다. 한국의 사회과학도가 선진 제국의 분화된 제도와 정책, 법과 정부정책을 대단히 전문적으로 연구하고 와서, 똑같은 눈으로 한국의 법과 정책을 분야별로 따로따로 독립시켜서 논하는 전문가적 노력이 한국의 역사적 흐름 앞에서 때로는 '실정에 맞지 않다'는 소리를 듣는 이유가 바로 여기에 있다. 또는 미시적으로는 정확하고 정밀하나 조금만 떨어져서 보면, 주어진 프레임워크에만 충실한 '정당화시키는 역할(justifying function)'에만 열중한다는 비판을 듣는 것도 마찬가지의 이유에서라고 본다. 한국의 법과 정책의 문제, 정부정책의 문제는 동시에 여러 분야를 한자리에서 논의할 수 있는 학제간 연구 또한 다학문적(interdisciplinary) 방식이 아니면 제대로 파악할 수 없는 이유가 여기에 있다.

예를 들면, '국민의 정부'의 경제개혁의 방식이 교육개혁에도 적용되었다는 전제하에서 경제개혁의 방식의 특징을 고찰하고 그 영향을 살피는 것이다. 많은 경우 경제개혁 방식의 특징이 교육개혁 방식에도 그대로 드러나는 것을 알 수 있을 것이다.

8장은 서양 법 사상 전통에서의 이원론과 법의 현대화는 경제위기와 관련해서 어떤 관계가 있는가

고대 문명의 종교 사상과 고대 그리스 철학의 전통이 발전시킨 형이상학적 이원론은 종교학, 신학, 철학, 그리고 법학의 교차적 관심 분야이다. 서양 사상의 전개에서 교황의 권력과 황제의 권력의 양립을 뜻하는 중세의 양검이론(Zwei–Schwert Theorie)은 이론이 아니라 실제로 중세 천 년간의 서유럽 세계를 지상의 권력과 교회의 권력으로 이분화하는 현실적 제도가 되었다.

그렇지만 형이상학적 이원론은 세속법과 교회의 법이라는 이분법적 구도 안에서도 자연법이라는 또 하나의 입지점을 가짐으로써 이론적으로 신의 법과 인간의 법 가운데 어느 쪽에도 속하지 않을 수 있었다. 자연법은 후고 그로티우스(Grotius, 1583–1645)에 이르러서 중세 천 년 동안의 종교와 교회의 위광에서 벗어나서 인간의 이성과 양심에 근거를 두기 시작했다. 이후 시민혁명을 가능케 한 근대 자연법은 이와 같은 맥락에서 생성되었다.

이 대목까지는 근대까지의 학문이 그러했던 것처럼 신학, 철학, 법학 및 모든 미분화된 인문사회과학의 공통되는 부분이다. 따라서 이 글의 다음 절인 '형이상학적 이원론과 자연법'은 현대에 있어서도 성과 속이라는 이분법적 구도를 기본으로 하고 있다고 여기는 신학자들과 관심을 공유할 수 있다. 이미 중세 말의 그라티아누스(Gratianus)시대에도 신학과 법학은 공통점이 있었다. 따라서 이 글은 현대 한국의 신학이 성과 속의 전통적인 이분법을 견지하면서도 다시 성찰하는 것처럼 한국의 전통 법학이 견지한 이원론을 성찰하고자 한다.

한국의 법학이 급속히 변화하며 전개되어 가는 현대 사회 안에

서 한편으로는 종교 및 윤리와 분리되고 다른 한편으로는 인문과학, 사회과학을 비롯한 현대 과학의 성과에서도 분리되어서 고립된 율법학으로 진행되는 데 대한 많은 우려가 있어 왔다. 한국 법학 내부에서도 법학 교육을 담당하는 강단법학가와 법 이론가들이 1910년대에 형성되고 1920년대와 1930년대에 걸쳐서 풍미되었고 지금까지 지배적 방법론으로 자리매김되었던 신칸트학파의 법학방법론에 대해 성찰하고 있다(서울대학교 법학연구소, 2006: 1－199)(한국법철학회, 2008).

이 글의 목적은 다음과 같다. 첫째, 현대 한국의 법학 교육의 기반이 된 신칸트학파의 방법론적 이원론이 주류 서양 사상사에서 어떤 위치를 차지하는가를 밝힌다. 둘째, 신칸트학파의 방법론적 이원론이 서양과 같은 형이상학적 전통이나 중세 천 년의 이원론적 세계관의 구조가 없는 한국에서 어떻게 쉽사리 단순화된 규범론과 당위론으로 전개되었는가를 밝힌다. 마지막으로, 한국의 인습적인 법학도가 가장 받아들이기 힘든 것으로, 왜 1920년대와 1930년대의 신대륙의 법학이 세계 대공황 기간(1929－1933)을 겪고 나서, 서유럽 대륙의 법학과 획연히 달라졌는지를 이원론과 법의 존재론적 기초라는 법사상의 오랜 구조에서 밝히고 있다. 이 글은 지극히 당연한 개론적 법사상사와 같이 서술하나, 주의 깊게 읽으면 한국 법학도의 뿌리 깊은 선입견, 오해와 착각, 권위주의가 어디에서 연유했는가, 왜 한국의 법학이 경제사의 대선회기에 형식주의를 포기하지 못하는가를 읽을 수 있다.

9장은 '한국 법학의 반성 － 경제위기와 관련해서'

저자는 이 글에서 한국 법학에 있어서의 외국 법 문제를 논의하고, 한국 법학이 외국으로부터 수입한 법치주의 개념에 대한 재검토를 한다. 그리고 수입된 법치주의를 사용한 역사적 예로서 러시아에 있어서의 법치주의를 고찰한다. 그와 함께 해방 이후의 한국의 교과서가 다루는 법치주의의 기반이 되고 있는 한국 문화에 있어서 개화기 이후 평균인의 의식의 일부가 된 법치주의의 의미를 법 인류학 및 법사회학적으로 살펴본다. 또한 한국 법학이 따르고 있는 서양 법 전통의 법치주의의 원류를 비판적으로 밝히기 위해서 '서양 법 전통에 있어서의 고차법(高次法)'을 해롤드 버만의 이론에 따라 고찰한다. 그 다음 고 서원우 교수가 요약한 해방 이후 한국의 공법학의 특징으로서 특수 독일적 법치주의의 문제를 다룬다. 마지막으로 한국에서 식민지 시대와 해방 이후 줄곧 세계사적인 보편주의의 등불 아래서 명백히 하지 않았던 19세기 도이칠란트에 소개된 법치주의의 성질을 밝힌다.

지금까지 9장에 걸친 모든 연구는 2009년 2월 현재 세계 경제의 맥락에서 한국이 직면하고 있는 경제위기의 해결을 위해 한국 법제도를 다루고 있는 법학이 앞으로 어디로 나아가야 하는가를 염두에 두고 쓰인 것이다.

이 책은 대안을 직접적으로 제시하지는 않았지만, 지금까지 경제위기라는 현상에 대하여 단선적인 접근, 역사성의 결여, 개념 수입의 오류, 시장과 자유주의에 대한 불철저한 인식 때문에 생긴 잘못된 기대를 비교역사적이고 법학과 경제사를 비롯한 비교역사적인 종합학문의 관점에서 자료가 나타난 대로 가감없이 보여주려는 것이다. 전체적인 서술에 있어서 주제 간의 연결에 매끄러움이 부족하고 수많은 항목에 대한 설명이 너무 간략해서 결론을 충분히 보완하는 설명이 약한 점이 지적될 수 있다. 그러나 법학과 경제학, 사회과학의 분석 방법을 동원한 종합적이고 포괄적인 접근은 경제위기라는 아직 눈앞에 진행되고 있으며 방향이 불확실한 거대한 세계적인 문제에 대해서 독자가 기대하는 만큼 즉각적이고 일의적인 해결책을 보여주지 못하는 것은 당연할지도 모른다.

2009년 3월 1일

김 철

목 차

제4장 1989년 이후 세계체제가 자유화되면서 한국에서 역시 이뤄졌던 자유화 과정은 어떠했는가? / 169

제6장 1980년대와 2000년대의 아메리카 법학의 주류를 이루었던 입헌주의 경제학의 한국에 있어서의 의미는 무엇인가 / 259

제1장

경제위기 때의 법학:
뉴딜 법학의 회귀 가능성

경제위기 때의 법학:
뉴딜 법학의 회귀가능성

– 2008년 이후 세계경제 상황과 세계 대공황 전기의 법사상

1. 들어가는 말

1.1. 사회주의 법 군(群, Group)의 해체기의 기억

칼 포퍼가 역사주의의 빈곤을 논의했을 때의 시대와 20세기 말과 21세기 초의 시점은 또 다른 양상을 띤다. 1989년 동유럽혁명과 1986년 이후의 소비에트 유니언의 변화는 어떤 역사학자도 예견하지 못했었고, 1990년의 도이칠란트의 통일은 어떤 지식인도 20년 내에 일어나리라고 예측한 사람이 없었다. 페레스트로이카가

진행되면서 그 파장이 동유럽을 거쳐 세계적인 것이 되었을 때, 어떤 역사가는(Moshe Lewin, 1989) 나날이 눈앞에 진행되는 변화의 가속을 '나날의 역사기'(day to day history)라고 명명하였다. 2차 대전 이후의 냉전기의 역사적인 해빙기를 거쳐서 종전 후 약 40여 년 동안의 상황이 1980년대의 후반에서 예상하지 못했던 속도로 해체의 기운이 진행되었다. 어떤 시기에도 이처럼 한때 완강하고 강한 지속력을 보였던 체제가 그 밑바닥에서부터 동요하고, 1917년 이후 80여 년 동안 인간의 역사를 반분했던 여러 사회주의 제도들의 톱니바퀴가 그 힘을 잃고 붕괴되는 경과가 나타난 적은 없었다(김철, 1992: 37). 중부, 동부 유럽과 소비에트·유니온의 전 영역에서 사유화(privatization)가 진행되어 있다(김철, 1998, 2007ㄴ). 그와 같이 사회주의 법 군은 와해되어 갔다(김철, 1989, 2007ㄴ).

1.2. 금융자본주의의 위기

2007년 6월 아메리카에서 처음 비우량주택담보채권(non‑prime mortgage backed security) 문제가 금융가에서 불거졌을 때 아무도 이것이 2008년 9월과 10월에 나타날 세계 규모에 있어서의 신용·금융위기로 발전할지 예측할 수 없었다. 2008년 9월, 10월, 11월에 걸친 위기의 진행[1]과 이에 대한 대응은 1989년 동유럽 러시아 혁명 때의 나날의 역사(day to day history)처럼 전면적으로 확

---

1) 상당한 기간에 걸친 위기의 진행을 가장 잘 요약한 참고로는, Niall Ferguson, "The End of Prosperity?"(New York, TIME, 2008.10.13)과 Joseph Stiglitz, "The Way Out. How the financial crisis happened, and how it must be fixed"(New York, TIME, 2008.10.27) 또한 New York Times, November 6. 2008, Business section "Essential story of financial crisis 2008"을 볼 것.

산되어 갔다. 사회주의 법 군이 와해한 이후, 지구촌을 제패한[2] 자유자본주의의 예측하지 못한 부작용의 징조가 시대적 맥락에서 생기기 시작한다는 것이 차츰 밝혀졌다. 아메리카에 있어서 1978년 이후 약 30년을 탈규제와 자유방임주의의 시대로 특징지을 수 있는데(Paul Krugman, 2000, 2007), 2008년 가을 비로소 30년에 걸친 자유지상주의와 탈규제가 동반한 아노미(Anomie)[3]가 월가에서 폭발하면서 한 시대가 끝나 간다는 것을 알게 되었다. 위기에 대응하는 교훈을 찾기 위해, 지식인들은 이제 수학적 모델이나 테크니컬한 미시분석에서 벗어나서 역사 자체의 맥락을 찾게 되었다.

1.3. 대공황 때의 자본주의의 상황과 현재: 2008년과 1929년의 대비

흔히 1929년의 자본시장의 폭락에 의해서 대공황이 촉발된 것으로 알고 있다. 관행적으로 말하건대 1929년 10월 24일의 검은 목요일에 월가의 대폭락이 시작한 것으로 알려져 왔다. 실지로는 자본시장은 그해 9월 초부터 계속 하강하고 있었다. 10월 28일은 검

---

2) 확실히 러시아의 자유화는 정신적 자유권의 문제와 경제적 자유권의 문제가 전도된, 즉 경제적 자유가 정신적 자유권을 우월하게 압도한 사례라고 할 만한 점이 있다. 이것을 자유지상주의의 문제로 파악한다(김철, 2007ㄱ: 163 - 166). 중부 유럽과 동부 유럽의 공산주의의 몰락과 이후의 사정에 대해서는 로렌스 레식의 비교법적 증언이 있다(김철, 2007ㄱ: 483 - 484).

3) 한국의 경우는 어떤가. 정치 상황의 변전에도 불구하고, 가장 거시적으로 대범하게 사회・경제를 판단한다면 꼭 일치하지는 않으나 대체로 레이거노믹스(Reaganomics)가 시작된 1980년대 이후의 약 28년을 신자유주의의 시대라고 볼 수 있다. 더 구체적으로 동아시아가 겪은 1998년까지의 한국의 사회적・경제적 아노미에 대해서는, 이 논문(김철, 「한국에 있어서의 자유주의와 자유지상주의에 대한 반성」, 『사회이론』 2006 가을호)을 볼 것. 또한 아메리카에 있어서의 대공황기에 이르는 약 10년의 재즈 시대에 대해서는 이 논문(김철, 뒤르켐의 아노미 이론과 평등권에 있어서의 기회균등: 기초법적 연구, 2008ㄴ)을 볼 것.

은 월요일로 불리는데 주가가 13% 빠졌으며, 다음 날은 12%가 더 빠졌다. 다음 3년에 걸쳐서 미국 주식시장은 89% 하강했으며 최저점에 도달한 것은 1932년 7월이었다. 따라서 1929년 9월에 시작된 월가 주가의 폭락은 약 3년에 걸쳐서 계속되었으며 최저점에 도달하는 데 3년이 걸렸다. 최저점에 도달한 주가가 1929년의 최대점을 회복한 것은 1954년이었으며 완전히 회복하는 데는 25년이 걸렸다(Niall Ferguson, 2008). 대공황을 촉발한 보다 근본적인 이유는 주식시장의 폭락이라기보다 만성적인 은행파산으로 인한 신용경제의 '대수축(great contraction)'이라고 한다(Milton Friedman and Anna Schwartz, 1963)(Niall Ferguson, 2008). 즉, 1930년 말에 미국에서 608개의 은행이 파산하였다. 연방정부는 아무런 조치를 취하지 않았다. 공개시장조작을 하지 않았을 뿐만 아니라 금융시스템에 신용자금을 오히려 축소하였다. 1932년 1월까지 1860개 은행이 파산하였다. 1932년 4월에 연방정부는 처음으로 대규모의 공개시장을 통한 유동성 위기대책을 시행하기 시작하였다. 1932년 말부터의 은행파산의 물결은 드디어 국가가 '은행 휴일'을 제정하기에 이르고 프랭클린 루스벨트가 취임한 이틀 뒤인 1933년 3월 6일 예금자들의 예금인출 사태에 대응하여 다시 휴일을 선포하기에 이른다. 이 은행 휴일 동안 2,500개 은행이 파산했다(Milton Friedman and Anna Schwartz, 1963)(Niall Ferguson, 2008).

1929 – 1930년대의 대공황과 2008년의 상황은 물론 다르다. 2007년 8월 이후 FRB는 2008년 9월 주식 대폭락에 이르는 13개월 동안 약 1조 1천억 달러($1.1trillion)의 자금을 금융시스템에 쏟아 부었다. 또한 7천억 달러의 구제 금융을 집행하려는 단계에 있다.

1930년대의 대공황이 무섭다는 것은 그 영향이 이미 그 당시에 세계적이었다는 데 있다. 1929년부터 1932년까지 당시 세계의 7대 경제 대국의 총생산량은 거의 20%가 감소하였다. 미국과 도이칠란트에 있어서의 실업률은 다 같이 33%를 웃돌았다. 세계무역은 2/3로 줄어들었다(Milton Friedman and Anna Schwartz, 1963)(Niall Ferguson, 2008).

1.4. 1933년 위기의 법학 – 경제적 자유주의(Economic Liberalism) 대 전체주의

1933년에 세계 대공황의 와중에서 아메리카와 도이칠란트는 다 같이 실업률이 33%를 웃돌았다. 도이칠란트에서는 1933년 3월 23일, 아메리카에서 프랭클린 루스벨트가 대통령으로 취임한(1933년 3월 4일) 같은 달, 나치당이 도이칠란트 의회(Reichstag)의 수권법(Enabling Act)에 의해서 히틀러에게 독재권을 합법적으로 수여받게 하였다. 나치즘은 아메리카와 대비할 때 경제위기에 대해서 반자유주의(Anti – Liberalism)를 표방하고, 자본주의와 공산주의를 다 같이 반대하는 제 3의 노선을 내걸었다(www.wikipedia.com). 아메리카에서는 1933년 3월 4일 프랭클린 루스벨트가 대통령에 취임하였다.

이 시대의 도이칠란트의 대표적인 법학자는 칼 슈미트로 그는 '국가와 사회가 동일한 전체국가(totaler State)'로 전개된 것을 논의의 출발로 삼고 그에게 있어 전체국가로의 경향은 경제 영역, 즉 경제국가로의 전환에서 가장 두드러졌다(Carl Schmitt, 1931)(송석윤, 2002: 303).

이 시대의 아메리카 사회과학의 특징은 제도주의(Institutionalism) 법학과 경제학, 법 현실주의가 정점에 이르렀다고 본다(김철, 2007 ㄱ: 192 - 193). 제도주의의 주된 인물들은 정부의 관여를 신봉한 사람이었고, 동시에 가격 이론과 신고전파 이론에 배척되는 입장에 있었다. 법학 쪽에서 볼 때, 칼 르웰린이나 윌리엄 더글러스 같은 사람들의 법 현실주의에도 제도경제학과 공통되는 것이 있었다고 한다(김철, 2007ㄱ: 192).

1.5. 신뉴딜(New New deal)주의

즉, 자본주의 역사에 있어서 최대의 위기는 제1차 세계대전이 끝난 1918 - 1919년 이후, 승전국인 아메리카에서 약 10년의 호황 기를 거쳐서 드디어 1929년 10월 24일의 대공황이 시작된 것이었 다(김철, 2008ㄴ). 1920년대와 1930년대를 특징짓는 치료적 법학은 뉴딜 정책을 표현 수단으로 하는 것이었으며(Krugman, 2005, 2007), 자본주의의 폐해를 교정하는 목표를 띠고 있었다. 역사 속 에 잠세로 있던 뉴딜 시대의 법학이 신뉴딜(New New deal)주의로 2008년 가을 이후 드디어 아메리카를 비롯한 문명국에 다시 나타 나게 된 것이다.[4]

1.5.1. 2007년 상반기의 국제 법철학회 전체 회의의 중점은 법의 경제학적 접근 섹션에 주어졌으며[5](김철, 2007s: 183 -

---

4) 2008년 11월 4일 아메리카 대통령으로 선출된 버락 오바마의 시대적 의미는 세계 대공황 기와 회복기 이후 다시 재조정이 불가피한 자유방임주의, 자유지상주의 경제와 법의 문제를 신뉴딜 법학의 역사적 기초에 서서 수행한다는 데 있다고 해석될 수 있다.

212), 2006년 이후 대학과 학문의 세계적 추세는 지식의 통합(integration), 이를 위한 학제 간의 교차(cross − over), 협력(collaboration)의 노력이다(김평우, 2008). 2008년 9월 이후 세계의 주목은 범세계적으로 전개되고 있는 신용위기(Credit − crisis)가 과연 1929년 10월 24일 이후 최대의 금융자본주의의 파탄으로 발전할지의 문제이다[6](Time, 2008.09.29)(김철, 2008ㄱ: 15).

1.5.2. 이에 대해 법학은 어떻게 대응하고 있는가. 인습적인 법학의 버릇은 법학의 발달과 사회경제사와 서로 반응(interaction)한다는 맥락을 모른 체하는 데 있어 왔다. 장점은 일견 중립성 같아 보이는 것이고, 단점은 무책임과 반지성적 태도이다[7](김철, 2007ㄴ: 107 − 141).

1.5.3. "오랫동안 …… 법학자들은 문화적·역사적·정치적·경제적·사회적인 요인들에 대한 고려를 접어 두고, 법률양식(樣式 legal style)과 기술적(technical)인 사항들에만 주로 전념하였다."(김철, 2007ㄴ: iii)

법학방법론에서 한국의 수험생, 수험 법학의 중간 매매자, 수험 지도서의 저자들이 법 지식과 법학에서 사회·경제적 맥락을 완전 제외한 것은 처음에는, 정치적 요구에서, 다음에는 시장의 요구, 다음에는 편의식품점을 애

---

5) 김철, 『한국 법학의 철학적 기초 − 역사적·경제적·사회문화적 기초』(서울 한국 학술정보(주), 2007.7).

6) 김철, 「뒤르켐의 아노미 이론과 평등권에서의 기회균등: 기초 법학적 연구」, 『사회이론』 (2008년 11월).

7) 변화하는 세계 안에서 세계를 지적으로 파악하고 가능한 미래를 예견하는 역할이 지식인 또는 지성인의 원래 사회적 역할이기 때문이다. 막스 웨버, 「직업으로서의 학문」(Wissenschaft als Beruf)은 1918년 뮌헨 대학에서의 강연문이었다. 텍스트는 e − book으로 찾아볼 수 있다(www.wikipedia.com).

용하는 구매자들의 요구에 기인하는 바 크다. 값싼 편의식품은 장기적으로 개인과 가계, 국민건강을 저해할 수 있다.

1.5.4. 1933년에 세계 대공황의 와중에서 아메리카와 도이칠란트는 다 같이 실업률이 33%를 웃돌았다. 도이칠란트에서는 1933년 나치당이 도이칠란트 의회(Reichstag)의 수권법(Enabling Act)에 의해서 히틀러에게 독재권을 합법적으로 수여받게 하였다. 나치즘은 아메리카와 대비할 때 경제위기에 대해서 반자유주의(Anti‒Liberalism)를 표방하고, 자본주의와 공산주의를 다 같이 반대하는 제3의 노선을 내걸었다(www.wikipedia.com). 아메리카에서는 1933년 3월 4일 프랭클린 루스벨트가 대통령에 취임하였다.

이 시대의 도이칠란트의 대표적인 법학자는 칼 슈미트로 그는 '국가와 사회가 동일한 전체국가(totaler Staat)'로 전개된 것을 논의의 출발로 삼고 그에게 있어 전체국가로의 경향은 경제 영역, 즉 경제국가로의 전환에서 가장 두드러졌다(Carl Schmitt, 1931)(송석윤, 2002: 303).

이 시대의 아메리카 사회과학의 특징은 제도주의(Institutionalism) 법학과 경제학, 법 현실주의가 정점에 이르렀다고 본다(김철, 2007ㄱ: 192‒193). 제도주의의 주된 인물들은 정부의 관여를 신봉한 사람이었고, 동시에 가격이론과 신고전파 이론에 배척되는 입장에 있었다. 법학쪽에서 볼 때, 칼 르웰린이나 윌리엄 더글러스 같은 사람들의 법 현실주의에도 제도경제학과 공통되는 것이 있었다고 한다(김철, 2007ㄱ: 192).

2. 편견

정확하고 엄격한 용어와 개념에서 출발하는 것이 한국 형식 법학의 방식이나 법의 심리학적 접근에서부터 출발한다(김철, 2007ㄱ: 50–65)(김철, 2008ㄱ: 50–51). 한국 문화에서 평균인의 인식을 기초로 한다면 몇 가지 선입견(predisposition) 또는 심리적 자타혼합(projection)에서 오는 편견을 취급해야 한다.

첫 번째 선입견은 "사회적, 문화적 아노미(anomie)는 경제적 아노미와 관계없다."(김철, 2008ㄴ) 왜냐하면 분야가 다르기 때문이다.

두 번째 선입견은 "경제 사정과 법의 사정은 전혀 관계가 없다."(김철, 2007ㄴ: iii) 왜냐하면 분야가 다르기 때문이다.

세 번째 선입견은 "시장(market)은 시장이고 정부(goverment)는 정부이다."

세 번째 선입견에 대응하는 법 이론으로서 "사법은 사법이고 공법은 공법이다." 이른바 공사법 이원론이다.

3. 각성

2008년 9월 이후 세계경제 상황이 일깨워 준 몇 가지 새로운 각성은 다음과 같다.

3.1. 역사주의의 귀환

사태의 진원지인 월가(Wall street)부터 시작하여 시민과 전문가 정책 수립자로 하여금 불가피하게 이와 같은 파국을 가져온 인과 관계(causality of the crisis)를 찾아서 곰곰이 따지는 자세로 만들었다. 그 결과로 호황 시에는 생각지도 않았던 방식으로 돌아가게 되었다. 즉 환자의 현재 증상(symptom)은 과거의 병력(病歷, history of disease)의 기록에서 출발할 수밖에 없다(김철, 2007ㄴ: iii). "많은 논쟁과 오해가 있어서 현대의 법 이론가들에 의해서, 거의 포기되다시피 했으나, 기묘하게도 사례법(case law)을 형성시키는 법원(法院) 자체에 의해서는 포기되지 아니하였다. 법학사에서는 에드먼드 버크(Edmund Burke)의 영향을 받은 프리드리히 폰 사비니에 의해 1814년에 시작되고 제롬 홀에 이어서 해롤드 버만(Harold Berman)에 의해서 현대의 비교역사학파가 재생하게 된 것이다."(김철, 2007ㄱ: 105)(Chull Kim, 1993)

3.2. 숨은 문제가 드러남

파국의 세계적 전개는 일차적으로는 신용 - 금융 - 재정 부문이었으나 이윽고 사회 및 정치 부문 그리고 이른바 지식 기반의 전문 직업 집단에게까지 전례 없는 그러나 대공황 이후 약 80년 동안 유보되어 왔던 문제를 드러나게 했다(New York Times, 2008.10.24).

3.2.1. 순응주의의 문제

숨은 문제란 무엇인가? "과연 그들의 방식이 그때는 지지를 받았으나, 그래서 덮어놓고 여러 사람이 가는 길로 뛰어왔으나,[8] 과연 그때조차도 적절했던가 또는 옳았던가?"[9]라는 반성이다.

3.3. 최광의의 해석

최광의의 해석은 다음과 같다. 1989년 동유럽 러시아 혁명(김철, 1989ㄱ) 이후, 세계사에서 거꾸로 방향의 반전을 보여 주는 것이 2008년 신용위기(Credit Crisis)이다(교수신문, 2008.10). 그러나 이 주장은 1989년 베를린 장벽이 붕괴된 것이 사회주의의 몰락을 상징하였다면, 2008년 월가(Wall Street)의 금융자본주의가 녹아내린(melt down) 것이 고전경제학(classical economics)의 몰락이라고까지는 평균인도 따라잡을 수 있으나, 몇 술 더 떠서 '마르크스 경제학의 부활'이라고 말미에서 지나친 확장을 할 때는 그 글을 쓴 사람의 그간 이념과 역사를 어떻게 다루어 왔는가를 알게 된다.[10]

---

8) 사회문화에 있어서의 군집행동, 즉 쏠림(herd behavior)에 대해서는 이 자료(김철, 2007ㄷ)를 볼 것.

9) 순응주의(conformism)와 비순응주의(non-conformism)의 문제에 대해서는 이 논문(김철, 2007ㄷ)을 볼 것.

10) 교수신문, 10월 초 1면 칼럼 기사 참조.

3.4. 내용

다음 순서의 광의의 해석은 다음과 같다. 최근의 사회경제적 맥락에서 이러한 해석은 사건의 진원지인 아메리카 사회에서, 오랫동안 이른바 주류에 속하며, 정부나 관료조직에서 오랫동안 일해 왔던 지식인, 전문가 정치인들이 시민사회로부터 수세에 몰리게 되자[11] 그동안 비교적 소수에 속했으며 정부 시책(Bush Ⅰ·Ⅱ, 시대)이나 시민의 에토스에도 결정적인 영향을 주지 못했던 지식인들의 소리가 비로소 들리기 시작했다[12](Time, 2008.9.29 이후). 그러나 대학의 지성인 사회에서는 이 소리가 오랫동안 가장 온당한 것으로 알려져 왔다(Ronald Dworkin, 1995, 2008).

3.4.1. 광의의 해석

요목은 다음과 같다.

3.4.1.1. 법 제도의 윤리성의 회복(Ronald Dworkin, "Law as Morality", 2008: 12 – 14).

3.4.1.2. 미시적(Micro) 분석에서 거시(Macro – Analysis) 분석으로[13]

---

11) 2008년 가을 월가의 사태에 누가 어떻게 인과관계를 제공했느냐의 문제이다. 월가가 더 차입금으로 위험한 거래를 하게 된 제도적 요인 중 하나는 투자은행이 자기 자본 대 차입금의 비율의 규제를 1:30으로까지 확장한 것과 관계있다. 2004년 해당 규제위원회(U. S. Securities & Exchange Commission)가 순 자본 원칙(net – capital rule)을 완화한 것은 당시 골드만 삭스(Goldman Sacks)의 CEO였던 헨리 폴슨(Henry Paulson)이 2000년에 청원한 것이 주효한 것이었다. 이 골드만 삭스맨이 이어서 부시행정부의 재무부장관이 되어서, 투자은행들의 손실을 연방정부의 공식자금으로 메워 주는 역할을 하게 된다(Time, Nov. 3: 32 – 33). revolving door 현상에 해당된다.

12) 대표적으로 NYU의 루비니 교수와 Princeton의 Paul Krugman이다. 후자는 위기의 가을 이전부터 지금까지 Whistle blower 역할을 해 왔다(New York Times, 10.13).

13) 고전경제학의 시장중심의 가격 이론에서부터 경기순환을 동반한 장기적인 역사적 이론이다. 경제사학자인 클라우디아 골딘(Claudia Goldin)과 로버트 마고(Robert Margo)는 미국 중

의 전환(Paul Krugman, 2007: 22 – 23).

3.4.1.3. 분야별 세분에서 학제적 교차와 통섭(統攝, Intergratio n)[14]에로의 전환(김철, 2007ㄴ: iv – vi)(김철, 2007ㄱ: 서문).

3.4.1.4. 현상의 대응을 위해서, 과학적·의학적, 마침내 역사적 접근[15](김철, 2007 ㄴ)으로 시선을 돌림(Arthur Schlesinger. JR, 1957).

3.4.1.5. 광의의 해석도 물론 갈래가 있다. 그러나 공통점을 지식인들이 공유하는 이유는 상당히 오랜 기간의 생활체험에서 오는 회의 때문이었다.[16] 가장 직접적인 회의는 이른바 경제성장률, 총생산의 계속적인 증가에도 불구하고 가장 호황을 누렸던 시기―이른바 레이가노믹스(Reaganomics)의 절정기―에도, 놀랍게도 아메리카 주류사회의 중간층 (middle class)이 서서히 붕괴해 가고 있다는 조짐이 도처에 나타났다. 이른바 불평등에 대한 새로운 경제학(Paul Krugman, 2007: 22)이 나타나기 시작한 것이다. 법 분야에서 가장 현저한 예는 1990년대 중반 이후에 가장 주목을 끌고 있는 파산법(Bankrupcy Law)제도이다(Elizabeth

---

산층의 기원을 돌아보기 시작했다. 그들은 놀랍게도 도금 시대(Gilded Age, 미국서 엄청난 물질주의와 정치부패가 일어난 1870 – 1890년대까지를 일컫는 말 – 역주)의 불평등에서 비교적 평등한 전후 시대로의 변환이 점진적으로 이루어지지 않았음을 발견했다(Claudia Goldin and Robert Margo, 1992: 1 – 34).

14) 통섭은 통합이며 교차 또는 뛰어넘는 것(cross – over)과 학제적 연구(interdiscilinary)를 뜻한다(김평우, 2008).

15) "역사를 조금 아는 사람이라면 이 나라가 항상 이렇지는 않았다는 것을 안다."(Paul Krugman, 2007: 18)

16) 폴 크루그먼은 2007년과 1953년의 비교를 그의 개인적인 생활 체험을 인용하는 추억에서 출발한다. 주류 경제학자가 생활 체험에서 현상을 진단하는 것은 드문 일이다(Paul Krugman, 2007: 17 – 18).

Warren, 2003)(임치용,2004). 호황기의 대부분의 시기에 있어서도 진행된 중산층의 붕괴, 몰락 현상은 개인 파산의 법 제도와 실상에서 계속 경종을 울리고 있었다.[17]

3.4.1.6. 아메리카의 사회, 경제적 진행과 선진국은 물론 주변 국가에 속하는 다른 나라들의 관계는 더 이상 설명할 필요가 없다. 2008.09.29. 이후의 위기의 파급효과는 미국(U.S) - 영국(U.K) - 도이칠란트(Germany) - 프랑스(France) - 이탈리아(Italy) - 스페인(Spain)은 거의 동시에 진행되었고 미국(US)과 중국(China)의 짝짓기(Coupling)는 Chimerica라는 신조어로 나타났다. 일본도 심각하게 영향을 받았다.

신흥경제(Emerging Economics)에 속하는 인도, 기타 동아시아 및 BRICS 모든 나라들에 파급효과가 진행되었다(매일경제, 2008. 10. 27).

4. 자유지상주의와 고립화된 개인적 실존

다시 한국 법학도의 눈높이로 돌아가서 시작한다. 이해 법학의 방식(Shira B. Lewin, 1996: 1298)으로 시작한다.

---

17) 2008년 10월의 월가 위기 이전에 경종을 울리는 사람으로서의 연구에 대해서, Warren & Warren 「The Two-Income Trap」(New York, Basic Books, 2003).

4.1. 한국의 어려움과 전망

우선 지금까지 진행되고 앞으로도 진행될 한국의 어려움과 전망
은 과연 지금까지—형식 법학의 개념 구조처럼—개인 실존과 아무
관계가 없는가. 내가 한 일, 내가 지금뿐 아니라 앞으로 할 일과
아무 관계가 없는가. 내가 지금까지 겪은 어려움－관계의 어려움
(relational problem), 소속감의 어려움－, 내가 어디에 있는지 때로는
소속감마저 분명치 않은 아노미(김광기, 2007: 54), 금전적 어려움
에서 오는 어려움은 전혀 같은 시대 상황과 아무 관계가 없는가.[18]

4.1.1. 자유지상주의와 개인의 고립

공식적으로, 세계체계의 해빙기였던 1989년과 1994년에
시작된 한국 사회의 '자유화'는 마침내는 자유지상주의
(libertarianism)의 문제(김철, 2006ㄱ, 2007ㄱ)로 진행되고
모두가 그 수레바퀴 밑에 있었다. 경쟁만을 강조한 약 20
년 뒤, 더 이상 나의 문제는 너의 문제와 관계있다고 느
끼지 않는다. 신속하게 진행된 사회적·문화적·경제적
계층화(stratification)는 고립된 개인이 오로지 실존하는 것
으로, 소외(Chull Kim, 1993)된 개인으로 느끼게 된다.

---

18) 이런 물음으로 공식 역사에 들어갈 수 있는 것은 이 문헌(Shira B. Lewin, "Economics
and Psychology: Lessons For Our Own Day From the Early Twenties Century"
p.1298, *Journal of Economic Literature*, Vol. ⅩⅩⅩⅣ(September 1996))에서 개인
실존의 심리학적 출발의 근거를 보여 주었기 때문이다(김철, 2007ㄱ: 30).

4.1.2. 위기 앞의 실존

우리의 실존(Existentionalism)은 우리 역사의 맥락 안에서 수동적이든, 능동적이든 이루어진다. 만약 우리 앞에 쥐 한 마리가 '우연히도' 어느 날 누군가의 앞에서 죽어 나자빠져 있다면 어떤 상황을 예측할 수 있을 것인가? 알제리의 오랑시에서 어떤 의사가 겪은 위기는 오로지 개인적인 에피소드인가(Albert Camut, Pest).

5. 시장과 정부, 시민의 관계

시장과 정부, 시민의 관계를 평균인의 눈으로 보기로 하자.

5.1. 신용평가

1997 - 1998년 동아시아 및 한국의 외환위기가 알려지기 시작할 때, 가장 권위 있는 세계적 기구는 IMF와 함께, 국가 신용도의 등급을 하향 또는 상향 조정하는 신용평가기관(Credit Rating Agency)이었다. 이후 한국은 선진국 또는 후진국의 나라와 대기업과 함께 10년간 이 신용평가기관의 등급에 모든 신경을 써 왔다. 모든 나라들은 다국적 대기업과 함께 같은 열에 서서 신용에 관한 점수를 받는 것이다.

스탠더드 & 푸어스(Standard & Poors)의 권위는, 무디(Moody), 피

치(Fitch)와 함께, IMF 외환위기 이후 약 10년 동안 세계의 신흥국가 자체와 대기업의 신용도를 과연 부도낼 것인가. 민법상 상환능력이 있는가? 국제법상 주권국가의 채무 불이행 내지 지불 불능(default)이 일어난 것인가? 따라서 행위능력이 있는가, 있다면 어느 정도인가를 공식적으로 결정해 왔다.

2008년 10월 23일 미 하원 청문회(House Committee on Oversight and Government Reform)에서 나타난 사실은, 신용평가기관의 장(長)들이, 신용평가에 직접 임한 평가사와 애널리스트들의 강한 반대에도 불구하고, '외형(外形)을 늘리기 위해서', '매출액을 늘리기 위해서($2billion에서 $6billion으로)' 엄격하고 정확한 실사라면, 상환능력이 전혀 없거나 최대 1 / 2밖에 상환능력이 없는 채권을 담보로 한 유가증권을 A＋A＋A＋ 또는 '최대의 안전'으로 평가하도록 지시하고 강행한 것이 드러났다.[19] 이 사실은 익명의 증언으로서는 연방증권유통위원회(Security Exchange Commission)에서 2008년 가을 사태 이후 비로소 밝혀진 것이다.

연방증권유통위원회는 독립규제위원회로서 채권이나 파생상품의 규제책임이 있는 행정위원회이다(김철, 2007ㄴ: 118 -).

5.2. 회전문(回轉門, revolving door) 현상

2008년 가을 월가의 사태는 누가 어떻게 인과관계를 제공했느냐의 문제이다. 월가가 더 많은 차입금으로 위험한 거래를 하게 된

---

19) "우리는 매출을 위해서 영혼을 팔았다."(동아일보, 10월)는, New York Times, 2008.10.24.
   의 기사 본문과 동일함.

제도적 요인 중 하나는 투자은행이 자기 자본대 차입금 비율의 상한을 1:30으로까지 확장한 것과 관계있다. 2004년 해당 규제위원회(U. S. Securities & Exchange Commission)가 순 자본 원칙(net-capital rule)을 완화한 것은 당시 골드만 삭스(Goldman Sacks)의 CEO였던 헨리 폴슨(Henry Paulson)이 2000년에 청원한 것이 주효한 것이었다. 이 골드만 삭스맨이 이어서 부시행정부의 재무부장관이 되어서, 투자은행들의 손실을 연방정부의 공식자금으로 메워 주는 역할을 하게 된다(Time, Nov. 3: 32－33) 회전문 침투(revolving door infiltration) 현상에 해당된다(Kenneth F. Warren, 1996: 49).

6. 사적 자치(私的 自治)의 원리

6.1. 세계경제의 신용위기 시대의 구분

기술한 바대로 2008.09.30. 월가(Wall street)에서 시작된 세계경제의 신용위기(Credit Crisis)는 1929년 10월 24일 시작하고 1930년대와 1940년대의 세계사(경제, 정치, 사회, 문화)의 진행에 결정적으로 영향을 준 세계 대공황(Great Depression) 이후 79년 만의 큰 고비이고, 지금도 진행 중이다. 세계법학의 역사나 정부의 역할에서 1929년 10월 24일 이후 1930년대의 시기는 그 이전의 시대(1919－1929)와 확연히 구분된다.[20]

---

20) 논문 저자는 최근의 연구 「뒤르켐의 아노미 이론과 평등권에서의 기회균등」에서 1930년대를 다루면서 1929년 세계 대공황 이전의 약 10년간을 세계사의 관점에서 1차 대전이 끝나고 전후 질서가 확립된 1919년을 기점으로 하여 중점적으로 다루었다(김철, 2008ㄴ).

시민 또는 시장(실물경제이든, 채권시장이든 증권시장이든 투자 시장이든)의 입장에서, 대공황 이전 즉 1차 세계대전이 끝나고 전후 질서가 형성된 1919년 이후 약 10년간 당시 전승국 위주의 세계경제질서를 좌우한 재정 금융의 중심지에서는—런던의 증권 거래소, 뉴욕의 증권 거래소(Security Exchange)든, 전후 서유럽의 어디든—시장의 가격 결정 메커니즘을 중심으로 한 사적 자치(私的自治)가 민법뿐 아니라 모든 거래를 중심으로 한 시민 생활의 주된 동력으로 작용하였다[21].

사적 자치란 계약 자유, 소유권 우선, 그리고 과실 책임의 원칙을 중심으로 해서 이루어졌다. 소유권과 계약 당사자의 자유계약은 특히 1차 세계대전 후 팍스 아메리카나(Pax Americana) 질서의 중심국이었던 아메리카에서 현저하였고, 경제 주체들과 기업들이 자유를 구사하였다[22].

그러나 아메리카 사회경제사의 관점이나 아메리카 헌법사의 관점(McClosky, 1960)에서는 시대구분을 할 때 생산력의 증강에 따른 엄청난 물질주의와 그와 동반한 부패는 1870년 내지 1890대까지 벌써 상당히 진행되었다고 보고 이때를 도금 시대(Gilded Age)라고 한다(크루그먼, 2007: 22).

21) 아메리카 제도와 법의 역사에도 1885 – 1895년까지를 구질서의 시대(Arnold Paul)로 본다. 1890 – 1900년까지는 시장의 내림세와 규제 국가의 오름세로 본다(Faulkner: 74 – 79, 91 – 93). 테오도르 루스벨트의 시대인 1900 – 1912년에 현대 아메리카가 탄생한 것으로 본다(George E. Mowry: 6 – 10, 14 – 15). 우드로우 윌슨과 1차 대전 기간인 1910 – 1917년을 진취의 시대로 간주한다(Arthur S. Link: 18 – 21, 66 – 80). 1900년부터 아메리카가 1차 세계대전에 참전할 때까지를 실지로 거의 모든 사가들이 '진취적인' 또는 '진보적인' 시대로 레벨을 붙여 왔으니, 그 실상의 전개는 보수주의의 승리라고 할 수 있다(Gabriel Kolko, *The Triumph of Conservatism*, 1963: 2 – 15). 왜냐하면 이른바 '진보시대'(Progressive era)의 특징은 경제에 대한 정치적 규제라기보다는, 주요한 경제적 이익으로서의 비즈니스가 정치를 통제한 것이다(Kolko, 1963: 2 – 3).

22) 1885 – 1895년까지를 법학에 있어서의 구질서의 시대로 본다(Arnold Paul). 1890 – 1900년까지는 이 경향은 내림세이나 일단 규제국가의 오름세로 본다(Faulkner: 74 – 79, 91 – 93). 그러나 1900 – 1912년의 기간이나 1910 – 1917년 이른바 진보 시대도 규제 그 자체는 어김없이 규제 관련 산업의 리더들에 의해서 행해졌다. 그리고 그 규제의 방향은 산업의 리더들이 받아들일 만하든가 바람직하다고 느끼는 목표로 향해졌다(Kolko, 1963: 2 – 3). 부분적으로 이것도 규제적 움직임은 통상 규제되는 지배적 사업자들에 의해 주도되었기

6.1.1. 사적 자치의 원리는 거래 기타 개인들의 의사가 중심이 되어서, 어떻게 팔고, 어떻게 사느냐는 고대 도시국가 시대(그리스, 고대 로마)부터 시작하여 서유럽의 중세 자유도시(freie Stadt)를 거점으로 하여 정부도, 왕도, 국가도, 국가의 군대·경찰·관료도 간섭할 필요가 없고 간섭할 수도 없는 생활 관계의 표현이었다. 오랜 중세사회 이후에 전개된 근대 시민사회와 시민사회(김철, 2007ㄴ: 114)의 법학적 표현인 민법—최초로 나폴레옹 민법—에서는 중세 봉건사회와 달리 타고난 신분—공작의 딸, 후작의 아들, 백작의 조카, 남작의 삼촌—이 아니라 시민혁명에 의해서 계층적 신분에서 해방되어서 민법의 인(人, persona)의 규정에 의해서, 사람은 일생 동안 권리나 의무의 주체가 되었다. 권리 능력 있는 사람은 누구나 어떤 약속(promise) 어떤 구두로 성립되는 계약(諸成계약), 따라서 어떤 의무를 지고 권리를 가지는 자유이다. 위대한 근대 시민사회에 와서 확립된 원칙이다.[23]

계약 자유를 기반으로 한 사법과 공법의 이분법이 시민법의 구질서를 유지시키는 프레임 워크가 되었다[24].

때문이다.

23) 근대 법의 중심개념의 하나인 계약(Contract)은 개인의 사회경제적 활동의 일상적 영위의 기본 양태(樣態)였다. 이미 국가 성립조차도 이와 같은 개인의 계약의 연장－사회 계약 및 국가 계약으로 설명하는 이론이 있어 왔다. 근대 법의 표어는 '신분에서 계약으로'이다. 국가와 정부는 최소한의 정부(Minimal state)이며 국민의 신체, 재산의 안전을 지키는 야경국가였다(김철, 2007ㄴ: 118).

24) 계약 자유를 기반으로 하는 사법질서와 공법질서의 이분법에 대한 공격은, 법학사에서는 사회학적 법학의 창시자인 로스코 파운드(Roscoe Pound)에 의해서 1907년 처음으로 '낡은 법질서에 대한 공격'의 하나로 예일 대학 법학 잡지에서 시도되었다(Roscoe Pound, "Liberty of Contract", 1907).

7. 사적 자치(私的 自治)의 원리에 대한 수정과 공법(公法) 사법(私法) 이분법에 대한 회의[25]

7.1. 법학의 20세기

사적 자치(私的 自治)의 원리에 대한 수정과 공사법 이분법에 대한 회의는 이론적인 것이 아니고 이 연구의 다음 순서 즉, 사회경제사에 따른 Laissez-faire와 규제, 사회적 집단으로서의 기업과 공공복리, 토지 귀족과 신흥 부르주아지, 산업사회와 기업합병, 독점과점, 1차 대전과 사회주의 혁명, 팍스 아메리카나(Pax Americana)와 재즈 시대에서 보여 줄 사회경제사의 진행에 따라서 나타나는 것이다. 아메리카 법학사에 있어서는 사회학적 법학을 주창한 로스코 파운드(김철, 2007ㄱ: 50-51, 61)가 1905년과 1907년 두 번에 걸쳐서, 미국변호사협회(America Bar Association)에서 처음으로 사회학적 법학이 필요하다고 힘주어 말해서 시골 변호사들을 어리둥절하게 만들었다. 법학의 20세기는 이렇게 시작되었다. 19세기를 특징지었던 계약 자유[26]에 대해서는 로스코 파운드가 1907년에,[27] 19세기를 특징지었던 소유권 절대에 대해서는 리차드 엘리(Richard T. Ely)가 1914년에,[28] 불법행위의 개인책임에 대해서는 호움즈

---

25) 이 논제에 대한 역사적 문헌은 (Robert L. Hale, "Coercion and Distribution in a Supposedly Non-Coercive State", 38 *POL. SCI. Q.* (1923) pp.470-478)을 참조할 것.

26) 관련 판례는 (Galucha v. Sherman, 105 Wisc. 236(1900))이다.

27) 역사적 문헌으로서 이 논문(Roscoe Pound, "Liberty of Contract", 18 *Yale L. J.* 1907)을 참조할 것.

28) 역사적 문헌으로서 이 책(Richard T. Ely, *Property and Contract in Their Relations to*

(Holmes)가 1894년, 1897년,[29] 에임즈(James B. Ames)가 1909년[30]에 19세기적 공사법 이원론과 계약 자유에 대해서 포문을 열었다.

그러나 이러한 법학의 선구자의 법학사상보다도 그것을 가능하게 한 사회경제사를 요약해서 보도록 하자.

8. 자유방임(Laissez-faire)과 규제에 대한 세계경제사

세계경제사에서 대략 1770년대부터 1820년대, 또는 1830년대까지가 산업혁명의 초기로, 개인기업 중심으로 생산 및 유통업이 활발하게 일어났으며 상인의 자본이 경제활동의 원동력이었다(김철, 2007ㄴ: 114)(Freeman, 1887).

1830년과 1840년부터 1880년과 1890년까지 생산수단과 테크놀로지는 증기기관과 철도가 지배하는 시기로서 '자유방임(laissez-faire)의 정오[31]'로 사회와 제도가 설명된다.[32] 그러나 철도 산업의 등장은 국가 규제를 불러일으키는 계기가 되었다. 아메리카에 있어서의 공법체계가 나타난 것은 1880년대로 사기업 형태를 규제하기

---

the Distribution of Wealth(1914) pp.136 - 137, 212 - 213, 236 - 241, 248 - 253)을 참조할 것.

29) 역사적 문헌으로서 이 논문(Holmes, "Privilege, Malice, and Intent", S *Harv. L. Rev.* 1 (1894)과 (Holmes, The Path of the Law, 10 *Harv. L. Rev.* 457(1897))을 참조할 것.

30) 역사적 문헌으로서 이 논문(James B. Ames, "Law and Morals", 22 *Harv. L. Rev.* (1909))을 참조할 것.

31) 이 시기는 '작은 기업의 한낮'으로 불린다. 그러나 수백 명이 아니라 수천 명을 고용하는 큰 기업이 나타났다. 기업과 시장이 커지면서 유한회사와 주식회사 형태가 투자, 위험부담, 소유권의 새로운 모습을 가능하게 하였다(김철, 2007ㄴ: 118 - 119)(Freeman, 1987).

32) 아메리카 사회경제사에 있어서 1870 - 1890년대의 도금 시대(Gilded Age)는 대체로 일치한다.

위한 필요로 시작되었다.[33] 철도나 넓은 범위의 개인기업의 영향력이 너무 커서, 과거의 보통법 체계나 행정 관행으로써는 다룰 수 없었다(Richard Stewart, 1975: 374).

9. 사회적 집단으로서의 기업과 공공복리

　고용인 수천 명 이상의 기업이 경제활동의 중심부로 나타나면서 초기 고전 모델 시대(1760 -)[34]의 이분법―즉 시민 대 정부 또는 국민 대 국가의 대립―이 달라졌다(김철, 2007ㄴ: 120). 기업을 위주로 한 사회적 집단이, 중세적 여러 특권이 붕괴된 이후, 시민 생활의 전면에 나타나게 되었다. 봉건적 세력 - 지방토착 특권계층이 남아 있는 나라나 지역에 있어서는 이러한 특권 보유자들이 시민 - 정부 또는 국민 - 국가의 이분법에 다른 역학을 주고 있었다.

　철도 산업은 또 다른 충격을 가져왔다. 요금률과 서비스의 적정성의 문제는 새로운 측면 - 공공문제에 대한 기술적이고 전문적인 판단을 요구하였다. 국민의 일반의지(General will)는 공공복지(public welfare)를 요구한다. 그러나 그 일반의지의 모임인 의회는 철도산업의 기술적이고 전문적인 경제적 측면을 다룰 수 없었다. 국민과 의회의 일반의지(General will)는 특별한 전문가의 모임(Special committee of economists)을 필요로 했다. 일반인의 집단은 특별한 전문가의

---

33) 사기업 행태를 규제하기 위한 공법체계의 출현에 대해서 이 책(Lawrence M. Friedmen, 2005)을 볼 것.

34) 아담 스미스의 보이지 않는 손(Invisible hand)이 초기 시민사회의 자연적 균형을 유지한다고 생각되었다.

실행과 결정을 요구하였다(김철, 2007ㄴ: 120)(A. A. Berle. Junior, 1917: 439-440).

사정은 의회 만능인 영국에서도 마찬가지였다. 예를 들어 벤자민 디이즈레일리(Benjanmin Diesralli)는 일반적으로 모든 국내외의 문제에 대하여 연설할 수 있었으나, 예산과 세출에 대한 특별한 영역에서는 조롱을 받았다(김철, 2007ㄴ: 121).

"영국의 위원회는 철도회사를 괴롭히기에 충분한 권한을 가졌지만, 일반 공중을 능률적으로 원조하는 힘은 없었다."(Schwarz, 1960, 1981: 5) 이리하여 그보다 훨씬 강력한 기관인 철도운하위원회 (Railway and Canal commission)가 1888년 성립한 것이다.

10. 토지 귀족과 신흥 부르주아지

앙시앵 레짐 시대의 서유럽대륙의 토지 귀족과 신흥 부르주아지
–프로이센, 오스트리아, 헝가리제국과 프랑스의 비교

대륙의 주된 세력이었던 프로이센의 경우는 우선 고전 모델의 기초인 삼권분립의 원칙 자체가 확립되지 않았다. 즉, 1871년 이후의 비스마르크 헌법 체제하의 제2제국은 강력한 황제권의 지배하에 있었고, 의회의 역할은 간헐적이었다. 경제사적으로 볼 때, 산업혁명의 진도는 유럽의 선진국이었던 영국에 비해서 후진적이었고 국가의 힘에 의해서 산업화를 추진해 갔다. 프랑스 혁명의 추

진세력이었던 제3세력 즉, 상공업자의 부르주아지는 프로이센에 있어서는 영국만큼 독자성을 누릴 수가 없었다. 프로이센의 지배세력은 여전히 토지를 기반으로 한 대토지 소유자(Junker)에게 있었고 대토지 소유계급은 유럽 전체로 볼 때는 앙시앵 레짐을 지탱했던 토지 귀족과 다르지 않았다. 따라서 앙시앵 레짐 출신의 대토지 소유자는 프로이센의 경우 새로운 부르주아지들을 압도하고 있었다(김철, 1993: 24)(김철, 2007ㄴ: 122).

대륙의 또 다른 지배세력이었던 오스트리아-헝가리 제국의 사정도 중세 이후 앙시앵 레짐의 계승자라는 점에 있어서는 기본적으로 프로이센과 같았다. 따라서 대토지 소유자로 구성된 대귀족과 영주를 국가체제의 기반으로 하고 있었으며, 근대 이후의 근대적 시민사회의 기반인 삼권분립, 법치주의의 원칙 등은 명목적이었다(김철, 1993: 27)(김철, 2007ㄴ: 122).

1830년과 1840년대에서 시작하여 1880년과 1890년에 이르는 시기에 새로운 중산층을 위한 내국 서비스업이 발달하였다. 교통과 유통업이 급격하게 성장하였다. 우편과 커뮤니케이션이 보편적으로 발달하게 되었다. 은행 및 재정 서비스업이 성장하였다. **그 이전 시기의 기술-경제 패러다임의 문제는 수력의 한계였는데 증기기관과 새로운 운송체계에 의해서 극복되었다.**

국제 규제체제에 있어서, 제1기에 테크놀로지와 생산수단의 파이오니아였던 영국이 나폴레옹의 패배와 함께, 상업과 국제 금융에 있어서의 우위를 점했다. 산업혁명의 이 제1기에서 프로이센은 제2군의 산업화를 걷고 있었다. 1837년부터 영국의 빅토리아 왕조가 시작되고 국제 자유무역과 금 본위제가 지속되었다(Freeman 연표, 1987).

11. 산업사회와 기업합병, 독점과점

선진국은 1880년대와 1890년대부터 시작되었으며 나라에 따라
서 1930년대와 1940년대까지 지속된 기간으로 이 시기의 산업사
회의 주력은 제철공업, 전기공업, 중공업에 주어졌다. 거대기업, 카
르텔, 트러스트 그리고 기업합병이 일어났다. 독점과 과점이 전형
적으로 나타났다. 금융과 재정자본이 집중하였다. 1차 대전이 시작
되던 1914년부터 1929년 월가에서 진원이 된 세계 대공황이 시작
되기 직전까지의 상황도 이에 해당한다(김철, 2007ㄴ: 123).

1910년대 중반까지 프로이센은 빌헬름(Wilhelm) 2세 때(1888 -
1918) 테크놀로지의 선두 주자로 나서고, 영국을 이어 대공업국이
되어 보호 무역과 식민지 정책에 나섰다. 비스마르크(Bismark) 헌
법(1871)에 이어 독일지상주의(Deutschland ueber Alles)와 범게르만
주의를 표방하였다. 이러한 빌헬름(Willhelm) 2세의 세계정책(Welt
Politik)이 발칸문제로 범슬라브주의(Pan - Slavonism)와 충돌하였다
(Freeman, 1987).

1910년대 중반까지 민족주의(범게르만주의, 범슬라브주의 등)와
제국주의적 국가(프로이센제국, 러시아제국, 대영제국 그리고 아시
아에 있어서의 일본제국)가 식민주의와 결합하였다. 1차 대전 발발
과 함께(1914) '좋았던 시절(Belle epoque)'과 팍스 브리타니카(Pax
Britanica)가 끝이 났다(김철, 2007ㄴ: 123).

12. 1차 대전과 사회주의 혁명

1차 대전 이전부터 시작해서 국가 및 지방관료주의(Bureaucracy)가 급속하게 성장하였으며, 민족국가 및 제국주의 국가의 국가 규제가 최대화되었다. 공익시설과 같은 하부구조(Infra structure)에 대한 국유 및 규제가 보편화되었다. 국가에 의한 사회 입법이 많아졌다. 국가 관료가 급속히 성장하였다(Freeman, 1987).

1917년 대전의 와중에 러시아에 혁명이 일어나고 최초의 사회주의 정부가 수립되었다.

영국의 마샬(Marshall), 이탈리아의 파레토(Pareto)가 활약했다. 아메리카에서는 1899년 돌스타인 베브렌(Thorstein Vebren)이 유한계급론(Theories of Leisure Class)을 썼다.

13. 팍스 아메리카나(Pax Americana)와 재즈 시대

1차 대전을 종결하고 전후 질서를 베르사유 조약에 의해서 규정한 1919년 이후를 팍스 아메리카나(Pax Americana) 시대로 본다. 1차 대전 때 유럽에 있어서의 전체주의와의 전쟁을 지원해서 세계 자유주의의 구원자가 된 아메리카는 1919년부터 약 10년 동안 호황을 계속하였다. 이 시대를 아메리카 역사에서는 재즈 시대라고 한다. 이 시대의 특징은 한편에 있어서는 급격히 경제적 부가 증가하였으며 아메리카인들이 구대륙의 정신적 유산을 극복하고 자신감을 가지기 시작한 시절이었으며 다른 한편에서는 급격히 증가한 경제적 부가 이전의 청교도적 정신주의를 압도해서 유한계급이 나타나고 대중의 감각이 호사와 안락, 사치에 길들여졌던 시대이다 (김철, 2008ㄴ, 4).

사적 자치, 계약의 자유, 특히 대규모의 계약으로 영위하던 회사와 기업의 자유는 생산력과 거래량을 증가시켰다. 부는 증가하고 물질적 풍요가 넘쳐나게 되었다.

14. 재즈 시대의 아노미

이 기간 동안 아메리카 문화에서는 방식의 문제보다 목표의 달성에 중점이 주어진다고 머튼은 믿는다(Merton, 1957: 136).[35] 당시 머튼이 인간 야심의 무한함의 예로 드는 아메리칸 드림[36]에서 "부(wealth)는 즉 금전적 성공은 사회적 입신의 지표적인 역할을 하며 시민들로 하여금 이러한 목표로 이끄는 수없는 '성공담'이 횡행하고 있으며[37] 이 '쥐의 경주'에서 실패하는 자에게는 패배자의

---

35) 그의 생애의 가장 큰 사건이었을 1929년의 대공황 이전의 10년과 이후의 10년이 그에게 결정적인 사회학적 소재였을 것이다.

36) 아메리칸 드림에는 종착점이 없다고 머튼은 보고 있다. 금전의 획득에 의한 부의 성취의 정도는 정의할 수도 없고 상대적이라 한다. 즉 모든 소득계층에서 아메리카인들은 현재보다도 25% 가산된 것을 원하고 있고 물론 이것이 성취되면 '얼마간 더 벌기'는 계속 작동한다. 이와 같이 표준 자체가 변화하는 곳에서는 안정적인 휴식점이 없으며 항상 '더 앞으로'가 작용한다고 한다. 최상위급의 소득계층이 모여 사는 커뮤니티에서도 조금만 덜 버는 사람은 사회적으로 박탈감을 느낀다. 그 가장 특이한 예를 1940년대의 번영하는 할리우드에서 들고 있다(머튼: 1950, 736). 그러나 더 극적인 예는 2008년 9월 월가에서 일어난 파산 사건의 원인 행위가 진행된 경위를 들 수 있다. 불량주택채권의 담보나 파생상품의 위험성과 높은 수익성은 드디어 1929년 세계 대공황 이후 세계 금융시장의 최악의 위기를 초래하였다(TIME, 2008년 9월 29일, 18 - 23).

낙인과 저주가 기다리고 있다."38)라고 아노미와 관련해서 법사회학자로서 비관적으로 보고 있다. 머튼의 이 관찰은 계층에 따라 타당도가 달라질 것이나39) 최소한 성공신화가 과다한 어떤 시대의 어떤 사회의 아노미 현상에 대한 증언이라고 보인다. 비교사회학적으로 중요한 분석이며 다른 사회의 다른 시대의 관찰과 분석에도 쓰일 수 있는 것은 어떤 문화에서의 목표와 목표를 이루는 수단과 방식 사이에 현저한 불균형이 있다는 것의 지적이다(Mannheim, 1973: 502; Merton, 1957: 166)(김철, 2008ㄴ).

그러기를 약 10년쯤 계속했을 때, 무엇인가 잘못 진행된 것도 같이 따라왔다는 것을 느꼈을 때, 이미 개인이 아니라 국가 사회가 이상한 국면에 도달했다는 것을 느꼈다. 계약의 자유는 한계가

---

37) "문화의 차원에서 머튼은 모든 사회구성원들에게 경제적 성공이라는 단일한 성공 목표를 지나치게 강조하는 문화를 아노미의 중요한 근원이라고 보았다. 사회구조의 차원에서는 사회계층의 경직성 정도, 혹은 불평등 정도가 핵심적인 의미를 갖는다고 보았다. 머튼의 이론에 따르면, 경직된 사회계층구조 혹은 심한 불평등 구조가 한 사회 내에서 경제적 성공이라는 단일한 목표를 모든 사회구성원들에게 강조하는 문화와 결합했을 때 그 사회에 아노미가 팽배할 것으로 예측된다. 상당수의 사회구성원들, 특히 불평등 구조에서 하층에 위치한 사람들은 제도적 수단에 대한 접근이 제한되어 있는 상황에도 불구하고 여전히 경제적 성공 목표를 달성하기 위해서 비합법적 수단이라도 동원하려고 할 것이다. 이러한 문화적, 사회구조적 상황에서 제도적 수단의 정당성은 크게 약화될 수밖에 없다. 그리고 무엇보다 경제적 성공을 '지나치게' 강조하는 문화는 필연적으로 제도적 수단에 대한 경시로 결과될 것이다."(Merton, 1957: 187; 신동준: 2006, 37)

38) 사회경제적 지수와 범죄율 간의 높은 상관관계를 이와 같이 표현했다고 보인다. 1930년대－1957년 사이 아메리칸 드림에서 실패자로 낙인찍히고 범죄자로 전락한 경우도 많을 것이다. 그러나 그 기간 동안 신대륙으로 유입된 외국인 이민의 경우를 생각한다면―서유럽·동유럽 이민들, 중남미 이민들, 그리고 한국과 동아시아 및 동남아시아 이민들의 생활사를 그들이 본국에서 영위하던 정치, 사회, 경제적 위상과 비교한다면―머튼이 표현한 바 '쥐의 경쟁'은 대공황기의 경험으로 해석된다. 많은 이민들에게 아메리칸 드림의 꿈은 머튼이 말한 바 부나 금전적 성취의 측면보다 전쟁과 정치적 재난, 경제적 불안정에서부터 피난처를 찾은 것이고 이들의 성공 여부는 보다 긴 역사에서 판단되어야 할 것이다. 아메리칸 드림의 기록으로서 Frank McCourt, Angella's Ashes(Now York, 2003), 'Tis(Now York, 2004), Teacher Man(Now York, 2005).

39) 머튼의 이 이론은 법사회학의 넓은 범주에서 볼 때는 사회계층을 중심으로 한 이론으로 분류된다. 법사회학의 한 분과인 범죄사회학 학자인 만하임은 머튼과 그가 계승한 뒤르켐을 범죄사회학에 있어서 계층 정향의 이론가로 보고 있다(Mannheim: 1973, pp.499－531).

없을 줄 알았는데, 계약 당사자만 승낙하면 문제없을 줄 알았는데, 잘 굴러가던 기업자금 조달의 창구이며, 돈 가진 사람이 자금 시장에 투자만 하면 증권이든 채권이든 늘 기업 이윤과 함께 높은 수익률이 보장되는 듯 했는데 - 어느 날, 가진 자산 전부를 투자한 증권과 채권이 휴지조각만큼이나 가치를 상실한 것을 발견했다. 사람들은 놀라고, 어이없었고 분노하다가 - 큰 부를 가진 사람이 갑자기 알거지가 된 것을 보고 - 집을 나가서 행방불명이 되거나, 자살자가 급격히 늘어났다.

15. 대공황의 전기(前期)

  '위기 때의 법'(Law in Crisis)이 주제이다. 1920 - 1930년까지의 급격히 변동하는 사회적 맥락 속에서 세계 대공황의 전기(前期)가 진행되고 있었다. 법 관련자들은 다음과 같이 생각했다. 법학자들은 사회현실과 관견해서 법이 실지로 어떻게 운용되는가에 관해서 조사하여야 되는 소명(Calling)을 가지고 있다고 선언하고 그때까지의 법 사고는 이러한 기준에 의해서 비판되었다. 개념적이며 원칙적이며 법률해석학에 국한되었다고 하고, 법이 실제로 사회 안에서 어떻게 운영되며 사람들의 행태에 어떻게 영향을 미치는가는 무시한다고 하였다(Kitch, 1983:164; 김철, 2007ㄱ: 188)(김철, 2008ㄱ: 50 - 51).

16. 대공황 시대(The Great Depression)의 경제 사상과 법

대폭락, 대침체 그래서 1929년에 시작된 대공황에 대해서는 재계나 노동계 그리고 학계의 거물들 중 누구도 예상이나 준비가 없었다. 오히려 1920년대의 경제 사상의 이단아들이 경기 침체에서 지적 자극과 입장의 강화를 받았다(Schlesinger. JR, 1957: 186). 그 중에 포스터(Foster) – 캣칭스(Catchings) 팀의 윌리엄 포스터(William Foster)가 대폭락 이후 그의 원래 주장의 입지를 확인하고 강화한 것이 되었다. 그가 고안한 체계에 의하면 폭락과 침체는 예상할 수 있었던 것이고, 그가 그 이유를 알았다면 치유책도 알았다고 생각했을 수 있었다(Schlesinger. JR, 1957: 187).

> "왜 산업이 물건 만들기를 그치고, 고용을 중지했는가?"
> "제품이 팔리지 않는 것이 이유이다."
> "신속하게 침체를 그치게 할 유일한 방법은 급료 총액의 전체를 늘리는 것이다."
>
> — Arthur Schlesinger. Jr, 중에서 —

그러나 구매력도 살아나지 않았다.

> "3년간 우리는 사기업들이 필요한 통화와 신용을 순환시키기를 기다렸다. 게으른 천사들에게 일을 맡기는 것은 어리석은 짓이다."
> "민영기업이 실패하는 곳에, 공적 사업과 공기업이 우리의 유일한 원천이다. 우리는 집합적 행동에 의해서 소비자의 구매력을 회복할 수 있고, 다른 방법이 없다. – 집합적 행동이란, 연방정부에 의한 행동이다."
>
> — Arthur Schlesinger. Jr, 중에서 —

첫 번째 스텝은 고용과 생산을 회복시키기 위해서 필요한 만큼 국가 채무를 증가시키는 것이어야 한다. 채무의 규모를 걱정할 시점이 아니다. 일단 국가의 소득이 증가하기 시작하면, 연방정부의 채무를 다시 지불하는 것은 단순한 일이 된다. 정부는 도로와 빈민가 재개발, 모든 종류의 공적 사업을 위해 자유롭게 지출해야 한다. 할 수 있는 모든 방법으로(상층부가 아닌 계층의 세금공제, 보너스 지급) 소비자의 손에 돈을 쥐어 주어야 한다. "만약 그것이 인플레이션이 되더라도, 지금 당장 국가가 필요한 것은 인플레이션 이외의 것이 아니다."(Schlesinger. JR.: 1957: 186 – 187)

영국인 존 A. 홉슨(John A. Hobson)은 독자적으로 스테그네이션을 저소비주의자(underconsumptionist)의 논점으로 분석하였다. 포스터(William T. Foster)가 기업 저축과 금융의 과정에서 구매력의 누출을 강조함으로써 '수요의 실패'를 설명한 곳에서, 홉슨은 부의 분배(Wealth distribution)라는 구조에 주목하였다. 부의 분배의 왜곡은 부유한 자들의 손에 소득을 주고, 그들은 그것을 저축하는 동안, 소득을 써서 수평으로 증가시킬 수 있는 빈곤자들에게는 소득이 돌아가지 않았다(Arthur M. Schlesinger. JR, 1957: 188)

홉슨은 자본주의 체제를 수정하지 않고서는, 부자들이 과잉 저축하는 것을 교정할 가능성이 없다는 비관적인 태도를 보였다. 그의 분석이 좀 더 정교하고 끈덕졌었다면, 재정 적자를 감내한 재정 지출과 교정적인 과세를 권장한 점에서 포스터와 우연히 일치하였고, 그래서 그는 아메리카에 영향을 미쳤다.

존 메이나드 케인즈가 화폐론(Treatise on Money)을 1930년에 출간했는데 저소비주의자의 진영에서는 가장 좋은 영국 경제학으로 보였다. 1932년에 케인즈는 미국에서 말했다. "지금은 빈곤에서 오는 위기(crisis of poverty)가 아니고 풍요에서 오는 위기(crisis of abundance)이다.” 당시에도 어떤 목소리는, 위기에서의 탈출구는 잠재적 생산력을 현재화시켜 사용하는 데 있다고 주장했으나, 케인즈는 바보 또는 광인의 소리라고 반박했다. 경기에 민감한 금융인들은 인플레이션의 심각한 위험은 없다고 시민들에게 확언하고 다닐 수밖에 없었으나, 그들의 진정한 의도에서는 그렇게 바랄 만한 충분한 근거도 찾을 수 없는 상황이었다. 이러한 분위기가 지배적인 한, 케인즈는 가까운 장래에, 과거와 같은 아메리카의 번영을 다시 가져올 사건들을 기대할 수 없다고 말하였다.

미국에서는, 윌리엄 포스터(Foster)와 같은 저소비주의자들의 글이 출판 되었으나 추종자는 별로 없었다(Arthur M. Schlesinger. JR, 1957). “고소득층의 소득은 아메리카가 굴러가도록 만드는 충분한 비율로 자동적으로 소비되지는 않는다. 그래서 연방정부는 이 잉여소득(Surplus income)을 취해서 그것을 써야 한다.”라고 데이비드 코일(David Cushman Coyle)이 주장한다. 그러나 포스터(Foster)의 가장 강력한 제자는 유태계 금융인의 에클레(Eccle)로 포스터(Foster)를 주의 깊게 읽고, 저소비현상을 사업가로서의 경험으로 재해석하고는, 그의 스승을 구체성과 전략성에서 능가하는 권고를 내놓았다. 그에 의하면 문제는 정부를 구매력의 증가를 가져오도록 사용하는 것이다. 해답은 정부 지출에 있으며 - 공공사업(Public works)과 구제사업(Relief)이었다(Arthur M. Schlesinger. JR, 1957).

“자본주의 아래에서, 지금의 위기 상황에 대처하는 계획을 우리가 채택하거나, 그렇지 않으면 자본주의 없이 운영되는 계획이 우리 의사와 관계없이 채택될 것이다.”

구제(Relief)는 농업에 있어서의 국내 할당계획 또는 어쨌든 돈이

순환되게 만드는 다른 조치를 위한 구제를 뜻한다.

"통제되지 않은 개인주의의 시대는 지났다. 경제는 정부에 의해서 위에서부터 통제되고 규제되는, 수정된 자본주의 체제로만 살아남을 것이다."라고 포스터는 말했다(Schlesinger. JR, 1954: 189).

포스터(Foster)와 에클레(Eccles)에게 있어서 침체(depression)는 전적으로 화폐 현상(Monetary phenomenon)이었고, 오로지 '화폐 측면의 조치'로 해결될 수 있는 성질이었다. 두 사람 다 구매력(Purchasing Power)의 문제에서 시작하여 구조(Structure)의 문제로 옮아갔다.

베브렌(Vevlen), 패턴(Patten), 커먼스(Commons)들은 제도주의자(Institutionalist)로서 제도(Institution)를 중요시하고, 구조개혁을 출발점으로 삼았다. 국립경제연구처(National Bureau of Economic Research)는 제도주의자들이 통계적 그림을 그리는 곳이었고, 제도주의자(Institutionalist)들의 또 다른 그룹은 두 사람의 경제학자(Gardiner Mears와 Tugwell)와 한 사람의 법률가(Adolf Berle)들이 새로운 길을 열었다.

이들은 경제(학)가 법과 교차하는 영역 그리고 (법)제도가 경제발전의 패턴을 놓는 그 영역에 주목하였다. 이들은 현대에 와서, 회사(Corporation)가 흥기함에 경제를 혁명적으로 변화시켰다고 했고, 따라서 공공정책을 생각해 내는 사고방식 또한 혁명적으로 변화시켰다고 했다. 이들의 '현대 회사론'에 의하면 200개인 비금융 회사들이 그 나라의 비금융기업의 약 1 / 2을 통제하고 있었다. 제철공업의 1 / 2은 두 회사에, 구리공업의 1 / 2은 네 회사에, 무연탄의 1 / 2은 네 회사에, 니켈과 알루미늄은 사실상 독점이었다. 3개 그룹이 발전 산업의 1 / 2 이상을, 그 회사가 2 / 3 이상의 자동차를, 세 회사가 담배산업의 70%를, 한 회사가 농업용 기계의 절반을 - 그런 식이었다. 법률학자인 Berle의 계산에 의하면 1932년까지

65%의 아메리카 산업이 600개 회사에 의해 지배되고, 이것은 약 6000사람이 이들 회사의 이사로서 미국의 경제생활을 실질적으로 통제하였다. 비상근 이사를 제외하면 약 2000명이 산업계를 통제하고 있었다. 비율이 계속 높아진다면 70%의 모든 기업활동은 200개의 회사에 의한 것이 될 것이다(1950).

브랜다이스 판사는 1915년에 시계바늘을 거꾸로 돌리려고 악전고투하였다.

펠릭스 프랑크피터 교수는 아직도 이런 추세는 영속하지 못한다고 믿는 경향이 있었다.

일찍이 시민혁명 이전에 봉건제도가 사회를 지배하였던 것처럼 현대에서는 소수의 산업 귀족이 지배하는 회사체제가 진행되고 있었다(Schlesinger. JR, 1957: 190 - 191).

17. 보수주의 시대(Conservative Era)와 소위 '진취적 시대(Progressive Era)'의 실상

17.1. 진취주의 또는 진보주의의 역사

아메리카 제도와 법의 역사에도 1885 - 1895년까지를 구질서의 시대(Arnold Paul)로 본다. 1890 - 1900년까지는 시장의 내림세와 규제 국가의 오름세로 본다(Faulkner: 74 - 79, 91 - 93). 테오도르 루스벨트의 시대인 1900 - 1912년에 현대 아메리카가 탄생한 것으로 본다(George E. Mowry: 6 - 10, 14 - 15). 우드로우 윌슨과 1차 대전 기간인 1910 - 1917년을 진취의 시대로 간주한다(Arthur S. Link: 18 - 21, 66 - 80).

1915년 2월 22일 FTC가 성립되고, 행정부는 기업 규제라는 실험을 진수시켰다. 윌슨은 FTC 안에 재계의 카운슬러와 친구를 조성하기를 원했다. 브랜다이스와 루브리(Rublee)는 위원회가 아메리카 경제 상황의 역동적인 역할을 할 것을 기대했고 실망하였다. 1900년부터 아메리카가 1차 세계대전에 참전할 때까지를 실지로 거의 모든 사가들이 '진취적인' 또는 '진보적인' 시대로 레벨을 붙여 왔으니, 그 실상은 보수주의 시대라고 할 수 있다는 주장이 있다(Gabriel Kolko, The Triumph of Conservatism, 1963: 2 - 15).

진취주의 또는 진보주의(Progressivism)는 원래 기업과 산업 조건의 정치적 합리화를 위한 운동이었다. 그 운동의 전제는 공동체의 일반 복지와 공익은 비즈니스의 구체적 필요성을 만족시킴으로써 가장 잘 이루어질 수 있다는 것이었다. 그러나 규제 그 자체는 어김없이 규제 관련 산업의 리더들에 의해서 행해졌다. 그리고 그 규제의 방향은 산업의 리더들이 받아들일 만하든가 바람직하다고 느끼는 목표로 향해졌다(Kolko, 1963: 2 - 3). 부분적으로 이것도 규제적 움직임은 통상 규제되는 지배적 사업자들에 의해 주도되었기 때문이다. 그리고 규제의 움직임은 정치적 리더들의 거의 보편적 믿음에서 결과한 것이기도 하다. 사 소유권 관계가 본질적으로 존재하는 데로의 기본적 정의를 믿었는데, 이 믿음이 정치 지도자들의 가능한 행동들의 궁극적인 한계를 만드는 것이 되었다.

이른바 '진취 시대'(Progressive era)의 특징은 경제에 대한 정치적 규제라기보다는, 주요한 경제적 이익으로서의 비즈니스가 정치를 통제한 것이다(Kolko, 1963: 2 - 3). 따라서 흔히 생각하듯이 규제냐 반규제냐의 문제가 아니다. 또는 국가 통제냐 자유방임이냐의 문제가 아니다. 어떤 규제가 누구에 의해서 행해지느냐의 문제였다. 이른바 '진취 시대'에 비로소 다음과 같은 일이 있어났다. 정치적 이념적 기후 변화가 생기고, 서서히 경제적 독립은 저하되며, 새롭고 더 큰 기업합병이 나타남에 따라서 점점 더 많은 중산층 아메리카인들은 새로 생긴 산업과 재정의 왕국들이 아메리칸 드림을 오용 또는 남용했다고 확신하게 되었다(Ellis W. Hawley, 1966: 6-9).

개혁의 철학은 1912년 우드로우 윌슨(Woodrow Wilson)의 신자유(New Freedom)와 테오도르 루스벨트(Theodore Roosevelt)의 신민족주의(New Nationalism)의 격돌 때 나타난다. 전자는 브랜다이스로 대표되어서 트러스트가 금융성이나 생산성 때문이 아니라 라이벌을 불공정 행위로 제쳤기 때문에 특권을 누린다고 했고, 신민족주의자는 경제적 집중은 대량생산과 선발 기술의 불기피한 결과라고 했다(Hawley, 1966: 6-9).

18. 경제적 보수주의와 경제적 자유주의

18.1. 경제적 보수주의와 경제적 자유주의(Economic Liberalism)[40]의 경계

러셀 갤로웨이는 1790년부터 1982년까지의 미국 연방대법원의

---

40) 이 문제에 대한 논의는 다음의 연구 발표문을 참조할 것(김철, 「빈곤과 부에 대한 차별문제: 헌법과 파산법의 눈에서」, 한국사회이론학회 2005년 후기학술대회 『빈곤과 우리사회』, 2005년 12월 17일 성신여자대학교 수정관 313호(2005ㄱ)).

역사를 부자와 가난한 자의 문제에서 분석 서술하고 있다(Russell Galloway, 1982& 1991). 그는 빈부문제에 대한 입장을 다음과 같이 정리한다(김철, 2005: 17).

첫째, 경제적 보수주의(economic conservatism)는 전형적으로 다음의 확신에 근거한다. 부를 재분배하는 어떤 주된 노력도 정부에 의해서 행해져서는 안 된다. 정부의 주된 역할은 물질적 복리를 국민이나 기업이 개인적으로 추구할 때, 호의적인 환경을 만들어 주는 것이고, 재산권 소유자의 권리를 보호하는 것이다. 최소국가(minimal state)의 기능이며, 사법부의 역할도 여기에 있다고 본다. 미국 법학사에서 여기에 속하는 사람은 해밀턴(Alexander Hamilton), 마샬(John Marshall) 초대 대법원장, 스토리(Story) 대법관, 필드(Field) 대법관, 닉슨 대통령, 레이건 대통령, 아버지 부시와 아들 부시 대통령.

둘째, 경제적 자유주의(economic liberalism)는 다음의 믿음을 특징으로 한다. 한 나라의 부(richness)는 빈곤의 짐을 가능한 한 완화시키는 방법으로 분배되어야 한다는 믿음이다. 미국 법학사에서 여기에 속하는 사람은, 제퍼슨(Thomas Jefferson) 대통령, 잭슨(Andrew Jackson) 대통령, 태니(Taney) 대법관, 브랜다이스(Louis D. Brandeis) 대법관, 루스벨트 (F. D. Roosevelt) 대통령, 더글러스(William O. Douglas) 대법관.

2007년에 폴 크루그먼은 두 가지 입장 이외에, 원래 한 입장에서 출발했으나 차츰 다른 입장의 정책을 추구한 경우의 예로, 공화당의 아이젠하워 대통령의 예를 든다. 그리고 아이젠하워가 루스벨트 행정부의 정책을 계승한 데 대한 반발로 새로운 보수주의(new − conservatism)가 일어나고, 세월이 지나서 강력한 정치운동으로 자리 잡았다고 한다. 1964년 골드워터－1980년 레이건으로 연결된다(폴 크루그먼, 2007: 25).

약 200년 이상의 역사를 통해, 경제적 보수주의와 경제적 자유주의가 서로 대치하고 있는 둑을 따라서, 경제와 법 제도의 긴 강물이 흘러왔고, 이 긴 흐름을 특징짓고 구분 짓는 것은, 개혁(reform)과 반개혁(counter－reform)—정치경제적 의미에서—의 시도이다. 1776년에서 1789년에 이르는 건국 시기로부터 현재에 이르기까지, 경제적 자유주의와 경제적 보수주의를 기반으로 한 정치, 경제, 법문화는 갈등과 대립, 타협과 조정, 반동과 개혁의 모든 매듭을 거쳐서, 적어도 다음의 4가지를 빈부 문제에 대한 기본적 논의 주제로 확정하였다(Russell Galloway, 1982& 1991)(김철, 2005: 17).

18.1.1. 4가지 빈부문제

18.1.1.1. 과다한 부채에서 국민을 구제할 것인가

18.1.1.2. 나라의 부를 재분배할 것인가

18.1.1.3. 부유층의 형태를 규제할 것인가

18.1.1.4. 빈곤층의 조직화된 행동에 관심을 가질 것인가

19. 파산법의 문제

19.1. 최근 지구촌의 지식인의 관심이 지난 공황 시대에 어떻게 일이 진행되었으며 어떻게 빠져나왔나에 집중되고 있다. 그러나 경제정책을 제외하고 구체적으로 '경제적으로 위

기에 선 개인과 기업을 어떻게 할 것인가'의 문제는 직접
적으로 파산법의 문제이다(김철, 2005: 17).

19.2. 파산과 파산법의 성격에 대해서 엇갈리는 태도가 있다(David
A. Skeel, JR., 2001)(임치용, 2004: 203 – 251). 흔히 생각
하기를 정직하나 불운한 채무자만이 새로운 출발을 할 권
리가 있으며, 그 경우에도 채무자는 가능하면 채권자에게
빚을 모두 갚아야 한다고 믿어 왔다. 이 윤리적 긴장은 모
든 세대에 걸쳐서, 파산을 어떻게 보느냐의 태도와 가치에
주된 무대를 제공하였다.

19.3. 미국 파산법의 가장 급격한 개혁은 대공황 때의 파산 입
법(The Chandler Act in 1938)에 의한 것으로, 중요 조항
은 루스벨트 대통령이 지명한 더글러스(William Douglas)
판사에 의하여 기초된 것이다(David A. Skeel, JR., 2001).
일련의 뉴딜 입법의 하나였다. 더글러스의 작업은 이전의
재정적 곤란을 해결하는 데 가장 앞서고, 시대에 맞는 이
정표로 보였다.

19.4. 어떻게 미국 파산법이 다른 나라에서의 접근법과 몹시 다
를까? 어떻게 채무자에 대한 관용이 이렇게까지 진행되었
을까의 질문(오수근, 2004)은 거의 100년 이상에 걸쳐 현
대 미국의 파산법 제도를 형성시킨 정치경제적 요인을 살
핌으로써 가능하다. 미국 파산법은 세 가지 힘의 산물이
다. 채권자 그룹의 조직과 이에 맞서는 민중주의 운동 또

는 친채무자 운동에서의 압력의 타협이다. 대립하는 두 힘
의 경계선상에 전문가 집단이 끼어 있다(David A. Skeel,
JR., 2001).

19.5. 정당정치도 파산법의 역사에서 중요한 역할을 했다. 채권
자집단의 영향력은 공화당에서 왔고, 대부분의 친채무자
입법가들은 민주당원이었다. 정치적 분열은 19세기에 현
저했다. 채권자집단, 채무자의 집합 이익, 파산법 전문 법
률가의 세 가지 세력과, 양대 정당의 영향은 오늘날도 같
다. 역사에서, 채권자집단, 채무자의 집합이익, 전문법률가
의 세력 균형은 변화해 왔고, 가장 극적인 예는 대공황
때 나타났다. 대공황은 월 스트리트의 은행과, 그때까지
대규모 기업의 회사 갱생을 독점해 왔던, 법률가의 영향
을 극적으로 감소시켰다(David A. Skeel, JR., 2001).

19.6. 그때까지 월 스트리트의 은행과 지배적인 법률가들은 대
중의 분노라는 물결을 촉발시켜 왔다. 채권시장 또는 금
융시장의 변화도 큰 역할을 했다. 20세기 초에는 공급자
나 상인들이 중요한 채권자 이익을 대표했다. 2차 세계대
전 이후 소비자 신용(금융)이 일어남에 따라, 소비자 신용
산업이 더 중요한 역할을 하게 되고, 생산자나 상인의 중
요성은 감소하였다(David A. Skeel, JR., 2001).

19.7. 미국의 파산법의 역사(임치용, 2004: 203 − 251)(오수근, 2004)
를 돌이켜 볼 때 다음과 같은 점이 발견된다. 19세기에,

광범한 경제적 재난의 때에는 의회는 파산법을 제정하였
으나, 일단 재난의 시기가 지나면 재빨리 폐지하였다.
1898년에 비로소 한시적이 아닌 파산법이 제정되었다. 채
권자들, 친채무자 이데올로기, 그리고 파산법조인들의 합
작품이었다(David A. Skeel, JR., 2001).

19.8. 대규모 회사의 갱생은 많은 숫자의 철도회사가 19세기에
실패함으로써 시작되었다. 대규모 철도회사가 도산에 직
면하였을 때, 운송의 공익(public interest)과 이해관계인의
경제적 이익(사익)은 동시에 철도회사가 해산되기보다 재
생되기를 요구하였다. 이 시기에 철도기업을 구출하려는
연방의회나 주 의회의 입법적 노력은 당시에 생각된 중대
한 헌법적 한계에 부딪쳐 제약을 받았다.

19.9. 구원은 법원에서 왔다. 코먼 로(common law) 전통을 경이
롭게 구사해서, 법원은 형평관재인제도(equity receivership)
라고 불리는 회사 갱생장치를 그때까지의 전통적인 관재
인제도와 저당물상실제도로부터 만들어 내는 데 주된 역
할을 하였다. 형평관재인제도에서 중요한 역할은, 지불불
능에 빠진 기업 그리고 기업이 주식과 채원을 대중에게
팔 때 보증을 섰던 은행의 양자를 대표하는 경영 관리자
이다. 지급보증 은행은 지급 불능에 빠진 기업에 투자한,
분산된 이해 당사자들을 모아서, 위원회를 만들었다. 예를
들어 주주를 대표하는 형평위원회, 회사채소유자위원회 등
이다. 그래서 이러한 채권자위원회가 회사갱생에 대해서

기업의 경영관리인과 협상하였다. 대공황과 그에 이은 뉴
딜 개혁 시대에 뉴딜 개혁은 1898년 이후 발전된 파산법
제도를 유지하고 더 강화하였다.

19.10. 복지 프로그램과 사회안전망(social security)의 문제를 입
법하는 와중에서도, 파산과 파산법의 문제는 사법부의
문제로 유지 계승되었다.

19.11. 대공황의 시대[41]는 월가(Wall Street)와 월가의 '금전 신
탁(Money Trust)' 은행에 대한 대중의 분노[42]를 특징으
로 한다. 대중주의자(pupulists)는 이 은행들을 공황의 원
인 제공자로 비난하였다. 뉴딜 개혁자들은 이 반-월가
(Anti-Wall Street) 정서를 재정 개혁 입법을 추진하는
데 이용하였다(Glass-Steagall Act). 더글러스(Douglas)와
그 일행[43]은 주식 및 환 위원회(Security & Exchange
Commission)에서 대규모의 기업 갱생을, 모습을 바꾸어
변용시키는 데 이러한 정서를 사용하였다. 이때 월가은행
과 엘리트 기업 법률가들이 힘을 잃게 되었다. 이렇게 나
타난 1938년의 법(The Chandler Act)에서의 개혁은 더글러

---

41) 대공황 시대의 뉴딜 정책을 회피하려는 1930년대의 법률가들에 대해서는, 이 논문(David
   A. Skeel, JR., "Escaping the New Deal: The Bankruptcy Bar in the 1930s",
   2001)을 볼 것.

42) 대공황 시대에 뿌리 뽑히고 다른 지방으로 이주할 수밖에 없었던 사람들에 대한 기록으로
   는 존 스타인벡(John Ernest Steinbeck), 『분노의 포도(The Grapes of Wrath)』(전형기
   옮김)(서울: 범우사, 1998)를 볼 것.

43) 이 시대의 더글러스와 증권 및 환 위원회(Securities and Exchange Commission)에 대
   해서는, 이 논문(David A. Skeel, JR., "William Douglas and the Rise of the Securities
   and Exchange Commission", 2001)을 볼 것.

스와 주식 및 환 위원회(Security Exchange Committee)의 승리였다. 이 법의 구조 안에 숨었던 씨앗들이 나중에 뉴딜 스타일의 기업 갱생과 주식 및 환 위원회(Security Exchange Committee)가 완전히 사라지게 되는 계기가 되었다. 이 법이 월가의 은행과 거기에 동행하는 기업법률가들의 역할을 거의 완전히 부인하였기 때문이다.

19.12. 1978년 파산법(The 1978 Bankruptcy Code)은 가장 최신의 미국파산법의 시대를 보여 준다. 개인 파산의 눈에 띄는 증가와 파산 법률가들의 확신에 찬 활동으로 의회는 국가파산위원회(National Bankruptcy Commission)를 지명하였다. 파산법의 적용범위가 넓어지고 채권자와 채무자의 힘의 균형을 변경하는 효과를 가진 제안이 나왔다.

19.13. 소비자 파산의 문제는 한편에서는 소비자 금융 산업과 다른 한편에서는 소비자 파산 법률가와 친채무자 이익 간의 치열한 전투와 관계된다. 이와 관련해서 1994년부터 1997년까지 존속한 국가 파산심사위원회(National Bankruptcy Review Commission)는 실패하였다고 보인다. 1973년의 국가파산위원회(National Bankruptcy Commission)의 보고서는 중립적이라고 관찰되는 데 반해서, 1997년의 보고서는 높은 정도의 편향이 있다고 보인다. 이데올로기로 채색된 분위기와 함께 이른바 '깅그리치 혁명'(Gingrich Revolution)으로 불리는 의회의 분위기로 설명된다. 공화당 의회는, 정부위원회가 제안한 비교적 채

무자에게 유리한 안보다는 소비자금융 산업 및 그에 부
수하는 로비 캠페인에 의해 추진된 법안을 입법하였다.

20. 폴 크루그먼의 불평등의 경제학과 김철의 아노미의 법학

20.1. 크루그먼(Krugman)은 불평등의 경제학(Krugman, 2007, 022)
에서 제도와 규범 그리고 정치적 환경이 소득 분배에 미
치는 영향이 경제적 입문에서 배운 것보다 중요하고, 객관
적인 시장의 힘은 그렇게 중요한 역할을 하지 않는다는
것이다. 그렇다면 법 제도와 규범이 소득 분배에 있어서
경제 원리보다 중요하다.

20.2. 크루그먼은 뉴딜 이전의 시대와 21세기 초(2000-2007, 2008)
의 미국이 부의 불평등과 권력의 불평등이 심하다는 점에
서 같다고 한다.
   20.2.1. 김철은 뉴딜 이전의 미국의 아노미에 주목하고
2008년 9월 현재 금융위기에 같은 관찰을 적용할
수 있는지를 묻는다(김철, 아노미, 2008ㄴ).

20.3. 크루그먼은 피케티와 사에즈(NBER)를 인용하여 대공황 전
1920년대(10년) 평균과 2005년의 소득격차가 소수 특수계
층에 집중된 점이 비슷하다고 한다.[44](크루그먼: 032)

---

44) 대공황 이전 1920년대 평균과 금융자본주의 위기 이전 2005년 비교(Krugman, 2007: 032)

20.3.1. 크루그먼은 변화의 흐름이 경제에서 정치로 흐른
다는 통념을 부정하고, 제도, 규범 및 정치환경이
경제로 흘러, 경제적 불평등을 가져온다고 한다.

20.4. 김철은 문화적 사회적 아노미가 경제적 아노미를 가져오
거나 연결되었다고 한다(김철, 아노미, 2008).
"사회적 문화적 아노미가 어떻게 경제적 아노미로 연결되
어 있는가에 대한 연구이다."

20.5. 크루그먼은 불평등에 대한 경제학에서 키워드는 '소득의
불평등'이나 김철의 아노미에 대한 사회학적 법학에서의
키워드는 '아노미'이다.
20.5.1. 잠재적으로 크루그먼은 1920년대의 소득불평등과
21세기(7 - 8년간)의 소득불평등이 비슷하다고 해
서, 1929년의 대공황과 2008년의 세계 금융위기
이전 10년의 소득 불평등을 강조했다. 따라서
2008년의 금융위기를 예언했고 적중하였다.
20.5.2. 김철은 아노미 연구에서 1920년대의 아노미와
2008년 9월 이전 10년의 아노미를 강조하면서,
소극적으로 유추할 수 있다고 했다.
20.5.3. 대공황(1929) 이전 10년(1920대)과 세계 금융위기

---

1. 상위 10%가 자본소득을 뺀 총소득의 44% 전후(-0.4%, +0.3%) 차지
2. 상위 1%가 자본소득을 뺀 총소득의 17% 전후(+0.3%, +0.4%) 차지
토마스 피케티와 에마누엘 사에즈;
Thomas Piketty and Emmanuel Saez, "The Evolution of Top Incomes: A Historical
and International Perspective"(National Bureau of Economic Research working
paper No.11955, Jan. 2006)

이전 10년(1998 – 2008)을 비교하는 점은 두 사람
이 같은 점이 있다. 물론 분야는 다르다. 한쪽은
경제사이고, 한쪽은 법 제도사이다.

21. 나가는 말

21.1. 2008년 가을, 현재 진행되고 있는 세계적인 금융자본주의
의 현황을 이해사회학의 방식, 또는 이해법학적으로 파악
하기 위해서(Max Weber, 1922: 18 – 19) 비교역사학적 방
법을 썼다.

21.2. 2008년의 세계적인 사회경제 상황을 1929년부터 1930년
에 이르는 세계 대공황기의 사회경제 상황과 대비시켜 같
은 점과 다른 점을 찾으려 하였다.

21.3. 1978년부터 시작하여 30년간 계속된 신자유주의 내지 1980
년 초에 시작된 레이건 경제학에 동반된 법 이론과 역사
적으로 상응하는 법 이론을 대공황 이전의 기간에서 찾아
보았다. 이 과정은 한국에서 일반 추상적으로밖에 알려지
지 아니한, 1919년 세계 1차 대전 이후 10년간의 과정이
며, 대공황의 진원지인 아메리카를 기점으로 할 때에는 더
소급해서 이른바 도금 시대(Gilded Age)에서 보수주의 시
대(Conservative Era)와 소위 '진취적 시대(Progressive Era)'의

법학을 검토하였다.

21.4. 채무자의 지불불능에 대한 법 제도의 태도는, 고대 로마법 이래 기존의 전통 민법에서 논의되는 범위가 한국 법학의 일반적 태도였다. 그러나 한국에서도 통합도산법의 제정 전후 상당한 정도, 채무 면책에 대해서는 아메리카 파산법의 새로운 태도를 수용하였다고 본다. 따라서 미국 파산법의 채무자의 지불불능에 대한 태도와 그 역사적 형성도 살펴보았다.

21.5. 1930년대의 세계 대공황기는 세계법학사에서 볼 때는 법현실주의와 제도주의가 나타난 시대이다(김철, 2008ㄱ). 이 연구의 전편(全篇)에서 세계경제사의 위기에 대해서 기존의 법학이 어떠한 식으로 반응했는가를 살펴보았다.

참고문헌

국문 논문

김철, 「공법 이론 발달사와 경제사, 과학 기술사와의 대화」, 『법제도의 보편성과 특수성』(서울: 훈민사, 2007ㄴ).

김철, 「동유럽 러시아 혁명 이후의 러시아」, 『법제도의 보편성과 특수성』(서울: 훈민사, 2007ㄴ).

김철, 「뒤르켐의 아노미 이론과 평등권에서의 기회균등: 기초 법학적 연구」, 『사회이론』, 2008년 11월 30일(서울: 한국학술정보, 2008ㄴ).

김철, 「미국과 소련의 법체계」(김유남 엮음), 『미소 비교론』 37 – 77(서울: 어문각, 1992).

김철, 「빈곤과 부에 대한 차별문제: 헌법과 파산법의 눈에서」 한국사회이론학회 2005년 후기학술대회 『빈곤과 우리사회』, 2005년 12월 17일 성신여자대학교 수정관 313호(2005ㄱ).

김철, 미출간 강의록 『법철학 강의』 1 – 2(서울: 숙명여대 법대, 2007ㄷ).

김철, 「형이상학적 이원론 아래에서의 당위와 존재의 문제와 현대 법학의 과제」, 『현상과 인식』 32권 3호(서울: 산해, 2008ㄱ).

김철, 「한국에 있어서의 자유주의와 자유지상주의에 대한 반성」, 『사회이론』(서울: 한국학술정보, 2006ㄱ).

김평우, 서평 「한국 법학의 미래」, 대한 변협신문 06.30, 문화가 산책(서울, 대한변호사협회, 2008).

신동준, 「경제 제도의 지배와 범죄」, 한국사회이론학회(엮음), 『사회이론』 통권 30호(2006).

오수근, 「파산 면책의 역사적 전개」, 『상법연구의 향기』, 인산기념논집 편찬위원회 엮음(2004).

임치용, 「미국 파산법의 개정 역사」, 『파산법 연구』(서울: 박영사, 2004).

국문 단행본

김철, 『한국 법학의 철학적 기초 – 역사적, 경제적, 사회·문화적 접근』
    (서울: 한국학술정보, 2007ㄱ).
김철, 『러시아 소비에트 법 – 비교 법문화적 연구』(서울: 민음사, 1989).
김철, 『법 제도의 보편성과 특수성 – 한국 공법학의 지향점을 위한 비교
    법적 시도』(서울: 훈민사, 2007ㄴ).
김광기, 『사회는 무엇으로 사는가? 뒤르켐 & 베버』(서울: 김영사, 2007).
송석윤, 『위기 시대의 헌법학 – 바이마르 헌법학이 본 정당과 단체』(서
    울: 정우사, 2002).
임치용, 『파산법 연구』(서울: 박영사, 2004).
러셀 가로웨이, Russell Galloway, *Justice for All*(1991), *The Rich and The
    Poor in Supreme Court History*(1983)(안경환 번역) 『법은 누구편인
    가』(서울: 교육과학사, 1985& 1992).
알베르 카뮈, 『페스트』(이휘영 번역) 세계문학전집(서울: 정음사, 1960).
존 스타인벡(John Ernest Steinbeck), 『분노의 포도(The Grapes of Wrath)』
    (전형기 옮김)(서울: 범우사, 1998).
폴 크루그먼(Paul Krugman)(예상한 외 옮김), 『미래를 말하다』 원제:
    The Conscience of a Liberal(서울: 웅진, 2008).
Schwarz, Bernard, *American Administrative Law*(윤세창 번역) 『미국 행정
    법』(서울: 고려대 출판부, 1981).

영문 논문

Ronald Dworkin, "Television & Democracy", *The Program for the Study of
    Law, Philosophy & Social Theory*(New York: NYU sch, of Law, 1995).
Ronald Dworkin, "Why We all are Liberals", *The Program for the Study of
    Law, Philosophy & Social Theory*(New York: NYU sch, of Law, 1995).
Ronald Dworkin, Seminar 1 "What is Law? – Law as Morality", Seminar

2 "Law and Liberalism", Seminar 3 "Equality as a Political Virtue", Seminar 4 "Constitutional Theory", *The Unity of Value*, A Series of Special Lectures by Distinguished Scholars, Sponsored by Daewoo Foundation, The Choson Ilbo(Seoul, Nov. 17 – 21, 2008).

Chull Kim, "Alienation", 61 – 106, *History Thought & Law – Academic Essays & Scholarstic Miscellanies*(서울: MYKO International Ltd, 1993) Privat – Druck.

A. A. Berle. Junior, "Expansion of American Administrative Law", 30 *Harv. L. Rev.* 430, 1917.

Mark Freeman, *Technology and Stages of Economic Development*(Glasgow: Glasgow University Press, 1987).

Arthur S. Link, "Woodrow Wilson and the Progressive Era 1910 – 1917", *American Legal History 1890 – present*(ed. by Thomas A. Green)(Ann Arbor: UM Law Sch., 1980 – 1981).

Claudia Goldin and Robert Margo, "The Great Compression: The Wage Structure in the United States at Mid – Century.", *Quarterly Journal of Economics*, 107, no.1(1992), p.1 – 34.

David A. Skeel, JR., "Escaping the New Deal: The Bankruptcy Bar in the 1930s", *Debt's Dominion: A History of Bankruptcy Law in America* (Princeton: Princeton University Press, 2001).

Edmund W. Kitch, Editor, "The Fire of Truth: A Remembrance of Law and Economics at Chicago, 1932 – 1970", *Journal of Law and Economics*, vol. ⅩⅩⅥ(April 1983).

Ellis W. Hawley, "The New Deal and the Problem of Monopoly", 1966, *American Legal History 1890 – present*(ed. by Thomas A. Green)(Ann Arbor: UM Law Sch., 1980 – 1981).

George E. Mowry, "The Era of Theodore Roosevelt and the Birth of Modern America 1900 – 1912", *American Legal History 1890 – present* (ed. by Thomas A. Green)(Ann Arbor: UM Law Sch., 1980 – 1981).

Harold U. Faulkner, "Politics Reform and Expansion 1890 – 1900", *American Legal History 1890 – present*(ed. by Thomas A. Green)(Ann

Arbor: Univ. of Michigan Law Sch., 1980 − 1981).

Holmes, "Privilege, Malice, and Intent", S *Harv. L. Rev.* 1(1894), reprinted for *American Legal History 1890 −present*(ed. by Thomas A. Green)(Ann Arbor: UM Law Sch., 1980 − 1981).

Holmes, "The Path of the Law", 10 *Harv. L. Rev.* 457(1897), reprinted for *American Legal History 1890 −present*(ed. by Thomas A. Green) (Ann Arbor: UM Law Sch., 1980 − 1981).

James B. Ames, "Law and Morals", 22 *Harv. L. Rev.*(1909), reprinted for *American Legal History 1890 −present*(ed. by Thomas A. Green)(Ann Arbor: UM Law Sch., 1980 − 1981).

Joseph Stiglitz, "The Way Out. How the financial crisis happened, and how it must be fixed"(New York, TIME, 2008.10.27).

Niall Ferguson, "The End of Prosperity?"(New York, TIME, 2008.10.13).

Richard Stewart, "The Reformation of American Administrative Law" p.347. 88 *Harv. L. Rev*(1975).

Robert L. Hale, "Coercion and Distribution in a Supposedly Non − Coercive State", 38 *POL. SCI. Q*(1923), pp.470 − 478.

Shira B. Lewin, "Economics and Psychology: Lessons For Our Own Day From the Early Twenties Century" p.1298, *Journal of Economic Literature*, Vol. ⅩⅩⅩⅣ(September 1996).

영문 단행본

Chull Kim, *History Thought & Law −Academic Essays & Scholarstic Miscellanies*(서울: MYKO International Ltd, 1993) Privat − druck.

Arthur Schlesinger. JR, *The Crisis of the Old Order 1919 −1933: The Age of Roosevelt*(Cambridge: The Riverside Press, 1957).

Carl Schmitt, *Der Hueter der Verfassung*, 1931(Berlin, 1969), 송석윤(서울: 정우사, 2002)에서 재인용.

David A. Skeel, J.R., *Debt's Dominion: A History of Bankruptcy Law in*

America, 2001.

Elizabeth Warren & Amelia Warren Tyagi, *The Two −Income Trap: Why Middle −Class Mothers and Fathers Are Going Broke*(New York: Basic Books, 2003).

Gabriel Kolko, *The Triumph of Conservatism*, 1963, *−American Legal History 1890 −present*(ed. by Thomas A. Green)(Ann Arbor: UM Law Sch., 1980 − 1981).

Galucha v. Sherman, 105 Wisc. 236(1900), reprinted for *American Legal History 1890 −present*(ed. by Thomas A. Green)(Ann Arbor: UM Law Sch., 1980 − 1981).

Kenneth F. Warren, *Administrative Law and The Political System*, 3rd Ed.(Upper Saddle River: Prentice Hall, 1996).

Lawrence M. Friedman, *A History of American Law*(New York: Touchstone, 2005)(안경환 번역서가 있음.)

Mannheim, Hermann, *Comparative Criminology −a Text Book*(London: Routledge & Kegan Paul, 1965, 1973).

Max Weber, *Wirtschaft und Gesellschaft*(1922), 18 − 19(Tuebingen, 4 Aufl 1956).

McClosky, *The American Supreme Court*(Chicago: Chicago University Press, 1960).

Merton, Robert. K., *Social Theory and Social Structure −Revised and Enlarged Edition −*(Grencoe: The Free Press, 1957).

Milton Friedman and Anna Schwartz, *A Monetarty History of the United States: 1867 −1960*(Chicago, Chicago University Press, 1963).

Moshe Lewin, *The Gorbachev Phenomenon −A Historical Interpretation −*(Berkeley: University Of California Press, 1989).

Niall Ferguson, *The Ascent of Money: A Financial History of the World*(Cambridge: Harvard University Press, 2008).

Paul Krugman, *The Return of Depression Economics*(New York: W. W. Norton & Company, 2000).

Richard T. Ely, *Property and Contract in Their Relations to the Distribution of*

Wealth, 1914, −*American Legal History 1890 −present*(ed. by Thomas
A. Green)(Ann Arbor: UM Law Sch., 1980 − 1981).
Roscoe Pound, *Liberty of Contract*(1907), reprinted for *American Legal
History 1890 −present*(ed. by Thomas A. Green)(Ann Arbor: UM
Law Sch., 1980 − 1981).

신문 기사

교수신문, 2008.10: 1면 칼럼 기사
Niall Ferguson, "The End of Prosperity?"(New York, TIME, 2008.10.13)

제2장

경제위기와 아노미의 법학

경제위기와 아노미의 법학

− 사회적 문화적 아노미가 어떻게 경제적 아노미와 연결
되어 있는가?

1. 들어가는 말

1.1. 1870년 / 비엔나, 1882년 / 파리, 1929년 / 월가, 2008년 / 월가 진원의 경제위기에는 공통점이 있다

이 글은 사회적, 문화적 아노미가 어떻게 경제적 아노미와 연결
되어 있는가에 대한 비교 사회와 비교 역사의 연구이다. 필자는
300년 전에 쓰였던 아노미란 용어를 뒤르켐이 자신의 시대의 사회
현상에 적용시킨 '에밀 뒤르켐의 시대'를 거시 역사적으로 파악한

다. 눈에 띄는 단락은 1870년대의 서유럽의 주요한 나라에 영향을 준 경제위기와 1882년 파리증권거래소에서 발생한 파산 사건을 주목한다. 뒤르켐 이후 약 40년 뒤 머튼이 다시 아노미를 사회현상 분석의 주된 용어로 등장시켰을 때 전후의 사회적 배경의 가장 큰 맥락을 1929년 10월 24일 월가에서 시작된 세계 대공황으로 잡고, 그 이전 1919년부터 약 10년간의 번영기와 1929년 대공황 이후의 약 10년 동안의 뉴딜 시대를 머튼의 법사회학의 중심 소재를 제공한 시대로 파악한다. 머튼의 아노미 이론은 제도로 보장된 규범과 실제 주어지는 기회와의 분리로 마침내 귀결되었다. 이것은 뉴딜 시대의 정신이 1950년대의 적극주의 법원의 헌법 혁명으로 나타나는 것과 맥락을 같이한다. 필자는 뒤르켐과 머튼이 사용한 아노미의 비교사회학적, 비교역사학적 통찰을 2008년 9월 현재 지구촌의 초점이 된 월가에서 출발한 금융위기에 적용할 수 있는가를 조심스럽게 묻는다. 즉, 1998년부터 약 10년간 미국 경제는 호황이었고 그 호황은 아노미를 동반하는 것이 아니었는가. 그렇다면 2008년 9월 이후 약 10년간 세계경제의 중심인 미국은 뉴딜 시대와 얼마나 많은 공통점을 갖게 될 것인가. 또한 한국인으로서 이미 겪은 1998년의 외환위기를 뒤르켐－머튼의 분석 용어로 반추할 때 1998년 이전의 약 10년, 즉 1989년부터 시작된 한국의 자유화가 아노미를 동반하지 않았는가라고 묻는다. 또한 1998년부터 약 10년의 기간 동안 한국 사회의 사회문화적 흐름의 특징을 비교사회적으로 고찰할 때 미국이 1929년 이후 약 10년간 경험했던 기간과 과연 어떤 상사점을 가지고 있는가. 머튼이 1938년에 대공황 이후 약 10년 동안 관찰했던 아메리카 사회의 두 측면, 즉 여전한 성공 신화와 다른 한편에서 뉴딜 입법과 적극주의 법원의 기회균등을 위한 세계최초의 노력이 한국 사회와 비교할 때 어떻게 비교 평가될 것인가를 묻는다. 너무나 큰 의문에 비해서 필자가 가진 바는 너무나 적은 것을 절감하면서 한국 최초의 본격적인 학제적 학회인 한국사회이론학회에서 신학, 사회학, 경영학, 교육학, 심리학, 정치학, 법학의 학제적 연구의 원로 및 중견학자 앞에서 문제항목을 제시하는 것으로 그친다.

1.2. 뒤르켐 시대의 사회경제 상황

뒤르켐은 1858년에서 1917년 사이에 생존하였고 초기의 중요 저작을 출판하기 시작한 시기는 1893년과 1897년이었다. 그의 생애에 영향을 미친 서유럽 대륙과 프랑스의 중요한 역사적 사건을 개략적으로 검토하면 다음과 같다. 우선, 그가 태어나기 10년 전에 서유럽의 대부분 지역에서 발생했던 1848년의 혁명에서부터 시작하자. 이 거대한 혁명의 흐름에 맞서 유럽 여러 나라의 지배 엘리트들은 공화정부를 요구하는 도시 노동자와 토지의 재분배를 요구하는 농민의 연합 운동을 예방할 수 있었다. 프랑스의 혁명은 파리에서 패퇴하였고, 오스트리아·헝가리 제국의 농민들은 2급 조차지에 매수당했다. 남은 것은 구체제에 반대하는 지식인이 이끈 중간 계급의 운동과 이데올로기가 있었을 뿐이다. 그들 이데올로기의 꼭대기에는 국민 정부에의 참여에 대한 요구가 있었다(존슨, 1977: 116 – 117). 한편, 1871년에 빌헬름 프리드리히 황제의 프러시아 군대는 파리를 함락시켰다(김철, 2007ㄴ: 57). 프랑스는 프러시아와 조약을 맺고 의회가 평화를 선포했으나 파리의 급진 공화파는 의회에 불만을 품고 중산층과 의회에 반대하는 저항을 계속하기로 결정하여(곧, 파리코뮌) 프랑스는 내란 상태에 빠진다. 결국 파리코뮌 참가자 수천 명이 처형 또는 유배당했고, 국민의회가 정통 정부를 성립시킨다(김철, 2007ㄴ: 59). 1877년 이후 서서히 공화주의자의 공화국이 행운의 징조를 가지고 시작되었다. 국가는 번영했고 1878년에는 전보다도 진보하고 미화된 프랑스를 전시하는 세계 박람회가 개최되어 전 세계에 '프랑스 공화국은 제2의 아테네가 될 것'이라는 믿음을 심어 주었다(모로아, 1980: 498 – 499). 1878년에 개최된 베를린회의에서 비스마르크가 튀니지를 프랑스에 위양했다. 프랑스는 식민지 제국을 정비 강화할 수가 있었다. 공화국은 이전보다 부강하게 발전했고 1878년 총선거는 보수파의 최후의 거점인 상원의 과반수를 깨고 말았다. 1850년부터 1900년까지 프랑스의 철도망은 3,000km에서 13,000km로 늘어났다. 1882년 파리의 증권거래소에서 일어났던 유명한 파산의 영향은 파리에서뿐만 아니라 프랑스 전체에서 곧 나타났다. 자살의 연평균 증가율은 1874년에서 1886년까지 2%에 불과하였다. 그러나 1882년에는 7%의 증가율을 보였다. 이 증가율은 파산 사건이 일어났던 첫 3개월 동안에 주로 증가했다(뒤르켐, 1993: 255 – 256). 1889년의 박람회는 여러 가지 점에서 주목할 만하다. 프랑스대혁명 100주년 기념일과 일치하는 시점에 열린 이 박람회의 성공은 조국에 대한 정당한 자부심을 심었고, 과격파 좌익이 사회주의화를 지향하는 데 대한 불안 등과 맞물려, 구체제의 가장 대표적인 인물들을 현 체제에 흡수하게끔 만들었다(모로아, 1983: 507). 1893년에서 1898년 동안 프랑스는 온건한 장관들의 통치를 받았고 제3공화국은 기조와 루이 필립의 시민적인 전통을 계승하고 있는 것처럼 보였다.

당시의 정치 지도자들은 폴리테크닉, 고등교원대학 등 명문교의 졸업생이거나 변호사 출신이었다. 이미 공화주의당의 대가족이 형성되어 모든 정부 기관에 뿌리를 내리고 있었다. 1893년에 재정 관계의 스캔들이 신뢰를 뒤흔들었다. 파나마 사건은 로우 파산 사건이 왕정에 끼친 정도만큼은 공화국에 피해를 끼치지는 않았으나 적어도 국정에 대하여 지속적인 불신감을 심어 주기에는 충분했다. 파나마 회사는 비난을 방지하기 위하여 신문사에 돈을 뿌리고 15억 프랑의 채권을 발행할 인가를 받기 위해 하원을 매수했다. 이 사건은 1888년에 발생되었던 것이며 그 후 오랫동안 파나마 회사가 도산 상태에 있었음에도 불구하고 역대 내각은 회사가 감행한 조작을 은폐하는 데 성공했었다. 채권 소유자들은 아직도 정부가 손해를 보상해 줄 것이라고 기대하고 있었고 레셉스의 명성이 신용을 유지하고 있었으므로 아무도 감히 회사를 조사하자고 나서지 않았다(모로아, 1983: 509). 1894년 드레퓌스 사건이 일어났다. 클레망소와 조레스, 에밀 졸라와 같은 지식인은 드레퓌스를 변호했다 (민문홍, 2008: 352; 모로아, 1983: 509 - 510).

2. 아노미

2.1. 아노미의 정의

아노미(anomie)는 뒤르켐이 '사회분업론'과 '자살론'에서 사용한 개념이다(Durkheim, 1952; Merton, 1957). 그런데 그 용어는 뒤르켐

이전부터, 곧 16세기부터 사용되었던 것을 재생시킨 것이다(Merton, 1957: 135[45]). 아노미의 사전적인 뜻은 '규범이 없음'으로서, 규제 와 억압이 존재하지 않는 상황에서 발생한다. 이때 규제와 억압을 담당하는 규범은 법규범, 도덕규범 그리고 사회규범과 행동규범을 의미한다. 아노미의 두 번째 뜻은 '자신이 어디에 소속되었는지를 모르는 상태'이고 '무규범 상태'와 뚜렷하게 구분되는 것은 아니지 만 약간은 다른 의미를 내포하고 있다(김광기, 2007: 54). 그러나 뒤르켐은 아노미를 사전적인 뜻풀이로 시작하지 않았다. 우선, 다 음 제시된 뒤르켐의 언급을 직접 읽어 보는 것으로 시작해 보자.[46]

2.1.1. 채워질 수 없는 갈증으로서의 인간 욕구

　　"어떤 살아 있는 존재도 그의 욕구가 그의 수단에 적절
히 연결되지 않으면 행복해질 수 없고 심지어 생존할 수
없다. (……) 살아 있는 존재가 정당하게 추구할 수 있는

---

45) 머튼은 뒤르켐에 의해서 3세기 전의 아노미(anomie, anomy, anomia)가 다시 소개되었을 때 그전의 쓰임새와 거의 같게 쓰였다는 것 이외의 설명은 하지 않고 있다. 그의 설명은 전 혀 다른 예를 비유로 들면서 역사적으로 한때 쓰였던 용어가 약 300년 이후에 다시 활발 하게 쓰인 경우를 들고 있다. '의견의 환경'(climate of opinion)이라는 용어는 최초로 요셉 그랜빌(Joseph Glanvill)에 의해서 쓰였으나 3세기 뒤의 알프레드 노스 화이트헤드가 다시 부흥시켜 학계에서나 정계에서도 인기를 얻게 된 것과 같다고 한다. 왜 300년 이상 된 용 어가 전혀 다른 시대에 와서 공감 또는 반향을 일으키게 되는가. 이 문제는 역사적 의미론 (historical semantics)의 영역이다(머튼, 1957: 135).

46) 이와 더불어 김광기 교수의 해석도 살펴보자. "그런데 그러한 규제와 억압이 존재하지 않는 상황이 발생할 수 있다는 것이다. 이를 뒤르켐은 고상한 말로 '무규범 상태(the state of normlessness)'라고 명명하면서 이것을 더 줄여 '아노미'라고 하였다. 그리고 이러한 '아 노미'적 상황에서 발생할 수 있는 자살의 유형이 바로 '아노미적 자살'이다. 사람들은 규제 와 억압을 혐오하는 것 같지만 아이러니하게도 규제와 억압이 없는 상황 또한 견디지 못한 다. 뒤르켐은 또한 '아노미'를 다른 식으로도 규정했다. 그것은 바로 '자신이 어디에 소속되 었는지를 모르는 상태'다. 이것은 위의 '무규범 상태'와 뚜렷하게 구분되는 것은 아니지만 약간은 다른 의미를 내포하고 있다. 예를 들면, 제대하여 대학에 복학하기 전까지 허공에 뜬 것처럼 여겨지는 상태나 어느 날 출장을 다녀와서 보니 자신의 책상이 없어지고 회사에 서 막상 퇴출당했을 때이다."(김광기, 2007: 54-56)

좋은 생활, 안락 또는 사치는 수량적으로 규정될 수도 없
고 객관적으로 제한될 수도 없으며, 대개 채워질 수 없는
갈증 같은 것이다. 채워질 수 없는 것은 병리의 징표로
간주되는 것이 정당하다. 이런 욕구들을 규제할 수 있는
거의 유일한 힘은 사회와 주위의 여론에 의해 제공되는
도덕적 힘이다.”

– Durkheim, 1952: 246 중에서 –

2.1.2. 갈증과 욕구를 규제하는 사회

이런 점에서 볼 때, 뒤르켐은 욕구의 존재로서 인간과
규제력을 가진 사회를 대비하고, 특히 사회의 도덕적 힘
에 의한 규제의 중요성을 강조한다는 것을 알 수 있다.
그러나 이러한 사회의 규제력은 경우에 따라 심각하게 약
화될 수 있다. 범죄사회학자 만하임의 다음과 같은 해석
은 아노미가 바로 그러한 상황에서 벌어지는 특정한 무규
범 상황임을 강조하고 있다.

2.1.3. 급격한 변동기에는 탈규제와 무규념이 진행된다

“생활수준의 상한(上限)과 하한(下限)은 어떤 사회의 어
떤 범주의 직능인들과 각기 다른 계층에게 납득될 수 있
는 수준으로 작동해 왔다. 그러나 급격한 사회변동기, 곧
경제의 표준과 도덕의 표준이 변화하는 시기에는 그렇지
않다. 경제위기의 시기나 정권 교체기 또는 권력과 부가
급격히 증가할 시기에는 이러한 생활의 표준은 갑자기 급

격하게 변한다. 취향의 정처 없음은 더 이상 여론에 의해 규제되지 않으며, 일종의 규제 회피 또는 탈규제, 더 나아가서 무규범 상태가 진행되고 더 이상 확립된 기성 계층은 존재하지 않으며 이룰 수 없는 목표를 위한 경주가 시작된다. (……) 이런 상황에서 종교는 영향력을 잃고, 경제를 규제할 정부는 하인이 된다. 자살은 어떤 종합적 상태의 경과 중의 하나이고, 타인을 살해하는 것은 이러한 경과의 다른 것이다."

- Mannheim, 1973: 501 중에서 -

2.1.4. 무규념 사회에서 자살률과 타살률이 다 같이 높다

뒤르켐이 보기에 자살과 타살은 동전의 양면에 해당하는 것이다. 자살과 타살의 통계적 상관관계를 조사한 결과, "무규범에 업혀 있는 사회에서는 자살률과 타살률이 똑같이 높은 것을 발견할 수 있다."(Durkheim, 1952: 355)고 뒤르켐은 결론을 내렸다. 결론적으로, 뒤르켐의 아노미 개념은 급격한 사회변동의 시기에(그것이 호황이든 불황이든 관계없이) 기존의 사회적 규제력이 약화되는 상황에서 특별히 적용 가능한 것이라고 볼 수 있다.

2.2. 뒤르켐과 머튼의 아노미 이론 비교

뒤르켐의 개념을 더욱 구체적으로 발전시켜서 '그 사회문화에 있어서의 목적'과 '제도화된 규범'의 갈등이 어떤 식으로 전개되는가를 전개한 것이 머튼(Robert K. Merton)이다. 뒤르켐과 머튼은 인간의 욕구와 그것을 만족시킬 수 있는 수단 사이의 거리가 크다는 데에 주목한다는 점에서 공통된다. 뒤르켐은 무규범 상태의 근원에 기본적으로 인간의 욕구와 야심의 무한성이 있다는 것을 강조한다 (뒤르켐, 1993ㄱ: 245). 반면에 머튼은 욕구와 야심이 제어되어 있는 경우를 취급한다(Mannheim, 1973: 502). 인간의 욕구에 대한 뒤르켐과 머튼의 인식의 차이는 이들의 경험적 관찰 대상이었던 사회의 차이에서 비롯되었다고 볼 수 있다. 뒤르켐이 주된 저작을 발표하던 1890년대의 경우, 그 시기와 그 직전 시기 동안 프랑스 사회는 격변기를 보냈고 그 결과 대중의 욕구가 제어되지 않은 채 터져 나왔다.[47]

2.2.1. 머튼의 시대

머튼이 뒤르켐의 아노미 이론을 계승해서 「사회구조와 아노미」를 발표한 것은 1938년이며, 이 논문의 수정본이 포함된 저서를 초간한 것은 1949년[48]이었다. 그러나 머튼

---

[47] 이는 뒤르켐이 『자살론』에서 인용한 유럽 제국의 자살의 절대수로 추정할 수 있다. 그가 작성한 1841년부터 1869년까지의 프랑스, 프로이센, 영국, 작센, 바이에른, 덴마크의 자살의 절대수를 보면, 1869년에 프랑스는 5,114건, 영국은 1,588건, 프로이센, 작센, 바이에른을 합쳐서 4,679건, 덴마크는 462건으로 프랑스의 경우가 압도적으로 높았다(뒤르켐, 1993ㄱ: 41 표 1). 뒤르켐이 취급한 통계의 시대적 배경은 이 글의 첫 번째 각주에서 제시한 내용을 참조할 것. 한편, 뒤르켐 시대의 대표적인 문인으로는 기 드 모파상을 들 수 있고, 화가로는 마네, 모네 등의 인상주의 작가를 들 수 있다.

[48] 머튼의 『사회이론과 사회구조』의 초판은 1949년이고 개정 확대판이 나온 것은 1957년이었다. 그러나 이 책의 4장('사회구조와 아노미')은 원래 1938년에 발표되었다. 1930년대의 자료는 물론 1940년대의 자료까지 포함하고 있는 것을 볼 때 책으로 묶이면서 가필되었을 것으로 추정된다. 4장에서 언급되는 문헌들을 보면, 프로이트의 영향에 대해서는 1924년 자료, 정상심리학에 대해서는 1937년 자료, 정신병리학에 대해서는 1938년의 문헌, 미국의 성공 문화에 대해서는 1933년의 문헌 등을 인용하고 있고, 할리우드의 문화에 대해서는 1940년의 문헌을 인용하고 있다(Merton, 1949, 1957: 131-139). 한편, '사

이 뒤르켐의 아노미 이론을 아메리카에 적용하려고 시도
한 주된 시대는 1930년대 공황에 원인을 제공한 시기인
1920년대일 것이다.[49] 1929년에 월가의 주가폭락에서 시
작된 세계 대공황 이후 1930년대는 세계 대공황의 시대
이며 동시에 뉴딜 입법의 시대이기도 하다(김철 2007ㄱ:
188 – 191; 2007ㄴ: 125 – 127). 머튼의 주요 활동기는
1950년대에까지 이어지는데, 1950년대 미국 사회의 가장
큰 과제는 그때까지 계속된 인종적 불평등(그리고 그 귀
결인 계층 간 불평등)을 현실 문제로 파악하여 그 불평등
한 사회적 관행을 고치려는 노력을 시작하는 것이다.[50]

회구조와 아노미'가 다루고 있는 1930년대 전후의 시기는 1929년 10월 24일 월가의 파
산이 세계 대공황으로 진행된 전후의 시기와 일치한다. 이 시대는 1919년 이후 약 10년간
계속된 미국 경제의 거품이 한꺼번에 폭발한 1929년 이후, 재정비와 재정리 기간의 10년
에 해당한다. 1933년에 대공황을 극복하기 위한 국가적, 입법적 노력으로 뉴딜 정책의 '국
가산업회복법'(National Industrial Recovery Act, 1933)이 제정되었다(김철, 2007ㄴ:
125 – 126). 정부의 규제적 경향은 뉴딜 정책에서 절정에 달했고, 이는 복지국가의 원리에
도 가까워진 것이다. 1937년에 재선된 프랭클린 루스벨트 대통령은, 뉴딜 정책을 지속하기
위해, 자유방임주의로 일관하는 법원의 개편안을 계획하였다. 1937년 주 최저임금법, 전국
노동관계법, 1935년의 사회보장법 케이스에서, 법원은 시대정신인 복지국가 원리를 승인하
고, 70년간 계속된 자유방임(laissez faire) 전통을 종식시켰다(김철, 2007ㄴ: 125). 미국
사회의 아노미 현상에 대한 머튼의 관찰은 대공황의 원인들이 축적되어 간 1920년대부터
대공황이 전개되고 수습되던 1930년대까지, 곧 대공황의 여파가 계속되면서 정부와 사회
의 규제력이 본격화하는 1930년대 후반의 미국 사회의 지적인 노력을 반영한다고 평가할
수 있다.

49) 미국문화사에서는 1919년부터 1929년까지의 10년을 '재즈 시대'라고 한다. 재즈 시대의
사회적 문화적 아노미를 '잃어버린 세대'의 문학으로 표현한 것은 『위대한 개츠비』(1925)
의 작가 피츠제럴드이다. 이 시기에는 급격히 증가한 경제적 부가 이전의 청교도적 정신주
의를 압도해서 대중의 감각이 호사와 안락, 그리고 사치에 길들여졌다. 한편 1919년부터
1933년까지의 미국 사회사에 대해서는 Schliesinger Jr.(1957)를 볼 것.

50) 1953년 얼 워렌(Earl Warren)이 대법원장에 취임해서 1954년 브라운 판결(Brown v. Board
of Education(1))과 1955년 브라운 판결(Brown v. Board of Education(2))을 통해
1896년부터 1954년까지 약 58년간 계속되었던 '분리하되 평등'이라는 인종차별 원칙을
종식하여 새로운 시대로 진입하던 때였다.

2.2.2. 용인되는가, 용인되더라도 기회가 주어지는가

머튼은 욕구와 야심의 한계가 주어진 경우에도 그것을 추구하는 방식이 사회적으로 용인되는 것인가 아닌가에 따라서 용인되는 방식과 용인되지 않는 방식 사이에 역시 위험한 거리가 존재한다고 한다.[51] 머튼은 다음 양 차원에서의 적절한 균형이 취해지지 않으면 문제가 발생한다고 한다. 첫 번째 차원은 어떤 사회의 지배적 가치와 그 사회의 구성원에게 정당한 목표로 부과하는 문화적 목표와의 적절한 균형이다. 두 번째 차원은 제도로 인정되고 보장된 규범 대(對) 목표에 도달하는 기회 사이의 적절한 밸런스이다.[52] 이 두 가지 차원에서 사회구조의 근본 요소 사이의 평형이 깨어질 때 아노미가 확산될 상황이 도래하는 것으로 본다(Merton, 1957: 134 – 135; Mannheim, 1973: 502).

2.2.3. 제도 없이 성공을 강조할 경우

머튼은 첫 번째로 제도적 절차(헌법, 행정절차법, 파산법, 형사 및 민사절차법, 민권법)에 대한 강조 없이 이례적으로 부의 성취나 금전적 성공과 같은 특정 목표에만 중점이 주어지는 사회를 예로 든다. 물론 이 부분을 해석할 때 오해의 여지가 있는데, 어떤 사회도 행위를 규율하

---

51) 뒤르켐과 머튼의 아노미 이론의 차이점을 지적한 것은 Mannheim(1973: 502)을 볼 것. 머튼은 뒤르켐의 이론을 훨씬 더 구체적으로 발전시켜 미국 현대의 사회현상에 적용하였다.

52) 현대 세계의 예를 들면, 법 제도로 보장된 평등권(1868년 미합중국 헌법 14조)과 그 기본 법 제도 안에서의 기회(실제 어떤 권리를 누릴 수 있는가) 사이의 문제를 들 수 있다.

는 규범을 가지고 있지 않은 사회는 없다는 점을 잊어서는 안 된다. 문제는 비교하려는 사회들이 다음 문제에서 보이는 다양성에 있다. 습속이나 관습과 공식제도의 규율이 어느 사회의 문화적 가치의 사닥다리에서 높은 순위를 차지하는 목표와 어느 정도 효과적으로 통합되어 있는가의 문제야말로 핵심적으로 살펴볼 문제이다.

2.2.4. 방법 없이 목표에 집중하게 하는 경우

어떤 사회의 문화가 개인으로 하여금 그 사회에서 높게 평가하는 목표에 집중하게 하고 동시에 그 목표에 도달하는 방법에 대해서는 정서적 확신을 가지지 않게 하는 경우가 있다.

2.2.5. 목표로 가는 기술적 편의 또는 효율만 따지는 경우

목표에 도달하는 방법은 목표 자체에 대한 강조에 의해서 더 중요하게 강조되지 않기 때문에 이런 사회에서 개인의 행태는 오로지 목표에 도달하는 기술적 편의에 의해서만 한계 지어질 뿐이다(Merton, 1957: 135). 이런 상황에서 중요한 유일한 의문은 다음과 같다. '지금 사회문화적으로 강조되는 가치를 획득하기 위해서, 지금 가능한 여러 가지 절차들 중에서 무엇이 가장 효율적인 것인가.' 즉 효율성의 문제가 가장 중요한 것이 된다(Merton, 1957: 134 – 135).

"실제 문제는 탐욕적으로 획득하려는 사회의 병들어 있음이라기보다 병든 사회의 탐욕적으로 획득하려는 성질이다."

- Merton, 1957: 135 중에서 -

2.2.6. 정당한 것보다 효율적인 것을 더 원한다

정당하든 정당하지 않든 간에 가장 효율적인 절차가 그 사회의 구성원에게는 가장 바람직한 것이 되어 가는 것이다. 이렇게 정당성이 계속 묽어짐에 따라 그 사회는 불안정해지고 여기에서 뒤르켐이 아노미라고 불렀던 것이 진행된다(Merton, 1957: 135). 아노미가 진행되는 이러한 프로세스에 대한 작은 에피소드를 통해서 머튼은 다음과 같이 설명한다. 운동경기에서 승리의 목표가 지나치게 강조되고 '게임의 룰에 따라서 승리하는 것'보다도 '게임에서 일단 승리하는 것'이 성공이라고 해석되는 경우를 들어 보자. 이런 경우 정당하지 않더라도 승리를 위해 기술적으로만 유효한 방법을 쓰는 것에 암묵적으로 프리미엄이 주어진다. 승리라는 목표에 대한 강조가 그 경쟁적 스포츠에 참여하는 단순한 즐거움을 박탈하게 되고 성공적인 결과만이 만족을 제공하게 된다. 이와 같이 성공목표를 지나치게 과장하는 문화[53]에서는 게임의 규칙을 지키는

---

53) 2008년 한국 문화가 머튼이 말한 '성공 목표를 지나치게 과장하고, 목표가 과정이나 수단보다 훨씬 더 강조점이 주어지는 경우'에 해당하는가는 논의의 여지가 있을 것이다. 한국 문화의 성격 중 외관주의와 명목주의를 특징으로서 열거하는 경우 머튼의 설명과 공통점을 갖는 경우가 있을 것이다. "실지로 한국 사회에서 눈에 보이는 성취를 하는 것이 어떤 것인가를 실례를 들어 증명한다면 외관적으로 커질 것, 그 내용보다도 모양, 즉 형식을 먼저 갖출 것, 이런 면에 있어서의 형식주의이다."(김 철: 2000, 34 - 35)

것의 중요성이 점차로 약화된다. 이런 방식의 아노미는 운동경기를 넘어 사회 전체 차원으로 확산되어 갈 것이다.

2.2.7. 목표의 고정 강도와 수단의 비도덕화, 비제도화

그래서 목표를 지나치게 강조하는 것은 수단의 비도덕화와 비제도화를 촉발시켜서 사회가 목적과 제도 사이의 통합을 진전시킬 수 없게 만든다. 그래서 어떤 대가를 치르더라도 목표를 이루어야 한다는 식의 논리에만 관심을 갖지, 그 과정에서 제도적으로 정당한 방식을 사용하느냐의 문제에는 거의 관심을 갖지 않게 된다.[54]

2.2.8. 대공황 예비기간 중의 아노미 진행

대공황에 원인을 제공한 아노미가 진행된 1929년 이전의 긴 기간과, 대공황이 심화되어 간 1933년까지 그리고 뉴딜 입법이 본격화되어 갈 때까지 미국 문화에서는 방식의 문제보다 목표 달성 자체에 더 중점이 주어졌다고 머튼은 판단한다(Merton, 1957: 136).[55] 당시 머튼이 인간 야심의 무한함의 예로 든 '아메리칸 드림'[56]의 경우, "부

---

54) 2008년 가을, 세계 금융시장의 위기를 초래한 미국의 부실주택채권의 유동채권화와 높은 위험성을 포함한 금융 파생상품의 대량유통은 부의 극대화라는 목표를 위해서 방식의 정당성을 교량(較量)하지 않은 최대의 증거로 보인다.

55) 단지 1930년대에서 1956년까지의 미국 사회라고 하는 것은 그의 공식 저작의 연대로 얘기한 것이고(각주 5 참조), 실제 그의 생애의 가장 큰 사건이었을 1929년의 대공황 이전의 10년과 이후의 10년이 그에게 결정적인 사회학적 소재였을 것이다.

56) 머튼은 아메리칸 드림에 종착점이 없다고 보고 있다. 금전의 획득에 의한 부의 성취의 정도는 정의할 수도 없고 상대적이라 한다. 즉 모든 소득 계층에서 미국인들은 현재보다 25% 가산된 것을 원하고 있고 물론 이것이 성취되면 '얼마간 더 벌기'는 계속 작동한다. 이와

(wealth)는 곧 금전적 성공이라는 사회적 입신의 지표 역
할을 하고 시민들을 이러한 목표로 향하게끔 유도하는 수
없이 많은 '성공담'이 횡행하고 있으며[57] 이 '쥐의 경주'
에서 실패하는 자에게는 패배자라는 낙인과 함께 저주가
퍼부어질 것이다."[58]라고 비관적으로 보고 있다. 머튼의
이 관찰은 계층에 따라 타당도가 달라질 것이나,[59] 최소
한 과도한 '성공 신화' 시대의 아노미 현상에 대한 증언

같이 표준 자체가 변화하는 곳에서는 안정적인 휴식점이 없으며 항상 '더 앞으로'가 작용한
다고 한다. 최상위급의 소득 계층이 모여 사는 커뮤니티에서도 조금만 덜 버는 사람은 사회
적으로 박탈감을 느낀다. 그 가장 특이한 예를 1940년대의 번영하는 할리우드에서 들고
있다(Merton, 1957: 736). 그러나 더 극적인 예는 2008년 9월 월가에서 일어난 파산 사
건의 원인 행위가 진행된 경위를 들 수 있다. 불량주택채권의 담보나 파생상품의 위험성과
높은 수익성은 드디어 1929년 세계 대공황 이후 최악의 위기를 초래하였다(*TIME*, 2008년
9월 29일, 18-23).

57) "문화의 차원에서 머튼은 모든 사회구성원들에게 경제적 성공이라는 단일한 성공 목표를
지나치게 강조하는 문화를 아노미의 중요한 근원이라고 보았다. 사회구조의 차원에서는 사
회계층의 경직성 정도, 혹은 불평등 정도가 핵심적인 의미를 갖는다고 보았다. 머튼의 이론
에 따르면, 경직된 사회계층구조 혹은 심한 불평등 구조가 한 사회 내에서 경제적 성공이
라는 단일한 목표를 모든 사회구성원들에게 강조하는 문화와 결합했을 때 그 사회에 아노
미가 팽배할 것으로 예측된다. 상당수의 사회구성원들, 특히 불평등 구조에서 하층에 위치
한 사람들은 제도적 수단에 대한 접근이 제한되어 있는 상황에도 불구하고 여전히 경제적
성공 목표를 달성하기 위해서 비합법적 수단이라도 동원하려고 할 것이다. 이러한 문화적,
사회구조적 상황에서 제도적 수단의 정당성은 크게 약화될 수밖에 없다. 그리고 무엇보다
경제적 성공을 '지나치게' 강조하는 문화는 필연적으로 제도적 수단에 대한 경시로 결과될
것이다."(Merton, 1957: 187; 신동준, 2006: 37).

58) 사회경제적 지수와 범죄율 간의 높은 상관관계를 이와 같이 표현했다고 보인다. 1930년대
-1957년 사이 아메리칸 드림을 이루지 못해 실패자로 낙인찍히고 범죄자로 전락한 경우
도 많을 것이다. 그러나 그 기간 동안 신대륙으로 유입된 외국인 이민의 경우를 생각한다면
—서유럽·동유럽계 이민들, 중남미계 이민들, 그리고 한국과 동아시아 및 동남아시아 출
신 이민자의 생활사를 그들이 본국에서 영위하던 정치, 사회, 경제적 위상과 비교한다면—
머튼이 표현한 바 '쥐의 경쟁'은 대공황기의 경험으로 해석된다. 많은 이민들에게 아메리칸
드림은 머튼이 말한 바 부나 금전적 성취의 측면보다 전쟁과 정치적 재난, 경제적 불안정에
서부터 피난처를 찾은 것이고, 이들의 성공 여부는 보다 긴 역사에서 판단되어야 할 것이다.
아메리칸 드림의 기록으로서 맥코트(Frank McCourt)의 *Angella's Ashes*(2003), '*Tis*(2004),
Teacher Man(2005)' 등을 볼 것.

59) 머튼의 이 이론은 법사회학의 큰 범주에서 볼 때는 사회계층을 중심으로 한 이론으로 분류
된다. 법사회학의 한 분과인 범죄사회학자인 만하임은 머튼과 그가 계승한 뒤르켐을 범죄사
회학에서 계층 정향의 이론가로 보고 있다(Mannheim, 1973: 499-531).

이라고 보기에는 무리가 없다. 이러한 머튼의 비교사회학적 의미가 있는 것은 특정 사회와 시대에 대한 적용을 넘어, 어떤 문화에서의 목표와 그것을 달성하는 수단과 방식 사이에 현저한 불균형이 있는 경우에 얼마든지 적용할 수 있다는 데에 있다(Mannheim, 1973: 502; Merton, 1957: 166).

3. 아노미와 평등권의 이념과의 관계

3.1. "반항의 정신은 이론적 제도적 평등이 막대한 불평등을 감추고 있는 곳에서 나타난다."

목표와 수단 사이에 존재하는 큰 거리 자체가 아노미나 일탈 행동을 가져오는 것은 아니다.[60] 아노미나 일탈 행동은 어떤 사회가 평등권과 같은 이념을 가지고 기회균등의 복음을 선포하는 사회에서 목표와 수단 사이의 엄청난 거리가 있을 때 일어난다는 것이다(Mannheim, 1973: 503).

머튼에 의하면 사회구조의 하층에 있는 사람들에게는 사회문화가 모순된 요구를 한다(Merton, 1949, 1957: 146). 철강왕 카네기

---

60) 다른 말로 한다면, 기회의 결핍은 그것 자체로서 아노미나 일탈 행동을 가져오는 충분조건은 아니고 어떤 사회가 모든 신입자에게 평등한 기회의 복음을 설교하는 평등주의적 이데올로기를 가지고 있으면서 기회가 결핍할 경우에 일어난다고 설명된다. 이것은 한 사회의 범람하는 이념과 사회의 실상 간의 대비이고 이 대조가 경제적으로 가난한 나라에서보다 미국에서 사회경제지수와 범죄 간의 더 높은 상관계수를 보여 주는 이유라고 설명된다(Mannheim, 1973: 503).

가 "모든 사람은 자본주의 사회에서 각각 왕이고 왕이 될 수 있다."고 말했을 때 하층민들도 자신이 큰 부를 가질 수 있다는 전망에 따라 행동할 것을 요구받는다. 그러나 하층민들에게는 제도적으로 그것을 성취할 유효한 기회가 주어지지 않는다. 이 구조적인 불일치의 결과는 높은 정도의 일탈 행동이다. 사회문화적으로 지정된 목표와 그 목표에 이르는 수단이 균형을 이루지 않을 때, 특권적 위치나 주어진 목표를 달성하기 위해서 어떤 수단이든 동원하는 데에 강조점을 두게 되기 때문이다.

3.2. 사회적 상승을 강조하면서도 상승의 기회가 닫혀 있을 때

이런 사회적 맥락에서 경제적 풍요에 높은 프리미엄이 주어지고 모든 사회구성원에게 사회적 상승을 강조하면서도 상승의 기회가 닫혀 있을 때(기회가 있더라도 좁은 문일 경우에) 마피아식의 방식을 사용하거나(김선경, 1999) 도덕적으로는 성취할 수 없는 목표에 대한 비도덕적 방법에 의한 승리를 추구한다(Merton, 1957: 146). 카뮈(Albert Camus)가 『반항적 인간』에서 '반항의 정신은 이론적 제도적 평등이 막대한 불평등을 감추고 있는 곳'에서만 나타난다고 말하는 것도 이것과 관련지어 이해할 수 있다(Camus, 1951; Merton, 1957). 머튼의 용어로 제도상 인정되고 보장된 규범 대(對) 목표에 도달하는 기회 사이의 적절한 밸런스가 없는 경우, 일반적으로 기회균등의 문제가 나타난다.

4. 평등권의 이념과 제도 – 기회균등의 문제

4.1. 평등권과 차별에 대한 인식 변화

평등권에 대한 헌법 조문은 '차별받지 아니한다.'로 표현된다. 대한민국 헌법 11조 1항의 경우, "모든 국민은 법 앞에 평등하다. 누구든지 …… 차별을 받지 아니한다."고 적시되어 있고, 미국 수정헌법 14조는 "국가는 법의 평등한 보호를 거절할 수 없다."고 규정하고 있다. 차별(差別)이란 말은 물론 한자 문화권에 속하는 한국인의 생활에도 익숙하다. 한국인이라면 누구나 취학 이후 '혹시 내가 차별받지 않는가?'라는 두려움을 가진 적이 있을 것이다. 학교란 개화기 이후 한국인이 보편적으로 경험하는 첫 번째 공식적 사회이기 때문이다. 이때 인종이나 종교상의 차별의 문제는 한국인의 역사에는 (다른 외국에 비해서) 그리 큰 비중이 주어질 필요가 없었다. 보기 드물 정도로 인종적 단일성을 유지한 민족적 특성, 20세기에 들어서도 차별의 원인이 된 적이 별로 없는 종교적 다원성의 특성 등 때문이다. 성적 차별의 문제도 실상에 비해 심각하게 인식되지는 않았다가 산업화 이후 여성 인력이 본격적으로 생산 현장에 등장하면서 고용 계약과 관련되어 서서히 제기되기 시작했다. 그러나 한국이 국제 사회에서 중요한 참가자가 되면서 사정은 달라지기 시작했다. 외국인의 국내 활동이 증가하고 내국인 또한 외국 활동이 증가하면서 외국의 규범과 문화의 영향이 높아졌다. 이 과정에서 인종 문제, 종교 문제, 성별 차별 문제도 다른 국가의 사례를 참고해야 할 정도로 변화하고 있다.

4.2. 이유 있는 구별과 차별

4.2.1. "사회가 있으면 구별과 차별이 있다"

차별의 문제는 국내의 문제이면서 동시에 국경을 넘어서는 보편적인 문제이기도 하다. '사람이 있는 곳에 사회가 있다.'에 덧붙여 '사람이 있으면 사회가, 사회가 있으면 차별이 있다.'고 말해야 할 정도이다. 그런데 사람마다 차이(差異)가 있다면 구별되는 것이 자연스럽다. 우리는 태생과 성장에 의해서 그리고 자연 질서에 의해 구별될 수밖에 없다. 그렇다면 어떤 상황에서 그것이 문제가 되는가? 그리고 구별과 차별은 어떻게 다른가? 남자와 여자를 구별하여 화장실을 따로 만드는 것을 차별이라 할 수 없다. 비행기 조종사를 뽑을 때 고소공포증이 있는 사람은 구별하여 걸러내고, 교통경찰을 뽑을 때 색맹자를 탈락시키는 것은 차별이 아니다. 법학자라면 '이유가 있는 구별(또는 차별)'과 '이유 없는 차별'을 분간해야만 하는 상황에 이르렀다. 간단한 일이 아니다. 차별의 역사가 전쟁에 의해서 비로소 다른 국면으로 들어갈 수 있었던, '극심하게 차별이 심했던 나라'에서는 차별 철폐의 법리가 오랜 세월을 두고 헌법, 제정법, 판례, NGO 운동, 종교운동의 큰 영향으로 발달하였다. 이들의 경험을 통해 우리도 도움을 받을 수 있지 않을까?

4.2.2. 죽음에 이르는 병: 차별

　헌법은 "정치적, 사회적, 경제적, 문화적 모든 생활의
영역에서 차별받지 아니한다."라고 적시하고 있다. 차별은
그 정도에 따라서, 사람을 가장 확실하게 절망하게 만들
고,[61] 극단적으로는 죽음에까지 이르게 한다. 외국의 잘
알려진 사례들로부터 시작하는 것을 비교법적 방법이라고
한다. 이 방법은 비교 국가들 사이의 사회적, 문화적 생활
의 특성을 분석하는 데에서 시작한다. '문화와 교육 영역
에서의 차별 사례'를 인종 차이에서 교육 불평등을 초래
했던 미국 역사를 통해 살펴보자.

5. 법 제도상의 차별과 사실상의 차별

5.1. 미국의 경우: 인종분리와 그 결과로서의 차별

5.1.1. 미국의 경우

　미국에서는 1868년 평등권 조항 이후에 비로소 연방정
부 차원에서 성문헌법으로 인종차별을 금지하였다.[62] 그

---

61) 최근 한국 사회의 비공식적 집계로, 차별 때문에 고립되고 자살을 택한 사례가 보도되고 있
　　는데, 특히 교육현장에서는 이미 잘 알려진 사실이다(남인숙, 2004: 59 - 84). 어떤 직장
　　에서의 다수 집단에 속하는 사람들이 소수의 사람 또는 고립된 개인을 지속적으로 중요한
　　결정 과정에서 제외함으로써 경우에 따라서 관계된 개인 또는 소수를 무력하게 만들고, 드
　　디어 그 피해자가 스스로를 열등하거나 확신이 없는 존재로 만드는 사례가 법심리학의 영
　　역에서 보고된다.

러나 헌법에 평등권 조항이 삽입되었다고 해서 수백 년간 계속된 인종차별 관행이 갑자기 사라질 수는 없다.[63] 또 헌법 아래에서 다수의 제정법이 차별을 금지한다고 해서 갑자기 인종에 대한 편견이 바뀌는 것도 아니다. 특히 지역에 따라 역사적으로 흑/백의 분리가 고착된 곳에서는 더욱 심하다. 평등권 조항 이후 미국 법사회학에서 법 제도상의 차별(de Jure discrimination)과 사실상의 차별(de Facto discrimination)의 구별 논의가 떠올랐다(Lockhart, Kamisar, Choper, 1979: 1357).[64] 그 사례로 교육에서의 인종 분리와 그 결과인 차별을 살펴보자. 이 경우 '분리'란 인종 간의 분리(실질적으로는 빈곤층과 중산층의 분리)를 의미하며, '분리의 결과'는 더 나은 생활을 위한 교육 기회가 주어지지 않는 것을 의미한다.

---

62) 미합중국 수정헌법 14조 1항("국가는 적법절차 없이 국민의 생명, 자유, 재산을 박탈할 수 없다. 국가는 영토 안의 모든 국민에게 법의 평등한 보호를 거절할 수 없다.").

63) "웅변가, 목사, 시인과 정치가들이 인간의 평등과 자유와 우애를 많이 말하고 있다. 그러나 미국 사람들의 평등론 따위는 거죽뿐이다. ─내가 비난하는 것은 그들의 행동과 그들이 내세우는 지고하나 결코 보편적으로 실현되지 않는 신조 사이에서 보는 더할 나위 없는 모순일 뿐이다."(윤치호의 1890년 2월 14일의 일기. 박영신(1980: 93─94)).

64) "사실상의 분리와 차별에 대해서는 …… 인종적으로 편중된 학교가 생기고 계속되는 것은 일차적으로 주거에 있어서의 분리의 결과이다. 그리고 주거가 인종 또는 빈부에 따라서 분리되는 것은 순전히 사적인 개인의 행동의 결과이다(일단 사법적 주택 매매계약, 임대차 계약의 결과이므로 공사법의 엄격이원론 전통에서는 정부의 공법적 행위의 범위 밖으로 간주해 왔다.). 그렇다고 해서 교육위원회가 학군을 결정하는 데에 사용한 지역적 범주가 인종적으로, 빈부를 기준으로 편중된 데 대한 모든 책임을 면제받을 수 있을 것인가. 불법행위법에 있어서의 '연쇄와 인과관계율'은 깨지지 않았다. 주거 패턴에 있어서의 인종별, 빈부별 게토화는 잘 알려진 사실이고 학교위원회는 이러한 사회 현실을 고려하지 않으면 안 된다."(Fiss, 1965: 564, 585). 한국에서의 평등권 논의에서는 법상(de Jure) 차별만 취급할 뿐 사실상(de Facto) 차별은 아예 취급하지 않는다. 즉, 법사회학적 발견은 법 해석이나 적용에 아무런 영향을 미치지 않는 형식법의 지배가 당연하게 여겨져 왔다. 따라서 문화적, 사회경제적인 격심한 불균형도 법 해석과 적용에 고려되지 않는 경직성이 계층을 고착시키게 된다.

5.1.2. 거주지에 따른 교육기회의 차별

산업사회일수록 경제적 능력에 따라서 거주지가 달라진다. 극단적으로 세계 대도시는 최빈민층 거주지를 필요악처럼 동반하고 있다. 다인종 국가에서 대도시의 슬럼 지역은 으레 특정 소수민족의 거주지가 된다. 이런 슬럼 지역에는 주류 다수민족들은 들어오지 않는다. 따라서 이 지역 공립학교는 오로지 소수민족으로 채워져서, 다른 중간층 지역의 학교 학생들과 완전히 분리되어 있다.

하위 사회계층의 세습화, 2세의 낮은 학업성취도 (읽고 쓰기의 기초능력도 하위, 높은 퇴학 비율)	→	범죄조직(마약 거래＋폭력)과 관계를 가진다.	→	취업률 낮음.	↘
↖	슬럼을 떠날 수 없다.	←	성장해서 가족을 이루면 가장 낮은 소득.	←	기능, 기술, 전문직은 어렵다.

그 결과, 위의 그림처럼, 몇 대에 걸쳐서 '빈곤의 악순환'이 계속된다. 경제적 이유가 교육의 기회균등을 저해하는 경우(즉, 거주지 학군에 따른 학교 선택의 문제)를 외국의 예를 분석한 비교법적 분석을 통해 설명하였다. 학군제를 지키고 있는 경우에 거주지에 따라서 같은 지역의 학교에 갈 수밖에 없다.[65]

---

65) 최근 우리나라의 지역 간 주택가격의 극심한 차이 가운데 핵심 요인으로 '학군에 따른 학교 선택의 문제'가 있다고 알려졌다. 외국의 경우, 이 문제는 이미 반세기 전에 발견되었고, 이 문제 해결을 위해서 사법부와 법조계가 헌법적 해결을 만들어 냈다. 우리가 비교법의 방식을 쓸 수밖에 없는 것은, 이런 한국병에 속하는 문제는 이해관계가 서로 엇갈려서, 이해 당사자들이 서로 다른 주장으로 격돌·갈등하는 경우에 서로 만족할 만한 해결을 내놓기 힘들기 때문이다. 비슷한 문제에 대해 외국 법의 선례와 판례에서 적실성이 있는, 곧 인간

5.2. 한국 문화의 평등주의 반성

5.2.1. 한국 교육

한국 교육에서의 평등 문제와 그로 인한 아노미를 생각
할 때, 우선 우리는 한국 문화에서의 '평등' 관념을 그 기
본에서부터 정리할 필요가 있다(김철, 2001ㄴ).

현재 대한민국 헌법에서 규정하고 있는 차별 금지 조항
은 크게 두 항목, 곧 차별철폐(11조 1항, "누구든지 성별,
종교 또는 사회적 신분에 의하여 정치적, 경제적, 사회적,
문화적 생활의 모든 영역에 있어서 차별을 받지 아니한
다.") 항목과 특권계급 부인(11조 2항, "사회적 특수계급
의 제도는 인정되지 아니하며 어떠한 형태로도 이를 창설
할 수 없다.") 항목으로 구성되어 있다. 그런데 이러한 헌
법 원리는 1894년 갑오개혁 이전의 전통 사회처럼 신분
적 질서를 당연한 사회의 구성 원리로 받아들였던 과거와
는 질적으로 다르다.

5.2.2. 전통문화에서의 신분에 따른 차별

갑오개혁 이전의 한국 전통문화에서는 약 4,237년 동안
사회적 신분에 따른 차별(11조 1항 관련)과 사회적 특수
계급의 존재(11조 2항 관련)를 당연시하였다. 태어날 때의
신분(농부의 자손, 천민의 자손, 진골의 가족, 성골의 가

에게 공통적인 보편적 법 원리를 찾아내, 교육의 평등원칙과 같은 문제에 적용해 볼 수 있다.

족, 왕의 가까운 가족과 후손)에 의해서 사회적 신분이 정
해지고, 또한 사회적 특수 계급의 특권과 낮은 신분을 가
진 사람에 대한 차별도 당연시되는 것이 한국 전통문화의
오랜 흐름이었다.

5.2.3. 종교문화와 민권주의

하지만 이런 상황은 조선 후기 이후 서양 전래의 종교
문화가 사람들 사이에 전파되고, 이어서 개화기에 서양
선교사들에 의해서 서양의 종교문화가 교육과 의료기관을
통해 전해지면서부터 서서히 달라졌다. 외국인이 아닌 한
국인으로 평등주의 인간관을 처음 실행한 것은 구한말 개
화기에 독립협회 활동을 통해 국권 수호운동을 벌인 청년
들에게서 본격화된다. 서재필, 윤치호, 이승만, 안창호 등
은, 애국 애족의 기본으로 만민이 평등하다는 민권주의
('사람은 누구나 창조주의 모상에 따라 태어났고, 그 특징
을 공유한다.')를 습득하고 실천하였다.[66]

5.2.4. 개인문제로 환원된 차별

평균적 현대 한국인의 의식과 무의식을 기준으로 하
면,[67] 1948년 헌법 제정 이후 60년이 지났으나 교육받은

---

66) 독립협회의 토론회(1898년 2월 13일)의 논제는 "사람의 목숨이 지극히 귀하나, 남에게 종
이 되고 살기를 얻는 것은 지극히 귀한 인명을 천하게 대접하는 것이요, 하느님과 사람 사
이에 죄를 얻는 것이다."였다(이황직, 2007: 184).

67) 법심리학적 분석은 예일 법학대학원의 해롤드 라스웰이 선도하였는데, 한국에서 본격적인
법심리학적 분석은 아직 드물다(김철, 2001ㄱ: 336 - 337). 사실은 달라도 나와 타자를
심리적으로 섞어 버리는 비정상 심리를 심리적 투사 또는 심리적 자타 혼합이라고 한다.

한국인의 의식은 형식적 평등주의의 경향에 가깝다.[68] 반면에 무의식의 차원에서는 전통 사회의 사회적 특수 계급의 존재도 당연시하고, 사회적 신분에 의한 차별의 경우에도 자신이 무력해서 그렇지 당연하다고 느낀다. 차별을 개인문제로 환원시키고 사회적 문제나 사회윤리의 문제로 의식하기가 힘들다. 한국인의 가치관 중에서 차별에 관한 윤리를 개인윤리와 사회윤리 수준으로 나눠 볼 때, 개인윤리에서는 중요시되더라도 사회윤리 수준에서는 실질적으로 중요시되지 않고 있다. 즉 차별에 대한 사회윤리는 명목으로만 논의되고, 차별에 관한 개인윤리가 압도적으로 중요시되는 경향이 온존하고 있다.[69]

자신이 원하는 바를 다른 인물에 가져다 붙이는 비정상 심리를 일컫는 것도 이 경우에 해당한다. 형법학자 유기천 교수가 한국 법학에 최초로 적용한 바 있다.

68) 잘못된 평등주의의 예로서, '능력에 따른 합리적 선별도 평등에 반한다.'는 식의 경향을 말한다. 교육에서의 평등은 능력에 따른 차이를 인정하는 상대적 평등이라는 것이다(김철, 2001ㄴ). 그러나 이런 논조조차도 한국에서는 특정한 입장을 옹호하는 논리로 사용되었다. 지금까지 한국의 법학계가 다루어 온 방식은 산업혁명 이후, 더욱이 사회계층화가 급속히 진행된 제1차 세계대전과 제2차 세계대전 이후의 법 앞의 평등의 문제를 다루는 데 평등의 문제가 생기는 사회적 배경인 계층의 양극화라는 사회문제를 간과해 왔다.

69) 이는 일반적으로 동정이나 이타심을 제도보다도 강조하는, 곧 사회 통제가 극히 약한 사회의 특징이기도 하다. 동정이나 이타심의 문제는 극심한 변화기에 제도의 문제보다 제도 안에 있는 인간의 미덕을 강조하는 쪽에서 제기하는 문제인데, 이 경우 그것들은 일종의 능력에 해당한다. 로크의 자연상태와 홉스의 자연상태를 구분 짓는 '시민의 덕'에 대한 묘사는 그것 자체가 유형화된 것에 해당한다(김철, 2002). 최근 한국에 온 시카고대학교 법학·윤리학 석좌교수인 마사 너스봄이 '약자에 대한 배려'의 능력으로서의 '공감'을 강조한 것은 역시 개인적 윤리를 강조한 것이다(Nussbaum, 2008).

6. 차별 극복의 제도적 노력

6.1. 차별 극복의 제도적 노력

교육에 있어서의 차별의 문제를 제도적으로 해결하고자 노력한 선구적인 외국의 판례로서 브라운 대(對) 교육위원회 사건(Brown v. Board of Education)[70]을 검토해 보자. 이것은 교육 차별을 사법적 문제로 파악하여 법원이 나선 사법 적극주의의 세계 최초의 예에 해당한다. 이 판결은 인종(흑 / 백)과 빈부에 따른 거주지의 문제, 학군에 따른 교육기회의 만성적 불평등을 시정하는 데에 사법부가 판결로서 전례 없는 적극적인 결정을 한 예이다. 이 판결 이전에는 국가 정책의 중요 부분은 입법부와 행정부가 입법 재량 및 행정 재량으로 행하고, 사법부는 사후적으로 법에 어긋나는 것만 판단한다는 사법 자제론과 사법부의 소극적 위치를 확인하는 사법 소극주의[71]가 원칙으로 통했다. 하지만 이 판결 이후 여러 판례와 함께 헌법에 의한 사회혁명의 단서를 열었다. 그래서 차별 극복의 예를 비교법적으로 자세히 살피기 위해서는 브라운 대(對) 교육위원회 사건들에 관한 두 개의 판결(Brown v. Board of Education Ⅰ (1954), Brown Ⅱ(1955))에 더욱 주목해야 한다. 1954년에 연방대

---

70) Brown v. Board of Education 347 U.S. 483, S. Ct 686, L. Ed 873(1954). 또 Brown v. Board of Education 349 U.S. 249, 75 S. Ct. 753, 99 L. Ed. 1083(1955).

71) 대륙법계 국가에서 전통적인 생각은 입법부와 행정부는 적극적 행위의 기구로서 높은 정도의 재량이 허용된다는 것이다. 행정제도 국가에서 사법부의 역할은 사법제도 국가에서의 그것에 비해 크지 않다. 따라서 사법 적극주의가 존재할 여지가 적다. 한국은 행정소송을 포함한 모든 법률적 쟁송을 사법 법원이 통일적으로 관할한다는 점에서 영미식 사법제도 국가를 취한 것으로 본다(김도창, 1983: 107). 헌법소송의 경우, 헌법재판소가 관장한다.

법원은, 인종적으로 분리된 학교 시스템이 법 앞의 평등 조항을 위반했다고 판시했다. 그러나 대법원은 이 판결에 따르는 구제조치를 판결에 포함시키지는 않았다. 1955년의 브라운 판결(Brown Ⅱ)에서 연방대법원은, 공립학교의 흑백 분리 때문에 과거의 법 앞의 평등 보호를 받지 못한 것으로 밝혀진 아프리카계 미국인 학생들에게 어떤 식으로 구제가 주어져야 하는가의 문제를 밝혔다. 일반적으로 헌법 위반이 있었다고 판시하면, 법원은 위헌적인 관행의 즉각적 종료를 명할 것이다. 이 브라운 판결은 공식적으로 분리주의를 채택하고 있는 여러 주에서 굉장한 저항을 불러일으켰다. 이 판결에 대한 남부 여러 주의 전략은 복지부동, 지역 정치 지도자들의 반발, 지역 의회의 반발로서의 입법이 있었고, 심지어 평등권 조항을 실현하려는 인권운동가들을 처벌 투옥하기도 했다. 전통적 관행과 지역주의가 결합해서 불평등을 유지코자 하는 기도가 계속되었다. 1957년 아칸소 주 리틀록에서의 평등권 판결에 대한 저항은 연방대법원으로 하여금 판결을 회피하기 위한 지방정부의 전략을 심의하게 했다. 학교 당국자들은 대법원 판결에 따라 비분리주의를 위한 계획을 수립했으나, 주 입법부는 인종적 분리를 영속화시키려는 계획을 입안하고 있을 정도였다. 아칸소 주의 주지사는 흑인 학생이 이전의 백인 고등학교에 등교하는 것을 저지하기 위해서 주(州) 방위군을 파견했고, 연방대법원은 주지사가 더 이상 학교에 간섭하지 못하도록 하는 금지 명령을 내렸다. 연방대법원의 판결을 강제하기 위해서 연방정부의 군대가 아프리카계 미국인 학생이 등교하는 것을 돕기 위해 파견되기도 했다(Nowak, Rotunda, Young, 1984: 640 - 641).

6.2. 판결 강제 40년 후 고용기회가 달라지다

브라운 판결 후 약 40년 뒤, 미국에서 흑백분리 문제는 새로운 국면을 맞게 되었다. 1950년대와 1960년대에 걸쳐서 도시악의 주된 진원 지역이었던 대도시의 할렘가에서 드디어 범죄율이 현저하게 떨어지기 시작했다.[72] 아프리카계 미국인들이 기업의 관리층이나 전문직에 진출하는 비율이 높아지면서 이제는 뉴욕의 할렘가가 아니라 롱아일랜드의 별장지대에서 맨해튼으로 출퇴근하는 아프리카계 미국인 중역들이 눈에 띄게 많아졌다. 브라운 판결 II(1955년) 이후 수십 년간의 교육혁명이 가져다준 사회적 변화가 축적되어 나타난 것이다. 할렘가가 변화한 지 약 15년이 흘렀다. 그리고 이제 마침내 미국 역사상 최초로 아프리카계 미국인 대통령 후보가 선출되더니(Grunwald, 2008: 28 – 29), 마침내 그 후보(버락 오바마)가 대통령으로 당선되기에 이르렀다. 이것은 브라운 판결 I(1954년) 이후 54년 만에 이뤄낸 사회 변화의 결과이다.

---

72) 밝은 면은 1993년에 18세부터 24세까지의 아프리카계 청년의 31.4%가 어떤 종류의 대학에 등록하고 있었다. 그러나 지난 역사의 잔영은 여전히 어둡다. 1994년 20세부터 29세까지의 아프리카계 청년의 30.2%가 재소·가석방 또는 집행유예 중이었다. 같은 항목의 백인 청년 비율은 6.7%였다(US Census Bureau, US Dept. of Education & the Sentencing Project, 1995 참조).

7. 한국 사회에 있어서의 아노미의 경위 – 기회균등의 문제

7.1. 카뮈의 명제

"반항의 정신은 이론적 제도적 평등이 막대한 불평등을 감추고 있는 곳에서 나타난다."는 카뮈의 명제와 "제도적 절차에 대한 강조 없이 이례적으로 특정한 목표에 중점이 주어진 사회 (……) 제도로 주어진 인정되고 보장된 규범 대 목표에 도달하는 기회 사이의 적절한 균형이 문제되는 사회"에 대해 분석하는 머튼의 문제의식을 결합하면, 한국 사회의 아노미 문제에 대해 시사점을 얻을 것이다.

7.2. 새롭게 형성된 사회적 신분과 사실적 차별

한국 사회는 1970년대 이후 짧은 시간에 고도의 경제성장을 이룩하는 데는 성공했으나, 헌법 11조의 법적 언어에도 불구하고, 사회적 신분 또는 특권계급의 철폐에 성공한 것 같지 않다. 봉건적 신분질서는 산업화와 함께 해체되었으나 새롭게 형성된 사회적 신분은 법적 언어를 우회하여 도처에서 사실적 차별을 행하고 있다.[73] 헌법의 규범적 해석과 법 형식주의적 파악으로는 불가능한

---

73) 예를 들어, 어떤 조직에서 인사충원을 하는데 그 조직이 공식적으로 필요로 하는 역할 수행에서의 자질, 능력, 경력, 성실성 등 '직업에 필요한 조건(Bona Fide Occupational Qualification)' 이외의 것에 의해서 인사충원을 한다면 그 조직은 사회적 차별을 한 것이다. 한국 사회의 공식 조직이 인사에서 만약 '직업에 필요한 조건' 이외의 것에 의해서 결정을 한다면 그 이유는 무엇인가에 관한 의문을 가지는 것이야말로 오랫동안 한국 사회를 힘들

수준의 사회적 차별[74]이 사실상 한국 사회에 존재하고 있다(김철, 2001ㄱ). 이 문제는 권위주의 체제를 극복한 1990년대의 자유화와 민주화의 시대에 오히려 더 강화된 듯한 느낌이다. 동시에 시작된 탈권위주의의 흐름은 다분히 자유지상주의적 가치 의식을 낳았고 (김철, 2006), 세계 수준에서 보자면 신자유주의의 흐름에 의한 가치상의 혼란과 맥을 같이한다(김철, 2007ㄱ: 164 – 165).

7.3. 자유화와 동일성의 위기

한국이 겪은 또 다른 어려움은 자유화의 노정에서 차츰 사회적 동일성의 위기가 특히 문화와 교육 부문에서 심각하게 발현되기 시작한 것이다. 전통 사회는 물론 심지어 권위주의 시대 초기까지도 한국 사회에서는 부의 극대화나 금전적 성공 외에도 다른 종류의 문화적 가치가 함께 존재하고 있었다.[75] 부의 축적만을 유일한

게 한 문제에 대한 제대로 된 인식의 출발점이라 할 것이다(김철, 2001ㄱ: 77 – 79). 이 문제를 전회 축소하여 미시 경영학의 조직행동 수준에서 관찰하면 '경영 조직의 악한 연구 (Asshole Study)'가 된다.

74) 세계사적인 측면과 사회문화적인 측면을 심층심리학적으로 접근한 예는 김철(2007ㄱ: 314 – 359)을 참고할 것. 1차 세계대전 이후 현대 사회에서 가장 대표적인 차별은 정치적 반대자, 이단자, 비순응주의자, 예외를 주장하는 자, 국가 이데올로기를 받아들이지 않는 자 등에 대한 차별이었고, 전체주의 체제가 붕괴하고 난 이후에는 집단 내부인(ingroup)이냐 집단 외부인(outgroup)이냐를 보고 차별하는 태도라고 사회심리학자에 의해서 측정되고 있다 (김철, 2001ㄱ).

75) 1990년대 초반까지 아시아인들은 아시아적 가치를 경제성장의 주된 이유로 꼽고 서구적 가치의 몰락을 호언하였다. 아시아적 가치는 (1) 부지런함(근면), (2) 배움에의 열망(학문의 존중), (3) 전체 사회를 개인에 우선하는 것(대를 위해 소를 희생하는 것) 등으로 구성되어 있다. 이런 가치 경향이 무너지면서 문화적 위기와 경제적 위기가 동시에 1997년 말 이후 한국을 엄습했다고 볼 수 있다. 다른 한편, 태국, 말레이시아, 싱가포르, 인도네시아, 중국, 일본, 한국에 걸쳐 행해진 1994년의 한 조사에서, '어떤 가치에 우선순위를 두는가' 하는 질문에 아시아인들은 (1) 질서 있는 사회, (2) 집단 내에서의 조화(화목, 원만함), (3) 권위에 대한 존중(경(敬)) 등을 순서대로 답변하였다. 조사를 행한 나라 중 1997년의 외환위기를

성공의 척도로 인정하던 미국을 비롯한 여타 선진 산업화 국가들과 구분되었던 것이다. 명목상으로건 실질적으로건 초기 산업사회 단계에서 한국에서 사회적 존중의 대상은 부의 축적이라기보다는 국가적으로나 사회적으로 가치가 있는 행동과 업적, 세대를 이어서 전달되는 학문적 문화적 업적, 그리고 공동체의 복지를 존중하는 삶의 유형 등에 대해서 높은 가치를 두어 왔다.[76] 그러나 한국의 권위주의 시대가 오래 지속되면서 정치에 대한 실망과 혐오가 다른 분야의 사회 지도층에 대한 실망으로 연결되면서, 한국 문화에서 명예나 사회적 평판, 정신적 가치에 대한 확신이 점차 약화되기에 이르렀다(김철, 2002).

7.4. 한국 최·현대의 탈규범의 진행과정

대체로 권위주의 체제의 이완기였던 1980년대 후반부터 자유화가 본격화된 1990년대 전반까지, 정치상의 민주화와는 별도로 한국 사회의 평균인은 점차로 불안정한 사회에서 살아남을 수 있는 담보로서 부의 가치와 금전적 축적에 압도당하기 시작했다. 물론 1960년대 후반부터 시작된 산업화는 다른 분석을 제공하기도 한

겪은 나라는 태국, 인도네시아, 말레이시아, 한국이었다. 이 네 나라의 동일성 위기가 문화적 가치의 면에서도 가장 심했다는 얘기가 된다. 이 중 인도네시아는 네포티즘(Nepotism)을 큰 이유로 꼽고 있다(김철, 1999).

76) "[어떤 사회는 미국과 달리] 더 경직된 사회계급이 존재하며 그러나 계층에 따라 각기 다른 성공의 상징이 존재하며 바람직한 성취의 이념이 각기 다른 사회계급에 다양하게 존재하는 사회에서는 경제적으로 힘든 시기에도 미국보다 범죄율이 낮았다."(Merton, 1957: 146 – 147) 이러한 머튼의 지적을 참고할 때, 미국과 비교할 때 산업화와 반비례하는 범죄율의 보기로서 산업사회 이전의 한국의 모습을 들 수 있다. 한편, 머튼의 이 지적은 부의 성취를 모든 성공의 종국으로 보는 사회문화와는 다른 사회문화의 가능성을 보여 준다.

다. 한국에서 기회균등의 문제는 산업화가 진전된 1970년대 후반 들어 점차로 '가진 자와 가지지 못한 자'의 대립으로 내연되기 시작했고, 그것이 권위주의 시대에 불씨를 보존했다가 1987년 민주화 투쟁 이후 본격적으로 큰불로 번지게 되었다. 게다가 1989년 동유럽의 민주화 이후 세계 수준에서 자유주의화가 진행되면서, 정부의 규제력은 약화되었을 뿐만 아니라 종전의 도덕규범이나 사회규범을 통한 개인 욕망의 제어력도 약화되었다(김철, 2006). 이렇게 국내와 세계 양쪽에서 진행된 변화에 의해 1990년대 이후 정치적 자유화[77]는 가치의 탈정향화와 규범의 약화를 수반하면서 드디어 분출하는 욕구 수준의 상승과 함께 아노미라고 부를 수 있는 정도의 탈규범화로 발전하였다. 1997년의 외환위기는 물론 경제위기이지만 그 실제에서는 잔존했던 전통적 규범, 산업화, 민주화 시대의 규범 또는 민주주의 건설기의 모든 규범이 자유라는 이름 앞에서 무력해진 문화적 위기를 반영하는 것이었다(김철, 2006). 이 문화적인 위기는 머튼과 그의 이론적 스승이었던 뒤르켐의 용어로 아노미 또는 아노미에 업혀 있는 사회를 낳는다.

---

77) 현대 자유주의의 개념적 요소를 자유화와 자유주의가 갓 적용되기 시작하던 문민정부 시대 한국의 법과 정책에 대조해 보자. 자유주의의 후기 특징인 자유주의의 적극적 형성적 작용을 당시 문민정부가 이해하거나 실행한 흔적은 별로 없어 보인다. 오히려 경제정책에서 자유화에 의해서 소외된 계층을 위한 정책보다는 기업과 기업에 준하는 경제력을 가진 집단의 경제적 자유에 대해서 자유방임으로 일관하였다. 그 영향은 1997년 말 이후 한국이 국제통화기금의 관리체제에 들어갔을 때 드러난 금융기관의 BIS비율의 문제에서 나타난다. 즉 부실 대기업에 대한 거대한 대출과 부실여신의 결과로 한국의 금융기관이 전반적으로 BIS 기준에 미달하는 사태가 나타났다. 정부가 거액의 지원금을 들여 국제적 수준의 지불준비금을 맞추지 않을 수 없는 사태는 짧게는 자유화 정책이 시작된 1990년대까지 소급할 수 있고 최소한 그 기간 중에 정부가 적절한 형성적 작용을 하지 않았다는 이야기가 된다. 은행의 BIS 부족을 야기한 대출자들은 일반시민이나 자유주의 시기의 소외된 계층이 아니었다는 것이 이후 증거로 드러났다. 그렇다면 적어도 민주화 이후의 정부의 자유방임적 경제정책이 BIS비율상의 부실을 야기했다고 할 수 있다(김철, 2006: 77-78).

7.5. 법형식주의와 사실적 차별

1997년 외환위기 이후 한국 사회의 문제를 기회균등에 관한 관찰을 통해 일률적으로 정형화시킬 수는 없다. 많은 제도적 노력에도 불구하고 법 제도는 그 형식성 때문에 여전히 사실상 차별을 포착하지 못하고 있다. 더욱 근본적인 문제는 한국 법학에서 형식법의 구성요건 해당성을 벗어나는 사실적 의미의 차별(또는 사회학적 의미의 차별)을 고려하지 않는다는 데에 있다.[78] 정부에 의한 정책은 헌법상 기본권의 최소 단위인 개인의 기회균등을 신장시키는 데 성공한 것 같지 않다. 왜냐하면, 행정권에 의한 집단주의적 해결 방식이 주로 의존하는 각종 통계나 사회지표가 구체적인 개인에게 가해지는 사회적 차별의 벽을 인식시키거나 철폐하는 데 별다른 도움을 줄 수는 없기 때문이다.[79] 그러나 사법부의 독립성이 점차 증진되면서 기회균등을 향한 사법부의 사법적 판결은 크게 증가하였다.[80]

7.6. 계층이동의 전망과 열린사회의 가능성

산업화 시대에는 적어도 계층의 상향이동이 가능하다는 믿음이

---

78) 법학 용어 자체도 오로지 형식법, 실정법을 해석하는 쪽으로 전문성이 발전된 데 반해, 사회적 사실을 어떻게 평가할 것인가라는 쪽으로는 거의 발전되지 못했다. 예를 들어, 한국 법학에는 '사실상 차별'(De Facto Discrimination)이라는 용어가 존재하지 않는다. 따라서 사실의 세계에 존재하는 차별은 한국의 관료법학자나 혹은 강단법학자에게는 판단의 기준이 되지 못한다(김철, 2008). 이런 경우는 세계사적인 관점에서 주변 국가의 특징으로서, 곧 2차 세계대전 이후 평등권의 역사가 어떻게 진행되었는가를 비교 분석할 때 의미 있는 자료가 될 수 있다.

79) 신용회복위원회는 외환위기 이후 파산자의 생존권 문제를 해결하는 데에 도움이 되었다.

80) 행정법원의 판결과 함께 외환위기 이후의 회사정리법, 기업파산과 관계된 법원파산부의 활동을 들 수 있다.

있었다. 그러나 최근의 젊은 세대는 그러한 전망을 포기하기 시작했다. 그 결과 사회 전체적으로 활기가 사라지고 여러 분야에서 경색감이 자라기 시작했다. 한국의 중간계층의 계층이동의 문제를 비교법적으로 관찰할 때 가장 용이한 것은 다인종 국가에서 교육 기회를 통한 전문직으로의 진출 기회를 분석하여 비교하는 작업이다. 2008년 지구촌의 으뜸 화제였던 버락 오바마의 아메리칸 드림 (Obama, 2004)은 그가 아프리카계 미국인이라는 인종적 배경에도 불구하고 법 제도와 교육제도의 도움을 받아서 그 사회의 최고 엘리트가 될 수 있는 교육적 성취를 이뤄 낸 것에 기인한다. 그러나 한국에서의 계층이동의 전망이 과연 열려 있을까? 분석적 연구가 따라야 하겠지만, 최근 사교육비의 폭증으로 인한 일반 가계의 부담을 감안한다면 교육을 통한 계층이동의 전망은 기이하게도 한국의 민주화 이후 나아졌다고 말하기 어렵다. 1890년대에 시도되었고 1938년 이후 그의 후계자들에 의해 신대륙에서 적용되었던 뒤르켐의 사회학의 키워드인 아노미 이론이 그의 후계자인 머튼의 법사회학 연구와 함께 의미를 가지는 것은 이러한 한국의 결코 밝지 않은 현실 때문이다.

8. 결론

지금까지 필자는 뒤르켐과 머튼의 아노미 이론을 그것의 사회경제사적 배경을 통해 읽었다. 뒤르켐은 1873 - 1874년 비엔나에서 시작한 서유럽의 경제위기와 1882년 파리 증권거래소에서 발생한 파산 사건을 사회경제적 배경으로 16세기에 쓰이던 아노미라는 용어를 300년 만에 부활시켰다. 뒤르켐의 아노미 이론 자체가 역사 이론의 범주에 속할 수 있는 이유이다. 그리고 1929년의 세계 대공황 이전 10년(재즈 시대)과 공황 이후 10년(뉴딜 시대)의 미국 사회 연구가 머튼으로 하여금 40년 전 뒤르켐의 아노미 개념을 다시 학문적 키워드로 내세우게 했음을 밝혔다. 이제 현재로 돌아와 보자. 2008년 9월 세계경제의 최대 관심은 1929년 세계 대공황의 진원지가 된 월가에서 1929년 이후 최악의 금융위기가 발생한 것에 모아지고 있다. 머튼이 전개시킨 세계 대공황 이전과 이후 각각 10년의 사회연구가 2008년 월가의 금융위기 이전과 이후의 각 10년에 적용될 수 있는지의 여부에 대해 사회과학자들의 진지한 연구가 촉발되어야 할 것이다.[81]

이미 1997년에 지급 불능 위기로 국제통화기금의 구제금융을 경험한 적이 있는 한국의 상황에서 아노미 이론의 적용 가능성은 더욱 커진다. 필자는 이 연구에서 1997년을 기준으로 이전 10년과 이후 10년이 뒤르켐과 머튼이 아노미 이론으로 구성한 특징과 어느 정도 근접성이 있는가를 사회문화적 측면에서 고찰했지만, 여전히 시론적인 분석 수준에 머무를 수밖에 없었다. 다만 더욱 본격적인 사회경제학적 연구를 위해 한 걸음을 내디뎠다는 것으로 만족하고, 여러 사회과학 분과에서 깊이 있는 연구와 토론이 계속되기를 기대한다.

---

81) 이 문제는 2008년 9월 이후 사회과학자들의 관심의 초점이 되고 있다. 해당 분야의 이론으로는 Krugman(1999, 2007)를 참고할 것.

참고문헌

김철, 「동서양의 법문화 – 경제위기의 반성」(한국가톨릭교수회 발표문, 1999).

김철, 「사회적 차별의 심층심리학적 접근」(한국 사회이론 학회 엮음), 『사회 이론』 통권 제20호(서울: 한국사회이론학회, 2001ㄱ).

김철, 서평 「헌법과 교육」, 『헌법 연구』(서울: 한국 헌법학회, 2001ㄴ).

김철, 「개혁의 법사회학적, 법경제학적 조망 – 교육개혁을 주안점으로 그러나 주도적인 개혁을 우선하여」(한국사회이론학회 엮음), 『사회이론』 통권 제21호(서울: 한국사회이론학회, 2002).

김철, 「포즈너의 헌법학방법론 소개(1)」, 『헌법학연구』, 제8집 제1호(서울: 한국 헌법학회, 2002).

김철, 「한국에 있어서의 자유주의와 자유지상주의에 대한 반성」(한국사회이론학회 엮음), 『사회이론 통권』 제30호(서울: 한국사회이론학회, 2006).

김철, 「형이상학적 이원론 아래에서의 당위와 존재의 문제와 현대 한국 법학의 과제」, 『현상과 인식』, 32권 3호(2008).

카뮈, 알베르, 『반항하는 인간』(김화영 옮김)(서울: 책세상, 2003).

카뮈, 알베르, 『반항적 인간』(신일철 옮김)(서울: 일신사, 1983).

김철, 『한국 법학의 역사적 기초 – 역사적, 경제적, 사회문화적 접근』(서울, 한국학술정보, 2007ㄱ)

김철, 제3장 공법의 역사 『법 제도의 보편성과 특수성』(서울: 훈민사, 2007ㄴ).

김광기, 『사회는 무엇으로 사는가? 뒤르켐 & 베버』(서울: 김영사, 2007).

김도창, 『일반 행정법론(上)』(서울: 청운사, 1983).

김선경, 「러시아 마피아 연구」, 고려대 국제대학원 석사학위논문(1999).

남인숙, 「커뮤니케이션 네트워크와 청소년 집단 따돌림」, 한국사회이론학회(엮음), 『사회이론』 통권 제25호(서울: 한국사회이론학회, 2004).

뒤르켐, 에밀, 『자살론』(임희섭 옮김)(서울: (주)삼성, 1993ㄱ).

뒤르켐, 에밀, 『자살론』(김충선 옮김)(서울: 청아출판사, 1993ㄴ).

뒤르켐, 에밀, 『사회분업론』(임희섭 옮김)(서울: (주)삼성, 1993ㄷ).

모로아, 앙드레, 『프랑스사(신용석 옮김)(서울: 홍성사, 1983).

민문홍, 『에밀 뒤르켐의 사회학 – 현대성 위기극복을 위한 새로운 패러다임을 찾아서』(서울: 아카넷, 2002).

민문홍, 『현대 사회학과 한국 사회학의 위기 – 한국 사회의 인문사회학적 대안을 찾아서』(서울: 길, 2008).

박영신, 『변동의 사회학』(서울: 학문과 사상사, 1980).

신동준, 「경제제도의 지배와 범죄」, 한국사회이론학회(엮음), 『사회이론』 통권 30호(2006).

이황직, 『독립협회, 토론공화국을 꿈꾸다』(서울: 프로네시스, 2007).

존슨, 찰머스, 『혁명의 미래』(한완상 옮김)(서울: 현대사상사, 1977).

한국사회이론학회, 『뒤르켐과 우리 사회』(한국사회이론학회 2008년 하계학술대회 발표문집).

Brown v. Board of Education 347. U. S. 483, S. Ct 686, L. Ed 8.3.(1954).

Brown v. Board of Education 349 U.S. 249, 75 S. Ct. 753, 99 L. Ed. 1083(1955).

Durkheim, Emile, Suicide(John A. Spaulding and George Simpson 옮김)(London, 1952).

Fiss, Owen M., "Racial Imbalance in the Public Schools: The Constitutional Concept", 78 Harv. L. Rev., 564, 585(1965).

Grunwald, Michael, "Campaign '08 Where's the Fire?", TIME(September 29, 2008).

Krugman, Paul, The Return of Depression Economics(New York: W. W. Norton & Company, 1999).

Lockhart, William B. Yale Kamisar, Jesse H. Choper "De Facto School Segregation", Constitutional Law, 1357(St. Paul: West Publishing, 1979).

Mannheim, Hermann, Comparative Criminology a Text Book(London: Routledge & Kegan Paul, 1965, 1973).

Merton, Robert. K., "Social Structure and Anomie" American Sociological Review 3권(1938).

Merton, Robert. K., Social Theory and Social Structure — Revised and Enlarged Edition(Glencoe: The Free Press, 1957).

McCourt, Frank, Teacher Man A Memoir(New York: Scribner, 2005).

Nowak, John E., Ronald D. Rotunda, J. Nelson Young, Ch. 16, §Ⅱ, E. "Implementation of the Desegregation Decisions", Constitutional Law, 640 − 641(St. Paul: West Publishing, 1984).

Nussbaum, Martha C., "Compassion: Human and Animal"(해외석학 초청강연문, 2008).

Obama, Barack, Dreams from My Father — A Story of Race and Inheritance(New York: Three Rovers Press, 2004).

Schliesinger, Arthur M. Jr., The Crisis of the Old Order(Cambridge: The Riverside Press Cambridge, 1957).

제3장

경제사와 법은 서로 어떤 영향을 미치는가

경제사와 법은 서로 어떤 영향을
미치는가

- 세계경제사, 보편주의적으로 바라본 시점

1. 들어가는 말

1.1. 글 소개

지금까지의 한국의 공법이론의 역사는 서양에서 발달한 공법 이론을 명확한 시대배경을 인식하지 않고 추상적으로 번역해 왔다는 전제에서 출발한다. 서양 근대 이후의 사회경제사라는 큰 흐름을 무시하고 파악해 왔다는 것이다. 법학의 이론적 경향은 대단히 필요한 것이나 사회 사정, 법률관계의 실제를 떠나서는 곤란한 것이다.[82] 이 점에 있어서 법학은 정신과학(精神科學)과 구별된다.[83] 정신과학의 전통은 아직도 구대륙에 기원을 두고 있는 어떤 사회과학, 어떤 국법학(國法學)에 영향을 미치고 있다. 요약한다면 그 밑에 흐르는 것은 관념론(觀念論) 철학의 영향이다.[84] 사회과학과 법학을 그 방법에 있어서 인간의 순수한 사유형식(思惟形式)("Reine Denkensform der Menschen")에만 의하려 할 때 현대의 산업사회에 있어서의 사회과학과 법학은 한쪽 방향으로만 달리는 무리를 범하게 된다.[85] 따라서 현대 법학의 정신은 고전 및 근대정신을 걸쳐서 현대 산업사회의 사회관계, 법률관계, 인간관계를 포괄할 수 있어야 한다.[86]

이 글은 근대 이후의 서양 공법사가 사회경제사와 서로 상호 긴밀하게 작용해 왔다는 구체적인 역사적 사례 연구이다.[87] 서양 근

---

82) 이 점은 전통적 한국 법학에서 무시되어 왔다. 그러나 비교법에서 볼 때 분수령이 된 것은, 2차 대전 종식 이후 지구상 에 존재하는 법계를 삼분(三分)하였던 로마 게르만 법체계 앵글로 아메리카 법체계 그리고 사회주의 법체계의 구별이 1989년 동유럽과 러시아의 사회주의 법체계를 와해시킨 동유럽 러시아 혁명 이후 냉전체제 당시의 비교법 삼분론 역시 와해 선상에 있다는 것이다. 한국의 법학은 세계의 법학이 동유럽 러시아 혁명으로 인해 급변하고 있다는 것을 의식적으로 무시해 왔다. 1989년 이후 세계의 법학은 한국인들이 익숙해져 왔던 냉전체제의 삼분법이 아니다. 따라서 새로운 법의 전개에 있어서 맥락이 되는 것은 종전과 같은 분류법이 아니고 사회경제적 접근에 의한 법 형성의 역사이다. 김철, 「동유럽 러시아 법 강의 요약」, 『한국 법학의 철학적 기초 - 역사적, 경제적, 사회문화적 접근』 (2007 한국학술정보(주)), 같은 사람 「제1장 비교법론의 출발」, 『러시아 소비에트 법 - 비교법 문화적 연구』(1989, 민음사).

83) 김철, 『법철학 강의』(미출간 강의교재, 2006, 숙명여자대학교 법과대학).

84) 김철, 「서론」, 『한국 법학의 철학적 기초 - 역사적, 경제적, 사회문화적 접근』(2007 한국학술정보(주)).

85) 김철, 「한국의 공법학」, 『한국 법학의 반성』(2007).

86) 이글의 방법론은 법학방법론으로서, 실정제도와 역사 철학을 종합적으로 고찰할 것을 주창한 Harold Berman의 Integrative Jurisprudence를 원용한 것이다. Harold J. Berman Toward an Integrative Jurisprudence: Politics, Morality, History, 76 *CAL.L.REV.* (July 1988).

87) 경제학자들은 일반적으로 제도를 어떤 사회와 국가에서 경제학적으로 의의가 있는 것으로 취급한다. 1990년에 Douglass C. North는 『제도, 제도변화와 경제적 성취』로 노벨 경제

대 국가의 고전적 모델[88]이 산업혁명 이후 생산력 – 경제적 여건과 서로 영향을 주고받으며 변용하여 오다가, 고용인 수천 명 이상의 기업이 경제활동의 중심부로 나타나면서, 1760년 이후의 근대 시민사회를 기반으로 한 정부와 시민의 이분법이 달라졌다는 내용이다.

공법사와 경제사와의 관계를 분석하기 위해서,[89] 기초적인 작업은 경제사학자인 North의 제도이론에 영향받았지만, 법학자인 필자는 간명한 설명을 위해서 경제학자인 Freeman이 작성한 Kontratieff의 장기변동곡선에 의한 거시적 연표(1987)를 수정 없이 그대로 답습 인용하였다. 따라서 경제사의 부분은 오로지 Freeman의 요약을 기본으로 하고 법학적 전개를 한 것은 필자가 법학자이기 때문이다. Freeman 자체에 대해서도 비판은 있을 수 있다. 양해를 바란다.

지금까지의 한국 공법 이론의 역사에 있어서의 또 다른 문제는 법학이론이 주로 과거의 사회, 경제상을 향하고 있다는 것이다. 좋든 싫든 법의 과제는 오늘의 과제와 내일의 희망에 향해져 있어야 하고, 따라서 사회·경제 상황이 변화하고 있을 때는, 지난날에 익숙해진 질서로 안정감을 확보하는 것도 임무 중의 하나이겠으나, 내일의 번영과 질서를 위해서 대응할 수 있지 않으면 안 된다.[90] 이 글은 한국이 급격하게 세계경제의 흐름에 노출되게 된 1990년

학상을 수상하였다. 그에 의하면 제도는 경제이론의 표준적인 강제와 함께, 어느 사회의 기회를 결정한다. Douglass C. North *Institutions, Institutional Change and Economic Performance* 이 논문은 더글러스 노스의 제도에 대한 경제사적 접근에서 간접적으로 영향을 받았다.

88) 공법학 또는 국가학에서 서양 근대 국가의 고전적 모델이 무엇을 의미하는가는 근대적 입헌주의의 개념 요소와 대체로 일치한다. 그중에서 (1) 삼권 분립의 원칙 (2) 의회 입법의 원칙 (3) 법치주의의 원칙을 특히 고전적 모델의 특징으로 삼는다.

89) 법 제도에 대한 경제분석의 법학방법론에 대해서는 김철 「포즈너의 공법학방법론」, 『공법연구』 제30집 제4호(2002.6. 한국공법학회).

90) 김철 「한국 법학의 문제점」, 『한국 법학의 반성』(2007).

대 초기를 기준점으로 하고 그 이전의 한국 공법이론이 주로 취급하던, 과거의 근대철학에 바탕을 둔 법학 모델을 극복하는 데 목적을 두고 있다. 한국의 공법학이 지금까지 의심 없이 의지하였던 이른바 고전 모델(古典 Model)의 형식법원칙은 본 연구에 의하면, 형성과 성장 그리고 변용의 전 기간 동안 변화하도록 도전받았다.

1990년대 초부터의 한국에 있어서의 법과 정부에 있어서의 가장 큰 내부적 요인은 문민정부가 시작한 민주화, 효율화를 위한 개혁과 국민의 정부, 참여 정부의 개혁을 들 수 있다.[91]

세계사적인 원경(遠景)은 구 소비에트 유니온과 그 친족 관계인 동유럽의 법체계가 89년 이후 급속하게 해체되어, 지구상에서 "모든 법은 공법(公法)이다."라는 Lenin의 국가 만능주의 Omnipotenz der Staat가 종언을 고하고, '국가의 권력' '국가의 억압 법' '국가의 직접강제' 중심이었던 법체계가 변화하여 왔다는 것이다.[92]

경제 기술사에서 볼 때는 1980년대 후반부터 1990년대에 한국은 Kontratieff 50년 장기 성장 웨이브에서 볼 때, 포드식 대량생산 시대에서 정보 및 커뮤니케이션 시대로 접어들고 있다고 보인다.[93]

정보 및 커뮤니케이션 시대의 정부와 국민과의 관계가 중화학 건설시대나 포드식 대량생산 도입기와는 다른 양상을 보인 것은 틀림없다.[94]

---

91) 김철 「개혁의 법사회학적, 법경제학적 조망 – 교육개혁을 주안점으로 그러나 주도적인 개혁을 우선하여」, 『사회 이론』(2002 봄 / 여름).

92) 보라. 金徹, 『해체기의 비교제도론』, 「역사적 가치의 집중적 대비/러시아와 아메리카」 p.127 부터 Myko Int'l.1992)

93) Freeman, 1987.

94) 정보화 사회에서의 국민과 정부와의 관계에 대한 주장은 다음과 같다.
첫째, 정보기술은 민주적 경향을 촉진한다(C. Susan, 1983: 1).
둘째, 정보화 사회는 강제적 지도력보다 합의를 요구한다.
셋째, 권력은 기업뿐 아니라 정부조직 내에서도 분산되고 분권화된다.

정보 및 커뮤니케이션 시대의 법 제도의 모습은 어떻게 반영(反映)되었으며, 1770년대 이후 약 220년 이상을 인류가 가진 제도의 이념형(Idealtypus)으로 작용한 근대 시민사회(Modern Time's Society of Citizens)의 법 제도는 어떤 흐름 위에 놓였던 것인가.

인본주의, 세속주의, 합리주의의 산물인 근대의 제도를 시민사회의 고전 Model(Classic Model of Citizen's Society)이라고 할 때 이 고전 Model의 생성과 성장, 성숙과 좌절, 변용한 지난 200년의 나이테가, 인류가 1990년대를 기점으로 해서 진입하고 있는, 산업혁명 이후의 다섯 번째 단계에서의 제도의 모습을 형성했다고 할 수 있다.

첫 번째 단계는 어떠했던가? 1770년대는 근대의 시점에서 특별한 의미를 가진다. 쇠퇴해 가는 구체제(Ancient Regime)와 강대해져 가는 이성과 과학의 힘이 이 시점에 응결되었다. 한편에서는 근대적 민주주의가 중요한 세력으로 성립했으며, 다른 한편에서는 초기 산업혁명이 시작되었다. 근대적 민주주의는 시민사회를 성립시키고 정부와의 관계에서 고전 Model을 형성시켰으며 생산력의 기계화는 산업사회의 전개를 예고했다.

시민－정부와의 관계, 또는 국민국가에서의 국민－국가와의 관계는 '사회 안에서의 인간'의 문제의 기본 폭을 이룬다. 시민－정부와의 관계에 대한 고전 Model의 변용을 요약하는 데 있어서 다음 사항에 유의하였다.

넷째, 세계전략은 지역적이고 국지적 이익들을 지배한다.
보라, A. W. Branscomb, 『정보화 사회에서의 법과 문화』, 김세원, 추광영 공편, 『정보화 시대의 도전(The Challenge of the Information Society：Hunam Implication)』 (무역경영사, 1987).

1.1.1. 근대 시민사회는 산업혁명 이후 생산력 – 경제적 여건과 서로 영향을 주고받았다.

1.1.2. 고전 Model 변용의 여러 시기는 대체로 자본주의 성장의 장기곡선—Kontratieff의 50년 주기곡선—에 비추어서 다시 해명될 수 있다. 이 장기 성장 곡선에 따른 나라별 진행은 Freeman(1987)의 해석에 따랐다.

1.1.3. 고전 Model을 가능케 한 근대의 가치는 – 이성의 지배(Rule of Reason), 자연적 권리와 보통의 이성(Natural Right & Common Reason)으로 볼 수 있는데, 1차 대전(– 1919) 및 대공황(1930), 2차 대전(– 1945) 이후 인간관에 변화가 있었다.[95]

1.1.4. 고전 Model 제3기 이후 점점 더 산업사회의 사회 · 경제적 지표가 지배하게 되고, 마침내 제4기에는 테크놀로지 – 경제 패러다임이 압도하는 것을 보여 준다.[96]

1.1.5. 고전 Model의 법 원칙은 그 변용의 전 기간 동안 도전을

---

95) 법의 지배의 기초가 되는 인간관의 문제는 1900년대 초 프로이드의 심리학이 아메리카에서 통용되면서 현대적 양상을 띠게 되었다. 산업사회에 있어서의 현대인의 심리는 사회심리학 및 실험심리학의 구체적인 대상이다. 씨알디니(Cialdini) Cialdini, J Cacioppo, R. Bassett, & J. Miller, Low – Ball Procedure for Producing Compliance: Commitment Then Cost, *36 J Personality and Social Psychology 463*(1978). 인간과 자유의 문제에 대해서 김철 「한국에 있어서의 자유주의와 자유지상주의에 대한 반성」, 『사회 이론』 (2006 가을 / 겨울).

96) 같은 취지는 로렌스 레식(Lawrence Lessig), 『코드: 사이버 공간의 법 이론』(김정오 역, 나남출판, 2002).

받았다. 균형 잡힌 정부와 사적 자치(Balancing & Autonomy)
는 산업혁명의 전 기간 동안 변화를 강요받았다. 주목할
기간은 1919년 이후, 1930년 이후, 1945년 이후이고, 1960
년대와 1970년대의 평등주의 운동 (Egalitarian Movement)
이다. 1970년대에 이어, 법 원칙은 존중과 준수의 목적이
아니라 현실의 문제에 대응하는 것(Responsive law)이라는
새롭고 완강한 요구에 노출되었다(Nonet, 1978).
이 요구 역시 대중사회 및 기술－경제(Techno－Economy)
패러다임과 관계있다.

1.1.6. 대중사회의 생산과 소비패턴은 집단이익(Group Interest)의
개념을 가져왔다(Richard Stewart, 1975).
도시화와 환경도 그러하다(徐元宇).
권리(Taking Rights Seriously, Dworkin)가 아니라 이익이,
인격(이성·교양인)이 아니라 집단이, 법 원칙(Principle－
oriented)이 아니라 이익교량(Interest－balancing)이 지배적
개념이 되었다.
초기 고전 Model에서 법 원칙은 윤리와 종교의 위광과 함
께했는데 (Berman 1972, 1992), 이제 기술·경제 패러다임
(Techno－Economic Paradigm)의 지시어를 따르지 않으면
사적 자치(Autonomy)도, 이익사회에 대응하는—이익대표
형이든 참여형이든—대응법(Responsive Law)도 불가능하게
되었다(Nonet 1978).

1.1.7. 한국에 있어서의 '정부와 법'은 세계사에 있어서의 보편

과 특수의 관계가 있다(金徹, 1993).

산업사회화 이후에 한국 법의 문제도 점점 더 세계적인 기술 - 경제 패러다임의 영향을 강하게 받았다.

마침내 Kondratieff 4기 - 즉 고전 Model 4기와 일치하는 시기에 산업화 국가 두 번째 그룹에 속하게 되었다(Freeman, 1987).

1.1.8. 1980s - 1990s에 시작되는 Kondratieff 5기를 맞은 한국 기성 법학에의 도전과 압력은 정보 커뮤니케이션이 주도하게 된다(Freeman, 1987).

2. '시민과 정부'법에 대한 고전 Model의 변천

2.1. 고전 Model의 세 가지 요건과 의의

2.1.1. 삼권분립(三權分立)의 원칙: 정부는 입법, 사법, 행정으로 기구 및 기능에서 분리되고 같은 위치 - 동위에 선다.

2.1.2. 의회입법(議會立法)의 원칙: 법치주의의 기본으로 의무나 부담을 지우는 법규는 국민대표기관인 의회 입법의 원칙이다.

2.1.3. 법치주의(法治主義)의 원칙: 집행부인 행정부와 법적용부

인 사법은 의회 입법의 하위에 선다.

세 가지 요건은 '민주주의 원칙'으로 당연하게 여겨 온 전제조건이었다. 이러한 고전 Model이 지닌 역사적 의의는 과소평가될 수 없다. 중세 봉건사회와 근세 절대주의의 여러 정치·사회·경제적 전제와 억압, 특권을 해소하고, 1770년대부터 인류가 누리기 시작한 시민사회의 형성의 결과이다. 약 200년 이상을 보편적 가치로서 인류의 국가 공동생활의 이정표 역할을 하고 있는 것이다.

2.2. 시대적 배경: 1770 – 1820년대 또는 1930년대

대략 1770년대부터 1820년대 또는 1830년대까지가 산업혁명의 초기로, 개인기업 중심으로 생산 및 유통업이 활발하게 일어났으며, 상인의 자본이 경제활동의 원동력이었다.[97]

정부의 활동은 이 시기의 테크놀로지나 기술 혁신(innovation)에 큰 역할을 하지 못했으며, 최소한의 역할을 하고 있었다. 고전적 정부 모델이 중상주의 시대의 절대 권력이나 현대 이후의 정부 모델과 비교해서 크게 제한적인 까닭이 여기에 있다고 생각된다. 정부의 개인에 대한 자유방임이 최대의 번영을 약속한다고 믿어졌다. Adam Smith가 이 시기의 주요 사상가였다.

---

97) Freeman, 1987.

2.3. 시민과 정부의 이원론

시민과 정부 또는 국민과 국가는 대립된 입장에 있는 것으로 파악되었다. 시민혁명—청교도혁명, 아메리카혁명 또는 프랑스혁명의 파장—을 겪고, 시민 또는 국민이 국가 권력의 구성인자 또는 정당화 요인으로 당연시된 나라에서도 그러했다. 그들이 건설하고 있는 시민국가는 이제 겨우 걸음마였으나, 인류가 경험한 압제적 국가 권력 또는 비합리적인 봉건적 전제는 중세 사회가 붕괴한 이후(−1453) 3세기가 넘었었다. 시민사회가 의지한 것은 이성의 지배였으나, 항상 어디서든지 어제의 압제가 파괴적인 본능(destructive insemination)을 드러낼 가능성이 있다는 것을 알고 있었다.

18세기는 이성과 진보를 인류가 믿을 수 있었던 시기였다.[98]

합리주의와 인본주의 그리고 주관주의를 새로운 신조로 가졌던 근대인은 그들을 속박했던 리바이어던(Leviathan)을 단단히 결박하기를 원했다. 국가 기능을 나누고(devide) 서로 견제(check)시켜 균형(balance)에 이르게 하는 것이며, 대표(representation)에 의한 규칙 제정(legislation)으로 리갈리즘에 리바이어던(Leviathan)을 결박하는 것이다. 15세기 이후 서구 문명사회를 휩쓸었던 무정부 상태(Anarchy)에 대한 반동으로서의 마키아벨리즘(Machiavellism), 그리고 그 법학적 표현인 홉스(Hobbes)의 국가관은 이 시대의 근대인에게는 여명에 동반하고 있는 그림자로 보였다.

개인으로서의 사인, 사인으로서의 개인은, 전 시대와 같이 억압적이고 압제적인—그래서 그 연상의 첫째 대상으로서—국가에서만

---

98) 보라, 金徹, "진보(progress)" p.497. 제12장 결론, 『러시아−소비에트 법−비교법 문화적 연구』(민음사, 1989).

자유로워지면, 다음 순서는 진보를 약속하는 개인 이성의 차례였다. 근대 법에 있어서의 이분법의 첫 번째 대비는 개인 대 국가 또는 시민 대 정부라는 대칭이었다.[99]

2.4. 제1기의 기본제도

대략 1760년대에 시작된 이 시기의 주된 제도 사상은 '－로부터의 자유'로 특징지어진다. 정부의 부당한 간섭으로부터의 자유는 정신적 영역에서의 자유로운 종교, 자유로운 표현, 자유로운 언론, 자유로운 출판, 자유로운 모임을 구가하는 기본조항으로 나타났다.[100]

이 자유의 주체는 '이성적이며 합리적인' 인격의 개인이었는데, '자연적 권리와 보통의 이성'[101]을 가진 시민이었다. 그들은 그리스·로마의 고전을 읽고 이해하는 인본주의자였으며, 청교도혁명의 정신을 이어받은 근대 시민이었다.[102] 헨리 데이비드 소로우가 노예제도와 멕

---

99) 이분법 대비는 조선 한말의 사회사정에서도 나타난다. 즉 "백성은 혹정에 시달리고"라는 실학파의 보고는 백성 대 정부의 이분법이다.
예를 들면, 강만길 외, 『정다산과 그의 시대』(민음사, 1985).
이분법 대비는 경우에 따라서는 구별이 옅어지기도 한다. 개인 또는 시민이 국가 또는 정부에 가까이 갈 수 있는 가능성이 높은 문화에서－즉 시민정부가 실제로 이루어지고 있는 경우이다. 구별이 극명해지는 참여가 어렵고, 정부구성의 실상은 근대가 아닌 이전 시대의 것인 경우이다. 전자는 발랄하고 자발적인 시민도덕이 성립한다. 후자는 형식적 관료주의와 법치주의가 우선한다.

100) 아메리카 헌법 수정 1조(1781).

101) 1610년 Court of Common Pleas에서 결정한 Dr. Bonham's Case에서의 Edward Coke가 인용한 Fitzherbert의 Cessavit 42, Thorne, Dr. Bonham's Case, 54 *L.Q.R.*543 (1938) 또한 김철 1993.

102) 근대주의의 3요건이 Stuart 제도혁명의 정신적 에너지였던 자연법(Law of Nature)과 결합한 것이다.
보라, 金徹, 코먼·로에 있어서의 고차법의 전통, '표현조항', 『현대의 법 이론－'시민과 정부'의 법』(Myko Int'l, 1994).
또한 보라, 金徹, 「법의 문자에 집착함 대 근본법 또는 고차법」 p.35, 「튜더와 스튜아트

시코전쟁에 반대하여 인두세 납부를 거부하고 감옥에 수감된 후『시민의 불복종』을 쓴 것이 이러한 시대정신을 나타낸 것이다.[103]

2.5. 제1기의 사회적 영역의 특징

사회적 영역에 있어서의 특징은 봉건적 신분 질서와 특권의 와해, 길드(guild)와 같은 중세 조직의 붕괴와, 해방된 개체의 자발적인 관계 맺음이었다. 중세의 집단주의가 파괴되고, 개체는 자기책임의 원리로 생산, 유통과 고용관계에 들어갔다.

2.6. 제1기와 윤리

시민의 윤리는 궁극적으로는 '최후 심판 때에 신 앞에 서게 될' 프로테스탄트의 교의에서 나왔다.

16세기부터 계속된 서구에 있어서의 법의 갱신의 열쇠는 신의 은총에 의한 개별인간의 힘의 개념으로 그의 의지에 의해서 자연을 변화시키고 새로운 사회관계를 창출하는 개인의 힘이었다. 프로테스탄트의 개인의 개념은, 재산과 계약의 근대법의 발달에 중심적이 되었다. 자연은 재산이 되었다. 경제관계는 계약이 되었다. 양심은 유언과 의도가 되었다.[104]

정부에서의 행정과 법」 p.31. 『법 제도의 보편성과 특수성』(Myko Int'l, 1993).

103) 헨리 데이빗 소로우, 『월든』(강승영 옮김, p.485).

104) 해롤드 버만과 金徹, 『종교와 제도 – 문명과 역사적 법 이론』 p.98 「기독교가 서구제도, 서구 법에 미친 영향」(민영사 1992).

2.7. 제1기의 계약

근대법의 중심개념의 하나인 계약(Contract)은 개인의 사회경제
적 활동의 일상적 영위의 기본 양태(樣態)였다. 이미 국가 성립조
차도 이와 같은 개인의 계약의 연장 ― 사회계약 및 국가계약으로
설명하는 이론이 있어 왔다.[105] 근대법의 표어는 '신분에서 계약으
로'이다.

국가와 정부는 최소한의 정부(Minimal state)이며 국민의 신체,
재산의 안전을 지키는 야경국가였다.

3. 시민과 정부의 이분법의 붕괴

3.1. 고전 모델 제2기의 테크놀로지 쇄신

1830년과 1840년에서부터 1880년과 1890년까지 생산수단과 테
크놀로지는 증기기관과 철도가 지배하던 시기로서 'laissez ― faire의
정오'[106]로 사회와 제도가 설명된다.

그러나 철도 산업의 등장은 국가 규제를 불러일으키는 계기가
되었다. 아메리카에 있어서의 공법체계가 나타난 것은 1880년대로

---

105) 고전 Model을 가능케 한 근세, 근대의 사회계약론자의 List는 John Locke(1632 ― 1704),
    J. J. Rousseau(1712 ― 1778) 그리고 T. Hobbes(1588 ― 1679)이다.

106) 제2기는 역시 '작은 기업의 한낮'으로 불린다. 그러나 이제 수백 명이 아니라 수천 명을
    고용하는 큰 기업이 나타났다. 기업과 시장이 커지면서 유한회사와 주식회사 형태가 투자,
    위험부담 소유권의 새로운 모습을 가능하게 하였다.
    Freeman(1987)

사기업 행태를 규제하기 위한 필요로 시작되었다.[107] 철도나 넓은 범위의 개인기업의 영향력이 너무 커서 과거의 보통법 체계나 행정 관행으로써는 다룰 수 없었다.[108]

3.2. 이분법의 변화: 삼분법(三分法)

고용인 수천 명 이상의 기업이 경제활동의 중심부로 나타나면서 초기 고전 시대(1760 -)의 이분법—즉 시민 대 정부 또는 국민 대 국가의 대립—이 달라졌다. 기업을 위주로 한 사회적 집단이, 중세적 여러 특권이 붕괴 된 이후, 시민 생활의 전면에 나타나게 되었다. 봉건적 세력 - 지방토착 특권계층이 남아 있는 나라나 지역에 있어서는 이러한 특권 보유자들이 시민 - 정부 또는 국민 - 국가의 이분법에 다른 역학을 주고 있었다.[109]

3.3. 전문가 집단의 공법(公法)문제에 대한 개입 시작

철도산업은 또 다른 충격을 가져왔다. 요금률과 서비스의 적정선의 문제는 새로운 측면 - 공공문제에 대한 기술적이고 전문적인 판단 - 을 요구하였다. 국민의 일반의지(General will)는 공공복지를

---

107) Lawrence M. Friedmen *A History of American Law* Simon & Schuster(안경환 옮김, 『미국법의 역사』, 청림출판, 2006년).

108) 보라, Richard Stewart, "The Reformation of American Administrative Law" p.347.88 *Harv. L. Rev*(1975).

109) 낡은 문명권에 있어서, 국민국가가 성립되기 전이나 이후에도 대토지소유자를 중심으로 한 특권 귀족층이 국민 - 국가의 이분법에 새로운 요소를 더했다. 예, Freussen의 Junker 계층.

요구한다. 그러나 그 일반의지의 모임인 의회는 철도산업의 기술적이고 전문적인 경제적 측면을 다룰 수 없었다. 국민과 의회의 일반의지(General will)는 특별한 전문가의 모임(Special committee of economists)을 필요로 했다. 일반인의 집단은 특별한 전문가의 실행과 결정을 요구하였다.[110]

사정은 의회 만능인 영국에서도 마찬가지였다. 예를 들어 벤자민 디이즈레일리(Benjamin Diesralli)는 일반적으로 모든 국내외의 문제에 대하여 연설할 수 있었으나, 예산과 세출에 대한 특별한 영역에서는 조롱을 받았다.

"영국의 위원회는 철도회사를 괴롭히기에 충분한 권한을 가졌지만, 일반 공중을 능률적으로 원조하는 힘은 없었다."[111]

이리하여 그보다 훨씬 강력한 기관인 철도운하위원회(Railway and Canal commission)가 1888년 성립된 것이다.[112]

대륙의 주된 세력이었던 프로이센의 경우는 우선 고전 모델의 기초인 삼권분립의 원칙 자체가 확립되지 않았다. 즉, 1871년 이후의 비스마르크 헌법 체제하의 제2제국은 강력한 황제권의 지배하에 있었고, 의회의 역할은 간헐적이었다. 경제사적으로 볼 때, 산업혁명의 진도는 유럽의 선진국이었던 영국에 비해서 후진적이었고

---

110) 보라. A. A. Berle, Jr. "Expansion of American Administrative Law" 30 *Harv. L. Rev.* 430, 439 – 440(1917).
　　이러한 문제는 2기에 시작되었으나, 1880년대로 시작되는 3기 – 전기공업과 중화학공업의 시기로 이어진다. 각종 규제 입법과 규제위원회는 3기의 문제에서 다시 논의된다.

111) 보라. Bernard Schwartz, 한국어 역 尹世昌, 『미국 행정법론』 *American Administratine Law* p.5.

112) 또한 보라. 崔松和. 「미국행정법의 역사적 전개」 640, 『현대공법의 이론』. 牧村 金道昶 博士 華甲 기념(1982 學妍社).
　　또한 참조, 같은 사람 「미국행정법의 장래」, 『법학』 서울대법학연구소 21. 1.(44)
　　이것은 전시통상법이 제정된 1년 후이다. Supra

국가의 힘에 의해서 산업화를 추진해 갔다. 프랑스 혁명의 추진세력이었던 제3세력 즉, 상공업자의 부르주아지는 프로이센에 있어서는 영국만큼 독자성을 누릴 수가 없었다. 프로이센의 지배세력은 여전히 토지를 기반으로 한 대토지 소유자(Junker)에게 있었고 대토지 소유계급은 유럽 전체로 볼 때는 앙시앵 레짐을 지탱했던 토지 귀족과 다르지 않았다. 따라서 앙시앵 레짐 출신의 대토지 소유자는 프로이센의 경우 새로운 부르주아지들을 압도하고 있었다.[113]

대륙의 또 다른 지배세력이었던 오스트리아-헝가리 제국의 사정도 중세 이후의 앙시앵 레짐의 계승자라는 점에 있어서는 기본적으로 프로이센과 같았다. 따라서 대토지 소유자로 구성된 대귀족과 영주를 국가체제의 기반으로 하고 있었으며, 근대 이후의 근대적 시민 사회의 기반인 삼권분립, 법치주의의 원칙 등은 명목적이었다.[114]

3.4. 제2기의 특징[115]

2기에 새로운 중산층을 위한 내국 서비스업이 발달하였다. 교통과 유통업이 급격하게 성장하였다. 우편과 커뮤니케이션이 보편적으로 발달하게 되었다. 은행 및 재정 서비스업이 성장하였다.

2기의 기술-경제 패러다임의 문제는 수력의 한계였는데 증기기관과 새로운 운송체계에 의해서 극복되었다.

국제 규제체제에 있어서, 제1기에 테크놀로지와 생산수단의 파

---

113) 김철, 「행정법학의 역사」 P.24, 『법제도의 보편성과 특수성』(Myko International Ltd. Seoul, 1993).

114) 김철, 같은 글, p.27.

115) Freeman, 年表, 1987.

이오니아였던 영국이 나폴레옹의 패배와 함께, 상업과 국제 금융에 있어서의 우위를 점했다. 산업혁명의 이 제1기에서 프로이센은 제2군의 산업화를 걷고 있었다. 1837년부터 영국의 빅토리아 조가 시작되고 국제자유무역과 금 본위제가 지속되었다.

3.5. 제3기의 경제적 상황과 세계

제3기의 주된 산업은 제철공업으로 전기공업과 중공업이 이 시대의 면모를 이룬다. 1880년대와 1890년대부터 1930년대와 1940년대까지의 기간이다. 거대기업, 카르텔, 트러스트 그리고 기업합병이 일어났다. 독점과 과점이 전형적으로 나타났다. 금융과 재정자본이 집중하였다.

이 시기에 프로이센은 빌헬름(Wilhelm) 2세 때(1888 – 1918) 테크놀로지의 선두 주자로 나서고, 영국을 이어 대공업국이 되어 보호 무역과 식민지 정책에 나섰다. 비스마르크(Bismark) 헌법(1871)에 이어 독일지상주의(Deutschland uber Alles)와 범게르만주의를 표방하였다.[116] 이러한 빌헬름(Wilhelm) 2세의 세계정책(Welt Politik)이 발칸문제로 범슬라브주의(Pan – Slavonism)와 충돌하였다.[117]

이 시기는 민족주의(범게르만주의, 범슬라브주의 등)와 제국주의적 국가(프로이센제국, 러시아제국, 대영제국 그리고 아시아에 있어서의 일본제국)가 식민주의와 결합하였다. 1차 대전 발발과 함께(1914) 좋았던 시절(Belle epoque)과 팍스 브리타니카(Pax Britanica)

---

116) 김철, 위의 글, 24–25.

117) 보라, 李東潤, 『세계사』.

가 끝이 났다.

3.6. 고전 Model 제3기의 국가 및 지방관료

국가 및 지방관료주의(Bureaucracy)가 급속하게 성장하였으며, 민족국가 및 제국주의 국가의 국가 규제가 최대화되었다. 공익시설과 같은 하부구조(Infra structure)에 대한 국유 및 규제가 보편화되었다. 국가에 의한 사회 입법이 많아졌다. 국가 관료가 급속히 성장하였다.

1917년 대전의 와중에 러시아에 혁명이 일어나고 최초의 사회주의 정부가 수립되었다.

영국의 마샬(Marshall), 이탈리아의 파레토(Pareto)가 활약했다. 아메리카에서는 1899년 돌스타인 베브렌(Thorstein Vebren)이 유한계급론(Theories of Leisure Class)을 썼다.

4. 세계 대공황 이후

4.1. 제3기와 제4기의 문제: 세계 대공황과 정부

1929년 세계 대공황(Great Depression)이 일어났다. 견제와 균형을 요건으로 하는 고전적 정부 모델(Classic Government Model)은 New Deal 입법에서 시련을 겪고[118] 이제 자본주의의 존립을 위해

---

[118] 정부의 규제적 경향은 뉴딜에서 절정에 달했다. 복지국가의 원리가 가까이 있었다. 그러나 1935－36년 동안 법원은 뉴딜 입법 프로그램에 큰 구멍을 팠다.
　대공황에서의 경제 회복을 목적으로 하여 기초되었으며 산업의 조직화와 공정한 근로조건을 유지하며, 공공사업행정처의 설립을 취지로 하는 국가산업회복법(NRA, 1933)과 역청

다시 구조조정을 해야 되었다.

제3기에 강화된 국가 관료체계는 산업회복의 주역이 된다. New Deal 프로그램으로서 국가산업회복법(National Industrial Recovery Act, 1933)이[22)-1]제정되었다.

제2기에서 나타난 철도 규제의 필요성에서 출발한 독립규제위원회는 1880년대 후반부터 중요성을 띠게 되었다. 주제통상위원회-Interstate Commerce Committee(1887)가 창설된 이래 수십 년간 거의 같은 문제가 아메리카 경제계에서 발생하였는데, 규제의 필요성이 생길 때마다 1887년의 방법으로 해결하였던 것이다.[119)]

독립규제위원회(Independent Regulatory Committee)[120)]는 그 성질은 집행권의 성격을 띠나, 목표의 달성을 위해서 입법 및 준사법 기능까지 가지고 있어, 고전적 의미의 시민과 정부 모델에서는 벗어나 있다.[121)]

炭法이, 입법권을 행정부에 위임했다는 이유로, 법원에서 무효로 선언되었다. A.A.A 케이스에서는 법원은 농업을 보조하려는 연방정부의 노력을, N.R.A에서는 주로 공정 근로조건에 대한 정부의 노력을, 뉴욕 최저임금법에서는 최저임금을 보호하려는 주의 입법을 무효로 하였다.

법원은 뉴딜 정책에 도전하였을 뿐 아니라, 주나 연방의 입법부가 20세기의 긴박한 필요에 응하기 위한, 합리적인 입법권에 대하여 사법적 장벽을 쌓았다. 1936년 11월에 재선된 프랭클린 루스벨트는 뉴딜 프로그램을 확보하기 위하여 법원 개편안(Court-packing plan)을 계획하였다. 고전적 모델에 기초한 제한된 정부의 전통이 위협받고 있었다. 1937년 주 최저임금법에서, 전국 노동관계법(National Lavor Relations Act)에서, 그리고 1935년의 사회보장법 케이스에서 법원은 복지국가 원리를 승인하고, 70년간 계속된 자유방임 laisez faire 전통을 종식시켰다.

보라, McCLosky, *The American Supreme Court, 161-179*(Univ. of Chicago, 1960). 국가산업회복법(National Industrial Recovery Act, 1933)이22)-1에 대해서는, 보라, 金徹 편 자료, 「국가산업회복법에 대한 연구」, 『현대의 법 이론-'시민과 정부'의 법』(Myko Int'l, 1994).

119) 보라, A. A. Berle, Jr.ibid(1917), Lawrence M. Friedmen *A History of American Law* Simon & Schuster(안경환 옮김, 『미국법의 역사』, 청림출판, 2006년).

120) 崔松和, 「미국행정법의 역사적 전개」, 641 『현대공법의 이론』, 牧村 金道昶 博士 華甲 紀念(1982, 學姸社).

121) 한국에서는 '행정위원회'와 '미국행정법'에 대해서는 崔松和 교수의 업적이 두드러진다.

증권 거래를 규제하기 위하여 연방증권위원회[122](Federal Security Commission),[123] 불공정 거래의 규제를 위해서 연방거래위원회 (Federal Trade Commission), 통신사업의 규제를 위하여 연방통신위 원회(Federal Communication Commission),[124] 그 밖에 다른 목적을 위한 여러 행정위원회를 들 수 있다.

5. 복지국가 시대와 탈복지국가

5.1. 제4기의 테크놀로지 - 경제의 일반적 배경[125]

1930년대 시작한 제4기는 케인즈의 완전고용 이론과 성장의 황 금기로 불린다. 테크놀로지는 포드식(式) 대량생산의 어셈블리라인

보라, M. Bernstein, *Regulating Business by Independent Commission*, 75－95, 100－102(1955). Emmette S. Redford, *Administration of National Economic Control* (The Macmillan Co., New York, 1952,) p.384.
G. Stigler, "The Theory of Economic Regulation" 2 *Bell J. Econ, and Mgmt.* Sci. 3, 4－7, 1－－13, 17－18(1971).
"The Federal Trade Commission" 37_*U. Chicago. Rev.* 47, 84－87(1969).

122) 루스벨트의 리더십에 의하여 증권업을 개혁하려는 움직임으로 the Securities Act of 1933. the Socurities Exchange Act of 1934. the Public Utility Holding Company Act of 1935.

123) David A. Skeel, Jr. Chpter Four. Willium Douglas and the Rise of the Securities and Exchange Commission, Debt's Dominion A history of Bankruptcy Law in America.

124) "Federal Communication Commission"에 대해서는 보라, "Broadcast Regulation" 782－930, Cable Television에 대해서는 908－942.
Donald M. Gillmor & Jerome A. Barron; *Mass Communication Law Cases and Comment* 4th Edition West Publishing 1984.

125) Freeman, 年表(1987).

(Assembly line)이다. 또한 석유에너지의 시대이다.

생산조직은 과점적(Oligopolistic) 경쟁과 해외 직접투자와 복수의 생산지로 특징지어진다. 기업집중이 증가하며, 분업화와 계층적 통제가 행해진다.

대규모 기업의 기술－구조가 선도한다.

1차 대전 이후 아메리카가 테크놀로지 선두 주자로 되었다. 2차 대전 이후 아메리카의 경제와 군사력의 우위에서 팍스 아메리카(Pax America) 세계체제가 더욱 굳어졌다.

전후 식민지의 해방과 신생국이 나타나고 50년대에서 80년대까지 군비경쟁－냉전체제－탈이데올로기 시대－실용주의－해체기로 이어진다.

관세와 무역에 대한 일반협정(GATT)과 국제통화기금(IMF), 그리고 세계은행(World Bank)과 같은 재정 통상체제가 아메리카의 선도 아래 지배적이 되었다.

4기 초 1930년대부터 복지국가(Welfare State)가 국가목적으로 등장하고, 케인즈 기법에 의해서 투자, 성장 그리고 고용에 대한 정부규제가 시도되었다. 높은 정도의 정부 투자와 개입이 있었다. 전후 파시즘이 붕괴하고 나서는 노동조합과 '사회적 동반자' 관계를 유지한다.

복지국가 원리가 다시 등장한다.

재조정의 위기 동안에 규제완화(deregulation)와 사유화(privatization)가 진행된다.

4기에 있어서의 국가체계에 의한 혁신(Innovation)의 중요한 국면이 나타났는데, 산업에 있어서의 연구개발(R&D)의 전문화가 보편화되었다.

1980년대 후반, 동유럽과 구 소비에트 유니온이 해체되어, NATO에 가담할 때까지, 군사목적을 위한 연구개발에 대규모의 국가예산이 계약과 국책 연구소를 통해서 이루어졌다.

4기 전반에 걸쳐서 중등교육과 고등교육이 급격히 확산되었다.

테크놀로지의 이전이 집중적인 라이선스(license) 부여와 노하우(Know – how) 이전 협정과 다국적 기업에 의한 투자를 통해서 이루어졌다.

동시에, '해 보는 것', '사용해 보는 것'과 '서로 간에 영향을 주고받음'에 의해서 배움이 증가하였다.

1930년에 시작된 제4기에 있어서의 견인 분야는 자동차와 비행기와 같은 운송수단 분야이며, 성장 분야의 하부구조(infra – structure)는 고속도로, 공항 그리고 항로이다.[126]

1930년대와 1940년대에서부터 1980년대와 1990년대에 이르는 콘트라디에프(Kondratieff) 장기 성장 곡선의 4기에 있어서의 테크놀로지의 선두는 아메리카, 도이칠란트, EEC 나라들, 일본, 스위스, 구 소비에트 유니온, EFTA 나라들, 캐나다, 오스트레일리아가 그 차례대로 제1그룹에 속한다.

동유럽 나라들, 한국, 브라질, 멕시코, 베네수엘라, 아르헨티나, 중국, 인도, 타이완이 순서대로 제2그룹에 속한다.

앞선 시기의(3기) 기술 – 경제적 패러다임의 한계는 한 번에 생산할 수 있는 양의 한계였으며 연속과정과 어셈블리라인(assembly – line) 생산방식, 부품과 재료의 표준화, 풍부하고 값싼 에너지에 의해 극복되었다.

---

126) 급속하게 작은 base에서 성장하고 있는 분야는 컴퓨터와 Micro – electronics Software 이다.
Freeman, 1987.

대량생산, 대량소비와 규격화, 표준화가 진행되었다.

산업입지와 도시개발의 새로운 행태가 운송수단의 편리함에 의해 진행되었다.[127]

5.2. 제4기에 있어서의 시민사회의 특징

특징은 기초로 하는 사회의 성격의 변화에 따른다.

5.2.1. 인체 과학과 의학 기술의 발달로 평균수명이 증가하였다. 생산력의 증가도 주된 이유이다. 인구 모(母)집단이 크게 확장되었다. 통계처리기법이 발달되었다.

5.2.2. 투표권자도 크게 증가되었다. 근대 고전 모델 1기에 있어서의 '재산과 교양이 있는' 시민계급은 이제 엄청난 숫자로 불어나서, 질적으로 다른 대중사회의 구성원이 되었다. 대중사회의 특징 – 원자화, 분절화가 나타났다.

5.2.3. 고전 모델 제4기에 이룩된 평등주의적 제도(Eqalitarean institution)의 결과 여성에 대한 사회적 기회의 확대가 근대 시민계급의 질적 양적 변화를 가져왔다.[128] 규범의 주관화 경향이 나타났다.[129]

---

127) Freeman, ibid.

128) 참조, 金徹, 「고전 Model의 시대적 배경」

129) 보라, 金徹, 「주관적 의미에서의 법(Ins in Sensu Subjective)과 주체적 법의 담당자 – 이론법학의 역사적 접근」, 『아세아 여성연구』 제30집(1991).

5.2.4. 교육의 기회, 교양의 기회, 문화적 원천에의 접근이 크게
증가해서, 늘어난 시민의 지식과 교양이 증가하였다. 의
사결정과정(Decision - Making Process)에의 관심이 높아지
고, 개인적 사회적 이익에 대한 자각이 높아졌다. 알 권리
(Right to know)와 정보 청구권이 보편화되었다.

5.2.5. 1970년대부터 인류 모두가 가진 총자원(화석에너지, 자연
환경, 물, 땅, 공기, 좋은 경치)에 한계가 있다는 자각을
하게 되었다. 성장의 한계(The Limit of Growth, Roma
Club)가 근대 고전 모델 이후 인류의 끝없는 성장과 진보
(Progress)에의 신념에 제동을 걸었다. 환경권이 개념화되
고 환경 운동, 자연보호 운동이 보편화되었다.

5.2.6. 정치, 경제, 정부, 시민의 영역에서 윤리(Ethics)의 문제가
전면에 나타났다.

5.3. 제4기의 '시민과 정부'의 법

5.3.1. 1880 - 1960까지의 아메리카 행정법의 '행정법 모델'에
대해서 개혁 논의가 있게 되었다(Richard Stewart, 1975).

5.3.2. 억압적이 아닌(not repressive law), 형식적 사적 자치(私的
自治)만이 아닌(not autonomous law), 현실에 대응(對應)하

는 법(Responsive law)이 논의되었다(Philippe Nonet, 1978).

5.3.3. 한국에 있어서도, '전통적 행정법학'에 대한 전면적 검토
와 비판이 일어났다(徐元宇, 1978).

　　5.3.3.1. 규제행정의 좁은 개념, 행정 행위론 중심의 행정
　　　　　　법이론, 부적절한 권력적 수단, 기능적 측면을 무
　　　　　　시한 규범 논리, 이론적으로나 제도적으로나 불합
　　　　　　리한 공사법 이분론(二分論) 전통적인 국가와 사
　　　　　　회의 이원적 대립(二元的 對立)의 전제, 그리고
　　　　　　이 전제 위에서 행정에 관한 공법(公法)만을 행정
　　　　　　법에 국한시키는 전통적 출발에 대해서이다.

　　5.3.3.2. '도이칠란트 공법학의 특수성(特殊性)에 채색(彩
　　　　　　色)된 한국의 전통적(傳統的) 방법론'을 성찰하고
　　　　　　있다.

　　5.3.3.3. 행정의 사회 관리 기능과 동태적 사회의 성질에
　　　　　　따라 사회집단, 이익집단에 의한 '생성(生成)되는
　　　　　　법'을 주목하고 있으며, 주민 참여론, 시민 운동
　　　　　　론이 최근의 환경, 도시계획, 소비자 보호, 정보
　　　　　　청구 등의 역영에서 클로즈업된다고 한다.

　　5.3.3.4. 새로운 시대의 새로운 법리는 '해석론(解釋論)'이
　　　　　　아니라 '행정과정론'에서 동태적으로 생성된다고
　　　　　　한다(서원우, 1978: 120).

　　5.3.3.5. 일반적, 추상적인 무색투명한 공법성이 아니라 구
　　　　　　체적 내용을 가진 공공성(公共性, Oeffentlichkeit
　　　　　　mit dem Konkretem)을 주창하고 있다(서원우,

1978: 120).

5.3.3.6. 입법과 정책의 실제적 주도권을 외면하지 말 것
을 '사회인의 상식'으로 인용하고 있다(서원우,
1978: 121).

5.3.3.7. 행정법은 정책 결정 문제 같은 전문적·기술적·
정책적 차원의 문제에 대한 통제의 문제로 옮아가
고 있다고 한다(서원우, 1978, 인용. 金伊烈, 한국
법학 30년 심포지엄, 행정법 분과토의 1978.).

5.4. 제5기의 '시민과 정부'의 법

1980년대 또는 국가에 따라서 1990년대에 시작되었던 이 시기
는 단기적으로는 포드식 대량생산방식과 케인즈의 고용 성장의 경
제이론의 황금기였던 직전의 50년의 연장선[130]에 선다.

이 시기의 특징은 이 글의 들어가는 말에서 이미 예고하고 있다.
즉 '시민과 정부'의 법, 고전 제3기 이후 점점 더 산업사회의 사회
경제적 지표가 지배하게 되고, 마침내는 제4기에서 5기까지에는
테크놀로지 – 경제 패러다임이 압도하는 것을 보여 준다.

대중사회의 생산과 소비 패턴은 집단 이익의 개념을 가져왔다
(Stewart. 1975).

도시화와 환경도 그러하다(서원우, 1978).

---

130) 1930년대 또는 1940년대에서 시작해서 1980년대 또는 1990년대 이어지는 시기.
Freeman(1987).
보라, 金徹, 5. 복지국가시대와 탈복지이념 중에서 「16. 제4기에 있어서의 시민사회의 특
징 ① – ⑥」, 『현대의 법 이론 = '시민과 정부'의 법』(Myko Int'l, 1994).

근대 이후 법학적 사고의 중심이 되어 왔던 권리(Dworkin, 1979)가 아니고 이익 중심의 사회관계가, 법 원칙이나 규범원칙이 아니라 이익 교량(較量, Interest − balancing)이 지배적 개념이 되었다.

초기 고전 모델에서 법 원칙은 윤리와 종교의 위광과 같이했는데(Berman 1972, Berman & Kim 1992), 이제 기술·경제 패러다임의 지시어에 따르지 않으면 사적 자치(private autonomy)도 이익사회에 대응하는 대응법도 불가능하게 되었다.[131]

구 소비에트 유니온과 동유럽이 붕괴되는 1980년대 후반 − 1990년대 초 이후에는 자본주의 흐름의 파고(波高)가 세계적으로 보편성을 띠게 되어서, 어떤 지역적 국지적 특수성도 견디지 못하게 되었다.

'격심하게 다른 제도, 법의 문화'가(Institution and Law of radically different Culture) 회교권과 마지막 잔존하는 사회주의 국가에서 저항을 보이고 있었으나, 1992년 중동 전쟁을 계기로 세계의 제도와 생산·소비문화는 2차 대전 직후와 같은 팍스 아메리카(Pax America) 체제로 들어갔다.

5.5. 제5기의 테크놀로지 − 경제의 일반적 배경

고전 모델 제5기의 기술 선도국의 첫째 그룹은 일본, 아메리카, 도이칠란트, 스웨덴, 다른 EEC 국가, EFTA 국사 구 소비에트 유니온과 동유럽나라들, 타이완, 그리고 한국, 캐나다, 오스트레일리아

---

131) 보라, 金徹, 현대의 법 이론(2): '시민과 정보'의 법, −. 들어가는 말, 바, 같은 이름의 책, 1994.

로 분류된다.[132]

주된 견인사업은 컴퓨터와 전자제품, 소프트웨어, 텔레커뮤니케 이션 장치가 선도하며 싼 가격으로 풍부한 공급을 할 수 있는 요인 산업은 마이크로-전자제품의 '칩'이다.

생산관계에 있어서 대기업과 소기업들이 점점 더 기술과 제품의 질, 훈련과 생산계획에서 컴퓨터 네트워크를 통하여 긴밀하게 협조된다(Freeman, ibid).

국가 규제체제와 관리형태의 시기의 특징은 코메콘(Comecon) 국가군이 붕괴하기 이전에는 주로 전략 ICT 하부구조의 규제에 주어졌다.

1990년대 초의 중동전쟁이 없었다면 G-7 국가들이 전략산업에서 환경산업으로 옮아가는 것이 빨랐을 것이다.

1990년대 초부터 기술-경제 선진국에서 나타난 정책의 바뀜-복지정책의 재등장이 있기 이전에는, 정보의 국가 독점에 의해서, 'Big Brother' 또는 'Big Sister' 국가였다.[133]

국가 재정제도와 자본시장에 대한 규제 해제(1980년대의 Reaganomics)와 재규제가 반복되었다.

새로운 스타일의 분산된 권력형의 참여형 복지국가의 가능성이 높아졌다.

냉전의 양극화는 끝나고 지역적 블록들(NAFTA, EED 등)의 다원화 시대이다.

개인, 집단, 사회를 변화시키는 테크놀로지는 정보서비스, 데이터 뱅크의 급격한 성장이며 지식과 관련된 분야에 더 큰 중점이 주어졌다. 인쇄와 출판 분야가 두드러진다. 전문상담—이익 사회관

---

132) Freeman(1987).

133) 참조, 金徹, 비교제도론 서설, 『해체기의 비교제도론』(1992, 1994).

계뿐 아니라 개인의 생활과 인격과 관련된—분야가 중요성을 가지
게 된다(Freeman 1987).

5.6. 제5기 사회의 특징 / 커뮤니케이션 – 법치주의의 등장

5.6.1. 분업과 전문화가 더 진행되었다.

이제 근세인과 근대인이 민주주의 건설기에 기초로 한
'자연적 이성과 평균인의 좋은 상식'의 문제가 나타났
다.[134)]

사회 분야와 부문들이 더욱 분업화함에 따라서, 문제화
가 진행되었다. 관료기구에 있어서도, 부문화 전문화가 진
행되면서, 이해관계의 대립이 심해지고, 기관 쟁의가 빈번
해졌다.

전문화, 분업화는 건전한 사회에서는 다른 방향의 역학
을 동반한다.[135)](김철, 1992)
근대의 혁명기에 결절(結節) 조직들이 분해되어 갈 때의
계몽사상과 철학이 한 역할을, 고전 Model 제5기의 테크
노 – 경제 패러다임에서는 기대할 수 없게 되었다. 근대의
철학과 학문은 고전 모델 제1기의 테크놀로지를 이끌 수
있었으나, 고전 모델 제5기의 어떤 분야도 이 시기의 테크
놀로지를 순치(馴致)하지 못하게 되었다.

---

134) 보라, Chull Kim, "History, Thought & Law" in *History, Thought & Law* 1993.

135) 金徹, 결론, 『러시아 소비에트 법 연구 – 비교법 문화적 연구』(민음사, 1989).

5.6.2. 사회의 분절화는 개인 인격의 편린화(片麟化)를 가져온다. 제5기의 인격들은 고전 모델 제1기, 제2기에 가졌던 인격의 온전성(Wholeness)을 가질 수 없게 되었다. 성장된 경제지수에도 불구하고 만성적으로 불안정(不安定, Unstabeleness)하다.

지식의 편린화는 사회관계의 편린화를 가져온다. 정신의학과 상담 분야가 돌출하고, 심리학이 대중화되었다.

5.6.3. 분절화(分節化)와 고립화(孤立化)를 잇는 역할을 미디어가 하게 되었다. 테크놀로지의 한계와 속성을 지닌다. 앞선 산업국에서는 1930년대 제3기부터 나타나고, 신생국에서는 제4기부터 나타난 대중사회(大衆 社會)는 고전 1기와 2기의 시민사회의 주역과는 성질을 달리한다.

매스미디어의 발달은 시민 – 정부 – 기업의 삼분법(三分法)에 변화를 주고 있다.

5.6.4. 고전 모델의 요소였던 삼권분립, 의회 입법우위, 일반의사인 법의 지배는 대중사회에서 미디어를 참여시키게 되었다. 이익그룹과 참여형, 분산된 정부에서는 정책 형성과정에서, 입법과정에서, 법 적용과정에서, 미디어가 관계하게 된다.

5.6.5. 형식적 법치주의 / 실질적 법치주의의 고전 1기에 있어서의 이분법(二分法)은 이제 전달(傳達) 또는 커뮤니케이션 법치주의를 요구하게 되었다.

5.6.6. '시민과 정부'의 법이 고전 1기에서 고전 5기로 옮아오면
서, 행정과정, 입법과정, 재판과정과 같은 과정론(過程論,
Process)에 중점이 주어지고, 최종 결정을 향해서 흐르는
(Flow), 진행되는(on-going) 성질을 강조하게 된다.
중앙집권 정부에서의 강령적, 일반명제와 관계되는 법치
주의는, 분권화되고 결절화된 사회에서는 커뮤니케이션
모델을 닮아 가는 법치주의로 변화해 간다.

5.6.7. 마침내 대중사회는 근대 시민사회 성립 때의 '시민과 정
부'의 법에서 '시민과 정부와 미디어'의 법을 요구하게
되었다.

5.7. 제5기 사회의 법의 특징/커뮤니케이션 법치주의의 내용

5.7.1. 기술 경제 패러다임(Techno-economic paradigm)이 주도
하는 방향이 있다. 더욱 기술화하며 비상식하며, 테크놀
로지 지시어에 반응한다.[136)

5.7.2. 인간주의적 경향(Humanist inclination)은 다른 방향이다.

억압법(抑壓法) - 직접강제(直接强制)는 비효율적이다.

---

136) 법학자들은 지금까지 규제의 능력이 규제법에만 있다고 생각하였다. 역사에 있어서 테크놀
로지의 규정하는 힘을 레식 교수는 '코드의 규제'라고 부르고 있다. 1789년 대혁명 때
왕의 군대가 진입하는 것을 유효하게 저지한 것은 파리의 골목과 거리의 상태이고, 이것
은 건축 또는 토목의 테크놀로지 수준의 규정력을 의미한다. 인터넷의 역사에서 많은 기
술들이 이런 규정력을 가지고 있고, 시장의 힘은 이런 테크놀로지 규정력을 이용한다고
한다(레식, 1999: 198-200)(김철, 2006: 70-71).

자동 기계적(自動 機械的) 법치주의는 소외그룹을 더
크게 하므로 우발적인 폭력에 대처하기 위해서도, 법과
질서는 인간화의 모습을 보이게 된다.

5.7.3. 제도(制度, Institution)에 대한 재검토

테크놀로지에 유래한 접근(Technology – oriented)이나 개
인주의 (individualism)에 입각한 인간적 접근(Humanistic
approach)에는 한계가 있다. 이미 고전 모델 제4기의 맺는
말에서 제도에 대한 전면적인 검토가 있었다.

6. 맺는말

1980년 – 1990년대는 1차 대전 이후 전개된 현대 사회에서도 분
절 마디가 될 수 있다.

대중사회는 근대 시민사회와는 다른 제도와 가치를 요구하고 있
으며, 대량 소비의 단위는 재화와 용역에서 정보로 옮겨지고 있다.

2차 세계대전 이후 처음으로 진지하게 인류는 인간 생존의 기초
조건을 그 가장 '땅에서 가까운 높이에서'(on the lowest level from
the earth) 생각하기 시작했다.

전쟁 중 인종 말살과 대량 학살을 경험 한 뒤, '인간의 존엄과
가치'를 재발견하였듯이, 종전 후 50년 동안 줄곧 계속된 공동체의
정치화, 경제화, 즉물화(卽物化)는 이제 인간생존의 최소한의 프레
임 워크(Frame work)를 발견하려고 하고 있다.

첫째, 눈에 보이든 보이지 않든, 쓰여 있든 쓰여 있지 않든, 공

식적이고 형식적이든 그렇지 않든, 인간관계와 공동생활의 기준이
되는, 또한 일과 놀이, 생산과 분배의 기준이 되는, 마침내는 공평
(公平)함 자체의 기준이 되는 그러한 주관(主觀)을 떠난, 객관(客
觀)적인 것, 제도(制度, Institution)라고 불리는 것이다(R. H. Coase,
"the Problem of Social Cost" 1988. Douglass C. North, "Informal
Institutions" & "Formal Institutions" 1990).

둘째, 가치 체계(價値 體系)라 불리기도 하고 행위 준칙이라고
불리기도 하고 또한 규범이라고 불리기도 하고 마침내는 믿음과
의탁이라고도 불리는 것과 제도와의 서로 영향이다(Harold Berman
& Chull Kim 1992).

셋째, 인류의 제도는 보편성과 특수성을 가진다(金徹, 「법 제도
의 보편성과 특수성」, 1993). 제도의 보편성과 특수성은 '법과 문
화'에 관련된다(Anne W. Lanscomb, "Law & Culture in Information
Age", 1986)(Chull Kim, "Religion & Law in East Asian Confucian
Culture", 1993).

참고문헌

金道昶, 『一般行政法論(上)』(청운사, 1986).

徐元宇, 「현대 행정과 행정법학의 과제」, 『서울대학교법학』(1978).

崔松和, 「美國行政法의 歷史的展開」, 『現代公法의 理論』, 牧村 金道昶 博士 華甲紀念 논문집(學硏社, 1982).

金世源, 秋光永 공편, 『情報化 時代의 挑戰 The Challenge of the Information Society; Human Implication)』(무역경영사, 1987).

姜萬吉 外, 『丁茶山과 그의 時代』(민음사, 1985).

李東潤, 『세계사』(일지사).

해롤드버만과 金徹, 『宗敎와 制度 - 文明과 歷史的 法理論』(民英社 1992).

金徹, 『法制度의 普遍性과 特殊性』(Myko International Co. 1993).

金徹, 『現代의 法理論 - 「市民과 政府」의 法』(Myko Int'l Ltd. 1994).

金徹 編 資料, 「國家産業回復法(NRA 1933, USA)에 대한 연구」, 『현대의 법 이론 - 「市民과 政府」의 法』(Myko Int'l Ltd. 1994).

金徹 編 資料, 「規制立法과 適法節次」, 『현대의 법 이론 - 「市民과 政府」의 法』(Myko Int'l Ltd. 1994).

Freeman; A Tentative Sketch of Some of the Main Characteristics of Successive Long Waves(Modes of Growth) - Table 3.1(1987).

A. W. Branscomb; "Law & Culture in Information Society", 1986, in *The Challenge of the Information Society: Human Implication*(무역 경영 사 1987).

Richard Stewart; "The Reformation of American Administrative Law", 88 *Harv. Rev*(1975).

A. A. Berle, Jr.; "Expansion of American Administrative Law", 30 *Harv.L.Rev.*(1917).

Bernard Schwartz(尹世昌 譯), *American Administrative Law*(한국어 譯).

McClosky; *The American Supreme Court*(Univ. of Chicago. 1960).

M. Bernstein; "Regulating Business by Independent Commission"(1955).

Emmette S. Redford, *Administration of National Economic Control*(The Mcmillan Co., New York, 1952).

G. Stigler; The Theory of Economic Regulation 2 Bell *J. Econ, and Mgnt, Sci*(1971).

R, Posner; The Federal Trade Commission 37 *U. Chicago. Rev.*(1969).

Donald M. Gillmor & Jerome A. Barron; *Mass Communication Law* 4th Ed.(West Puldishing 1984).

Phillipe Nonet & Phillip Selznick; *Law & Society in Transition; Toward Responsive Law*(New York Harper & Low 1978).

R. H. Coase; *The Problem of Social Cost*(1988).

Douglass C. North; *Institutions, Institutional Changes and Economic Performance* (1990).

Chull Kim; "Religion & Law in East Asian Confucian Culture" in *History, Thought & Law*(Seoul Myko Int'l. Ltd. 1993).

제4장

1989년 이후 세계체제가 자유화되면서
한국에서 역시 이뤄졌던 자유화 과정은
어떠했는가?

1989년 이후 세계체제가 자유화되면서 한국에서 역시 이뤄졌던 자유화 과정은 어떠했는가?

1. 들어가는 말

1.1. 글 소개

이 글은 1989년 동유럽 러시아 혁명을 계기로 전개된 세계체계에 나타난 자유화의 경과를 컨텍스트로 하면서 거의 동시에 시작된 한국의 자유화를 관찰·분석·비판한 것이다. 보다 넓은 역사적 컨텍스트는 자유주의 자체의 역사로서, 1648년 명예혁명으로부터 시작되는 근대의 자유주의와 1차 대전 전후에서 나타난 자유주의의 현대적 변용 그리고 2차 대전의 종전과 함께 다시 부활한 개인주의적 자유주의의 헌법 전통을 배경으로 한다. 세기말의 자유주의에 대한 법철학적 성찰과 함께 개체의 자유로운 선택이라는 종전의 공리에 대해서 이의를 제기한 사회심리학자들의 성과도 제시한다. 글의 법학적 의도는 자유라는 이름으로 행해지는 불공평·불공정행위의 배경과 구조를 이해함으로써 자유주의의 한계를 극복하려는 데 있다.

1.2. 근대 시민사회의 자유

자유의 의미는 근세 절대주의 시대와 근대 시민국가 시대, 현대 복리국가 시대에 따라 의미가 조금씩 달라진다. 시민혁명 시대의 자유의 의미는 그 이전 시대의 특징이었던 압제, 전제(despotism), 자의(恣意, capriciousness)에서부터의 해방에 있었다. 인간의 사회생활에서 부정당한 권력의 횡포, 억압적인 지배로부터 벗어나고 싶은 욕구는 역사를 통해 관류하는 것이라고 할 수 있다. 시민혁명 시대를 전후해서 인류가 만든 입헌주의(constitutionalism)라는 보편적 장치는 자의(capricious)적인 권력을 견제하는 데 목적이 있었다. 권력을 가지지 못한 다수인들에게 자유란 기본적 권리를 존중받는 것을 통해 이루어질 수 있는 것이어서 기본적 권리의 존중은 자유주의가 근대에 성취한 제도적 성공이라고 할 수 있다. 그러나 이 제도적 성공은 주로 시민의 정치적 생활 영역에서의 외형적이고 공식적인 제도로 볼 수 있는 점도 있다.

1.3. 자유의 현대적 상황

근대 시민사회를 형성시킨 자유의 에너지는 산업화, 도시화를 거치면서 현대에 이르러서, 다른 모습을 띠지 않을 수 없게 되었다. 자유는 공평(fairness)이나 올바름(justice)에 의해서 모습이 달라지지 않을 수 없게 되며, 계약 자유원칙은 계약 공정원칙으로 이동한다. 보다 더 공동체나 사회의 가치에 노출되게 된다. 상린(相隣)권, 환경권에 기인한 문제들이 나타난다.

1.4. 2차 대전 이후의 자유의 의미

전체주의와의 전쟁을 거친 2차 대전 이후의 문명세계에 있어서의 자유주의는 또 다른 의미를 띠게 된다. 국가주의, 집단주의, 전체주의 체제에서 성명과 생존을 부인당한 소수민족과 한계인들은 대규모 전쟁과 갈등의 와중에서 언제든지 안전과 생존을 부인당할 위기에 처하였다. 따라서 국가공동체를 비롯한 어떤 집단들도 그것의 최종적이고 궁극적인 존립목적을 사람의 생명권과 존엄권에 둔다는 신앙 고백의 계기가 되었다. 반전체주의적 성격으로서의 자유주의는 이제 시민혁명기의 의미를 넘어서 어떤 제도의 목적도, 어떤 국가의 존립근거도 구성원 개개인의 가치와 동의에 두는 데까지 진행되었다. 인간의 존엄과 가치의 원천으로서의 '자유로운 인간'의 자유라는 가치는 사회존립의 기반을 개인에게 두는 것으로 천명되었다. 그러나 국가생활, 사회생활이 신앙 고백의 천명으로 일관하는 것은 아니다. 이상형으로서의 자유주의는 한편에서는 그 명목성에 의해서, 무정부주의로 가는 도정에 이르고, 다른 한편에서는 인간의 숙명인 특수 이해관계, 집단주의, 유사가족주의에 의해 유명무실해져 가는 길을 걷고 있었다. 이윽고 21세기의 벽두에 무정부상태에 가까운 방위 벽을 뚫은 호전적 테러에 의하여 그 근본에서부터 흔들리게 되었다.

고전적 자유주의는 인간의 이성, 합리적인 행동, 자유로운 결정에 대한 어느 정도 낙관주의에 기반을 두고 있었다. 대규모 전쟁, 대규모 살상, 부조리한 집단적 비극과 참상을 겪은 인류는 이제, 인간이 위기에 앞서서 자유로운 결정을 내리는 능력에 대해 회의하게 되고, 다른 접근을 하게 된다. 인간의 자유는 상황적(situational)으로 규정된다는 관찰은, 사회심리학자에 의해 계속 보고되고 있다.

자유는 어떤 관점에서는 명목적이 되고, 구실과 핑계가 될 수 있다. 자유라는 이름(in the name of freedom) 아래 행해지는 모든 불공평, 불공정한 집단적 행위를 직시하고 직면하는 것이 21세기의 과제라고 보인다.

2. 자유화 시절의 한국의 자유주의의 반성적 고찰

문민정부 이후의 한국의 법과 사회를 고찰한다. 1993년에 성립된 '문민정부'는 '민주화·자유화'를 그 주된 구호로 내세운 점이 가장 큰 특징이었다. 이때의 '민주화·자유화'는 시장경제를 그 동반자로 하고 진행되었다. 우선 민주화는 종전의 권위주의적 지배(authoritarian rule)를 바꾸어서 다수의 지배(majority rule)로 이행하는 듯 보였다. 오랜 권위주의 시대[137]의 특징이었던 억압적[138]인 국가기구―대통령, 행정 각부, 그 밖에 중앙정보부 또는 검찰·경찰의 기구들―의 행태에서 그렇게 이야기할 수 있다.

2.1. 반권위주의, 자유방임주의, 계약 자유

'문민정부'는 말하자면 반권위주의(anti‐authoritarianism)의 정치문화와 법문화(legal culture)를 표방할 수밖에 없었고, 이것은 자유주의(liberalism: '국민의 자유와 권리'를 우선으로 한다는 근대 입헌주의의 오래된 특징)를 국정 전반과 법문화에 실천하는 것으로 생각되었다. 행정법질서에 있어서 이것은 오랜 권위주의적 지배의 특징이라고 생각되었던 사회경제생활에 대한 각종 규제를 철폐하는 것으로 기대되었다. 시장경제론은 이 시대에 몇 가지 특징을 가지고 있었다. 여러 종류의 시장경제론이 있을 수 있다. 즉 고전적 의미에서는 절대주의 시대에 대한 도전과 반동으로서의 자유방임(laissez faire) 시장경제‐이것은 아담 스미스(Adam Smith) 시대의 새로운 희망이었으며, 그 시대적 의의가 있었다. 산업화, 도시화, 사회문제화 이후, 자유방임의 부작용을 통절히 맛본 1920년대 말부터 1930년대를 관통하는 대공황과 케인즈 경제학 시대의 시장경제론도 있을 수 있다. 왜냐하면, 뉴딜(New Deal) 시대 이후 케인즈

---

137) 5·16 군사혁명 이후 문민정부 수립 때까지의 1961‐1993을 들기로 하고, 어떤 경우는 1961‐1989이라고도 한다. 왜냐하면 1989년 전후는 노동운동에 대한 억압을 풀고, 노동운동의 제도적 보장을 행한 계기이기 때문이다.

138) 국민의 자유와 권리를 표제로 하는 헌법 제3장에서의 기본적 인권 전부를 국가의 존립 목표로 하지 않았다는 점에서, 특히 유신 헌법이 성립한 1972년을 기점으로 4, 5, 6 공화국의 기조가 억압적(oppressive)인 정부의 시대라고 할 만하다.

경제학이 정부행동에 영향을 미치던 어떤 서양 세계의 국가도 시장경제론이었기 때문이다.

각종 '자유화' 조치가 경제생활에 행해졌다. 이때의 '자유화 조치'의 특징에 대해서는 전반적으로 논의하기는 힘들다. 그러나 이 시대의 자유화 조치 내지 자율화 시책의 배경이 되는 사고(way of thinking)는 일단 계약 당사자의 의사를 우선으로 하는 근대 시민법 질서 초기의 계약 자유, 법률행위 자유, 또는 의사주의라고 일단 관찰할 만하다.139) 즉 시민의 자유 영역을 넓히지 않을 수 없는 상황에서, 종래 국가기관 또는 정부의 제3자적 규제가 가해졌던 영역, 대표적으로는 금융기관의 대출과 관련된 각종 규제, 외환거래나 외환관리에 관련된 각종 규제 등에서, 선진국의 제도와 그 운용을 모델로 차츰 탈규제해 나가고 금융기관과 그 거래 당사자의 계약 위주로 '자율화·자유화'하는 방향이었다고 선의로 해석할 수 있다. 또한 이 시대의 '자유화'는 기업주체들의 요구와 관련되는데, 대체로 대기업을 대표로 하는 기업군들은 정부의 각종 규제에서 벗어나 '기업의 자유'를 구가하는 분위기로 진행되었다.140)

---

139) 근대의 법학적 표현은 시민혁명에 의해서, 자유롭고 평등한 지위를 획득한 시민은 의사능력, 권리능력, 행위능력을 가지는 한, 사기나 강박에 의하지 않고, 그의 자유롭고 합리적인 선택과 결단에 의하여, 계약을 통하여, 자신의 권리와 의무를 형성해 나갈 수 있다는 것이다. 프랑스 혁명의 결과인 나폴레옹 민법전(1804)은 일단 오랜 중세의 신분세계에 종지부를 찍고, '신분에서 계약으로(from status to contract)'라는 근대 세계의 구성원리를 문자화한 것이다. 계약 자유의 원칙이란 중세의 신분질서와 절대주의의 예속을 부인하고, 시민의 자유로운 의사에 의한 합의, 법률행위를 선언한 것으로, 근대 시민사회가 이로써 비로소 형성되기 시작한 것이다.

140) "아메리카 법사에서 자유방임의 최전성기는 19세기였다. 관행적으로 또는 의도적으로 정부는 경제에는 손을 대지 않았다고 간주되었다. 그러나 깊이 파들어 가면 사정은 그리 단순하지 않다. 19세기의 전반부에 걸쳐 민간과 정부는 다 같이 기업과 생산 그리고 성장을 강력하게 지지한 것이 진실이다. 역사의 이 시절에 윌라드 허스트(Willard Hurst)의 지적대로 모든 정책은 창조적 에너지의 방출을 목적으로 하고, 창조적 에너지란 경제와 관련된 에너지와 기업활동의 에너지를 의미했다. 정부는 선거권자가 원하는 것 즉, 경제가 성장하는 것을 위해서 할 수 있는 것을 행하였다. 따라서 간여나 보조금이 필요한 경우 주

2.2. 사법적 계약 자유의 원칙

경제법 관계에서의 이러한 문민정부의 '자유주의' 내지 '사법적(私法的) 계약 자유주의'[141]는 다른 법 제도 영역에서도 병행되는 점을 찾을 수 있다. 즉, 법 관계 중 교육법 관계에 나타난 예이다. 이 시대의 교육제도의 운용은, 역시 권위주의를 대치할 수 있는 '자유주의적 교육관'이라고 할 수 있다. 즉, 어떤 수준의 교육도 그 목적에 있어서 개별 인격의 가치, 존엄성이라야 한다(헌법 10조 인간의 존엄과 가치 행복 추구권). 1930년대 후반부터 나타나고 1940년대에 급성장하여 마침내 제2차 대전의 도발자가 된 전체주의·집단주의적 가치와 삶의 양식이, 기이하게도 한국에 있어서 전례 없이 오랜(1961 – 1993) 권위주의 시대에, 권위주의적 정부가 지시하는 교육 행정 체계(교육 자치제의 실질적 부인)뿐 아니라 목적 가치(국민교육헌장)에까지 침투되었다. 세계대전 이후 서방 세계의 가치와 법의 공통적 요소였던, 개인의 인격 가치의 형성, 유지, 발전을 목적으로 하는 자유주의를 회복하는 것이 긴요하였다. 자유주의란 교육의 당사자(학생)의 인격의 형성, 유지, 발전을 위한 자기 선택권을 기초로 하는 것이어야 한다. 어떤 수준의 학교도 학생들의 자율선택권을 보장하는 것이어야 한다. 대체로 이런 출발에서 정부는 각급 학교를 개혁하려 하였다(초등학교와 대학에서의

저치 않았다."(흔히 추상적으로 관념하는 자유방임 경제의 철칙으로서의 정부의 불관여 원칙과는 실재는 거리가 있다.) "자유방임의 최전성기라고 불리는 19세기에조차도, 실상은 윌리엄 노박(William Novack)이 주장한 대로, 19세기 미국인들은 정부는 모든 국민과 공동체의 복지를 증대시켜야 할 적극적인 의무를 가지고 있다고 믿었다." 직접 인용은 Lawrence Freedman, 안경환 옮김, 『미국 법사』(서울, 청림출판, 2006 근간).

141) 사법적 계약 자유주의에 대해서 더 상세한 예가 필요하다. 이 시기에는 시민 상호간의 사법적 관계 즉, 자유로운 합의가 필요할 뿐, 여기에는 국가적 요소나 공동체적 요소 또는 여기에서 유래하는 일절의 간섭주의(interventionism)는 지난 시대의 권위주의적 발상으로 여겨졌다.

학생 자신의 자율 선택권을 위주로 한 개혁). 이러한 '자유주의의 회복' 또는 권위주의적 교육관에 대비되는 '자유주의 교육철학' 자체는 1945년 이후 세계사의 주된 흐름에 비추어 볼 때, 당연한 복귀라고 할 수 있다.

2.3. 시장경제의 여러 양상

1989년 동유럽 러시아 혁명 이후에 세계 도처에서 나타난 새로운 시장경제는[142] 시간과 장소에 따라서 다른 역할을 담당하였다. 때로는 동부 유럽—체코, 폴란드의 지역에서—의 '해방자'와 동반한 모습으로, 때로는 러시아의 마피아(Mafia) 경제의 예에서 볼 수 있듯이 지하 경제를 거느린 존재로, 때로는 독점적 기업이나 집단주의의 모습으로 나타나기도 하였다. 이 시기의 한국 교육에 있어서 자유주의 / 시장경제의 커플 중 누가 더 강력한 반려(伴侶)였는가는 관찰자에 따라 다르다. 예를 들면,

> "이른바 자유화와 민주화 전후에 걸쳐서 정치적 영역을 제외하면 시장경제
> 의 시장의 역할에 대해서 관심이 높아졌다. 많은 경우에 종전의 통제와 계획

---

142) 자유를 위협하는 요소에 대해서는 레식의 다음의 요약이 가장 최근의 것으로 보인다.
자유를 위협하는 요소는 변화한다. 19세기 말 영국에서는 사회규범이 문제시되었지만, 20세기 초반의 20년간 미국에서는 국가의 언론에 대한 탄압이 심각한 문제였다. 노동운동은 시장기구가 때로는 자유를 위협할 수 있다는 전제에 근거하고 있었다. 왜냐하면 저임금뿐만 아니라 시장의 조직형태 그 자체가 어떤 종류의 자유를 불가능하게 하기 때문이다. 어느 시기, 어떤 사회에서는 시장이 자유의 적이 아니라 자유의 비결일 수도 있다. ……그러나 레식은 사이버공간의 법적 문제에 대한 역저에서 다음과 같이 요약한다. 만일 19세기 중반에 자유를 위협했던 것이 사회규범이었고, 20세기 초반에는 국가권력, 그리고 20세기 중반의 대부분 기간에는 시장이 자유를 위협했다고 하면, 20세기 말부터 21세기에 이르는 시기에 우리가 주목해야 할 것은 또 다른 규제자, 즉 코드라는 사실을 파악해야 한다는 것이 나의 주장이다(레식 김정오 옮김, 1999: 198 - 200)(김철, 2002c: 284 - 285).

이 물러간 공백부분을 시장이 대신해 줄 것으로 정부나 시민들이 기대하였다.

사회 민주화 중에 우리 사회에 있어서 어떤 핵심이 될 만한 분야로서 교육기관 및 교육의 문제를 들 수 있다. 민주화 이후 오로지 민주화가 시장화를 의미하는 것으로 정책수립가나 대중계몽가나 상당한 숫자의 지식인들도 착각하였다.

또한 시장이라는 마법적인 언어에 현혹되어 근대 이후 또는 현대 입헌 민주주의의 당연한 개념요소인 '법의 지배'를 망각하였다. 많은 착각의 시초는 근대 경제학의 전제로서의 시장의 존재이다. 즉, 수요와 공급이 만나는 자유로운 시장인 왜곡되지 않는 시장을 전제한다. 한국에 있어서의 경제학도나 경제분석의 유행아들은 한국의 시장구조를 북아메리카나 혹은 이에 준하는 시장구조와 혼동하였다. 더 논의를 확대한다면 한 시대의 기린아였던 어떤 개혁 주도 인사들은 한국의 사회구조를 그들이 청년의 이상주의시기에 관찰하였던 선진 제국의 사회구조와 혼동하였다. 구체적인 예를 든다면 한국의 사회구조 중 특별히 시장구조는 어떤 품목에 있어서도 적정한 경쟁 상태에 있지 않았다. 즉, 오랜 권위주의적 통치를 거친 1980년대 후반과 1990년대 초반의 한국 경제의 구조는 그 사회구조와 마찬가지로 독점 구조와 과점구조가 두드러지는 특징을 가지고 있었다. 훨씬 이후에 나타난 증세이기는 하나 이미 이 시기에 전염된 전염병으로서, 선재하는 사회구조와 시장구조의 정직한 인식과 현황 파악을 뛰어넘어서 자유화·민주화의 정치적 열풍을 타고 사회 부문의 기초적·공공관련적 부분을 오로지 시장경제에 맡기고자 한 정책적 고려는 설혹 그것이 진지하다 할지라도 파괴적인 효과를 가져올 수 있었다."

– 김철(2002b: 67 – 68) 중에서 –

2.4. 당사자의 임의에 의한 사법적 관계의 강조

피상적으로 시장 논리의 이 시절의 전개는 상업주의(commercialism)의 침투적 영향이라는 식으로 볼 수도 있다. '교육의 자율성'이라는 시대의 명제는 역시 교육의 자유 계약주의를 강조하는 사법적 측면을 겨냥하고 있었다고 할 수 있다. 즉 교육기구 또는 학교와 학생 또는 학부형 간의 관계를 오로지 계약 자유에 의한 당사자의 의사 합치만 요구하는 것으로만 파악한 경향은 앞서 말했다시피

법 생활의 전반적 분위기와 무관하지 않았다.[143] 요약한다면, 당사자의 임의에 의한 사법(私法)적 관계를 강조하면서, 이것을 '자율' 또는 '자유'로 파악했다고 할 수 있다.[144] 문민정부의 '자유화', '자율화'는 시장경제를 키워드로 하고 진행되었는데, 이 시장경제의 흐름과 파국에 대해서는 불과 3, 4년 뒤 경제 주권의 국제기구(IMF)에 의한 접수라는 건국 이후의 최대 사건에 대해서는 정치적 민주화와 자유화를 열망했던 사람들은 예측하지 못했다(김철, 2002a: 372)고 할 수 있다.

2.5. 해체기의 자유의 방향

세계적인 환경은 1989년 동유럽 – 러시아 혁명에 의해서, 동독은 와해되고, 체코, 폴란드 등 선진 공업국가는 자유화되었으며 가장 후진 공산국가였던 루마니아까지 민중봉기로 체아우세스쿠(Ceausesku)가 총살되었다(김철, 1994a: 1384). 소비에트 러시아는 1917년 헌법 이후 72년 만에 해체되어서, 연방을 구성하는 각 공화국(예, 우즈베키스탄공화국, 카자흐스탄공화국 등)으로 분해되었다.

해체(dissolution)는 거대한 '짜 맞춘 덩치'가 부품으로 조각나는

---

143) 이런 사법적 관계의 강조는 공교육의 공법적 특징을 연화시키는 경과를 이후에도 계속 보여 준다. 시민문화에 있어서도 사교육의 엄청난 수요와 공급은 사법적 계약 자유주의의 범람과 관계있다. 이른바 사교육 시대가 계약 자유의 당사자주의를 깃발로 삼고 등장한 것이다.

144) 인류의 법 생활에 대한 제도사적인 거시 관찰로는 섬너(Henry Maine Summer)의 고대법(The Ancient Law)을 들 수 있다. 형식법의 제도적 관찰이 아니라 법사회학의 실질적 관찰에 의하면, 한국의 문민정부는 오랜 권위주의 시대의 부자유를 지나서 이제 '신분에서 계약'으로의 대전환을 성취하여 계약 자유 시대로 환호하여 진입했다고 볼 수 있는 국면이 있다. 그러나 세계법제사의 냉정한 눈으로 볼 때는 세계경제의 환경은 후기산업시대이며 계약 공정의 원칙(fairness)이 강조되는 현대 법의 시대에 한국은 근대법의 초기자유주의를 탐닉하고, 이것을 자율 또는 자유로 파악했다고 할 수 있다.

것을 뜻하는데, 1945년 2차 대전 이후에 세계 지도를 두 부분으로 나누었던 이러한 제국의 해체의 에너지는 무엇이었을까? 일단 '자유' 또는 '자유화'라고 할 만하다(김철, 1992: 37 - 76).

즉, 1989년을 분수령으로 해서 세계체제(world system) 전반에 자유, 자유화의 에너지가 작용하였다. 한국도 이러한 세계체제 변동의 큰 맥락(context) 안에서 움직여 왔다. 대체로 한국의 1987 - 1994년이 중동부 유럽사의 대전환기에 해당된다.[145]

문제는 이 시기에 지구촌을 휩쓴 해체의 에너지로서의 자유(liberty)라는 정열(passion)이, 그 이후 '자유화'된 각 나라에서 어떤 경위와 진행의 효과(process & effect of development of liberty)를 보였는가의 문제이다. 우리의 관심은 물론 그 최종 목표가 문민정부 이후 한국의 자유화의 추세와 방향인 것은 말할 필요도 없다.[146]

3. 문민정부 시대의 자유와 자유화의 문제

우선 그 시기에 유행한 '자유화'의 특징을 나열해 본다. 첫째, 헌법재판소조차 한국의 저널리즘과 지식인들이 흔히 범하는 실수

---

145) 반성하건대, 한국의 민주화 운동, 자유화 운동의 역사적 파악이 이와 같이 세계사적 맥락에서 행해지지 않고, 인물중심 한국사(김영삼, 김대중 기타)로 오인된 것은 한국이나 동아시아 문화를 포함한 고대(古代)문화의 특징의 하나인 영웅주의, 영웅 중심적 사고방식에서 나온 것이라 할 수 있다. 참조, 김철, 「법철학에서 본 한국 고대 문화의 원형(Archetype)」, 『법철학 강의』(서울, 숙명여대, 2001년).

146) 13년의 시간적 경과 이후에 객관적으로 이 시절의 '자유화'를 평가하기는 아직 이르다 할 수 있다. 그러나 어째서 1987 - 1994년에 연소되기 시작한 한국의 민주화 · 자유화가 불과 3 - 4년 뒤인 1998년에, 한국 산업화가 시작된 1962년 제2차 경제개발 5개년계획 이후 최대의 위기를 맞게 되었는가는 직접적으로 평가하기보다, 이 기간 중 세계 도처—특히 새롭게 자유화된 지역—에서 일어난 사건을 유추(analogy)해서 간접적으로 평가할 수 있다.

에서부터 벗어나지 못했다. 한국의 정책입안자, 언론, 통속적 지식인들의 공통된 특징은 정신적 자유의 문제와 경제적 자유의 문제를 구별하지 않았다는 점이다.

3.1. 억압에 대한 반작용: 시민적 정치적 자유와 표현의 자유

'문민정부' 시대는 말하자면 1961 − 1979, 1980 − 1993년까지 계속된 권위주의적 정부의 '억압적' 통치(Regierung)에 대한 반작용(reaction)의 때였다고 할 수 있다. 한국의 역사에서 권위주의에 대한 반작용 시대—1960년 4월 19일부터 1961년 5월 16일까지—가 그러하여 왔듯이 주로 시민적 · 정치적 자유와 관계된 헌법상 문제(헌법 21조 1항 언론 · 출판의 자유, 집회 · 결사의 자유→합쳐서 표현의 자유 Freedom of Expression)에 열중하였다. 시민적 · 정치적 자유(Civil & Political Liberty)가 초점이 되었으며, 새로운 지식인들이 이에 가담하였다.

세계사의 입장에서 본다면 이러한 '표현의 자유'의 폭발적 증가의 대표적인 예는 서양 근대의 시민혁명 기간에 나타난 것이다.[147] 예를 들면, 청교도혁명 기간의 밀턴, 아메리카 독립 혁명기의 인쇄술과 신문의 보급, 프랑스 혁명기의 팸플릿의 보급과 같은 것이다. 그리고 그 '표현의 자유'들은 지난 시대의 억압적 통치 기구나 통치 작용에 향해져 있었다.

큰 나라 위주의 세계사가 아니라 동유럽의 약소국가의 역사(박영신, 2000a: 19 − 76)에서 본다면, '표현의 자유'의 해빙작용은 가

---

147) 그러나 이 연대는 1649년 전후에서 1791년에 이르는 시기이다.

깝게는 1989년 이후의 베를린장벽 붕괴에 이은 동유럽의 권위주의적 공산당 지배체제가 무너질 때에 나타났다.

자유주의는 사회사상과 정치사상에서 다룰 때는 애매성과 모호성을 가지는 데 비해서, 서양 공법사에서는 뚜렷한 두 가지 흐름이 있다. 헌법학 교과서 용어로 자유권적 기본권의 부분이 근대자유주의의 주요성과를 제도화한 것인데,[148] 점차 시민사회가 전개되면서 자유권적 기본권의 중심에 '표현의 자유'의 문제가 놓였다. 물론, 종교와 양심의 자유는 종교개혁 시대로 소급하여 오랜 연혁을 가지고 있었는데, 동아시아 사회와는 달리 국교의 문제, 신교(信敎) 자유의 문제는 서양 근대사에서 유럽의 근대국가(종교 개혁 이후의 서유럽)와 북아메리카 식민지의 지도를 결정할 만큼 영향을 미쳤다. 양심 – 종교의 자유의 연장선상에 선 표현의 자유의 문제는 프랑스혁명 전야의 사회상을 관찰한다면[149] 알 수 있다.

3.2. 1990년대에 서양 근대자유주의의 자유권을 실행 확보하려 함

동아시아 국가의 사람들은 왜 표현의 자유가 근대 시민국가의 자유권 중에서 가장 중요한 자리를 차지하는가를 잘 이해할 수 없었다. 그들은 시민의 자발성이나 그것이 극대화된 시민혁명을 경험

---

148) 우리 헌법 제2장 국민의 권리와 의무 제12조(신체의 자유), 제14조(거주·이전의 자유), 제15조(직업선택의 자유), 제16조(주거의 자유), 제17조(privacy), 제18조(통신의 자유), 제21조(언론·출판·집회·결사의 자유), 제22조(학문·예술의 자유).

149) 1770년대부터 각종 팸플릿, 모든 종류의 출판물이 급증하였다. 프랑스의 구지배계급에 맞서서 제3계급이 싸울 수 있는 힘은 시에예스(Sieyes)의 출판물 『제3계급이란 무엇인가?』에서 각성되었다고 한다.

하지 않고 근대인이 되었기에,150) 서양인들이 역사적으로 체험한 양심－종교－언론·출판－집회·결사의 자유를 자신들의 실존적 경험으로 만들 수는 없었다. 즉, 서양 근대시민국가가 정신적 자유권을 실행하고 확보함으로써 탄생하고 성장하였다는 것을 체험할 수가 없었다. 어쨌든 민주화의 긴 도정에서 1960년대의 한국의 자유화 시기에(박영신, 2000b: 183－203) 그리고 권위주의적 통치에서 벗어나는 길고 험난한 과정에서(김철, 2002a: 362－363), 근대가 훨씬 지난 현대의 1990년대까지 한국인들도 양심－종교－언론·출판－집회·결사에 있어서 자유권을 실행, 확보하려고 노력함으로써 서양 근대의 자유주의적 역사의 전개를 다시 한번 20세기에서 실행하려고 하였다. 왜 서양 근대의 자유주의라고 하는가? 한국의 문민정부가 수립된 것은 1993년 20세기의 거의 끝 무렵이 아닌가? 20세기가 21세기로 넘어가는 시점의 한국이 1688년의 명예혁명과 1867년의 개혁입법에서 가장 전형적인 모습을 나타낸 '고전적 자유주의'(Classical Liberalism)를 재현하였다는 것은 무리가 아닌가? 청교도혁명의 경위와 결과를 가능케 한 영국의 고전적 자유주의의 어떤 요소가 1993년에 시작된 문민정부의 요소와 닮았다는 것인가? 영국에 있어서의 고전적 자유주의는 종교적 자유와 관용,151) 입헌주의에의 충성, 그리고 정치적 자유152)를 핵심요소로 한다(Smith, 1980: 278).

---

150) 1891년 메이지헌법, 1894년 갑오경장, 1911년 신해혁명.

151) 한국 헌법상의 종교의 자유, 양심의 자유에 해당.

152) 한국 헌법상의 시민적 자유를 넓게 형성하는 헌법전 2장 국민의 권리와 의무에서 수익권 또는 사회권을 제외한, 이른바 자유권적 기본권 중에서 재산권의 자유를 제외한 부분을 의미한다. 헌법학상의 '표현의 자유'를 구성하는 정신적 자유도 집회·결사의 자유로 귀결되는 한, 고전적 의미에서는 시민적, 정치적 자유의 범주에 들어갈 수밖에 없다.

3.3. 근대의 고전적 자유주의와 문민정부 자유화의 공통점

그 밖에 영국 근대의 고전적 자유주의와 1993년 이후의 문민정부의 자유화의 공통점은 무엇인가? 첫째, 근대자유주의의 성격은 기본적으로 '－로부터의 자유'라는 의미에서, 네거티브한 즉 빼기하는 자유주의였다. 정부로부터의, 특히 청교도혁명과 명예혁명에서 보인 것처럼 국왕으로부터의 자유라는 특징을 보였다(Smith, 앞의 글, 281). 한국의 1990년대 자유화와 자유주의의 특징은 오랜 권위주의시기에 국민과 국민의 그룹을 억압하여 왔던 권위주의 정권 또는 정부에서의 자유를 우선한 것이다(김철, 2006). 이 자유와 자유주의의 성격 역시 네거티브한 것, 즉 지난날의 권위주의 유산을 부인한다는 뜻에서 부정적(否定的)인 함의가 컸다.

둘째, 영국근대의 고전적 자유주의 특징은 경제적 목적보다 정치적 목적이 강하다는 것이다. 예를 들면 자유주의적 입헌주의, 법의 지배, 권력분립, 그리고 반대의 자유 같은 것은 경제적 권리보다 정치적 권리의 범주이다(Smith, 1980: 278). 한국에서의 문민정부의 자유화와 자유주의를 요약하면 근대적 의미의 헌법의 요소로 위의 영국고전 자유주의에서 나타난 입헌주의, 법의 지배, 권력분립과 함께 1688년의 종교적 관용 1689년의 프레스(press)의 자유를 실현시킨 것이라고 할 수 있다. 순수한 고전적·정치적 자유주의의 역사에서 본다면, 이런 시민적 자유의 특징은 1776년의 아메리카 독립선언의 요소적인 특징에 비견된다.

3.4. 1990년대 한국의 자유주의를 현대 자유주의의 특징으로 평가함

한국의 1990년대를 17세기와 18세기의 고전적 자유주의 요소의 잣대로 재는 것이 불공평하게 느껴진다면 현대 자유주의(modern democracy)의 특징(Smith, 1980: 280)으로 가늠해 보기로 한다. 19세기와 20세기에 고전적 자유주의는 진보적으로 수정되었다. 후기 자유주의는 초기의 고전적 모습의 네거티브 방식에서 전향하게 된다. 자유의 '회피적' 측면에서 적극적 측면을 강조하게 된다. 자유의 적극적 측면은 ' - 로부터의 자유'로부터 ' - 를 형성시키는 자유'를 뜻한다. 이런 전회는 초기자유주의의 어느 정도의 성공 위에서 이루어졌다고 평가된다(Smith, 1980: 280). 그러나 초기자유주의의 성공은 가장 우선적으로는 귀족의 후예(즉 토지 귀족)와 신흥계급에게 그들이 원하는 권리의 보따리를 안겨 주었고, 왕의 특권의 폐지와 정부의 정책에서의 해방은 농민과 근로자에게는 충분한 권리를 안겨 주지 않았다(Smith, 1980: 280). 따라서 하층계층의 자유를 위해서는 국가의 보다 적극적인 행위가 필요해진 것은 초기자유주의와 후기자유주의의 너무나 대조적인 차이이다.

이런 19세기와 20세기의 현대 자유주의의 개념적 요소와 역사를 한국의 자유화와 자유주의가 한창 이른 문민정부 시대의 법과 정책에 대조해 보자. 자유주의의 후기 특징인 자유주의의 적극적, 형성적 작용을 당시 문민정부가 이해하거나 실행한 흔적은 별로 없어 보인다.[153] 도시화, 산업화, 세계화는 현대에 있어서의 자유주의

---

153) 오히려 특히 경제정책에 있어서 자유화에 의해서 소외된 계층을 위한 정책보다는 기업과 기업에 준하는 경제력을 가진 계층의 경제적 자유에 대해서 자유방임으로 일관하였다. 그

를 또한 수정하였다. 초기자유주의는 한국에서도 잘 알려져 있듯

영향은 1998년 한국이 IMF 관리체제에 들어갔을 때 드러난 금융기관의 BIS 비율의 문제
에서 나타난다. 즉 부실대기업에 대한 거대한 대출과 부실여신의 결과로 한국의 금융기관
이 전반적으로 BIS 비율에 미달하는 사태가 나타났다. 정부가 거액의 지원금을 들여 국제
적 수준의 지불준비금을 맞추지 않을 수 없는 사태는 짧게는 자유화 정책이 시작된 90년
대까지 소급할 수 있고 최소한 그 기간 중에 정부가 적절한 형성적 작용을 하지 않았다는
이야기가 된다. 은행의 BIS 부족을 야기한 대출자들은 이후의 증거에 의하면 자유주의 시
기의 소외된 계층이 아니었다. 그렇다면 적어도 민주화 이후의 정부의 자유방임적 경제정
책이 BIS 부족을 야기했다고 할 수 있다.

'대출금 12월 31일 하루만 갚자' 은행 · 기업 '눈가림작전' 논란[조인스](1999.12.03)
대기업 부채비율 200% 준수 시한과 금융기관의 국제결제은행(BIS) 자기 자본 비율 산정
을 앞두고 은행, 기업들이 물밑작전을 펼치고 있다. 은행, 기업들은 결산일인 12월 31일
하루만 대출금을 줄여 놓은 뒤, 내년 초 곧바로 다시 대출을 일으키면 자금 사정의 변화
없이 각각 사활이 걸린 BIS 부채비율을 개선할 수 있다는 '이해'가 맞아 올 연말에는 그
규모가 엄청날 것으로 예상된다. 이에 따라 올 연말의 부채비율과 BIS비율 계산에 대한
'눈가림' 논란도 일 수 있을 것으로 보인다. 3일 금융계에 따르면 은행들은 BIS비율 산정
시 위험가중도가 높은(100%) 기업여신을 줄이기 위해 만기 내에선 언제든 상환할 수 있
는 회전대출과 당좌대출에 대해 결산일 하루만이라도 갚으라고 요청하고 있다. 시중은행
관계자는 "주로 거액을 쓰는 기업들에 자금상황이 허용되는 범위에서 연말에만 꺼 달라고
협조요청을 했다."며 "대출금 중 10% 정도는 상환될 것으로 본다."고 말했다. 또 은행,
투신사 등에서 매입하는 기업어음(CP)도 만기가 연말을 넘기는 것은 거의 없는 상태다.
30대 그룹 계열사 재무담당 임원은 "CP는 만기를 12월 말로 정하고 내년 1월 4일 재기
표하기로 합의했다."고 밝혔다. 이 임원은 "과거에도 결산 직전에는 빚을 일시적으로 줄였
으나 내년부터는 부채비율이 여신확보와 신용평가의 관건이 되기 때문에 올 연말엔 하루,
이틀 결제자금만 남기고서라도 부채를 최대한 상환할 계획"이라고 말했다. 이에 따라 올
연말에 일시적으로 줄어드는 은행 대출금의 규모는 CP 등을 합해 10조 원을 넘을 수 있
을 것이라고 금융계 관계자는 예상했다. 금융계에서는 이러한 편법을 막기 위해선 금융기
관, 기업 결산 때의 대출금을 월말 잔액 대신 월중 평균잔액으로 바꿔야 한다는 의견도
있으나 평잔 계산에는 시간이 오래 걸리는 문제가 있다는 지적이다.

Gov't to Support Banks With 2 Trillion Won[IHT](1998.12.04)
The government intends to supply 2 trillion won to commercial banks by buying
bonds which the banks will issue within this month. The measure is to improve
the financial state of commercial banks which can then raise their BIS(Bank for
International Settlement) capital adequacy ratio. To do so, the government will
initially buy a total of 500 billion won worth of bonds which five banks including
Kookmin, Shinhan, Hana, Hanmi and the Korea Housing Bank will issue by as
much 100 billion won in bonds respectively and 300 billion won worth of
bonds by the Korea Exchange Bank. Additionally, the government will buy
bonds from the banks which attained good results lending to small and medium
size companies. A source at the Ministry of Finance and Economy said, 'The
government used 21 trillion won in public funds in order to raise the BIS capital
adequacy ratio of commercial banks to more than 10% as of September. But
additional public money will be needed, because the financial criteria for banks
will be fortified next year by the BIS.'

이, 개인주의적 인간관과 사회관을 전제로 했다. 고전자유주의는 개인을 싸고 있는 조직의 힘, 공동체(community)의 규정력을 최소로 파악하였다. 서서히 시장의 힘에 있어서의 불평등은 현대기업과 산업기술의 성장과 함께 한 사람의 경제적 자유는 다른 사람의 억압으로 통하는 것을 증명하였다(Smith, 1980: 281). 이때 자유주의자는 두 갈래로 나뉘었다. 한 그룹은 어쨌든 구제와 교정이 이루어져야 한다고 한다. 다른 그룹은 여전히 불관여주의(non - interventionism)나 자유기업(Free trade)이라는 도그마에 집착하였다. 전자는 존 스튜어트 밀(J · S · Mill)이며 후자는 허버트 스펜서(Herbert Spencer)이다. 한국의 1990년 이후의 자유주의는 어떤 갈래가 있을까?

4. 서양 공법사에 있어서의 자유의 두 갈래 - 정신적 자유와 재산권의 문제

4.1. 재산권의 문제와 표현의 자유

서양 공법사에 있어서, 자유의 또 다른 갈래는 헌법학적 용어로는 재산권의 자유(한국 헌법 제23조)에 관한 것이다. 재산권은 1770년대 버지니아 헌법에서는 당시 가장 근본적인 것으로 선언되었던 생명, 신체의 자유 그리고 행복추구권과 함께 천부인권(天賦人權)으로 생각되었다. 근대의 기간을 통해 재산권의 자유는 변용을 거듭하고, 1차 대전 전후에는 정신적 자유권과 구별하기에 이르렀다, 1917년 러시아 혁명과 1919년 1차 대전의 책임에 관한 베르사유 조약과 바이마르 헌법이 성립된 이후를, 법학에 있어서는 현대라고 부르는데, 이 시기에 있어서는 재산권은 이미 다른 근대적 자유권과는 성질이 다른 것으로 사회적으로나 경제적으로 알려지게 되었다. 즉 현대라는 맥락에서의 재산권의 자유는 전혀 다른 길을 가게 된다.[154] 재산권의 자유는 미시적으로는 한 개인의 재산권 행사를 중심으로 보는 것이고, 이렇게 보는 것이 민법상의 재산권이다. 그러나 거시적으로 보면 중세 사회의 구조가, 큰 토지 재산의 소유관계의 수직적 편성이었다는 것을 떠올리게 된다.

중세의 종속적인 인간관계는 지주 또는 영주와 부자유 농민 또는 소작인과의 관계와 대토지 소유자와 그로부터 봉토를 받은 중소토지 소유자 간의 관계로 이루어지는데, 그 독점적 재산권의 행사와 관계된다. 따라서 근대에서 천부 인권으로까지 높여진 개인 소유권을 중심으로 한 재산권의 자유가, 산업혁명과 도시화와 비인간화를 거치면서, 또다시 중세 사회처럼 종속적인 인간관계를 생산하는 방식으로 행사되는 것이 현대 법의 세계에서는 규제의 대상이 된 것이다.[155]

현대 한국의 자유화 과정 가운데 근대 공법사와 현대 공법사에서 문제 되었던 '자유주의의 두 갈래'의 문제가 다시 나타났다. 정치인, 언론인, 지식인 및 학생층은 우선 정치적인 민주화를 요구했고, 이것은 '표현의 자유'를 구가함으로써 행동으로 나타났다 1970년대부터 1980년대의 언론, 집회 및 시위, 1987년대의 6월 항쟁,

---

154) 헌법재판소 1993.7.29. 92헌바20 전원재판부.
　　우리 헌법상의 재산권에 관한 규정은 다른 기본권규정과는 달리 그 내용과 한계가 법률에 의해 구체적으로 형성되는 기본권으로, 형성적 법률유보(法律留保)의 형태를 띠고 있으므로, 재산권의 구체적 모습은 재산권의 내용과 한계를 정하는 법률에 의하여 형성되고, 그 법률은 재산권을 제한한다는 의미가 아니라 재산권을 형성한다는 의미를 갖는다.

155) 현대 법의 세계에서 봉건시대의 세습영주의 권리를 정당화하는, 거대한 재산의 상속과 증여를, 인간의 자연적 자유로 보지는 않는다.

여러 지식인의 성명. 그들은 여러 억압적 통치의 문제를 제기했는
데, 대체로 헌법 제12조의 신체의 자유부터 헌법 제21조에 관련하
는 많은 사례들이 나타났다. 고문의 문제부터 부당한 압수, 수색의
사례가 가장 두드러졌다.

4.2. 공권력으로부터의 자유와 재산권의 현대적 상황

자유화 과정에서는 서양 근세 법제사에서 나타난 '부당한 공권
력으로부터의 자유'가 우선적이었다. 서양 근대시민국가 이전에 존
재했던 절대주의, 앙시앵 레짐의 국가권력, 2차 대전 이후 성립한
신생국가에서는 네포티즘을 기반으로 한 권위주의 국가 권력, 그리
고 동유럽과 소비에트를 축으로 한 전체주의적 사회주의 국가의
권력이 자유의 적으로 인식되었다. 같은 맥락에서 자유화 민주화
이전의 한국에서는 권위주의적 정부의 공권력이 민주화와 자유화
의 우선적 표적이 되었다 [156]

이념형으로서의 근대적 자유주의는 이 시절 한국에서도 우선적
으로 평가되었다. 초기 자유화 시절의 집회 · 시위의 자유를 포함하
는 표현의 자유의 비중이나 역할에 대해서는 말할 것도 없다. 각종
검열제도, 사전 허가 제도를 비롯한, 공식적 · 비공식적 억압 장치
의 제거는 이 시대의 과제였다고 할 수 있다.

서양 공법사의 큰 교훈은, 제대로 형성된 시민민주주의 국가라
면[157] '기본적 인권존중과 자유주의'라는 근대 이후의 큰 성과 위

---

156) 5공화국을 뒤흔든 사건으로는 '권인숙 양 성 고문 사건'을 들 수 있다. 판례 참조. 이 사
　　건 변호인 중 조영래는 이 시기에 나타난 선도적인 인권 변호사였다. 참조 안경환, 『조영
　　래 평전, 세상을 바꾼 아름다운 열정』(서울, (주)도서출판 강, 2006년 1월).

에 서는 것이다. 그러나 기본권 존중에도 우선순위가 있으며, 정신적 자유권 우선의 원칙이 그것이다.

그런데 돌이켜 생각할 때 한국의 자유화 과정에서 자유의 요구는 정신적 자유권과 경제적 자유권 또는 재산권의 자유와 구별 없이 주장되었다. 1990년대의 한국은 그 역사적 전개과정에서 서양 근대의 자유주의와 함께 서양현대의 법 원리(재산권의 상대화)를 동시에 수용하지 않으면 안 되었다. 그런데 기이하게도 두 갈래의 자유주의가 구별되지 않고 뒤섞여서 함께 '자유'로 불리고, 행사되게 되었다.[158]

5. 자유지상주의의 문제

한국에서의 자유화 과정이 로렌스 레식(Lawrence Ressig)이 지적한 대로 러시아가 1989년 이후에 경험한 '자유화'의 과정과 비교

---

157) 시민혁명에 의해서 근대 시민국가를 형성시킨 나라(영국, USA, 프랑스)와 그렇지 않고 위로부터의 국가건설(Bismark헌법의 프로이센)이나 패전 후 다른 자유주의 국가에 의한 재교육으로 복귀한 경우(2차 대전 이후의 Bonn기본법)로 반드시 구별해야 한다.

158) 예를 들면 계약 공정의 원칙이라는 현대 법의 원리가 다시 근대의 계약 자유의 원칙으로 회귀한 듯한 판례가 나타났다. 이자제한법에 관한 헌법 판례(헌법재판소 2001.01.18. 00헌바7).
가. 이자제한법 중 개정법률(1965.09.24. 법률 제1710호) 및 이자제한법폐지법률(1998.01.13. 법률 제5507호)은, 사인 간의 계약내용에 국가가 관여하여 그 효력을 부인하는 것을 내용으로 하는 이자제한법(1962.01.15. 법률 제971호)을 완화하거나 폐지함으로써, 국민의 사적 자치권 또는 계약의 자유에 대한 제한을 경감하거나 제거하였다고 할 것이지, 이로써 오히려 국민의 기본권을 제한하는 것이라고 할 수 없다.
나. 입법자가 사인 간의 약정 이자를 제한함으로써 경제적 약자를 보호하려는 직접적인 방법을 선택할 것인가 아니면 이를 완화하거나 폐지함으로써 자금시장의 왜곡을 바로잡아 경제를 회복시키고 자유와 창의에 기한 경제발전을 꾀하는 한편 경제적 약자의 보호문제는 민법상의 일반원칙에 맡길 것인가는 입법자의 위와 같은 재량에 속하는 것이라 할 것이고, 입법자가 입법 당시의 여러 가지 경제적, 사회적 여건을 고려하여 후자를 선택한 것이 입법재량권을 남용하였거나 입법형성권의 한계를 일탈하여 명백히 불공정 또는 불합리하게 자의적으로 입법형성권을 행사한 것이라고 볼 수 없다.

할 만한 점이 있는지는 신중한 검토를 요한다. 확실히 러시아의 자유화는 정신적 자유권의 문제와 경제적 자유권의 문제가 전도된, 즉 경제적 자유가 정신적 자유권을 우월하게 압도한 사례라고 할 만한 점이 있다.[159] 자유지상주의(Libertarianism)는 번역어인데 전체주의를 Total－i－tareanism라고 쓰는 데 비해 Liber(ty)－tareanism이라고 대비시켜서, 한쪽이 전체(Total－ity) 지상주의라면, 그 반대쪽 끝의 스펙트럼이라고 할 만하다. 로렌스 레식의 비교법적 증언을 들어 보기로 하자(Lessig 김정오 옮김, 2002: 31-33)(김철, 2002c: 275-277).

5.1. 로렌스 레식의 동유럽·러시아의 해체에 대한 증언

10년 전인 1989년 봄, 유럽의 공산주의는 마치 지지대가 뽑힌 텐트처럼 무너졌다. 전쟁이나 혁명이 공산주의를 몰락시킨 것이 아니었다. 지쳐 쓰러진 것이다. 중·동부 유럽에 새로운 정치체제, 새로운 정치사회가 탄생하였다. 나와 같은 헌법학자들에게 이 사건은 충격적이었다. 1989년에 로스쿨을 졸업한 나는 1991년부터 시카고에서 강의를 시작했다. 시카고대학에는 중·동부 유럽에서 새롭게 시작된 신흥 민주정치에 관한 연구소가 있었다. 나는 그곳의

---

159) 러시아 과거 소비에트 통치체제의 해체는 물론 자유권적 기본권의 구가로 진행되었다. 억압적 국가는 물러갔다. 그런데 이때 지난날의 모든 '지배계급'이 사라졌는가? 아니다. 지난날의 지배계급은 '경제적 자유화·의 와중에서 비공식제도(예: 마피아, 민영화된 공장의 지배인)의 모습으로 모양을 바꾸었다. 러시아에서의 종교의 자유는 러시아 정교회를 제외하면 부분적이라고 보인다. 권위주의 사회가 이른바 자유화와 민주화를 거치면서 나타나는 다음 단계의 시장화 또는 민영화의 여러 가지 양상 중에서, 극단적인 예로는 1917년 이후 대표적인 사회주의 법 제도였던 소비에트 러시아의 예를 들 수 있다(김철, 2002a: 369). 또한 (레식, 김정오 옮김, 2002: 31-33).

연구원이었다. 그 뒤 5년 동안 무수한 시간을 비행기에서 보냈고, 맛없는 모닝커피를 기억할 수 없을 만큼 수없이 마셨다.

중부유럽과 동부유럽에는 과거 공산주의자였던 사람들에게 어떻게 통치해야 하는가를 가르쳐 주려는 미국인들로 가득했다. 하지만 그들의 자문은 장황했고, 어리석기까지 했다. 몇몇 미국인 방문자들은 신흥 입헌공화국에 말 그대로 헌법을 팔아먹었다. 새로운 나라를 어떻게 통치해야 하는가에 관한 설익은 생각들이 무수히 많았다. 미국인들은 이미 입헌주의가 잘 기능하고 있는 국가로부터 왔지만, 어떻게 가능하였는지 그 원인에 대한 실마리는 알지 못했다.

연구소의 취지는 조언을 주는 것이 아니었다. 우리가 그들을 지도하기에는 아는 것이 너무 없었다. 우리의 목적은 변화와 발전방법에 관한 자료를 모으고 관찰하는 것이었다. 우리는 변화를 이해하길 원했지, 변화의 방향을 잡아 주길 원치 않았다.

우리가 목격한 상황은 이해할 수는 있었지만 충격적이었다. 공산주의가 몰락한 이후 처음에는 국가와 국가의 규제에 대항하는 거대한 분노의 파도와 함께 정부에 대한 반감이 팽배했다. 그들은 그냥 내버려 두라고 말하는 것처럼 보였다. 정부가 하던 일을 새로운 사회인 시장과 민간 조직에게 맡겨라. 공산주의가 몇 세대 지난 후에 발생한 이런 반발들은 충분히 이해할 만하였다. 지난날의 지배 기구의 압제 장치들과 어떠한 타협이 있을 수 있단 말인가?

특히 미국의 미사여구들은 이런 반발을 상당히 뒷받침했다. 자유지상주의라는 미사여구. 시장이 지배하게 하고 정부의 간섭을 배제하라. 그러면, 반드시 자유와 번영이 성숙할 것이다. 모든 것들은 스스로 해결될 것이다.

국가의 지나친 규제는 필요 없고, 들어설 여지도 없다. 그러나 모든 것이 스스로 해결되지 않았고, 시장이 번창하지도 않았다. 정부는 불구가 되었으며, 불구가 된 정부는 자유에 대한 만병통치약이 아니었다. 권력은 사라지지 않았다. 단지 정부에서 마피아로 옮겨 갔으며, 때로는 국가에 의해서 마피아가 조성되었다(김선경, 1998). 치안·사법·교육·의료 등 전통적인 국가기능의 필요성이 마술처럼 사라지지 않았다. 필요를 충족시키는 사적 이익들도 등장하지 않았다. 오히려 요구들이 충족되지 않았다. 사회의 치안이 사라졌다. 지금의 무정부상태가 이전 세 세대의 온건한 공산주의를 대체하였다. 번쩍이는 네온사인은 나이키를 광고하고 있었고, 연금생활자들은 사기주식거래로 생계비를 다 털렸으며, 은행가들이 모스크바 거리에서 훤한 백주에 살해되었다. 하나의 통제시스템이 또 다른 것으로 대체되었지만, 어떤 시스템도 서구의 자유지상주의자들이 말하는 자유체제는 아니었다.

6. 1990년대의 자유주의, 한계, 자유지상주의에 대한 비교 법철학적 논의

6.1. 리버럴리스트로서의 드워킨(Dworkin, 1995: 1 - 6)

6.1.1. 권위주의에서 다수의 지배로 옮겨 갈 때 어떤 문제가 생기는가?

1990년대부터 시작해서 2000년대에 이르기까지 한국의 법문화의 최대 문제는 무엇인가? 이미 고찰한 대로 일단 권위주의에서 다수의 지배로 옮겨 가고 민주주의의 가치가 국가와 사회, 개인생활의 중심 테마가 되었다. 한국 사회의 자유화는 문민정부에서 급격히 진행되었는데 많은 예상치 않은 문제가 생겨났다. 우선 자유주의의 애초의 모습대로 쉽게 말하면 개인을 떠난 전체는 아무 의미가 없다. 전체주의는 이미 사라졌고 개인 인격이 최초의 출발점이 되었다. 이때 개인 인격은 어떤 권위주의적 강제나 속임수 없이 자유롭게 스스로의 이익을 위하여 생존을 위하여 결정할 수 있어야 한다. 자유주의 철학은 억압이 없는 상태에서는 누구나 그렇게 할 수 있다는 것이다. 사회 안의 개인은 어떻게 행동하는가? 여러 수준의 사회가 있기는 하나 그 구성체로서의 개인 인격이 최초의 단위가 되고 의사 자유, 계약 자유, 법률행위 자유가 개인 인격이 사회 안에서 움직이는 방식이다. 모든 헌법적 장치 중 국민의 자유와 권리에 관한 헌장은 이러한 의사 자유를 가지는 개인의 권리를 보장하는 장치이다. 그렇다면 정치적 공동체의 형성은 어떠한가? 각 개인이 그들의 의사를 헌법적 장치를 통해서 집적함으로써 이루어진다. 모든 공익의 결정, 정치적 결정은 다수결의 원칙에 의해서 자유로운 개인의 자유로운 표현행위로써 이루어진다. 이것은 실로 1648년, 1776년, 1789년의 중요한 근대의 역사에서 이미 나타난 바이다. 몹시 단순하게 표현된 근대 입헌주의의 원칙은 1990년대부터 한국의 정치사회는 물론 부분사회의 중요한 구성원리가 되었다. 비교법적으로 본다면

1989년 동유럽 러시아혁명 이후 새롭게 나타난 동부유럽과 구 소비에트 연방에 속하는 광대한 지역에서 근대 입헌주의에 입각한 다수의 지배, 다수결의 원칙에 의한 정부가 수립되고 정책이 집행되기 시작했다. 이제 한국과 연혁이 매우 다른 동유럽, 러시아 지역의 국가들이 자유주의적 입헌주의 원칙에 의해 국가와 사회를 수립한다는 점에서는 유사한 측면이 드러나게 되었다.

한국인들은 1960년에 이미 짧은 기간 시민혁명을 경험한 바 있었다.[160] 입헌주의 원칙이나 다수결의 원칙은 다양성에 대한 관용의 원칙과 함께 1960-1961년에 최고조에 달했다.[161] 1993년에 다시 문민정부를 수립했을 때에는 한국인들은 이미 근대적 입헌주의나 다수결의 원칙의 문자에는 익숙했다. 그러나 자유주의가 다수결의 원칙을 동반하여 진행할 때 나타나는 제도적 문제, 법의 지배 내지 법치주의의 문제에는 경험이 없었다. 이 문제를 법사회학적으로 관찰하기 위해서 법률전문가가 아닌 일반인 또는 생활인의 법의식과 자연적 행동을 관찰 대상으로 한다.

6.1.2. 개인 간의 합의가 자유주의의 처음과 끝인가?

1부에서 논한 대로 권위주의 해체기(기준점 1989,

---

160) 1960년 4월 19일의 통칭 4/19를 보편(Idealtypus)적 의미의 시민혁명으로 다시 해석한 것은, 박영신 「사회운동 이후의 사회운동」, 한국인문사회과학회(엮음), 『현상과 인식』(24권 4호, 2000년 겨울), 183-203 또한 박영신 「우리나라 권위구조의 정신분석학」, 『정신분석학과 우리 사회』, 한국사회이론학회(엮음) 20호 『사회이론』(2001년 가을 / 겨울).

161) 제3공화국에 해당하는 1963년부터 1972년까지의 헌법을 위헌 법률 심사제도와 관련하여, 비교적 덜 권위주의적인 것으로 평가하는 수도 있다.

1993,)에서, 자유주의를 다시 기본 에너지로 출발할 때부터 개인 의사가 합치되기만 하면, 어떤 종류의 개인의 의사라도 합의로 유효하다는 통속적인 시류가 있었다. 개인의 '자유로운 의사'를 초과하는 사회규범은 자유를 제한하며, 억압적인 것으로 생각되었다. 사인 간의 합의야말로 새로운 자유주의의 처음이요 끝이라고 생각되었다.[162] 유사(類似) 근대인이 탄생한 것이다. 근대인을 기다리고 있는 함정과 절벽은 나날의 체험주의에 밀려 존재하지 않는 것이 되었다. 1990년대에 한국인은 자유로운 근대인으로서 너무나 감격해서 도취해 버린 것이다. 도처에서 계약 자유의 폐해, 의사 자유를 조리상의 한계[163] 너머로 가져가는 생활에서 오는 무리와 피로감이 나타났다. 당시에 모든 사회문제를 개인의 문제로 환치하고[164] 사회기구나 제도, 조직의 문제를 개인과 개인의 사적 인간관계의 문제로 환원하여[165] 단순화시키는 방식이 유행하였다. 세계적으로 관찰할 때, 지구의 저쪽에서 1917년 이후 또는 1945년 이후 사람들의 생활을 결정해 왔던 국가적 제도가 1989년을 기해서 와해되고 문명 세계의 약 반을 점유

162) 합의를 외형으로 하면서, 그 실상은 기본권과 자유를 침해하는 경우는 어떻게 하는가에 대해서는 예측할 수 없었다.

163) 한국 민법상 조리는 법의 원천이다. 조리는 또한 신뢰 보호의 원칙과 함께 행정법의 일반 원칙으로 인정된다. 조리는 또한 법의 일반원칙으로 인정된다.

164) 한국인의 사고방식은 한국 문화의 일부를 이룬다. 어떤 문제의 개인적 측면과 사회적 측면이 다 같이 존재할 때 사회적 측면을 다루기 힘들 때에는, 아예 없는 것으로 간주하고 문제의 개인적 측면으로 환치하는 오랜 문화가 있어 왔다(예: 교육에 있어서의 성취를 오로지 피교육자의 개인적 자질의 함수로 환치하는 경우. 사회적 사고(건물과 교량 붕괴 등)의 인과관계를 오로지 가장 협소한 관계 개인의 인적인 요소로 파악하는 경우).

165) 예를 들어, 공적인 조직의 역할 분담자들의 업무 수행이 사적인 인간관계같이 진행되는 경우. 이 경우 조직의 규범은 개인적 인간관계의 문제로 변용하게 된다.

했던 실정적 질서가 해체되었다. 러시아 동유럽 혁명의 와중에서 관찰할 때 개체를 넘는 수준의 사회, 공동체, 국가의 모든 제도와 문제는 불확실하게 보였다. 한국에 있어서 동유럽과 러시아와 같은 정도는 아니나 권위주의에서 이행하는 시기의 불확실성 속에서 개체의 확실성을 추구하였다고도 할 수 있다. 이와 같은 개인의 문제는 정치적 공동체를 형성하고 중요한 정책을 결정할 때에도 단순화된 모습으로 나타났다. 즉, 원자화한 개인은 투표에서 다수를 구성하기만 하면 다수결의 원리에 의해서 어떤 결정도 할 수 있다. 한국에 있어서는 오래 계속된 권위주의의 폐허 위에서 단순다수결에 의한 수많은 결정이 행해졌다. 범위를 더 넓혀서 1770년대에 이미 근대 입헌주의를 실천하고 1차 대전 이후에는 이른바 현대적 복지국가로 이행한, 지구상에서 가장 이른 자유주의적 전통의 실천자로 들 수 있는 아메리카에서도, 세기 말에, 다수지배의 원리에 대해서 반성적으로 성찰하는 사람이 나타났다. 오랜 선거의 경험, 오랜 재판의 경험, 많은 분쟁을 사법적인 해결이라는 현대적인 방식으로 경험한 미국인들은 대표적인 법철학자를 통해서 다음과 같이 묻기 시작했다.

6.1.3. 다수지배의 원리에 대한 반성

"사람들은 다수결이라면 무엇이든 할 수 있다고 생각하는 버릇이 있다. 과연 최전성기의 영국 의회는 남자를 여자로 바꾸는 것 이외에는 무엇이든지 할 수 있다고 믿어져 왔다. 자유로운 개인의 집합체인 민주 사회는 그 의사의 다수만 획득하면 무엇이든 할 수 있는 것일까? 다수의 숫자만 차지하면 만능인가?” 이 의문은 아마도 1990년대 이후 자유화와 민주화를 통해서 입헌주의의 경험을 쌓은 한국인에게도 마지막으로 유효한 질문이고 더 나아가서 한국인보다 약 반세기 늦게 근대 입헌주의와 다수결의 원리에 접근한 동유럽, 러시아인들에게도 마침내 나타날 의문일 것이다.

6.1.4. 자유주의의 한계

이 질문은 일견 자유주의의 한계와 관련 없어 보인다. 그러나 가깝게는 2차 대전이 전체주의를 해체시키고, 1945년 이후의 세계의 주된 질서가 어떤 경우라도 부인할 수 없는 개인의 존엄권을 기초로 출발한 이후 국가 사회의 구성원리로서의 자유주의는 개인 인격을 기초단위로 하고 이러한 개인 인격은 한편으로는 계약이라는 방식으로 경제생활을 영위하며, 한편으로는 투표라는 방식으로 정치적 공동체를 형성한다. 다수결이 마지막 보루가 되는 것은 결국 그 근거 사회가 투표하는 한 사람 한 사람의 개인 인격의 평등에 기인한다는 것이다. 만약 자유주의적 원리가 아니라면 어떤 문제도 다수결의 원리에 호소할 수는 없을 것이다.

그러나 문제의 다른 측면이 있는 것은 명백하다. 현학적이 아닌 사람도 기원전 4세기 후반의 아테네에 있어서의 민주정치의 경위와 시민정치를 기억할 수 있다.

"B.C. 4세기 후반의 헬라스는 중심이 없었으며, 각축을 계속하였고, 민주정치는 부패하고, 데마고그가 활개를 쳤다(Colin McEvedy, 1986; Alfred Zimmern, 1966: 420).

아테네人들에게는 Nomos의 객관성보다는 주관성이 중요하게 느껴졌고 - 즉, 노모스의 사적 전용(私的 轉用 - Privatization of Nomos)이 나타났다.

각자가 주관적 부분의 규범을 개별화하고 개인적으로 만들 필요성이 생겼다. 노모스의 사적 용도로의 전용을 위해서, 소피스트들이 필요해졌는데 시민이 그의 입장을 밝히는 것을 넘어서서 사실적인 사회관계와 실재하는 힘의 불균형을 레토릭(Rhetoric)을 통해 은폐하면서 개인적인 관계에서는 이득을 취할 수 있는 어법이 나타났다. 단순했던 인간관계와 사회관계에서 나타났고 기초가 되었던 상호주관(相互主觀 - intersubjectivity)의 달무리(Penumbra)가 사라지기 시작한 것이다(김철, 1994b: 104)."

6.1.5. 드워킨과 다수의 지배에 대한 반성

1995년에 유사한 문제를 법철학적으로 추구한 사람이 로날드 드워킨 (Ronald Dwokin)이다. 그는 자유주의 (liberalism)의 전통에 서서 이 문제를 추구하였다(Dworkin, 1995: 1 - 6).

Buckley v. Valeo(424 U.S. 1, 96 S.Ct. 612, 46 L.Ed. 2d 659, 76 - 1 USTC P9189, U.S. Dist.Col., Jan 30, 1976)

판결의 평석에서, 드워킨은 민주정치의 두 가지 측면을 지적한다. 즉, 한국인이 1990년대에 익히 경험한 다수지배의 원리이다. 아메리카의 민주주의는 다수지배의 원리로 세계인에게 알려져 왔다. 그러나 1995년에 드워킨은 텔레비전과 민주주의(Television and Democracy)에서 미국 민주주의가 쇠퇴하고 있고, 그 주된 이유는 정치적 캠페인에서의 텔레비전이 차지하는 압도적인 비중을 들고 있다. 그가 쇠퇴의 이유로 드는 것은 입후보자들이 텔레비전 캠페인 경비를 부담하기 위해서 엄청난 액수의 선거자금을 거두어야 하고, 그 결과로 '특수이해관계의 자금과 아메리카의 입법부의 행동과의 유독한 연합'을 들고 있다(Dworkin, 1995: 1-6). 그가 민주주의 쇠퇴의 또 다른 현상으로 드는 것은 평균적인 미국인들은 투표율이 점점 낮아지고 있다는 것이다.[166] 그가 지적하고 있는 것은 다수의 지배(Majoritarian rule)에 대한 반성과 성찰이다.

6.1.6. 다수지배에 대한 강력한 제어장치

그러나 앵글로-아메리칸의 전통에서-비록 우리가 동아시아인이고 그들의 법 전통에 대해서 최근에 겨우 종합적인 시점을 획득했다 할지라도-이미 다수의 지배에 대한 강력한 제어장치가 있어 왔다는 것을 이야기하지 않을 수 없다.[167] 이 문제는 주로 영미법을 전공한 법학자들에

---

166) 1992년 대통령 선거에서는 유효유권자의 절반 미만이 실제 투표하였고, 1994년 중간선거에서는 단지 38%가 투표하였다(Dworkin, 1995: 1-6).

167) 사법심사론에 대해서 특히 민주주의 원칙과 사법심사에 대해서 그리고 인민주권(Popular

의해서 부분적으로 개진되어 왔기 때문에, 문제와 그 대답에 대한 포괄적인 시점이나 또는 동아시아 전통을 가진 법학자에게 획기적인 시점을 줄 수 있는 정도로 한국에서는 충분히 논의되지 못했다. 법학의 부문화—즉, 흔히 하는 대로 헌법, 민법, 형법 하는 식의 강의상의 분류—때문에 기술적 개념에 열중하고 어떤 제도가 부문을 넘어서서 어느 법체계 전체에서 차지하는 위치라든지, 더 거시적으로는 어느 법 전통 전부를 관통해서 흐르는 여러 분야에 걸치는 큰 주제는 거의 무시한 채 지내 왔다. 첫 번째 예를 들 수 있는 것은 영미 전통의 사법심사제도(judicial review)의 가장 큰 의미이다. 동아시아인이 좋아하는 결론부터 이야기하면, 사법부에서 기존 법률의 합헌성을 심사하는 사법심사제도는 한마디로 대중정치가 가져오는 폐해로부터 민주주의 체제 자체를 보호하는 가장 중요한 장치이다(김철, 1994c: 54).

한국의 법 제도가 미국식의 사법심사제도를 현재 채택하고 있지 않다고 제도적으로 반론할 수 있다. 물론 그렇다. 그러나 한국도 제3공화국의 헌법에 의하면 일반 법관이 직접 위헌법률을 심사할 수 있는 사법심사제도를 채택하고 있었다. 이 문제는 자칫하면 현재 우리가 채택하고 있는 헌법재판소 제도와 미국식의 사법심사제도의 차이를 지적하는 흔히 잘 하는 비교법적 말투로 끝날 수 있다. 그러나 지금 우리가 주목하는 것은 꼭 미국식의 사법심사

202

제도/한국의 헌법재판소제도라는 대비보다는 과연 다수의 지배라는 민주정치의 한 측면에 대해서 시간과 장소를 달리해서 어떤 제어장치를 마련해 두었느냐의 관점이 중요할 수 있다.[168]

6.1.7. 고차법 전통과 사법제도

또한 한국 법학의 상투어를 넘어서서, 즉, 영미법 / 대륙법의 이분법이라는 1989년 동유럽 러시아 혁명 이전의 유사(類似) 냉전체제 언어를 넘어서서, 20세기를 특징지은 공통점은 고차법(高次法, higher law) 전통의 점점 커져가는 영향이다(김철, 1994c: 62).

그런데 법학자이든 사회과학자이든 또는 시민이든 너무나 당연해서 잊고 있는 중요한 문제가 있다. 학자들은 흔히 다소 현학적이고 또한 전문성을 과시해야지 시장에서 값을 많이 받기 때문에 지극히 상식적이고 그러나 잘 잊기 쉬운 것들은 으레 빠뜨리고 논의를 진행하기 쉽다. 만약 소크라테스가 살아서 현재 한국의 법 제도나 혹은 한국이 속해 있는 2차 대전 이후의 주된 법 제도를 관찰한다면 무엇이라고 이야기할 것인가? B. C. 399년, 고대 아테네의 시민정치에 의해서 즉, 다수의 지배에 의해서 처형당한 소크라테스는 아마도 다수의 지배에 대한 제어장치에 대해서 관심을 가질 것이고, 어렵게 말할 필요 없이

---

168) 한국의 헌법재판소 제도가 다수의 지배라는 한 바퀴에 대해서 이를 보충하거나 이를 제어하는 다른 바퀴로서 모든 국민에게 당연히 인식되고 있느냐 마느냐의 문제 때문에 이 제도의 원래 취지 자체가 넓게 보면 다수의 지배가 몰고 올 수 있는 파국을 막기 위한 것이라는 단순한 이유를 잊기 쉽다.

한국의 사법제도 자체가 그가 경험한 '다수의 지배의 폭거'를 제어할 수 있는 장치라고 고백할 수 있을 것이다. 그 이유는 무엇인가? 21세기 넓게는 서양 법 제도 안에 있는 사법제도는 어느 경우에도 국민이나 시민의 자유투표에 의해서 피의자에 대해서 유죄와 무죄를 결정하지 않는다. 이것을 위해서 즉, 한 사람의 소크라테스를 위해서라도 모든 사법제도와 절차가 그물망같이 안전망을 구성하고 있는 것이다. 따라서 자유주의－다수결의 지배는 현대의 사법제도에 의해서 일단 보완되고, 여과되도록 균형 잡혀 있다.

6.2. 자유(自由)라는 이름의 환상(Sunstein, 1995: 1－3)

6.2.1. 카스 선스타인의 명제와 증거

카스 선스타인의 명제: 자유주의자, 자유지상주의자들은 맹점을 가지고 있다.

증거1. 사람들은 경제학적 게임에서 합리적으로 행동하지 않는다. 자신의 이익과 게임과 관계된 상대방에게 '가장 이익이 되도록' 행동할 것 같고, 경제원칙에 따라 행동할 것 같으나, 실제로는 그렇지 않다. 경제학적 예측의 실패.

증거2. 사회심리학자 씨알디니의 실험결과(Cialdini, Cacioppo, Bassett, & Miller, 1978: 463).

사람들의 행동에는 그 개인뿐 아니라 다른 사람의 규범적 행동이 영향을 미친다. 사람들의 성향 또는 취향 또는 단순히 좋아함(preference)은 합리주의자들, 경제학적 사회과학자들 또는 행동과학자들이 전제로 하고 있는 바와 같이 고정되어 있지 않다. 실험심리학은 사람들의 확정된 취향에 대한 고정관념을 깨왔다.

증거3. "과연 사람들이 흔히 우리가 들은 듯이 그의 선택에 의하여, 그가 원하는 대로, 그의 이익대로, 합리적으로 자유롭게 행동하는 것일까?" 이 물음에 대해서, "비교적 그렇다."라고 대답하고, "그렇기 때문에 사람들이 필요로 하는 것이 자유일 뿐이다."라고 대답하는 것이 자유주의의 전제이다.

세기말 상황(1990년대 후반 - 2000년대 전반)에서는 그렇지 않다는 대답이 강하다. 그 증거는 청소년 흡연에 대한 보고서에도 나타나 있다(Sunstein, 1995: 2).

6.2.2. "개인은 자유롭게 합리적인 선택을 한다."라는 자유론자의 논의에 대해서,

"이 시절의 자유론자의 지배적인 논의방식은 합리성, 선택 그리고 자유라는 3가지 키워드에 집중되어 있다. 자유라는 중심 주제는 정치적 선택(투표), 시장에서의 유통(구매) 그리고 마지막에는 대학에서의 합리성(선택)의 문제로 요약된다. 이들 자유의 주제는 극히 단순한 방식으로 요약, 적용되는데 단순 논리가 현실에 적용된 대표적 예이다.

1) '정부는 국민의 취향과 선택을 존중해야 한다.'라는 기본명제는 칸트류의 당위명제이다. 당위명제는 목

표가치를 천명하는 것이다. 그런데 종종 자주 당위명
제를 되풀이하면 흡사 언어의 환각적 효력에 의해서
실지로 그 당위명제가 현실화되는 것처럼 느껴질 때
가 있다. 많은 신생국가가 정치적 표어를 당위명제로
내걸고 실지 관행은 문제 삼지 않는 경우가 많다.

2) '시장은 구매자의 취향과 선택을 존중해야 한다.'라는
기본명제는 역시 당위명제이다. 이 당위명제가 현실
로 나타나기 위해서는 실지로 시민의 시장에서의 자
유가 존중될 수 있는 조건을 미리 성취해야 한다.

3) '대학은 소비자인 학생의 취향과 선택을 존중해야
한다.'라는 기본명제 역시 목표 가치인 당위명제이
다. 그런데 당위명제의 반복이 학생의 대학에서의
자유를 실지로 존중하는 것은 아니다.

자유론자 또는 자유주의자의 이러한 언어사용 방식은
맹점을 가지고 있다."(김철, 2000b: 36)

6.2.3. 자유주의적 선택의 전제가 되는 취향과 좋아함은 상수인가

흔히 개인주의적 자유주의자의 마지막 보루가 되는 '자
유로운 선택'의 보다 세밀한 구조를 관찰한다. 자유주의적
선택의 기초 부분이 되는 취향(preference)과 선택(choice)은
모든 종류의 사회 조사나 시장 조사에서 기초사항으로 불
변의 상수로서 취급되어 왔다. 그러나 일련의 사회심리학
자들의 실험으로는 어떤 개인의 좋아함이나 취향도 이미
주어진 것이 아니다. 만들어 갈 수 있고 이미 만들어 왔다.

개인의 구체적인 행동에 관계되는 자유에는 구체적인
상황의 규범과 역할이 현실적으로 관계하고 있다는 것이
사회심리학자의 보고이다(Sunstein, 1995: 2).

참고문헌

헌법재판소 판결 1993.7.29. 92헌바20 전원재판부.

김선경, 「러시아 마피아 연구 研究 – 러시아 마피아의 형성과 전개과정을 중심으로」, 고려대학교 국제대학원 러시아·동유럽전공 석사학위논문(서울: 고려대학교, 1998년 6월).

김정오 역, 「코드: 사이버 공간의 법 이론」(서울: 나남 신서, 2002년 1월).

김철, 2006, 「국제인권규약의 구조와 전통적인 한국의 기본권 구조 – 사람의 권리의 온전성을 위한 법철학적 시도」, 한국인문사회과학회 주최 2006년 전기 학술대회 '사람의 권리를 넘어서' 주제 발표 논문(서울: 한국인문사회과학회, 1996).

김철, 2002a 「개혁의 법사회학적, 법경제학적 조망—교육개혁을 중심으로, 그러나 주도적인 개혁을 우선하여—」, 사회이론학회(엮음), 『사회이론』 21호 봄 / 여름호(2002년 8월).

김철, 2002b 「포즈너의 공법학방법론」 중 Ⅲ, 법학방법론으로서의 경제 분석과 한국에 있어서의 의미, 한국공법학회(엮음), 『공법연구』 30집 제4호(2002년 6월).

김철, 2002c 서평, 「코드: 사이버 공간의 법 이론」, 한국헌법학회(엮음), 『헌법 연구』(2002년 4월).

김철, 2001 「법철학에서 본 한국 고대 문화의 원형(Archetype)」, 김철(엮음), 『법철학 강의』, 비공개교재(서울: 숙명여대, 2001년).

김철, 2000a 「러시아와 체코의 행정절차법의 역사적 발전」, 한국공법학회(엮음), 『공법학 연구』(2000년 6월).

김철, 2000b 「현대 한국의 문화에 대한 법철학적 접근」, 한국인문사회과학회(엮음), 『현상과 인식』 24권 1/2호 통권 80호, 봄/여름호(2000년 6월).

김철, 2000c 「러시아의 입헌주의」, 한국헌법학회(엮음), 『헌법학 연구』(2000년 5월).

김철, 1994a 「비교제도론」, 간행위원회(엮음), 『차용석 교수 회갑기념 논문집』(서울: 법문사, 1994년 10월).

김철, 1994b「대학교수 원론」, 김철(엮음),『현대의 법 이론 - 시민과 정부의 법』(서울: Myco International Ltd., 1994) 원문은 한국사회이론학회(엮음) 연례세미나발표문『대학』(1991.9.28).

김철, 1994c「표현조항과 이원론의 극복」, 김철(엮음),『현대의 법 이론 - 시민과 정부의 법』(서울: Myco International Ltd., 1994).

김철, 1992「아메리카와 러시아 법 제도의 비교연구」, 김유남(엮음),『미·소 비교론』(서울: 어문각 1992년 7월).

박영신, 2002「우리나라 권위구조의 정신분석학, 정신분석학과 우리 사회」, 한국사회이론학회(엮음),『사회이론』20호, 2001년 가을/겨울호(2002년 2월).

박영신, 2000a『실천 도덕으로서의 정치 바츨라프 하벨의 역사 참여』(서울: 연세대학교 출판부, 2000년 3월).

박영신, 2000b「사회운동 '이후'의 사회운동: '4. 19'의 구성」, 한국인문사회과학회(엮음),『현상과 인식』24권 4호(2000 12월).

안경환, 2006『조영래 평전 - 세상을 바꾼 아름다운 열정』(서울: (주)도서출판 강, 2006년 1월).

로렌스 프리드먼 2006,『미국법사』(안경환 옮김)(서울: 청림출판, 2006년 근간).

Buckley v. Valeo(424 U.S. 1, 96 S.Ct. 612, 46 L.Ed. 2d 659, 76 - 1 USTC P 9189, U.S. Dist.Col., Jan 30, 1976).

Alfred Zimmern, *The Greek Commonwealth, Politics & Economics in fifth Century Athens*(New York: Oxford University Press, 1961).

Cass R. Sunstein, "Norms and Roles", A written Version of the Coase Lecture, University of Chicago, 1995, *The program for the Study of Law, Philosophy & Social Theory Fall 1995*(New York: New York University School of Law, 1995).

R. Cialdini, J. Cacioppo, R. Bassett, & J. Miller, "Low - Ball Procedure for Producing Compliance: Commitment Then Cost", *36 J Personality and Social Psychology 463*(1978), Recited from *Supra*.

Colin McEvedy, *The Penguin Atlas of Ancient History*(New York: Penguin

Books, 1986).

David G. Smith, "Classical liberalism", David L. Sills(엮음) *International Encyclopedia of the Social Sciences Volume 9*(New York: The Macmillan Company, 1980).

Lawrence Freedman, *History of American law*(New York: Simon & Schuster, 2005).

Lawrence Lessig, *Code and Other Laws of Cyberspace*(New York: I C M, Inc, 1999).

Ronald Dworkin, "Television and Democracy", *The Program for the Study of Law, Philosophy & Social Theory*(New York: New York University School of Law, 1995).

1980년대 이후 세계법학의 가장 큰 도전이었던 경제학적 법학방법론의 형성과 의미, 그 한계는 어떠한가

1980년대 이후 세계법학의 가장 큰 도전이었던 경제학적 법학방법론의 형성과 의미, 그 한계는 어떠한가

- 포즈너를 중심으로

1. 들어가는 말

1.1. 이 글의 소개

세계의 법학은 개념법학에서 출발해서 시대상의 급변에 따라 "살아 있는 법"을 추구하게 되었다. 심리학적 법학, 사회학적 법학을 거쳐 드디어 세계 대공황이 일어났던 1929년의 "개념으로부터 역할과 기능으로" 중점을 옮기게 되었다. 세계 대공황 전기의 법사상을 대표하는 윌리엄 오 더글러스는 그때까지의 법학방법의 부적절성을 지적하였다.

"중요한 것은 문제가 되는 가장 기본적인 요인들이다. 연구나 분석은 여기에 맞추어야 한다. 현재 작용하고 있는 경제적, 사회적 힘 자체가 조사되어야 한다. 기업의 형태라든지 조직에 따른 개념의 차이라는 것은 기업의 실제 활동에 비하면 도구적인 것이고 기업이 실제로 어떤 기능을 하는가가 더 중요한 것이다. 따라서 종전에 중요시되어 왔던 형식, 형태로부터 경험적 사실로, 또는 중세에 있어서와 같은 움직이지 않고 안정적인 사회에서 타당했던 신학으로부터 사회 안에서의 인간행동 또는 경제 활동을 서술할 수 있는 공리나 명제로 옮아가야 한다."

이와 같이 세계의 법학은 1929년 위기의 시대에 드디어 새로운 법학의 방법론 즉, 경제학적 법학을 발견하게 되었다.

1980년대 이후 세계 법학의 가장 큰 도전은 경제학적 방법론의 끊임없는 그리고 침투적인 영향의 확대이다. 1983년 포즈너의 『정의의 경제학』이 출판되었을 때 동아시아와 유럽에서는 이것이 앞으로 수십 년에 걸쳐서 점점 커져 가는 어떤 새로운 힘이라고는 예측하지 못했다. 1995년 『법의 극복』이 출간될 때까지 '경제와 법' 또는 '법의 경제분석'이라는 새로운 조류는 아메리카 동부연안과 서부연안을 석권하였고 유럽에 영향을 미쳤다. 2000년에 이를 때까지 전통적 규범주의자들의 비판에도 불구하고 포즈너의 방식은 종전의 법학의 영역에 경제학을 겹쳐 씌워 공통의 영역을 만드는 데 성공했다. 한국에 있어서 포즈너의 소개가 힘든 것은 동아시아인의 단일 전공의 전통 때문이다. 즉 포즈너는 판사를 본업으로 하면서 여러 분야에 걸쳐 실험적이고 과학적인 태도로 일관했기 때문에 동아시아 또는 유럽전통법학의 단조로움과는 거리가 있다. 한국에 있어서 '법과 경제'라는 영역은 경제학자에 의해서 '법경제학'이라는 이름으로 소개되기 시작했다. 그러나 법학에서는 이른바 대륙법 전통 때문에 인습적인 법학으로는 소화하기 힘들었다. 이 글은 포즈너의 규제법 관련 영역을 중심으로 살펴본 것이다.

1.2. 이 글의 동기와 구조

이 글을 쓰게 된 동기는 1970년대부터 2002년 현재까지 활약한 아메리카의 가장 대표적인 '법의 경제 분석'의 법학자이며 현직 판사인 리처드 포즈너(Richard A. Posner)의 법학방법론을 예로 들어서, 1980년대 이후 지금까지의 '법의 경제 분석'의 장단점과 한국에 있어서의 문제를 반성적으로 성찰하려는 데 있다.

포즈너는 다루기 쉬운 주제도 아니고 또한 우상도 아니다. 그는 우연히도 세계경제의 신자유주의 시대에 나타나서 활약한 법학자이면서 탁월한 경제적 지식의 활용자였다. 이제 1978년 이후 약 30년의 탈규제 시대, 1980년 이후 약 28년 이상의 레이가노믹스 시대를 지난, 세계 경제위기의 모멘텀에서 볼 때, 포즈너의 평가는 엇갈릴 수 있다. 우선 그는 경제학의 목표를 부의 극대화(Maximization of wealth)로 표현한 점에서 찬반이 엇갈릴 수 있다. 2009년 현재 세계 경제위기의 절벽에서 급박한 문제해결의 전도사로 불리는 케인즈주의의 새로운 경제학자와는 거리가 있을 수 있다. 그러나 후술하다시피 그의 공적은 경제학파에 있어서의 유파보다도 법학자로서 그때까지 미답이었던 여러 영역을 경제학을 통해서 개척한 데 있다.

법의 분과(divisions of law)를 차례로 뛰어넘었고 그의 방법론은 정리가 불가능할 정도로 다양해서 한국과 같은 단일 전공(single-major), 단일한 방법론에 익숙한 학계에서는, 오해를 불러일으킬 만하다. 포즈너의 영역은 경제행정법, 경제규제법, 공정거래법과 같은 경제공법에서부터 '법과 문학', '법과 인류학적 방법', '법과 경제학' 같은 기초법의 영역을 거쳐서 헌법방법론에 이른다. 따라서 한국의 예로 든다면 경제행정법과 헌법방법론을 가장 큰 영역으로 보아 일단 공법학자이며, 그 밖의 영역은 법학 기초론 혹은 법철학으로 생각된다. 그의 영역은 규제법, 헌법, 법철학 또는 법경제학으로 구분할 수 있으나 방법론의 문제에서는 법철학, 법사회학, 법경제학의 요소가 같이 나타난다.

그러나 이 모든 것들을 지식으로서 받아들인다 하더라도, 한국인이나 또는 경제위기에 처한 세계의 다른 지역의 사람들에게 가장 큰 문제는 과연 1929년 윌리엄 더글러스가 세계 대공황을 극복하기 위해 절박한 시대에서 내어놓은 새로운 법학 방법론이었던 사회학적, 경제학적 법학이 1980년대에서 2000년대에 이르기까지 포즈너를 대표로 하는 경제학적 법학과 무엇이 공통이며, 무엇이 다른가? 또한 법학 방법론으로서의 경제분석이 한국의 지난날에서 어떤 의미를 가지는가의 문제이다.

2. 법학방법론의 단계와 포즈너 방법론의 역사적 기원

2.1. 개념법학

개념법학(槪念法學)은 유용함이 있다. 즉 짧은 시간에 요약된 내용을 전달하기에는 강단법학에서 경제적이다. 또한 정치·경제·사회가 불안정하거나 권위주의적 색채가 많은 경우에 상황에 좌우되지 않는 법 원칙을 중립적으로 전달할 수가 있다. 정치 경제체제와 무관하게 법학을 발전시킬 수 있다. 대략 이런 이유로 한국에서도 강단법학과 교과서 법학, 수험법학에 있어서는 개념법학의 유효성이 발휘되어 왔다.

그러나 개념법학은 쉽사리 법 해석학과 결합하고 다음과 같은 단점이 있다. 법규의 형식 논리적 해석에 열중하여 개념 지상주의에 빠진다. 국가 제정법의 완전 무결성을 전제로 하는 권위주의적인 법 해석의 태도를 함양한다.

다른 태도는 사회 현실 속에서 살아서 작용하는 법의 실상을 파악하려는 태도이다.

19세기 당시 도이칠란트를 풍미하던 판덱텐 법학, 개념법학으로부터 해방을 기도한 법학자들이 있었다. 키르히만(Julius Hermann von Kirchmann, 1802 – 1884)은 법학의 「과학으로서의 무가치성에 관하여」를 통하여, 헤르만 칸토로비츠(Hermann Kantorowicz, 1877 – 1940)는 법 개념 자체의 유용성에 대해서 의문을 제기했다. 즉 그는 어떠한 사건에 적용될 법 개념도 윤곽이 애매한 개념이며 개념적 핵심을 갖춘 개념이 발생하는 것을 우연한 일이라고 했다. 결

국 법률은 어떤 방식으로든지 그 결함을 보충해 나가지 않으면 안 된다고 했다.[169]

2.2. '살아 있는 법'의 발견과 법사회학

오이겐 에를리히(Eugen Ehrlich. 1862 − 1922)는 인간 사회질서를 현실적으로 유지하고 있는 '살아 있는 법'의 발견이 필요하다고 주창하였다. 이것은 자유법 운동의 선구가 되었다. 그는 사회관계 속에서 현실로 살아서 작용하는 법의 실상을 파악함으로써 사회와의 밀접한 관련을 파헤치려고 꾀했다.[170] 마침내 '법과 사회'에 대한 가장 대규모의 학자로서 막스 웨버(Max Weber, 1864 − 1920)가 세기의 전환기에 나타났다.

키르히만은 1848년의 혁명 때 절대주의 세력에 대한 반대와 혁명에 대한 동정적 태도 때문에 직업적으로 불운해졌다.[171] 칸트로비츠는 1933년 나치정부가 들어서자 비국가적 태도 − 영국과 미국에 대한 우호적 태도 때문에 교수직에서 추방되고 뉴욕을 거쳐서 케임브리지 대학에서 망명인으로서 생애를 마쳤다. 에를리히는 일찍부터 사회경제학자와 사귀면서 사회문제의 시야를 갖게 되었으나 작은 지방 대학에서 강의와 연구에 종사하였기 때문에 도이칠란트어권에서는 별 주목을 받지 못했다. 오히려 신대륙에서 인정받아서 아메리카의 대학에서 꽃이 필 뻔했으나 1차 대전의 희생물이

---

169) 목적법학에 대해서 H. Kantorowicz, Der Kampf um die Rechtrwissenschaft, 1906, S.91. 참고 김여수, 『법률사상사』(131쪽).

170) 장경학, 『법학통론』(법문사, 1984, 153쪽). 김여수, 『법률사상사』(박영사, 1976, 141쪽).

171) 최종고, 『법사상사』(박영사, 1983, 225쪽).

되었다. 막스 웨버는 법학자로 출발하였으나 점차로 그의 넓은 시야에 의해서 사회학으로 진출하고 그의 법사회학은 한국에서는 법학 자체에서보다도 사회학자의 주목을 받았다.

신대륙인 아메리카에 있어서 자유법 운동과 개념법학에서의 해방이 알찬 결실을 맺게 되었다. 즉 유럽 대륙에서 큰 성과를 얻지 못한 법사회학은 신대륙에서는 오히려 사회학 쪽보다는 본격적인 법학의 방법으로 성숙하게 되었다.

2.3. 호움즈의 심리학적 법학

올리버 웬델 호움즈(Oliver Wendel Holmes, 1841 – 1935)는 그의 방식이 독창적이고 급진적이라 할 만큼 평가되어서 최초의 저술(보통법 The Common Law)은 도서관에 소장되기를 거부당했다고 한다. 법 이론의 경직성에 대한 가장 날카로운 비판, 사법과정의 심리학적 고찰 같은 것들이 전통주의자의 비위를 건드렸다고 한다.[172]

2.4. 파운드의 사회학적 법학

로스코 파운드(Roscoe Pound, 1870 –)는 주목할 만한 법학 교육자인데 그의 풍부한 과학적·인문학적 교양을 배경으로 광범하며 동시에 정밀하고 맵시 있는 법학이 나타나게 되었다.[173] 파운드는 1905년과 1907년 두 번에 걸쳐서 미국 변호사회에서 사회학적 법

---

172) 최종고, 『법사상사』(박영사, 1983, 340쪽).
173) 김여수, 『법률사상사』(박영사, 1976, 156쪽).

학(Sociological Jurisprudence)의 필요성을 강조하였다. 따지고 보면 파운드의 사회학적 법학은 그 연원을 따진다면 유럽에 있어서의 목적법학(칸트로비츠) 자유법(오이겐 에를리히) 운동의 줄기와 일치한다고 할 것이다. 파운드는 사회학적 법학의 단계를 구별했다.

2.4.1. 기계적 세계관의 법학

첫째 단계는 기계적 세계관(Mechanische Weltanschauung)이 나타나는 단계이다.

초기 산업혁명 시대의 테크놀로지와 사회조직의 영향인 기계적 세계관은 입헌군주제나 제한적 입헌주의의 시대에 관료제의 합리화와 경영조직의 효율성에 이바지하였다.[174] 우리나라에 있어서, 법체계의 전반적 작동을 기계적 세계관에 의하는 입헌군주주의의 이러한 첫째 단계의 법학방식이 아직도 정확하다는 느낌과 체계적이라는 느낌을 주고 있다.

2.4.2. 생물학적 유추의 세계관과 법학

둘째 단계는 기계적 세계관에서 한 걸음 더 나아간 단계이다. 생태학(ecology)의 사고방식을, 더 구체적으로는 생물학적 용어를 법사회학에 적용하는 것이다. 생태학과

---

174) 근대의 과학주의가 근대의 법률해석학과 만났다고 할 수 있다. 근대의 법률해석학은 산업혁명 이후의 기계적 세계관에 기초해 있다. 전통사회에서 벗어나는 데 있어서 어느 정도 도움이 되었다. 중앙집권적인 군주제는 근대 초기 국가의 개념정립에 큰 영향을 미쳤는데 사회 전체를 기계처럼 조직된 체계로 만들어 보겠다는 생각을 군주와 관방학자들이 하게 되었다. 김철, 『법 제도의 보편성과 특수성』(Myko Int'l, 1993).

생물학적 類推(analogy, Analogie)가 나타난다. 발생학적 사고가 나타난다.

셋째 단계는 심리학을 적용하는 단계인데 법학자, 법관 그리고 입법가의 태도와 태도 변화에 관한 문제이다. 하버드 법과대학의 사실상 대부였던 파운드는 이와 같이 법학방법론에 있어서 당시 발달되고 있었던 최신의 과학적 방법을 서슴없이 사용하였다.

2.4.3. 카도조의 사회학적 법학

그 뒤 벤자민 카도조(Benjamin N. Cardozo, 1870 – 1948)도 같은 줄기에서 현행의 법과 살아 있는 법의 간격을 메워야 된다고 생각했다. 그에게 있어서 이런 노력은 그 이전의 전통적 방법을 보충하는 것이었다. 그 보충의 수단을 '사회학적 방법'이라고 하였다.[175] 왜 사회학적이라고 이름을 붙였을까? 당시 아메리카 사회의 사회학은 새로운 모든 과학적 지식이 방법론으로 동원되는 비권위주의적 영역이었기 때문이다.

2.5. 법이 실제로 사회에서 어떻게 운영되는가

호움즈와 파운드에게 나타난 방법론적 특징은 이윽고 1920년대에 다음과 같은 생각을 아메리카 법학계에서 일어나게 했다. 급격

---

175) 김여수, 『법률사상사』(박영사, 1976, 164 – 165쪽).

히 변동하는 사회적 맥락 속에서 어떤 법학자들은 다음과 같이 생각했다. 법학자들은 사회 현실과 관련해서 법이 어떻게 운용되는가에 관해서 조사하여야 되는 소명을 가지고 있다고 선언하고, 그때까지의 법학계와 법사고는 이러한 기준에 의해서 비판되었다. 개념적이며 원칙적이며 법률 해석학에 국한되었다고 비판하고 법이 실제로 사회 안에서 어떻게 운영되며 사람들의 행태에 어떻게 영향을 미치는가를 무시한다고 하였다.176)

제롬 프랑크(Jerome Frank), 언더힐 무어(Underhill Moore), 칼 르웰린(Karl Llewellyn)과 무엇보다도 윌리엄 더글러스(William Douglas)가 참가한 다극(多極)적인 지식인의 운동이었다. 공통점은 법이 실재로 사회에서 운영되는 대로 연구한다는 것이 목적이었으며 그 목적 아래에서 무엇을 해야 되는가에 대해서 넓은 시야를 가지게 되었다. 예를 들면 규제나 통제의 연구에는 학습이론(學習理論)을 동원하였다. 인디언의 사회적 통제를 연구하기 위해서 전설과 신화를 채집하여서 법적으로 분석하였다. 근대주의를 떠나서 사람들의 행동을 통제하거나 예측하기 위해서 무의식적 심리학적 원형을 채집하기 위해서 원시법(原始法)을 분석하였다.177)

2.6. 대공황 전기의 법학

무엇이 이들로 하여금 관례적이며 인습적인 법학방법론을 초과

---

176) Edmund W. Kitch, Editor, The Fire of Truth: A Remembrance of Law and Economics at Chicago, 1932－1970, *Journal of Law and Economics*, vol. ⅩⅩⅥ(April 1983), p.164.

177) 같은 사람, 같은 논문, 165－166쪽.

하여 다른 학문의 방법을 적용하기 시작하게 하였는가? 딜레땅뜨 취미나 현학적(衒學的)인 동기였던가? 때는 세계적으로 대공황(恐慌) 전기(前期)였고 세계 정치 경제 사정은 전체주의 세력이 신흥 세력으로 부상하고 있었다. 1930년대까지 그들의 각성은 이전의 존경하던 선배들이 행한 법학 연구방법이 이제는 부적절해졌다고 느낀 것이다. 당시 경제 사회의 강한 필요성에 따라서 법학도로 하여금 그때까지 취급하지 않았던 사회적 사실을 다루는 분야에 접하도록 했다. 아무도 사회적 사실에 대한 어떤 과학이 법학의 내용에 도움이 되는지 미리 알 수도 증명할 수도 없었다. 그러나 현실의 강한 필요성이 그들로 하여금 '무엇이든 도움이 된다면' 해 볼 만한 용기를 주었다. 이것이 이들로 하여금 법에 대한 사회과 학적 분석, 즉 가장 넓은 의미에 있어서의 경제분석이 발달한 초 기 사정이다.

2.6.1. 개념으로부터 역할과 기능으로

1929년에 윌리엄 오우 더글러스는[178] 그때까지의 법학 방법론의 부적절성에 대해서 논의하였다.[179] 우선 그때까 지의 법학방법론을 더글러스는 신학이라고 불렀다. 그 이 유는 아리스토텔레스의 철학적 방식에 의해서, 즉 스콜라 철학이라고 불리는 방식은 대상을 우선 분류하고 유형(類型)을 만들며 따라서 범주(範疇)를 만드는 것에 노력이 주

---

178) 윌리엄 더글러스 판사에 대해서는, 안경환, 『미국법의 이론적 조명 – 윌리엄 더글러스 판사의 법사상』(고시계, 1986, p.18).

179) William O. Douglas, "A Functional Approach to the Low of Business Associations", 23 Illinois Law Review 673(1929).

어졌다. 범주화(範疇化)의 결과는 개념(槪念)이다.[180] 예를 들어 어떤 공식조직을 대상으로 할 때 그 조직이 어떤 일을 하는지 어떤 기능을 하는지 묻기 전에 우선 형태에 따라 분류한다. 그래서 몇 개의 개념을 만들고 그 개념으로부터 연구를 시작하는 것이다. 더글러스 판사가 강조하는 것은 이와 같은 예에서 법학자가 조직에 대해서 먼저 주목해야 하는 것은 형태론이나 개념의 차이보다도 실제로 무엇을 하느냐의 문제이다. 즉 개념에서부터 역할(役割) 또는 기능(機能)으로 강조점을 옮겨야 실제로 사회에서 법이 어떻게 움직이느냐를 파악할 수 있다는 것이다.

2.6.2. 작용하고 있는 경제적 사회적 힘의 조사

"중요한 것은 문제가 되는 가장 기본적인 요인들이다. 연구나 분석은 여기에 맞추어져야 한다. 현재 작용하고 있는 경제적, 사회적 힘 자체가 조사되어야 된다. 기업의 형태라든지 조직에 따른 개념의 차이라는 것은 기업의 실제 활동에 비하면 도구적인 것이고 기업이 실제로 어떤 기능을 하는가가 더 중요한 것이다. 따라서 종전에 중요시되어 왔던 형식, 형태로부터 경험적 사실로 또는 중세

---

180) 한국에 있어서 법학 교육의 출발도 또한 이와 같은 방식이라고 하지 않을 수 없다. 법논리의 기초훈련으로서는 우선 개념화를 하지 않을 수 없다. 그러나 오로지 이 한 방향으로 체계를 잡는 경우 그리고 법률해석학과 결합하는 경우, 법학자의 인식을 고정시키는 경우가 있다. 이와 같은 성질을 법률해석학의 유사 신학적(類似 神學的) 성격이라고 한다. 법학의 초학자는 법률해석학을 항상 객관적인 원칙과 질서를 가진 것으로 생각한다. 이러한 정돈된 법률해석학의 세계는 인류가 가질 수 있었던 세계관 중에서 외계와 자연의 질서를 고정된 것으로 보는 그러한 세계관에 뿌리를 두고 있다. 김철, 『법 제도의 보편성과 특수성』(Myko Int'l Ltd. 1983, p.111).

에 있어서와 같은 움직이지 않고 안정적인 사회에서 타당했던 신학으로부터 사회 안에서의 인간행동 또는 경제활동을 서술할 수 있는 공리나 명제로 옮아가야 한다.”181)

개념법학 또는 해석학적 태도에서 옮아가게 되는 것은 법과 법학도에게 사회가 요구하는 것의 성질이 변천되어 간 데 대해서 반응한 것이라고 보인다. 법에 대한 사회과학적 분석의 초기 발달은 어쩔 수 없는 요구에 대한 반응이었다. 1930년대 이후 아메리카 연방정부가 좀 더 능동적으로 경제관리에 개입되면서 현대의 법학도는 경제관리가 실지로 어떻게 행해지고 있는가에 대해서 더 많은 것을 알 필요가 있었다. 이와 같은 요구 때문에 1930년대의 아메리카 법과대학에서는 종전의 전통적이지 않은 과목들이 나타났다. 선례에 의한 결정이 충분하지 않은 일들이 점점 나타났기 때문이다. 그래서 통상 이전의 널리 받아들여진 교과목보다 가외의 더 폭넓은 훈련을 요구하게 되었는데 이것은 법학도가 다른 학문 분야로 침투한다는 뜻이 아니라 또한 다른 학문 분야를 겸해야 한다는 뜻이 아니라 최소한 법학자와 법조인이 다른 분야에서 훈련받은 전문가들을 어떻게 대할 것인가를 알아야 된다는 뜻이었다. 1930년대 이후 경영경제학, 심리학, 경제학과 같은 전문가들의 영향이 산업화된 사회에서 점점 뚜렷하게 되었다. 법이 판단해야 할 사례 중에서 이들 전문가들이 담당해야 될 영역들이 특수화되고 특정되면서 법판단의 주체로서의 법학도나 법조인은 이들 전문가들의 영역에 대해

---

181) Edmund W. Kitch, Editor, 위에 인용한 논문, p.166.

서 충분한 지식이 없이는 법률 판단에 앞선 사실 판단에서 고배를 마시지 않을 수 없었다.

법학방법론에 있어서의 이러한 변화는 경제제도론자들과의 협력에 의해서 가속되었다.

2.6.3. 사회학적 법학에서 경제학적 법학으로

로스코 파운드가 일찍이 사회학적 법학의 단계를 3단계까지 구분했으나 이제 시대의 변화에 따라서 그가 지적하지 못한 4번째 단계, 즉 경제학적 방법론으로 나아가게 되었다.

2.7. 제도주의와 제도경제학

경제학의 역사에 있어서 아메리카의 제도경제학은 도이칠란트의 역사학파의 반역의 분기로 이해된다. 아메리카 제도경제학은 돌스타인 베블랜 이후에 당시의 신고전학파 가격 이론에 대한 반대되는 입장에 있었다. 그러나 법 제도에 대한 경제학자들의 관심은 1930년대 대학에서 연구와 교수를 통해서 협동관계로 진행되었다. 19세기에서 20세기로의 진행 전후에 국가에 의한 간섭주의가 시작되었다고 보고 1930년대 정점에 이르렀다고 본다. 밀턴 프리드먼은 아메리카에 있어서의 제도주의(Institutionalism, 制度主義)의 밀물은 1920년대에 시작되었다고 본다. 제도경제학의 주된 인물들은 그 당시 주로 정부에 관여를 신봉한 사람이었다고 보인다. 동시에 그들은 가격 이론과 신고전파 이론에 배척되는 입장에 있었다.

2.7.1. 제도경제학과 병행한 법 현실주의

법학 쪽에서 볼 때, 칼 르웰린이나 윌리엄 오우 더글러스 같은 사람들의 법 현실주의에도 제도경제학과 공통되는 것이 있었다고 한다. 보크[182]가 생각하기로는 제도경제학과 병행한 법 현실주의[183]는 무거운 정치적 내용을 가지고 있었다고 하고 대부분 우파 쪽은 아니었다고 한다. 그들의 목적은 사람들을 체제로부터 자유롭게 하는 것이었다고 한다.[184] 따라서 점차로 법 현실주의자들은 그들이 하고 있던 경험적 작업을 중지하고 더글러스와 에이브 포터스는 뉴딜 초기 워싱턴으로 갔다.

2.7.2. 법 현실주의와 법의 경제분석의 결합

더글러스가 대법원에 임명된 전후 대기업의 부정과 자본의 횡포에 대한 가차 없는 징벌관으로 이미 세상에 널

---

182) Robert H. Bork Alexander Bickel Professor of Public Law of Yale; Judge, United State Court of Columbia Cirtuit 보크의 언급에 대해서는 Edmund W. Kitch, Editor, 위에 인용한 논문, p.175.

183) 법 현실주의 운동에 대해서는 본 연구 p.6에서 기술하였다.

184) 밀턴 프리드먼이 보기로는 그와 같은 제도주의자와 법 현실주의자의 사회를 재구성하려고 하는 특별한 견지를 법학과 경제학이 연결된 동기라고 보지 않는다. 시카고 대학에 있어서의 법과 경제의 자연스러운 발전은 경제학과 쪽에서 별로 반기지 않는 어떤 경제학자가 법과대학에서는 환영되고 칭찬받았던 한 가지 사례에서부터 시작되었다고 본다. 헨리 시몬즈의 예인데 그의 경향은 로날드 코어스와 같은 시장주의자에게는 몹시 관여주의적으로 보였다고 한다. 그러나 뎀세츠에 의하면 사이먼은 폭이 넓은 간섭에 대해서는 반대였고 1934년의 책의 서문에서 그는 광범한 관여주의를 방지하길 원하고 관여주의적 경향이 있는 당시의 사회에서 실제 시장경제 사회와 좀 더 가깝게 가야 한다고 주장하였다. 그의 언급에 대해서는 1981년 로스앤젤레스에서 UCLA경제학과와 Emory 대학의 법과경제센터 공동주최로 열린 법학자와 경제학자들의 토론회 결과를 정리한 문헌 참조. 이 토론이 정리된 것이 Edmund W. Kitch가 편집한 「진리의 불꽃; 시카고에 있어서의 1932 - 1970까지의 법과 경제운동의 회상」이다. 위 각주 인용 참조.

리 알려진 배경185)에는 그의 방법론이 그가 이미 1929년에 쓴 글에서 보인 바와 같이 법 현실주의와 법의 경제분석이 결합된 데 있다고 할 것이다.

2.8. 1930년의 더글러스와 1980년대와 1990년대의 포즈너

리차드 포즈너의 법의 방법론도 이와 같이, 넓게는 사회학적 법학의 맥락에 연원을 두고 있다고 할 수 있다. 1930년대가 더글러스 판사의 시대였다면 1970년대 이후에 포즈너가 보여준 영역의 확장과 방법론적 발전은 2002년까지 계속된 경탄할 만한 업적으로 나타난다.186) 포즈너에게 있어서의 또 다른 특징은 다음과 같다. 1900년도 초기의 로스코 파운드가 사회학적 법학의 3단계까지를 지적하였고 1930년대 더글러스를 비롯한 법 현실자주의자들이 4번째 단계인 경제분석단계를 시도하여 1970년대의 포즈너가 이를 더욱 적용시켰다. 1980년대의 이후의 포즈너는 4단계까지 진행된 사회학적 법학의 기초를 탐구한다. 이를 5번째 단계라고 할 만하고 '법을 넘어서'(Overcoming Law)의 단계이다. 이를 위해서 그는 시민사회의 출발에까지 소급한다.

아담 스미스(Adam Smith)가 그러했던 것처럼 학문적 구분(Compartmentalization)을 뛰어넘는다. 아담 스미스가 도덕철학(Moral Philo-

---

185) 여기에 대해서는, 안경환, 『미국법의 이론적 조명 – 윌리엄 더글러스 판사의 법사상』(고시계, 1986. p.18).

186) 물론 더글러스의 1930년대와 포즈너의 1970년대, 1980년대는 다르다고 할 수 있다. 정부의 간여주의에 대한 시대적 요청이 달랐고 법에 대한 경제분석의 방식도 차이가 있다. 공통점은 형식주의적 태도가 아니라는 점(법 형식주의가 아니라는 점)이며, 사회 안에 '살아 있는 법'의 탐구가 법학의 자세라는 점이다. 이런 기본적 공통점이 Roscoe Pound 이후의 아메리카 법학의 특징인 Sociological Jurisprudence의 주된 흐름이라는 점이다.

sophy)의 맥락에서 법·경제·윤리의 세 영역을 통합해서 시민사회의 기본 문제를 취급한 태도와 같다.[187]

3. 법학방법론으로서의 경제분석과 한국에 있어서의 의미

3.1. 회의적 관점

1987년 5월 스탠퍼드 법과대학원에서 있은 Richard Posner의 '법의 경제분석' 특별 강연에서 마지막 부분에 당시 법과대학원 2학년 학생이 마지막 질문을 했다.

"경제분석이 물론 유용할 것입니다. 그러나 인간의 정서 중 마지막 부분, 즉 심미감 같은 것이 영향을 미치는 일에 어떻게 경제분석을 하겠습니까?"

이 질문은 조금 달리 해석하면 다음과 같이 변형시켜도 될 만하다. 즉 기본권 중 예술의 자유가 포함되는 학문의 자유 더 나아가서 표현의 자유 더 넓게는 정신적 자유의 영역에 어떻게 경제분석을 할 것인가라는 문제이다.

각도는 매우 다르지만 법과 경제 또는 법의 경제적 접근 또는 제도의 경제분석은 다른 사회과학자들(주로 사회학자, 윤리학자)로부터

---

187) 근대경제학의 아버지로 불리는 A. Smith는 1764년 이후 스코틀랜드의 경험철학과 도덕철학의 맥락에서 Glasgow 대학에서 국부론(Wealth of Nations)의 강의를 시작했다. 김철 『러시아 소비에트 법 — 비교법 문화적 연구』 부록, 장별 해제 제6장(민음사, 1989, p.517).
그러나 그의 보다 중요한 면모는 그의 『법학강의』(Lectures on Jurisprudence)와 『도덕 감정론』(The Theory of Moral Sentiment)에서 나타난 법학자, 윤리학자로서의 기반이라고 할 수 있다. 참조, 박세일, 『법경제학』(박영사, 1995, pp.13 – 14).

다소의 회의적인 눈길을 받아 왔다. 즉 한국에 있어서 법의 경제분석의 어떤 적용은 신자유주의적인 사고를 고무시키는 것이 아닌가라는 것이다. 한국의 법학자로부터는 더 큰 회의적인 눈길이 있다.

3.2. '경제적 고려'와 법 원칙

즉 한국의 지난날이나 현재에 있어서 정책 결정이 어떤 법 원칙에 의하지 아니하고, 빈번히 이른바 '경제적 고려에 의해서' 결정되는 경우가 있었다. 예를 들면 그린벨트 해제, 즉 개발제한지역 해제의 가장 큰 동기가 '토지 이용의 효율성 제고'라는 명분이었고 이것은 의심할 나위 없이 개발제한지역을 지정한 법 제도의 경제 분석의 결과로 돌릴 수도 있다. 더 쉽게 얘기하면 한국에서 자주 '경제적 고려'가 법 원칙의 문제나 제도의 문제나 더 나아가서 공공복리의 문제나 또는 도덕의 문제, 윤리의 문제를 압도해 왔다. 실로 한국 역사에 있어서 소급한다면 1961년부터 1979년까지 18년 동안의 개발 독재기간을 특징짓는 한국 경제 개발의 방식이었다. 한국의 민주화가 정부 차원에서 시작된 1992년 이후에는 이제는 신자유주의라는 이름으로 결과적으로는 마찬가지로 '경제적 고려'가 압도하였다. 단지 민주화의 상징을 위해서 때로는 값비싼 상징조작을 행했는데 이때에는 전혀 경제적 고려가 들어가지 않았다.[188]

---

188) 민주화 과정 중의 상징조작으로서 비용을 생각하지 않은 예로는, 일제 잔재를 일소한다는 대의명분으로 아직도 쓸 수 있는 오래된 건물을 없앤다든가 또는 해방 이후 1990년대까지 써 온 국민학교라는 명칭을 초등학교로 바꾼 것 등을 들 수 있다.

3.2.1. 환경법의 영역

환경법학자는 다음과 같이 생각할 수 있다. 법의 경제 분석이 등장하면 그 논리가 어떠하든 결과적으로 한국에서는 개발의 문제에 있어서 개발주의자의 이익을 위해서 봉사를 하게 된다. 또한 지난날의 어떤 경험에서 어떤 정책 결정에 있어서, '경제적 고려'가 개입하게 된 결과적으로 재계 또는 대기업 집단의 이익에 가까운 쪽으로 경도하게 된다.

3.2.2. 공교육의 영역

공교육에 '경제적 고려'가 들어가면 어김없이 교육원칙은 연화되고 결과적으로 기업이나 또는 영리성이 강조되는 편향이 있어 왔다.

대략 이런 이유로 법의 경제분석에 대해서 회의적인 눈초리가 있어 왔다. 그러나 지극히 상식적인 차원에서라도 논의를 더 진행시켜 보자. 우선 한국의 역사에 있어서 어떤 학문이나 지적인 도구가 그 자체로서는 중성적이거나 중립적이더라도 그 쓰임의 동기에 따라서 결과가 달라졌다는 것을 경험 있는 사람은 기억할 것이다.

3.3. 누가 주도적으로 경제분석을 하느냐

사례를 들어 보자. 도시과밀지역에 자리하고 있는 개발제한지역을 해제하는 경우 어김없이 토지의 이용도는 높아지고 경제학적 언어로서 효율성이 높아진다. 거주 공간이 더 확대되고 말하자면 주거용 토지의 공급이 늘게 된다. 그런데 개발제한지역이 시민의 공원으로, 휴식공간으로서 이용되고 있는 경우의 공공복리는 어떠한가? 문제는 개발제한이 해제됨으로써 얻게 되는 경제적 이득이 쉽게 계산될 수 있는 것임에 비하여 주민의 건강권, 휴식권, 일조권의 확보로 인해서 얻게 되는 경제적 이득은 쉽게 계산될 수 없다는 것이다. 그러나 계산 불가능한 것은 아니다. 즉 주민들이 인구과밀로 인해서 겪게 되는 환경상의 문제로 야기되는 모든 어려움은 이윽고 주민들의 의료비 부담으로 나타날 것이고 경우에 따라서는 과다한 자극으로 인하여 생기는 과민성 때문에 불필요한 돌발적 사고, 교통사고, 없어도 좋을 마찰, 전혀 근거 없는 갈등이 가져오는 생업의 불이익 같은 것이 비용으로 예상될 수 있을 것이다. 즉 이 경우에 문제의 표면에는 경제분석이 있는 것 같지만 자세히 살펴보면 문제의 내부에는 누가 주도적으로 어떤 경제분석을 하느냐라는 권력의 문제가 숨어 있다고 볼 수 있다. 운동부족으로 생긴 만성 성인병으로 막대한 치료비를 부담하고 있는 주민 측에서는 녹지대의 경제분석을 달리할 것이기 때문이다. 땅값이 오르기를 기대하고 있는 녹지대 주변의 토지 소유자 또는 개발제한지역의 토지소유자는 물론 다른 계산을 할 것이다. 어떤 계산이 최종적으로 정책 결정의 데스크에서 채택되느냐는 권력의 문제이지 법의 경제분석의 문제가 아니다.

3.4. 중성적 개념과 사회 이데올로기

이와 같은 의문에도 불구하고 포즈너의 법의 경제분석에 대한 논의를 진행하는 까닭은 무엇일까? 우선 이미 예를 들어 본 바와 마찬가지로 제도나 법의 경제분석 자체는 전통적인 방식과 마찬가지로 중성적인 것이다. 경제분석 이전에 주로 쓰여 왔던 전통적인 언어도 자세히 따져 보면 개념 자체는 중성적이나 주로 누가 어떤 때 그 언어를 구사해서 무엇을 얻으려 하느냐에 따라 지배적 이익에 봉사하기도 하고 그렇지 않기도 했다. 국가의 이데올로기나 사회 이데올로기는 그 자체가 해당국가나 해당사회에 있어서 어떤 타당성의 범위를 가지고 있다. 예를 들어 경제 개발이라는 언어가 어떤 국가나 사회에서 모든 가치에 우선하는 순위를 가질 때 그리고 합리성을 넘어서서 어떤 종류의 열정에 호소할 때 이때의 경제개발이라는 언어는 중성적인 경제학적인 용어라 하기보다는 국가 이데올로기 또는 사회 이데올로기가 된다. 이런 전통적인 언어도 실제로 분석적 방법에 의해서 그 실체와 목적 또는 명목적 가치 여부를 가려낼 수는 있다.[189] 그러나 쉽지는 않다.

---

189) 법학에 있어서 전통적 개념적 언어(conventional and conceptual language)와 더 분석적 또는 사회과학적 언어(more analytic or social science language)의 문제에 대해서는 1995년 뉴욕 법과대학원의 The Program for the Study of Law, Philosophy & Social Theory; Fall 1995(organizer, Professor Ronald Dworkin)에서 논의된 바 있다. 전통적 개념적 언어의 대표자는 Ronald Dworkin이었으며 사회심리학적 언어의 대표자는 Cass Sunstein이었다. 물론 이 프로그램에 Posner는 참가하지 않았으나 포즈너는 경제학자가 아닌 법학자로서 전통적이고 개념적인 법학언어에 경제학적 언어를 추가한 거의 최초의 법학자로 생각된다. Dworkin과 Posner의 입장의 문제에 대해서는 전체적으로는 이야기하기 힘들다. 단지 The Ethical and Political Basis of Wealth Maximization에 대해서는 보라. Dworkin's Critique of Wealth Maximization 107, Richard A. Posner, *The Economics of Justice*, Harvard University Press Cambridge, Massachusetts and London, England 1993.

3.5. 경제학적 언어와 상징조작

경제학적 언어는 전통적 언어보다 어떤 점에서는 상징 조작이 쉽지는 않다. 그러나 가장 기초적인 통계 수치조차도 가장 중성적인 통계처리의 방법에 의해서도 결과의 조작은 얼마든지 가능하다. 즉 모집단(母集團)의 샘플링을 어떻게 하느냐의 문제는 항상 있을 수 있고 통계수치의 해석을 어떻게 하느냐의 문제도 늘 따른다. 통계 역시 엄격히 말하면 누가 무엇을 위해서 통계 수치를 만들었느냐의 문제와 함께 여러 가지 다른 통계가 있을 때 누구의 통계가 우세하도록 만드느냐의 문제가 따르지 않을 수 없다. 또한 사람들은 자기 마음에 들지 않는 통계는 신뢰하지 않으려 하기 때문이다. 권력의 문제와 선입견의 문제는 결국 통계학에도 따라다닌다고 보인다.

3.6. 시장경제와 비시장경제

법과 제도의 경제분석을 한국에서 법학자로서 논하는 마당에서 또한 몹시 주의해야 될 점이 있다. 즉 1980년도 후반부터 그리고 더욱 빈도 높게 1992년 이후부터 한국에서 유행처럼 쓰이게 된 시장경제라는 용어에 대해서이다. 한국에서는 비시장경제(non-market economy) 영역과 시장경제(market economy) 영역을 때로는 혼동하는 경우가 많았다.[190] 전통적으로 한국의 법학 특히 공법학의 영역

---

[190] 시민 또는 소비자의 입장에서 볼 때 시장경제에서의 행동과 비시장경제에서의 행동은 구별된다. 한국의 경우 교육을 받을 권리와 학습권을 둘러싼 학부모들의 행위 양식은 '비시장영역'에서의 행동의 예이다.

에서는 시장경제라는 경제학에서는 가장 미리 쓰는 선재 개념
(preexisting conception)도 법 개념의 당연한 전제로서는 받아들이지
않았다. 왜냐하면 헌법학의 영역에서 기본권 제한사유로서의 국가
안전보장, 질서유지, 공공복리의 구체적 적용의 논의가 많은 부분
을 차지하였고 또한 공익법(Public Interest Law)의 영역에서 특히
계약 자유나 사적인 자치 원리가 가져오는 자유와 형평의 침해에
관심을 기울였기 때문에 상대적으로 시장경제 자체의 메커니즘에
대해서는 오히려 무관심했다고 할 수 있다.

3.7. 전통 대륙법계 법학의 기본 골조

대체로 말해서 1980년 후반에 이르러 1917년 이후 세계의 법
제도를 크게 양분하였던 사회주의 법체계가 와해되기 시작하였을
때가지도, 어떻게 얘기하면 한국이 주된 영향을 받았던 대륙법계의
공법학의 기본 골조는 어떤 측면에 있어서는 통제와 계획의 국가
목표를 상당한 정도 반영하고 있어서, 규제법의 영역에 있어서는
극히 조심스럽게 얘기한다면 시장경제의 현황에 대해서 오히려 무
신경한 측면이 있었다.[191]

---

191) 예를 들면 규제법의 기본이 되는 행정법의 총론 부분에서 한국의 강단법학이 전형적으로
설명의 예를 드는 사례를 보자. 행정행위로서 가장 빈도수가 높은 허가의 경우 전통적인
한국의 공익법 관계를 다루는 행정법학 교과서에서 자주 나타나는 예는 공중목욕장업, 주
유소업과 거리제한에 관한 판례(김도창, 『행정법론 상』, 1983년, p.303), 공중목욕탕 영
업허가(홍정선, 『행정법원론 상』, p.318), 사회경제 사정의 변화에 따른 적절한 사례는 나
타나지 않는다. 심지어 거의 사문화된 고물상영업법 등을 허가의 예로 들고 있다. 또한 전
당포 영업허가 또는 총포류 제조허가를 예로 들고 있다(김동희, 『행정법1』, p.247). 산업
금융자본주의에서 본격적인 문제가 되는 금융업의 허가라든지 경제규제의 가장 중요한 핵
심 문제로 등장하는 영업허가 같은 것들은 거의 언급하지도 않는다. 한국행정법의 기본
틀이 아직도 1919년 이후 1925년 전후에 대륙에서 영향을 끼쳤던 순수법학의 방식에
의하고 있다는 대표적인 예이다.

3.8. 자유화와 시장화 그리고 법치주의의 망각

　　이른바 자유화와 민주화 전후에 걸쳐서 정치적 영역을 제외하면 시장경제와 시장의 역할에 대해서 관심이 높아졌다. 많은 경우에 종전의 통제와 계획이 물러간 공백 부분을 시장이 대신해 줄 것으로 정부나 시민들이 기대하였다.[192] 시장의 역할과 시장경제의 메

이러한 강단법학의 외부 환경은 어떠했는가? 1960년대부터 시작된 경제 개발계획은 정부가 모든 기획 업무를 담당하는 형태로 진행되었다. 정부는 필요한 산업이 무엇인가 결정하고 이를 담당할 기업을 선정하고, 필요한 자금의 조달방법까지도 고안을 해서 당해 기업에 배정을 하였다. 오수근, 「기업 구조조정과 법치주의」, '금융행정과 법치주의' 주제 발표. 한국 공법학회·전국 경제인 연합회 공동 학술 대회 '경제행정과 법치주의', 2000년 12월 19일. 다시 말하자면, 시장경제나 이에 대한 사법적(司法的) 해결이 아니라 정부정책이 기업의 투자와 자금 조달까지도 담당하였다는 것이다. 이런 경제 형태를 도저히 '창의와 시장원칙을 기본으로 하는' 헌법상의 시장경제라고 할 수 없을 것이다. 고도의 계획경제가 주된 산업의 구조를 결정하고, 부분적으로 중요하지 않은 산업 부문이나 유통 구조에서 원래적 의미의 시장경제가 통용되었다고 할 수 있다. 이런 경제환경에서 환영받는 규제법은 어떤 것이었을까? 한국에 있어서의 강단법학 중 규제법에 대한 부분은 그것의 원형이 유래한 1925년 전후의 원산지를 상기하게 한다. 즉 1919년 내지 1925년의 오스트리아와 도이칠란트의 역사적 단계는 이제 막 오스트리아-헝가리 제국과 프로이센 제국의 제한적 군주제에서 벗어나고 있는 중이었다. 한국에 있어서의 그 영향은 전혀 사회경제 사정에 관계없이 여전히 정부정책이 모든 것을 결정하는 행정 주도의 국가에서 요구되는 관료법학에 봉사한 결과를 낳았다고 할 수 있다.

192) '시장의 문제'에 대해서 한국에 있어서는 다음과 같이 그간의 사정을 요약할 수 있다. 첫째, '시장의 원칙'이 필요한 영역, 즉 기업의 합리화에 대한 문제에 대해서는 정부는 '정부정책'으로 경제 개발, 산업 합리화의 기치 아래 시장을 대치하였다. 예, 1969년-1980년 후반의 부실 대기업 및 주요 산업에 대한 구조조정 방식. 권위주의 정부 시대의 산업 합리화 조치(부실기업 퇴출 조치)는 시장원칙 또는 제정법상 근거 없이 행해졌다는 것이다. 경제 관료가 퇴출 여부를 정하였고 은행을 통한 금융지원 역시 투명한 기준과 절차에 의한 것이 아니었다. 그 결과 산업 합리화 조치는 한 번도 입법적·사법적 통제의 대상이 된 적이 없었다. 이상의 요약은 전적으로 다음의 획기적인 발표문 및 논문에서 인용한 것이다. 오수근 「기업 구조조정과 법치주의」, '금융행정과 법치주의' 주제 발표. 한국 공법학회·전국 경제인 연합회 공동 학술 대회 '경제행정과 법치주의', 2000년 12월 19일. 1997년 외환위기 이후 진행된 기업개선작업(워크아웃)도 "산업 합리화 조치의 연장이다." 오수근, 위의 발표문.
채권·채무관계의 조정이라는 지극히 법적인 절차가 사법적으로 다툴 기회를 갖지 못한 채 행정부의 영향 아래 이루어진 것이다. 1991년 후반부터 워크아웃이 가진 이런 문제 중 일부를 해결하기 위해서 이른바 Prepack의 입법을 추진하였다. prepack이란 미국 파산법의 Prepackaged Plan을 가리키는 말이다. "1년 반 가까이 진행된 입법시도에서 재경부는 법의 일반원칙조차 인정하려 하지 않았다. 예를 들면 합의는 당사자 간에만 유

커니즘이 크게 강조되었는데 이 또한 그 시절의 국가 이데올로기 내지 사회 이데올로기의 명목적 측면과 결합한 감이 없지 않았다. 특히 시장의 역할과 그 시장의 역할을 전제로 하는 자본주의 경제학의 원리를 신봉한 나머지 시장과 시장의 경제학이 타당한 보편성의 범위에 대해서 지나친 점이 있었다. 반성하건대 한국의 자유화 내지 민주화는 그 피상적인 측면에 있어서의 정치문화를 제외하고 사회의 문제, 즉 기본이 되는 사회의 자유화 내지 민주화에 대해서는 시장화를 의미하는 것으로서 잘못 관념했던 측면이 있었다. 예를 든다면 사회민주화 중에 우리 사회에 있어서 어떤 핵심이 될 만한 분야로서 교육기관 및 교육의 문제에 있어서 1990년대 이후 오로지 시장화를 의미하는 것으로 정책수립가나 대중 계몽가나 상당한 숫자의 지식인들도 착각하였다. 시장화라는 마법적인 언어에 현혹되어 근대 이후 또는 현대 입헌주의의 당연한 개념요소인 법치주의를 망각하였다.[193]

효하다는 것이나 소급효(遡及效)는 원칙적으로 인정되지 않는다는 것을 무시하고 입법을 하려고 하였다." 오수근, 위의 발표문.
외환위기 이후 기업구조조정 과정에서 벌어진 일이 이른바 빅딜이다. 기업 간 대규모 인수 합병을 내용으로 하지만 그러한 거래가 당사 회사 간의 흥정을 통해서 이루어진 것이 아니고 정부와 정치인의 영향력에 의하여 결정되었다는 것이다. 오수근, 위의 발표문.

193) 시장경제와 법치주의의 관계에 대해서는, 한국공법학회 · 전국경제인연합회 공동 학술대회, '경제행정과 법치주의', 2000. 12. 19. 제2주제: '금융행정과 법치주의'의 주제발표자 오수근(이화여대 법학과) 교수는 흔히 오로지 국가경제정책의 일환이라고 생각되는 기업 구조 조정의 본질이 법치주의의 문제라고 파악하고 법치주의의 관점에서 볼 때 구조 조정의 문제는 시장 법치주의 실현의 관건이 된다고 하였다. 특이한 것은 사법학자인 오수근 교수는 금융 규제 행정의 분야를 조사하던 중 한국에 있어서의 법치주의는 그동안의 경찰서 법치주의뿐 아니라 시장 법치주의를 실현하여야 된다고 주장하였다. 교육문제는 국가적 차원에서는 공교육의 문제로서는 말할 필요도 없이 비시장영역의 문제이다. 따라서 교육현안에 있어서의 법치주의의 문제는 기업 구조조정이나 금융 구조조정과 같은 경제적 문제에서보다도 더욱 직접적인 본질문제라고 볼 수 있다. 경제정책이라는 외관 때문에 법치주의를 망각해서는 안 되는 것은, 교육정책이라는 현안 때문에 법치주의를 망각해서는 안 되는 것과 마찬가지이다. 이때의 법치주의는 법의 일반원칙과 사법부에 의한 최종적 해결이라는 지극히 평범한 근대 입헌주의의 내용이다.

3.9. 시장구조에 대한 착각

법치주의를 망각하였다는 사실 이외에 순수한 사회학적, 경제학적 인식에 있어서도 큰 착각이 있었다. 착각의 시초는 경제학의 전제로서 시장의 존재 ─ 그 시장도 자유로운 시장, 즉 왜곡되지 않는 시장을 상정하는데 한국에 있어서의 경제학도나 경제분석의 유행아들은 한국의 시장구조를 북아메리카나 혹은 서양의 이상적인 시장구조와 혼동하였다. 더 논의를 확대한다면 어떤 한국의 기린아였던 개혁주도 인사들은 한국의 사회구조를 그들이 청년의 이상적인 시기에 수학하였던 선진 제국의 사회구조와 혼동하였다.[194] 구체적인 예를 든다면 한국의 사회구조 중 특별히 시장구조는 어떤 품목에 있어서도 이상적인 경쟁상태에 있지 않았다. 즉 오랜 권위주의적 통치를 거친 1980년대 후반과 1990년대 초반의 한국 경제의 구조는 그 사회구조와 마찬가지로 독점구조와 과점구조가 두드러지는 특징을 가지고 있었다. 선재하는 사회구조와 시장구조의 정직한 인식과 현황파악을 뛰어넘어서 자유와 민주화의 정치적 열풍을 타고 사회 부면의 기초적·공공 관련적 부분[195]을 오로지 시장경제에 맡기고자 의도하는 정책적 시도는 설혹 그 의도가 진지하다 할지라도 파괴적인 효과를 가져오는 예가 외국에서 발견되었다.[196]

---

194) 교육개혁의 영역에서 이런 혼동은 이미 권위주의 정부의 후기부터 나타나기 시작했다. 이른바 교육의 소비자 개념이 노태우정부 후기부터 나타났고 문민정부(김영삼정부) 때부터 본격화되기 시작한 교육개혁은 그 전제가 되는 밑그림으로서 시장경제의 상황이 전혀 다른 선진국을 상정하고 있었다. 국민의 정부(김대중정부)의 교육개혁까지 이어진 일련의 조치의 사고방식 역시 우선 국민소득이 엄청나게 차이가 나고 시장경제의 연력이 수백 년에 이르는 최선진국의 제도를 직수입함으로써 우선 가시적인 개혁효과를 과시하려고 하였다.

195) 공공적 시설을 사영화하자는 이 시절의 극단적인 주장의 예는 국립 교도소가 비효율적이니까 민간 시설에 맡기자는 데서 극단의 예를 찾아볼 수 있다.

196) 엄격한 의미에서는 대비될 수 없는 너무나 상이한 역사적 괘적을 가지고 있는 사회도 어

　따라서 법의 경제분석의 올바른 태도는 법의 사회분석과 마찬가지로 우선 법 제도의 장(場)이 되는 시장 또는 사회의 구조를 있는 그대로 파악하는 태도이다. 정직하게 시장의 구조와 사회의 구조를 현황 그대로 과학적 방식 또는 경제학적 방식에 의해서 파악하는 태도가 미래의 시장경제의 활성화를 위해서 필요할 것이다. 존재하는 시장의 불균형과 사회의 왜곡된 구조를 도외시하고 이상적인 시장과 정상적인 사회구조에서 가능한 단기간의 급진적인 개혁을 추진하는 것은 과학적인 태도라기보다는 통치 이데올로기가 대중 선전기구를 통해서 사회 이데올로기화하고 국가 이데올로기까지 높여지는 폐쇄적인 사회 또는 권위주의적 사회의 특징을 나타낸다고 할 수 있다.

　포즈너의 법의 경제분석의 참된 사용은 이와 같이 왜곡된 시장구조나 비합리적인 사회구조를 우선 있는 그대로 밝혀서 법 과학의 대상으로 삼는 데 있다고 할 것이다.

<hr>

떤 단면에 있어서는 대비(contrast) 또는 유사성(similarity)을 찾아볼 수 있다. 물론 본질론(essentialism)적인 사고로서는 이런 대비는 불가능한 것이다.

권위주의 사회가 이른바 자유화와 민주화를 거치면서 나타내는 다음 단계의 시장화 또는 민영화의 여러 가지 양상 중에서, 극단적인 예로는 1917년 이후 대표적인 사회주의 법 제도였던 소비에트 러시아의 예를 들 수 있다. 구 소비에트 연방이 해체되면서 이전에 표방하였고 의거하였던 사회주의적 가치의 법 제도도 와해되기 시작했다. 일단 정치적 측면을 제외하고 논하기로 하자. 경제적 측면에 있어서 급격한 해체와 인위적인 형성기에서 러시아 국민의 고통은 시작되었다. 물론 해체의 초기 프로그램이었던 고르바초프 방식(스칸디나비아식의 사회민주주의)이 급진주의자였던 옐친 방식에 패배하고 나서의 경위이다. 러시아 경제의 해체 및 형성에 있어서 가장 급격한 충격 요법으로서 '급격한 시장경제'는 약 70년 이상 지속된 러시아 사회의 인프라 스트럭쳐를 거의 붕괴시킬 만한 경과를 가져왔다. 한 사회가 그 사회의 역사적 전개의 단계를 무시하고 충격요법에만 의거할 때, 어떤 결과를 가져오는가의 생생한 교훈이라고 할 수 있다.

1990년대 후반까지 진행된 러시아 사회에의 급격하고도 전면적인 시장경제 제도의 도입과 사영화(私營化)는 어떤 효과를 가져왔는가? 여기에 대한 러시아 내부 지식인의 참담한 비판에 대해서는 참조, Aleksei Kiva, "Whence Spring the Roots of Bolshevism in Russian? - Even the 'Conscience of the Nation' May Lose Its Conscience" Russian Politics & Law 1995/Vol.33, No.1 M.E. Sharpe Inc. NY. 물론 러시아 외부의 다른 프레임 워크를 가진 지식인은 다른 관찰을 할 수도 있다.

3.10. 계량적 실증적 연구와 제도의 문화적 배경

이 글의 의도는 법학과 경제학의 양 분야에 걸치는 법의 경제분석의 중요 학자인 포즈너의 세계를 한국의 법학도에게 소개하는 것이다. 법학과 경제학이 관계되나 포즈너는 법학자이며 이런 점에서 경제학자로서 법의 경제분석의 문제에 종사하는 다른 학자들과는 구별된다. 포즈너를 택한 이유는 다른 법의 경제분석학자와는 달리 계량적, 실증적 연구에 그치지 않고 법 제도의 인류학적 역사적 고찰을 기반으로 삼고 있기 때문이다. 또한 그의 문화연구는 경제학자들이 무시하기 쉬운 제도의 문화적 배경까지 고려하고 있기 때문이다. 따라서 그의 법학의 세계는 이례적으로 광범하고 종합적이며, 시기적으로는 1970년대에서 2002년 현재까지 현역으로 활약하고 있기 때문이다.

3.11. 연역과 귀납의 양방향의 법학방식

1970년대에, 한국식으로 파악하면 경제법 내지 공정거래법을 법의 경제분석에 의해서 재구성했던 획기적인 학자가 1980년대와 1990년대를 경과하면서 이윽고 법학 전반과 헌법학의 문제를 다룰 수 있었던 이유는 무엇일까? 무엇보다도 포즈너의 법학방법론을 주목하여야 한다. 왜냐하면 현대 경제학의 방법은 현대과학의 총아로서 심리학과 함께 사회과학 중에서 가장 발달된 것 중의 하나로서 여겨지고 있기 때문이다. 한국의 법학자가 가장 덜 익숙한 방법은 이른바 과학적·귀납적 방법이며 대표적으로는 경제학적 방법이기 때문이다. 어떤 내용을 담든 한국의 지금까지의 인습적인 법학은 그 방식의 폐쇄성 때문에[197) 새로운 통찰을 내부에서나 외부에서도 얻어내지 못했다. 오로지 연역법에 의한 문헌 연구 방식은 의의론(Definition) 또는 본질론적 성질론(Essentialism) 같은 데 집착하게 만들고 늘 변함없는 의미의 단순 재생산을 거듭해 왔다. 인간의 자연스러운 사유 방식은 귀납과 연역을 양 방향에서 진행시키는 것이 현대의 모든 학문적 훈련과 일치한다.[198)

이 글의 부가적인 의도는 한국의 문외한이나 정책 수립가나 또는 법학 관계자 모두가 실족하기 쉬운 문제를 밝히는 것이다. 법의 경제분석은 근대 시민사회의 산물인 입헌주의와 법치주의를 부정하는 것이 아니다. 이 가장 당연한 명제의 예가 Posner의 모든 업적을 통해서 나타나고 있다. 어쩌면 현대의 경제학 또는 경영학조차도 그동안 그 전반적이며 포괄적인 모습이 한국의 대중들에게는 잘못 알려졌을지도 모르겠다는 생각이 있다. 즉 경영도 기법이요, 경제도 기법이며, 경영학이나 경제학은 오로지 목적을 위한 수단일 뿐이라는 생각이다. 도구적 성질을 지나치게 강조했기 때문에 근대 이후에 전개된 현대 경제학의 주된 흐름을 외면하고 따라서

---

197) 한국 법학의 방법론으로서 지금까지 논의된 것 중 참고, 한국 법철학회 월례회, '행정법학과 법철학' 주제 발표, 박정훈 「순수 법학과 공법학」 2000년 가을, 장소: 대우재단 세미나실. 발표자는 1925년 전후의 오스트리아의 Kelsen과 Merkl의 순수법학이 여전히 한국에서는 방법론으로 유효하고 타당하다고 주장하였다. 논증은 설득적이고 성숙하였다. 그러나 여기에 대한 반대 방향의 의견으로서는 한국 공법학회 제90회 학술발표회: '공법학방법론의 근본문제'에서 발표된 이계수 「규범과 행위: 국가 법인설의 극복과 행위중심적 행정법 이론의 구축을 위한 시론」이 있다. 이 연구는 지금까지의 한국 공법학의 인습적 방법론을 이해사회학적으로 성찰한 연구로서 한국 공법학회 50년 역사에서 소장학자가 쓴 가장 새로운 접근이라고 할 만하다. 참고, 같은 사람, 같은 논문, 공법연구 제29집 제1호 2000. 11. 사단법인 한국 공법학회.

198) 포즈너의 법학방법론 중 특히 헌법학방법론에 대해서는, Posner, "Top down Theory and Bottom up Theory", *Overcoming Law*, Harvard University Press, 1992.

애초부터 경제학의 핵심 부분을 차지하는 경제와 규범, 경제와 윤리의 관계를 지금까지 한국의 학계에서는 무시해 왔다.[199] 법의 경제분석도 한국에서는 같은 성향을 띠게 되기 쉬웠다고 할 수 있다. 포즈너가 70년대부터 전개한 방대한 논의는 상당한 계량적 부분, 수학적 모델로 차 있는 경제법의 영역으로부터 점차로 보다 더 큰 문제로 전개되어 왔었다. 즉 80년대에는 법학방법론과 기초법의 문제를 논하고 드디어는 90년대에는 본격적으로 헌법문제로 뛰어들었다.

경제성장에 관한 한국에 있어서의 일반의 통념은 지금까지 성장정책에 관한 한국정부의 주된 태도에 의해서 영향받아 왔다. 주로 경제성장과 기본제도 특히 헌법적 제도와의 관계에 있어서 아직도 어떤 한국인들은 무의식적으로 지난날의 경제성장이 입헌주의와 법치주의를 희생했기 때문에 가능하다고 잘못 오해하고 있다. 이 문제를 포즈너는 헌법 제도에 대한 경제분석의 고유한 영역 중 하나로 다루고 있다.[200] 경제학자가 기본권에 대해서 관심을 갖거나 논의를 하는 것은 이례적인 것이다. 또한 다른 분과법의 전문학자가 헌법적 논의에 가담이라도 하는 것은 이례적인 것이다. 포즈너

---

199) 근대경제학자인 아담 스미스는 1764년 이후의 글라스고우 대학에서 도덕철학의 강좌를 시작했다. 국부론(Wealth of Nation)에 나타난 많은 생각들은 이들 강의에 포함이 되어 있었고 법과 정부의 이론과 역사는 중요한 부분이었다. 학생들의 강의노트에 의해서 전해되는 문헌으로서는 1896년 옥스퍼드에서 출판된 사법과 경찰 세출, 그리고 무기에 관한 스미스의 강좌에서 나타난다. 그러나 출판된 그의 강좌명칭은 Lectures on Jurisprudence, Oxford, 1896으로 한국어로 번역하면 아담 스미스는 법학강의를 한 것이 된다. 참조, 김철, 『러시아 소비에트 법 – 비교법 문화적 연구』, 부록 장별 해제(章別 解題) 제6장(민음사, 1989. p.517).

200) "이제 경제학이 헌법을 연구하는 데 어떻게 쓰이는가를 생각할 때 헌법의 경제학적 연구방법은 8개의 특정한 토픽을 형성한다."고 하였다. 그리고 그 8개의 토픽 중 하나를 헌법과 경제성장과의 관계라고 하였다. Richard A. Posner, "The Constitution as an Economic Document", p.456, No.1, *The George Washington Law Review* (November 1987).

는 물론 엄격한 의미에서 경제학자가 아니라 법학자이다. 그러나 그가 당대의 경제학자들만큼 경제이론과 경제학의 용어로 무장된 사람[201]인 것을 상기한다면 그가 어떤 법학 내지 헌법이론을 발전시키느냐는 동시대인으로서 중요한 문제라 아니할 수 없다.

4. 포즈너의 연구 경력 개관(槪觀)

리처드 포즈너는 70년대에 독점금지법(Anti – Trust Law) 분야로[202] 시작해서, 법의 경제분석(Economic Analysis of Law)의 표준적인 법학자로 나타났다.[203] 1981년, 교과서를 제외한 그의 처녀 全作『正義의 경제학』(Economics of Justice)에서 법학 전반에 걸친 이론가

---

201) 포즈너는 로스쿨에서 훈련받고 관례대로 로클락을 지냈으며 시카고 대학에서 '법과 경제운동'에 가담하였다. 공식적으로 포즈너가 따로 경제학의 학위과정에 등록하였다는 언급도 없고 또한 1990년대나 2000년대 동부의 저명 법과대학원에서 법과 경제분석에 참가한 사람들처럼 경제학의 학위를 가지고 있지 않다. 이 독창적인 사람이 언제 노벨 경제학상을 받은 사람과 동등하게 대화하고 작업할 수 있는 경제학적 배경을 훈련받았는가는 인간의 교육에 대한 제도적 의존을 뛰어넘는 듯한 인상을 가진다. 법과 경제운동에 대해서는 참조, Edmund W. Kitch, Editor "The Fire of Truth: A Remembrance of Law and Economics at Chicago, 1932 – 1970", *The Journal of Law and Economics*, vol.26(April 1983).

202) Richard A. Posner, The Social Cost of Monopoly and Regulation, the Journal of Political Economy 83, No.4(August 1975): 807 – 827, The University of Chicago Press 또한 참조, George J. Stigler ed. The Theory of Regulation Series in Political Economy of Chicago University, University of Chicago Press Posner, *Antitrust Law: An Economic Perspective*, Chicago and London; Univ. Chicago Press, 1976, The Behavior of Administrative Agencies. *J. Legal Stud*, 1, 305 – 347.

203) Richard A. Posner, *Economic Analysys of Law*, A Case Book Series, Little, Brown and Company 1977, 1986, An Economics Approach to Legal Procedure and Judicial Admimistration. *J. Legal Stud*, 2, 399 – 458, 1973, The Uses and Abuses of Economics in Law. Univ. *Chicago. L. Rev.*, 46, 281 – 315, 1979, The Value of Wealth; A Comment on Dworkin and Kronman. *J. Legal Stud.*, 9, 243 – 252, 1980, The Present Situation in Legal Scholarship. *Yale L. J.*, 90, 1113 – 1130, 1981.

(Legal Theorist)의 모습이 나타났다.[204] 그는 경제학의 목적을 '효율성(Efficiency)' 또는 '효율의 극대화(Wealth − Maximization)'라고 하고, 그의 법 이론의 초점을 '正義의 效率의 극대화'에서 구했다.[205] 그의 경제적 접근의 법 이론은, 전반적인 일반 법 이론으로 형성되어 가는 중 심한 비판을 법학자와 경제학자 양면으로부터 받았다.[206] 그의 법 이론은 83년까지는 제한된 범위의 기본법 논의에까지 이르렀다.[207]

4.1. 경제이론과 원시 · 고대사회

1983년의 『정의의 경제학』에서, 그는 경제이론(Economic Theory)이 원시사회(Primitive Society) 또는 고대사회(Ancient Society)를 설명할 수 있는가를 시험한다.[208] 고대사회와 원시사회의 연구는 이

---

204) Richard A. Posner, *The Economics of Justice*, Harvard University Press, 1981, 1983. 또한, The Present Situation in Legal Scholarship. *Yale L. J.* 90, 1113 − 1130.

205) Ibid, Preface, 1983, ⅴ.

206) 참조, Richard A. Posner, "Utilitarianism, Economics, and Social Theory", *The Economics of Justice*, 1983. 또한 Sanford Levinson, "Some Reflections on the Posnerian Constitution", Vol.56, No.1. *The George Washington Law Review*. 1987. 또한 Robert C. Ellickson, "Bringing Culture And Human Frailty To Rational Actors: A Critique Of Classical Law And Economics", *65 Chi−Kent L. Rev.* 23(1989) 또한 Malloy, "Invisible Hand or Sleight of Hand? Adam Smith, Richard Posner and the Philosophy of Law and Economics", 36 *Kan. L. Rev.* 209(1988).
이에 대한 답변으로는 같은 사람, "The Ethics Of Wealth Maximization: Reply To Malloy", Vol.36, *Kan. L. Rev.* (1988) p.261.

207) Posner, Economics, Politics, and the Reading of Statutes and the Constitution. *Univ. Chicago L. Rev.*, 49, 263 − 91, 1982. 같은 사람, 같은 책, pp.231 − 3.7. 'Privacy와 관련된 이익들' 또한 pp.351 − 407, '대법원과 차별 정책' 또한 Posner, The Federal Courts: Crsis and Reform, Cambridge: Harv. Univ. Press, 1985, The Meaning of Judical Self − Restraint. *Indiana. L. Rev.*, 59, 1 − 24.

208) 같은 사람, 같은 책, '정의의 기원', p.119부터, 특히 '원시사회의 이론', p.146부터, 또한 '원시 법의 경제이론', p.174부터, 또한 '보상과 관계되는 처벌의 개념', pp.207 − 230.

244

미 비교법론자에 의해서, 인류의 규범(Norm)과 제도(Institution)의 원형(原型, Archtype, Urform)을 찾는 유효한 방법으로 쓰여 왔다. 예를 들면 이미 고전이 된, 섬너(Sumner)의 고대법(The Ancient Law)이다. 포즈너가 그의 초기의 영역이었던 '독점금지법'이나 '법의 경제분석'에서 보여준 계량 경제학적 모델, 수량화된 경제분석 방식에서 벗어난 것은 그의 古代 社會의 경제적 분석으로 보인다. 그는 그리스 고전의 문헌 연구를 통해, 고대국가의 제도, 규범, 역할을 분석하였다.

4.1.1. 호메로스의 최소국가

'호메로스의 최소국가(The Homeric Version of Mininal State)'[209]에서, 오디세이에서 나타난 고대의 사회제도(Social institution), 사회규범(Sociol norm)을 문헌학의 방법으로 추적하였다.

4.1.2. 경제 인류학적 연구

그는 70년대부터 이미 법 인류학자(Legal Anthropologist)들에게 알려지기 시작했던 '급격하게 다른 법문화' — 즉 세계사의 主流에 속하는 문명과 나라들을 제외한, 미개지(未開地)와 제3세계에 속하는 가장 후진적인 세계의 법문화[210] — 에 대한 인류학적 연구와 병행하는 접근을 행했

---

209) 같은 사람, 같은 책, '호메로스의 최소국가', pp.119 - 145.

210) 예를 들면, John H. Barton, James Lowell Gibbs, Jr. Victor Hao Li. John Henry Merryman; *Law In Radically Different Cultures*. West Publishing Co. 1983.

다.[211] 經濟 人類學的 研究로서, 예를 들면 미개인(未開
人)에게 선물의 교환이 차츰 교역(交易)이 되는 조건 같은
것이다. 이런 성과에서 그는 법 이론과 경제이론의 통시
적(通時的) 타당성을 검증한 것이 된다.

4.2. 저변에서 상위로

그의 법 이론의 형성 과정은 세분화된 분과법(分科法)의 연구에
서 차츰 상위의 이론으로 진행한 것이 된다.

4.2.1. 기술성, 계량 모델에서 이론으로

매우 기술적(技術的)이고, 계량 모델을 쓰는 독점금지법
의 영역에서, 법학 전부에 대한 연구방법론으로, 경제 인
류학과 문화인류학적 방법을 통해 법과 국가의 상위 이론
으로 서서히 진행한 것으로 볼 수 있다.[212]

---

211) 경제 인류학 또는 법 인류학적 접근의 특징은 ⅰ) 근대 이후의 법학자와 경제학자의 전형
적 태도인 근대적(近代的) 합리성(合理性)이라는 가치 개념(價値 槪念)을 넘어선다. ⅱ)
그 문화 안에서의 관찰(觀察)과 이해(理解)라는 방식을 택한다. ⅲ) 제도(制度), 규범(規
範), 관습(慣習)을 理解社會學的(Verstehende Soziologie) 방식으로 접근한다. 1890년
에 Keynes는 그의 시대의 다른 사회 과학자들과 같이 기계적 행동과 인간 행동의 차이
를 강조하였다. 경제학이 기초하고 있는 '人間性의 사실(事實)들'은 인간 행동의 직접적
관찰(直接的 觀察)에서 유래하는 것이 아니고, 사람들이 그들의 경제활동에서 영향받는
動機(Motives)의 작용을 내성(內省)함으로써 얻어진다는 것이다(Keynes. 1890). Max
Weber가 Verstehen이라고 부른 것과 가깝다고 하겠다(Shira B. Lewin 1996).

212) 같은 사람. "5 Legal Reasoning from the Top Down and from the Bottom Up",
Part Two Constitutional Theory, *Overcoming Law*. 1995. Harvard Univ. Press.

4.2.2. 분과법에서 헌법이론으로

그의 이론 형성 과정은 법학 전체를 피라미드로 가정할 때(▲), 그리고 분과법(分科法)을 저변(底邊)에, 법의 이론(Legal Theory)과 헌법이론(Constitutional Theory)을 상위(上位)에 두는 가정을 전제할 때, 저변에서 상위로(From Bottom To Top) 진행한 보기 드문 예가 된다.[213]

---

213) Top-down Theory와 Bottom up Theory에 대해서는 Posner의 같은 제목의 논문(이미 인용) 참조. Posner는 동시대의 Top-down Theory 학자로서 대표적인 사람으로 Dworkin을 들고 있다. 한국의 학도로서는 보다 더 유형화된 Top-down 방식의 법학자로서는 근세 이후 대륙법학을 풍미한 많은 대륙의 법학자를 들 수 있을 것이다. 가장 극단적인 예로서는 헤겔의 법철학의 영향을 받은 사람들, 그리고 칸트의 법철학의 영향을 받은 사람들을 들 수 있을 것이다. 대체로 말해서 근세 이후의 대륙의 합리론이라고 불리는 철학의 영향하에 있었던, 즉 쉽게 말해서 관념론적 철학 또는 철학적 방법론의 영향을 받은 거의 모든 법학자를 들 수 있다. 현대의 영미세계에 국한된 분석으로서는 물론 Posner가 세분한 대로 Dworkin도 Top-down Theory에 속한다고 할 수 있다. 그러나 세계의 법계를 그 역사에 따라 모두 섭렵할 수밖에 없었던 한국인의 입장에서 볼 때 Dworkin의 법학방법론은 물론 대륙법계의 관념론적 철학 내지 이른바 순수이성에 의한 선험적 방법론과는 현격한 차이가 있다. 즉 그의 철학적 영향은 시간을 소급해 가면 보다 영국의 경험론적 철학에 더 가까이 있고 이런 점에서 Top-downer라고 하나 대륙의 법철학자와는 다르다고 볼 수 있다. 그렇다면 Posner가 Dworkin을 Top-downer라고 분류한 까닭은 무엇인가? 우선 한국인 독자의 입장에서 볼 때 Dworkin은 물론 그가 다루는 주제가 1990년대 후반에 있어서는 주로 헌법적 소재(Why are we all liberals? Television and Democracy) 또는 안락사나 생명공학의 문제이기는 하나 기본적으로 그는 분과법의 제도, 판례, 실정법규에 관심이 있기보다는 보다 더 큰 법 원칙에 관심이 있는 법철학자이기 때문이다. Posner는 그의 다양한 법학방법론, 즉 법문헌학, 법고전학 통틀어서 법과 문학과 법의 경제학적 분석 또는 모든 가능한 현대의 과학적 방법을 동원하는 면에 있어서는 한국식으로 말하면 기초법학자라고 할 만하고 헌법분석의 어떤 점에서는 헌법철학자라고 할 만하나, 그의 출발은 Dworkin과는 달리 매우 구체적인 법규, 법제도, 현존하는 제도의 경제분석과 같이 추상적인 법 원칙이 아니라 기술법에 가까울 정도의 실정 제도 분석에서 출발한 법과학자이다. 이런 차이에서 Posner는 현대과학의 모든 기법을 동원했던 자신과 달리 현대철학의 포괄적 방식에서 벗어나지 않는 Dworkin을 Top-downer라고 불렀던 것 같다. 참조 Posner, "Top-down Theory and Bottom up Theory", *Overcoming Law*, Harvard University Press, 1992. Posner는 이 연구에서 Dworkin은 헌법 제도를 소재로 할 때에도 실정제도, 헌법규정 그것의 현실적 적용에 관심이 있기보다는 몇 개의 근본적인 법 원칙에 관심이 있다고 얘기한다.

4.3. 법과 경제운동의 거장들과의 교류

그의 또 다른 특징은 — 이 특징이 그로 하여금 세계적인 각광을 받게 한 이유지만 — 로날드 코어스(Coase, 1991년 노벨 경제학상), 밀턴 프리드먼(Milton Friedman, 노벨 경제학상 수상), 죠지 스티글러(Stigler, 1983년 노벨 경제학상 수상) 그리고 게리 베커(Gary Becker 1992년 노벨 경제학상 수상)를 포함하는 시카고학파의 거장들의 영향을 받은 데 있다. 그는 법의 경제분석에서는 코어스[214]와 경제규제법(Economic Regulation Law)에서는 죠지 스티글러부터,[215] 그리고 다른 법과 경제운동의 학자들과 서로 영향을 주고받는 보기 드문 예를 남겼다.[216] 포즈너 자신은 역사를 훨씬 소급해서 제레미 벤담(Jeremy Bentham)을 비시장영역(非市場領域)에 있어서의 최초의 경제학자로, 공리주의(Utilitarianism)의 법학자에 대한 영향과 함께 중요시하고 있다.[217]

흔히 전문 법학자의 영역은 기술적(技術的)인 법(Technical Law)

---

214) 참조, Richard A. Posner. Chapter 20. Ronald Coase and Methodology, pp.406 – 425, in Overcomming Law, 1995. Harvard Univ. Press 코어스의 1991년 노벨 경제학상 수상의 두 논문 중 하나인 「The Problem of Social Cost」은 「The Federal Communications Commission」(1959)을 발전시킨 것으로 후자는 정부 규제(政府 規制)의 발전이 주제이다. 제도적인 연구라고 할 때 이는 경제 제도이자 동시에 법 제도에 대한 연구이다.

215) 참조, Richard A. Posner, "The Social Costs Of Monopoly and Regulation", 또한 참조, George J. Stigler, ed. *Theory of Regulation*, Univ. of Chicago Political Economics. 또한 Landes and Posner, The Influence Of Economics on Law: A Quantitative Study. 36 *Jnl. of Law & Economics* 385, 405(1995)는 Stigler에게 헌정된 것이다.

216) 참조, Edmund W. Kitch. ed. "The Fire of Truth: A Remembrance of Law And Economics at Chicago, 1932 – 1970", J. o. *Law And Economics*, pp.163 – 234, 1983.

217) Supra. p.173. 또한 Posner, Blackstone and Bentham pp.31 – 39. in *Economics of Justice*.

이거나 또는 아니거나이다. 양쪽을 겸하고 있는 포즈너의 경우는 특이한 경우이다.

4.4. 법과 문학 – 문화라는 중간개념

포즈너의 법문화연구(法文化硏究)는 그리스·로마의 고전 문헌에서, 현대 유럽의 문학에까지 걸치고 있다. 『법과 문학 – 잘못 인식된 관계』에서 그는 문학의 분석이 文化(Culture)라는 중간개념을 통해서 법 이론에 혈액을 공급하고 있음을 보여주고 있다.[218] 따라서 그의 법 이론과 저술은 개념 법의 골격만을 스치는 것과 다르다. 인류의 법문화라는 온전한 구도가 어떤 저술에도 나타나 있다. 그의 입지점(立地点)에 대한 논쟁에도 불구하고 그의 이론 전체는 시간에 따라서 더욱 치밀해지고 폭이 넓어지고 있다.

4.5. 양면성

정의의 경제학에서[219] 보이는 면모는, 이미 논한 대로, 技術的 / 理論的, 實證的 / 一般的인 양면성을 모두 가지고 있다. 흔히 영·미의 법학자의 사유 방식으로 한국에서 이해되는 귀납적(歸納的) — 이것은 곧 사례(事例)에서 법칙(法則)으로 진행하는 방향을 이르는

---

218) 법과 문학을 왜 논의하는지, 그 의도가 모호할 때가 있다. 본격적인 법 이론의 형성을 위해서, '제도와 문화', '전혀 다른 문화의 제도'의 관계를 이해하기 위해서이다. 따라서 법의 문학적 분석은 법 제도와 사회제도의 원형(原型)에 접근하기 위한 노력으로 간주된다. 참조, 같은 사람, *Law and Literature, A Misunderstood Relation*, 1988. Harvard Univ.

219) 같은 사람, *The Economics of Justice*, 1983. Harvard Univ.

것이지만 — 일 뿐 아니라 일반 이론의 다른 방향 — 연역적(演繹
的) 이론 — 도 받아들이고 있다.220)

4.6. 경제분석론을 배경으로 한 헌법 연구

　1987년에 포즈너는, 지금까지 다룬 독점금지법, 경제규제법, 법
학방법론으로서의 경제분석론을 배경으로, 이제 전면적으로 그의
새로운 법학방법론을 새 영역에 시험 적용하기 시작하였다. 아메리
카의 법학자와 법조계에서 가장 아메리카적이며, 출발이며 종착역
인 분야, 기본적 제도인 헌법 분야에 뛰어들었다. 거의 모든 법조
인과 법학자는 이 나라에서는 이윽고 어떤 토픽이든 헌법적 문제
(Constitutional Issue)의 논쟁에 참가하기 때문이다.221)

---

220) Ⅱ. Constitutional Theory pp.171 - 258. 특히 pp.171 - 197. *in Overcomming Law*
　　1995.

221) 한국 법학의 특징은 강단에서 취급하는 분과법이 각각 그 구성과 이론에서 독립해서 자율
　　적으로 존재하는 데 있다. 즉 헌법, 행정법, 민법, 형법, 민사소송법, 형사소송법, 상법, 법
　　철학, 법제사 등의 분야가 따로 강의되고 연구된다. 강의와 연구의 편의는 이윽고 나누어
　　진 분야가 제 홀로 존재하는 듯한 착각을 주게 만들었다. 이론적으로 얘기하면 헌법적 논
　　의는 여타의 모든 법 분야에도 중심적 과제가 된다. 다른 법 분야에서 기본법의 가치와
　　이론적 탐구가 약한 것은 다음의 이유라고 보인다.
　　첫째, 법실정주의(法實定主義)의 강한 영향이다. 메이지 헌법 이후의 일본의 법학 또한 그
　　러하다. 근원을 따지면 19세기의 프로이센의 법실정주의적 법치주의의 영향이라고 분석된다.
　　둘째, 위로부터의 근대화(近代化)가 특징인 2차 대전 이후의 신생 독립국에서는 아시아,
　　아프리카 어디서나 행정권(行政權)의 우위(優位)가 의회 입법 만능주의(議會 立法 萬能
　　主義)와 결합하였다. 그 결과는 의회와 행정부를 연결한 다수파(多數派)의 입법 의지(立
　　法 意志)가 나타난 제정법(制定法)이 거의 유일무이한 법의 원천(源泉)으로 사실상·단일
　　한 효력을 가지게 되었다.
　　셋째, 다른 제정법에 비해서 헌법은 그 기본적 성격이 입헌주의 및 법치주의 전반의 문제
　　와 연결되어 있다. 따라서 신생 독립국이 온전한 법치주의와 입헌주의를 가질 때까지는
　　다른 단행법에 비해서 항상 부분적으로 효력이 나타날 뿐이다. 따라서 기본법인 헌법이
　　다른 단행법 전체에 대해서 관련된다고 현실적으로 인식되지 않는다. 결과적으로 헌법 논
　　의 따로, 다른 분과법 논의 따로가 당연시되는 것이다. 이것은 마치 부권(父權)이 몹시 약
　　해진 '아버지 없는 사회(Fatherless Society)'의 아버지와 자녀들 간의 관계와 같은 것이다.

4.7. 헌법전 모두에 대한 경제적 해석론

어떤 단행법, 분과법의 적용 문제도 이 나라에서는 마침내는 헌법 문제에 이르기 때문에, 포즈너는 아메리카 헌법전 모두에 대한 경제적 해석을 시도하였다. C. Beard 이후 법학자로서 어느 누구도 이런 시도를 본격적으로 한 적이 없었다.[222) 찰스 비어드의 20세기 초의 저작을 제외하면 헌법 전체에 대한 경제적 해석론은 문헌이 드문 편이다. 비어드는 그의 경제적 해석론을 통해 헌법의 목적은 사회의 빈곤층으로부터, 헌법 기초의 아버지들이 속해 있던 사회 상층부로 부(富)를 재분배하는 것이 아메리카 헌법의 목적이라고 했다.[223) 비어드의 논의는 그 이후 대부분의 법학자나 경제학자에게는 부인되어 왔다. 경제학의 개념이나 헌법의 개념에서 모두 극히 좁은 견해로 보인다.[224) 그 밖에 경제학적 방법에 의해 추구할 7개의 범주를 제시하였다.[225)

4.7.1. 비어드의 논의

지금까지 대중적으로 알려진 아메리카 헌법의 경제분석은 다음과 같은 냉소적인 구절이다.

---

222) "1986년 노벨 경제학 수상자인 부캐넌은 사회계약론적 입장에서 헌법경제론을 구성하고 있는 반면에 1974년 노벨 경제학 수상자인 하이에크는 진화이론적 기초에서 헌법경제론을 개발하고 있다." 인용, 민경국저, *헌법 경제론*, p.iv, 머리말: 분석 목적, 1993년, 강원대학교 출판국, 부캐넌과 하이에크는 경제학자이며, 법학자로 분류될 수는 없다.

223) 보라, C. Beard, An Economic Interpretation of the Constitution of the United States(1913), 인용, Richard A. Posner, "The Constitution as an Economic Document" p.4. The 56 *George Washington Law Review* 4(1987).

224) Posner. Supra, p.4. 또한 F. Mcdonard, We the People: The Economic Origin of the Constitution.

225) Richard A. Posner, *The Constitution as an Economic Document*, 56 George Washington Law Review 1987.

구대륙에서 많은 고난을 이기고 신대륙에 도착한 메이·플라워호의 이주자들과 후예들은 '신교(信敎)의 自由' 때문이었다. …… 현실적인 관찰자는 ……신대륙에서는 …… 종교의 자유뿐 아니고 ……토지의 자유가 더 우세하다는 것이다.[226]

4.7.2. 헌법의 경제학적 연구

1987년 포즈너는 먼저 C. 비어드를 별로 가치가 없는 것으로 얘기한 뒤, "이제 경제학이 헌법을 연구하는 데 어떻게 쓰이는가를 생각할 때, 헌법의 경제학적 연구방법은 8개의 특정한 토픽을 형성한다."고 하였다.[227] 가장 먼저 들 수 있는 것은 '입헌주의'에 대한 경제이론의 적용이다.

4.8. 국가철학 없는 사회의 관점

우리의 목적인 포즈너의 현대 경제학적 방법에 의한 근대 또는 현대의 국가제도의 분석에 앞서 일종의 준비체조가 필요하다. 즉 분석의 대상이 될 국가 사회제도를 우리가 기왕 가지고 있는 개념적 범주에서 해방시켜 원래의 모습, 또는 근대 이후의 국가주의 철학, 또는 다른 경향의 철학에 의해서 오염되지 않은 인간사회의 비교적 자연에 가까운 모습을 우선 직접 관찰함으로써 경제분석에 앞서서 그 대상의 참모습을 있는 그대로 보도록 한다.

---

226) 필자는 이 문장을 Lawrence Tribe의 Religious Autonomy in Constitutional Analysis, Harvard Univ. Press에서 1986년에 읽었다고 기억하나 쪽수를 찾을 수가 없었다.

227) 같은 사람, "The Constitution as an Economic Document" pp.4 - 5, Vol.56, *George Washington Law Rev*(1987).

4.8.1. 일리아드 오디세이 서사시의 국가제도

그래서 일리아드와 오디세이에 나타난 사회와 국가의 제도를 관찰한다. 인용은 포즈너가 행한 연구에서이나[228] 이것 역시 포즈너가 해석한 바에 따라서가 아니라 되도록 원전의 참모습을 직접 안내나 해석 없이 우리 자신의 감수성으로 파악하는 것이 좋다.[229] 그러나 한국의 법학도의 현재 단계로서는 그리스 고전을 안내 없이 직접 읽는 것이 시간의 부담이 크다. 따라서 이와 같은 경제분석 아래에서 포즈너의 안내에 따르기로 한다.[230]

---

228) 같은 사람, 2장, 정의의 원천, 5 호메로스의 최소국가 pp.119 – 147 in *The Economics of Justice.*

229) Homer, *The Odyssey*, Translated by E. V. Rieu, Revised by his son D. C. H. Rieu, in consultation with Dr Peter v. Jones, University of Newcastle upon Tyne, Penguin Books, 1st published 1946. revised edition 1991.
Homer, *The Odyssey*, Supplementary Materials Prepared by Walter James Miller, General Editor, Hary Shefter, Washington Square Press, 1969.

230) 포즈너가 서양 문명의 여명기인 호머 서사시에 나타난 선사(先史)와 기록시대의 경계선을 분석의 대상으로 택한 것은 Levi Strauss가 미개민족인 Nambiquara족의 직접 관찰에 나선 것과 대조할 만하다. 그러나 포즈너는 그의 고대 미케네 여명시대의 분석을 한국의 법학도를 위해 행하지는 않았다. 따라서 필자는 한국의 법학 교육가로서 알게 된 한국의 법학도의 특징과 편견을 전제로 포즈너를 재해석하기로 한다. 따라서 한국의 법학도에게 익숙한 법학 용어가 동원되는 것은 이들에게 편견 없는 기본제도에 대한 이해를 돕기 위함이다. 오랫동안 한국의 비교법학도는 서양 법 제도에 있어서 국가별로 구분해서 파악하는 국가주의를 기반으로 하는 접근에 익숙하였다.
이제 나라별 구분과 우열 같은 것을 넘어서서 서양의 기본제도가 그 여명기에 어떤 원형(原型)을 보여주는가를 직접 관찰해야만 하는 시점에 이르렀다. 되도록 전형적인 연구에서 쓰는 설명적·서술적·가치 관련적 태도보다 직접 현장을 관찰하는 방법을 보여주고 싶다. 포즈너가 쓴 현장 기록적 방식이 역시 전형적인 법학 연구와는 거리가 있고 필자의 접근 방식도 마찬가지일 것이라고 생각된다.
인용을 포즈너에서 재인용하지 않고 직접 호머의 서구어 역에서 하고자 했으나 시간 관계상 불가능했다. 필자는 고전 문헌학자는 아니다. 법학 교육가일 뿐이다. 따라서 인류의 공통유산인 일리아드와 오디세이를 재인용하는 것은 한국의 법학 교육가로서는 양해될 수 있다고 생각한다.

참고문헌

Article

Richard A. Posner, "The Constitution as an Economic Document", *The 56 George Washington Law Review 4(1987)*.

Richard A. Posner, "The Social Cost of Monopoly and Regulation", *The Journal of Political Economy 83, No.4(August 1975): 807 −27 The University of Chicago Press*.

Richard A. Posner, "Utilitarianism, Economics, and Social Theory", *The Economics of Justice*.

Sanford Levinson, "Some Reflections on the Posnerian Constitution", Vol.56, No.1, *The George Washington Law Review*.

Robert C. Ellickson, "Bring Culture and Human Frailty To Rational Actors: A Critique of Classical Law and Economics", *65 Chi −Kent L.Rev. 23(1989)*.

Malloy, "Invisible Hand or Sleight of Hand? Adam Smith, Richard Posner and the Philosophy of Law and Economics", *36 Kan. L. Rev. 209(1988)*.

Richard A. Posner "The Ethics of Wealth Maximization: Reply to Malloy", Vol.36, *Kan. L. Rev(1988), p.261*.

Richard A. Posner, "5 Legal Reasoning from the Top Down and from the Bottom Up", Part Two Constitutional Theory, *Overcoming Law, 1995, Harvard Univ. Press*.

Richard. A. Posner, Chapter 20 "Ronald Coase and Methodology" in *Overcoming Law, 1995 Harvard Univ. Press*.

R. H. Coase, "The Federal Communications Commission", *The Journal of Law and Economics Volume 2 Oct. (1959)*.

Landes and Posner, "The Influence of Economics on Law: A Quantitative

Study", *36 Jnl. of Law & Economics(1995)*.

Edmund W. Kitch. ed. "The Fire of Truth: A Remembrance of Law and Economics at Chicago, 1932 – 1970", J.o. *Law and Economics(1983)*.

Richard A. Posner, "Blackstone and Bentham", in *Economics of Justice.*

Richard A. Posner "Constitutional Theory" in *Overcoming Law 1995.*

Richard. A. Posner, "The Homeric Version of the Minimal State", *The Economics of Justice(1983)*.

Richard. A. Posner, "A Taxanomy of Limited Governmemt. in The Homeric Version of the Minimal States", in *Economics of Justice(1984)*.

Harold J. Berman "The Rule of Law and the Law – based State (Rechtstaat)"(with special reference to developments in the Soviet Union), *The W. Averell Harriman Institute* for Advanced Study of the Soviet Union Columbia Univ.

Donald J. Boudreaux & A. C. Pitchard "Rewriting The Constitution: An Economic Analysis of The Constitutional Amendment Process", Fordham *Law Review, Vol.62, 1993.*

Douglas C. North, "Location Theory and Regional Economic Growth", *Journal of Political Economy(1955)*.

Douglas C. North, "Government and the Cost of Exchange", *Journal of Economic History(1984)*.

Douglas C. North, "Is it Worth Making Sense of Marx?", *Inquiry(1986)*.

Alchian. Armen A, "Uncertainty, Evolution and Economic Theory", *Journal of Political Economy(1950)*.

Jon Elster, "Ulysses and the Sirens", *Studies in Rationality and Irrationality 36(1979)*.

Stephen Holmes, "Precommitment and Paradox of Democracy" in *Constitutionalism and Democracy.*

James M. Buchanan, with R. E. Wagner and John Burton, "The Consequences of Mr Keynes" Ⅱ. Constitutional Options for Fiscal Control, *Constitutional Economics(1991)*.

Books

한국 문헌

김여수, 『법률사상사』(박영사, 1976).
장경학, 『법학통론』(법문사, 1983).
최종고, 『법사상사』(박영사, 1983).
안경환, 『미국법의 이론적 조명 – 윌리엄 더글러스 판사의 법사상』(고시
　　　계, 1986, p.18).
박세일, 『법경제학』(박영사, 1995).
오수근, 「기업 구조조정과 법치주의」, ‘금융행정과 법치주의’(한국 공법
　　　학회·전국 경제인 연합회 공동 학술 대회, ‘경제행정과 법치주
　　　의’, 2000년 12월 19일).
박정훈, 「순수법학과 공법학」(한국 법철학회, 월례회 ‘행정법학과 법철
　　　학’, 2000).
가을 이계수, 「규범과 행위: 국가 법인설의 극복과 행위 중심적 행정법
　　　이론의 구축을 위한 시론」(한국 공법학회 제90회 학술발표회:
　　　‘공법학방법론의 근본문제’, 『공법연구』, 제29집 제1호, 사단법
　　　인 한국 공법학회).

외국 문헌

Richard. A. Posner, Economic Analysis of Law, A Case BookSeries, 1978.
Richard. A. Posner, The Economic of Justice, Harvard Univ. Press, 1983.
Richard. A. Posner, Overcoming Law, Harvard Univ. Press, 1995.
Law and Literature, A Misunderstood Relation, Harvard Univ. Press.
George J. Stiegler(ed), The Theory of Regulation, Series in Political
　　　Economy of Chicago Univ.
John H. Barton, James Lowell Gibbs. Jr, Victor Hao Li, John Henry
　　　Merryman; Law in radically different Cultures. West Publishing
　　　Co. 1983.

Homer, The Odyssey, Translated by E. V. Rieu Univ of Newcastle upon Tyne, Penquin Books 1991.

The Odyssey, General Editor, Hary Shefter, Washington Square Press, 1969.

Karl Popper, Open Society and it's Enemy F. A. Wrighting, Lemprieres Classical Dictionary of Proper Names mentioned in Ancient Authors, Routledge & Kegan Paul Ltd.

George Guervitsch, Society of Law, Philosophocal Libruary, 1942.

Douglas C. North, Institutions, institutional Change and Economic Performance, Political Economy of Institutions and Decision. Cambridge Univ. Press, 1990.

Structure and Change in Economic History. New York: Norton 1981.

James M. Buchanan, Constitutional Economics, 1991.

제6장

1980년대와 2000년대의 아메리카 법학의
주류를 이루었던 입헌주의 경제학의 한국에
있어서의 의미는 무엇인가

1980년대와 2000년대의 아메리카 법학의 주류를 이루었던 입헌주의 경제학의 한국에 있어서의 의미는 무엇인가

1. 들어가는 말

1.1. 입헌주의 경제학과 법학의 대표자로서의 포즈너의 법 이론

2008년과 2009년의 세계 경제위기의 시점에서 1980년대 이후 아메리카의 법학과 경제학의 주류를 관찰한다. 지난 20년간의 경제학자들의 법제도에 대한 업적 중에서 입헌주의 경제학이라고 불리는 유파들이 현저했다. 이들은 "공공선택"이라는 키워드를 가지고 주로 경제학을 주된 수단으로 법제도에 접근하였다. 포즈너의 어떤 저작들은 어떤 점에서는 이들과 공통점을 가졌다. 물론 포즈너는 출발에서부터 결론까지 법학자이며 따라서 경제학자들과는 다른 점이 발견된다. 그러나 세계 경제위기의 시점에서 다시 재고할 때 포즈너와 이들의 공통점은 다음 글에서 관찰되는 대로, 자유주의를 기반으로 하나, 어쩐지 초기자유주의 또는 근대의 자유주의에 중점을 둔 듯한 느낌이 있다. 이것은 물론 포즈너의 방대한 업적의 일부에 대한 논평일 수 있다. 어쨌든 포즈너는 동시대의 입헌주의 경제학자들이 그러한 것처럼, 입헌주의나 헌법 전체에 대한 경제적 해석론을 본격적으로 시도한 점에서 특징이 있다.

찰스 비어드의 20세기 초의 저작을 제외하면 헌법 전체에 대한 경제적 해석론은 문헌이 드문 편이다. 비어드는 그의 경제적 해석론을 통해 헌법의 목적은 사회의 빈곤층으로부터, 헌법 기초의 아버지들이 속해 있던 사회 상층부로 부(富)를 재분배하는 것이 아메리카 헌법의 목적이라고 했다.[231] 비어드의 논의는 그 이후 대부분의 법학자나 경제학자에게는 부인되어 왔다. 경제학의 개념이나 헌법의 개념에서 모두 극히 좁은 견해로 보여진다.[232] 찰스 비어드는 80년대 이후 경제위기의 2008년까지 주류로 분류되지 아니한다. 그는 대공황 전기를 예비하는 시대에 활약한 이례적인 해석론자로, 그 시대가 낳은 이단적인 법사상가로 기록되어 있다.

리처드 포즈너는 70년대에 독점금지법(Anti-Trust Law) 분야

---

231) 보라, C. Beard, An Economic Interpretation of the Constitution of the United States(1913), 인용, Richard A. Posner, "The Constitution as an Economic Document" p.4. The 56 George Washington Law Review 4(1987).

232) Posner. Supra, p.4. 또한 F. Mcdonard, We the People: The Economic Origin of the Constitution.

로[233] 시작해서, 법의 경제분석(Economic Analysis of Law)의 표준적인 법학자로 나타났다.[234] 1981년, 교과서를 제외한 그의 처녀 전작 『정의의 경제학』(Economics of Justice)에서 법학 전반에 걸친 이론가(Legal Theorist)의 모습이 나타났다.[235] 그는 경제학의 목적을 '효율성(Efficiency)' 또는는 '부(富)의 극대화(Wealth－Maximization)'라고 하고, 그의 법 이론의 초점을 '정의의 효율의 극대화'에서 구했다.[236] 그의 경제적 접근의 법 이론은, 전반적인 일반 법 이론으로 형성되어 가는 중 심한 비판을 법학자와 경제학자 양면으로부터 받았다.[237] 그의 법 이론은 83년까지는 제한된 범위의 기본법 논

---

233) Richard A. Posner, The Social Cost of Monopoly and Regulation, the Journal of Political Economy 83, No4(August 1975): 807－827. The University of Chicago Press 또한 참조. George J. Stigler ed. The Theory of Regulation Series in Political Economy of Chicago University, University of Chicago Press Posner, Antitrust Law: An Economic Perspective. Chicago and London; Univ. Chicago Press, 1976. The Behavior of Administrative Agencies. J. Legal Stud._1. 305－347.

234) Richard A. Posner, Economic Analysys of Law, A Case Book Series, Little, Brown and Company 1977, 1986, An Economics Approach to Legal Procedure and Judicial Admimistration. J. Legal Stud, 2, 399－458, 1973. The Uses and Abuses of Economics in Law. Univ. Chicago. L. Rev., 46, 281－315, 1979. The Value of Wealth; A Comment on Dworkin and Kronman. J. Legal Stud., 9, 243－252, 1980. The Present Situation in Legal Scholarship. Yale L. J., 90, 1113－1130, 1981.

235) Richard A. Posner, The Economics of Justice. Harvard University Press, 1981, 1983. 또한 The Present Situation in Legl Scholarship. Yale L. J, 90, 1113－1130.

236) Ibid, Preface, 1983, ⅴ.

237) 참조, Richard A. Posner, "Utilitarianism, Economics, and Social Theory", The Economics of Justice, 1983. 또한 Sanford Levinson, "Some Reflections on the Posnerian Constitution", Vol.56, No.1. The George Washington Law Review, 1987. 또한 Robert C. Ellickson, "Bringing Culture And Human Frailty To Rational Actors: A Critique Of Classical Law And Economics", 65 Chi－Kent L. Rev. 23(1989). 또한 Malloy, "Invisible Hand or Sleight of Hand? Adam Smith, Richard Posner and the Philosophy of Law and Economics", 36 Kan. L. Rev. 209(1988).
이에 대한 답변으로는 같은 사람, "The Ethics Of Wealth Maximization: Reply To Malloy", Vol.36, Kan. L. Rev. (1988) p.261.

의에까지 이르렀다.[238]

　1983년의 『정의의 경제학』에서, 그는 경제이론(Economic Theory)이 원시사회(Primitive Society) 또는 고대사회(Ancient Society)를 설명할 수 있는가를 시험한다.[239] 고대사회와 원시사회의 연구는 이미 비교법론자에 의해서, 인류의 규범(Norm)과 제도(Institution)의 원형(原型, Archtype, Urform)을 찾는 유효한 방법으로 쓰여 왔다. 예를 들면 이미 고전이 된, 섬너(Sumner)의 고대법(The Ancient Law)이다. 포즈너가 그의 초기의 영역이었던 '독점금지법'이나 '법의 경제분석'에서 보여준 계량 경제학적 모델, 수량화된 경제분석 방식에서 벗어난 것은 그의 고대 사회의 경제적 분석으로 보인다. 그는 그리스 고전의 문헌 연구를 통해, 고대국가의 제도, 규범, 역할을 분석하였다.

　'호메로스의 최소국가(The Homeric Version of Minimal State)'[240]에서, 오디세이에서 나타난 고대의 사회제도(Social institution), 사회규범(Social norm)을 문헌학의 방법으로 추적하였다. 그는 70년대부터 이미 법 인류학자(Legal Anthropologist)들에게 알려지기 시작했던 '급격하게 다른 법문화' — 즉 세계사의 주류에 속하는 문명과 나라들을 제외한, 미개지(未開地)와 제3세계에 속하는 가장 후진적인 세계의 법문화[241] — 에 대한 인류학적 연구와 병행하는 접

---

238) Posner, Economics, Politics, and the Reading of Statutes and the Constitution, Univ. Chicago L. Rev., 49, 263-91, 1982. 같은 사람, The Economics of Justice, pp.231-3.7. 'Privacy와 관련된 이익들' 또한 pp.351-407, '대법원과 차별 정책' 또한 Posner, The Federal Courts: Crisis and Reform, Cambridge: Harv. Univ. Press, 1985, The Meaning of Judical Self-Restraint, Indiana, L. Rev., 59, 1-24.

239) 같은 사람, The Economics of Justice, '정의의 기원', p.119부터, 특히 '원시사회의 이론', p.146부터, 또한 '원시 법의 경제이론', p.174부터, 또한 '보상과 관계되는 처벌의 개념', pp.207-230.

240) 같은 사람, 같은 책, '호메로스의 최소국가', pp.119-145.

근을 행했다.242) 경제 인류학적 연구로서, 예를 들면 미개인(未開
人)에게, 선물의 교환이 차츰 교역(交易)이 되는 조건 같은 것이다.
이런 성과에서 그는 법 이론과 경제이론의 통시적(通時的) 타당성
을 검증한 것이 된다.

  그의 법 이론의 형성 과정은 세분화된 분과법(分科法)의 연구에
서 차츰 상위의 이론으로 진행한 것이 된다. 매우 기술적(技術的)
이고, 계량 모델을 쓰는 독점금지법의 영역에서, 법학 전부에 대한
연구방법론으로, 경제 인류학과 문화인류학적 방법을 통해 법과 국
가의 상위 이론으로 서서히 진행한 것으로 볼 수 있다.243) 그의 이
론 형성 과정은 법학 전체를 피라미드로 가정할 때(▲), 그리고 분
과법(分科法)을 저변(底邊)에, 법의 이론(Legal Theory)과 헌법이론
(Constitutional Theory)을 상위(上位)에 두는 가정을 전제할 때, 저
변에서 상위로(From Bottom To Top) 진행한, 보기 드문 예가 된다.

  그의 또 다른 특징은 ― 이 특징이 그로 하여금 세계적인 각광을
받게 한 이유지만 ― 로날드 코어스(Coase, 1991년 노벨 경제학상),
밀턴 프리드먼(Milton Friedman, 노벨 경제학상 수상), 죠지 스티글
러(Stigler, 1982년 노벨 경제학상 수상) 그리고 게리 베커(Gary

---

241) 예를 들면, John H. Barton, James Lowell Gibbs, Jr. Victor Hao Li, John Henry
    Merryman; Law In Radically Different Cultures. West Publishing Co. 1983.

242) 경제 인류학 또는 법 인류학적 접근의 특징은 (1) 근대 이후의 법학자와 경제학자의 전형
    적 태도인 근대적(近代的) 합리성(合理性)이라는 가치 개념(價値 概念)을 넘어선다. (2)
    그 문화 안에서의 관찰(觀察)과 이해(理解)라는 방식을 택한다. (3) 제도(制度), 규범(規
    範), 관습(慣習)을 이해사회학적(Verstehende Soziologie) 방식으로 접근한다. 1890년에
    Keynes는 그의 시대의 다른 사회 과학자들과 같이 기계적 행동과 인간 행동의 차이를
    강조하였다. 경제학이 기초하고 있는 '人間性의 사실(事實)들'은 인간 행동의 직접적 관
    찰(直接的 觀察)에서 유래하는 것이 아니고, 사람들이 그들의 경제활동에서 영향받는 動
    機(Motives)의 작용을 내성(內省)함으로써 얻어진다는 것이다(Keynes. 1890). Max
    Weber가 Verstehen이라고 부른 것과 가깝다고 하겠다(Shira B. Lewin 1996).

243) 같은 사람, "5 Legal Reasoning from the Top Down and from the Bottom Up",
    Part Two Constitutional Theory, Overcoming Law, 1995. Harvard Univ. Press.

Becker 1992 년 노벨 경제학상 수상)를 포함하는 시카고학파의 거장들의 영향을 받은 데 있다. 그는 법의 경제분석에서는 코어스[244]와 경제규제법(Economic Regulation Law)에서는 죠지 스티글러부터,[245] 그리고 다른 법과 경제운동의 학자들과 서로 영향을 주고받는 보기 드문 예를 남겼다.[246] 포즈너 자신은 역사를 훨씬 소급해서 제레미 벤담(Jeremy Bentham)을 비시장영역(非市場領域)에 있어서의 최초의 경제학자로, 공리주의(Utilitarianism)의 법학자에 대한 영향과 함께 중요시하고 있다.[247]

흔히 전문 법학자의 영역은 기술적(技術的)인 법(Technical Law)이거나 또는 아니거나이다. 양쪽을 겸하고 있는 포즈너의 경우는 특이한 경우이다.

포즈너의 법문화연구(法文化硏究)는 그리스·로마의 고전 문헌에서, 현대 유럽의 문학에까지 걸치고 있다. 『법과 문학-잘못 인식된 관계』에서 그는 문학의 분석이 文化(Culture)라는 중간개념을 통해서 법 이론에 혈액을 공급하고 있음을 보여주고 있다.[248] 따라

---

244) 참조, Richard A. Posner. Chapter 20. Ronald Coase and Methodology, pp.406 – 425, in Overcomming Law, 1995, Harvard Univ. Press 코어스의 1991년 노벨 경제학상 수상의 두 논문 중 하나인 「The Problem of Social Cost」은 「The Federal Communications Commission」(1959)를 발전시킨 것으로 후자는 정부 규제(政府 規制)의 발전이 주제이다. 제도적인 연구라고 할 때 이는 경제 제도이자 동시에 법 제도에 대한 연구이다.

245) 참조, Richard A. Posner, "The Social Costs Of Monopoly and Regulation", 또한 참조, George J. Stigler, ed. Theory of Regulation, Univ. of Chicago Political Economics. 또한 Landes and Posner, The Influence Of Economics on Law: A Quantitative Study. 36 Jnl. of Law & Economics 385, 405(1995)는 Stigler에게 헌정된 것이다.

246) 참조, Edmund W. Kitch. ed. "The Fire of Truth: A Remembrance of Law And Economics at Chicago, 1932 – 1970", J. o. Law And Economics, pp.163 – 234, 1983.

247) Supra. p.173. 또한 Posner, Blackstone and Bentham pp.31 – 39. in Economics of Justice.

서 그의 법 이론과 저술은 개념 법의 골격만을 스치는 것과 다르다. 인류의 법문화라는 온전한 구도가 어떤 저술에도 나타나 있다. 그의 입지점(立地点)에 대한 논쟁에도 불구하고 그의 이론 전체는 시간에 따라서 더욱 치밀해지고 폭이 넓어지고 있다.

정의의 경제학에서,[249] 보이는 면모는, 이미 논한 대로, 기술적 / 이론적, 실증적 / 일반적인 양면성을 모두 가지고 있다. 흔히 영·미의 법학자의 사유 방식으로 한국에서 이해되는 귀납적(歸納的) ― 이것은 곧 사례(事例)에서 법칙(法則)으로 진행하는 방향을 이르는 것이지만 ― 일 뿐 아니라 일반 이론의 다른 방향 ― 연역적(演繹的) 이론 ― 도 받아들이고 있다.[250]

1987년에 포즈너는, 지금까지 다룬 독점금지법, 경제규제법, 법학방법론으로서의 경제분석론을 배경으로, 이제 전면적으로 그의 새로운 법학방법론을 새 영역에 시험 적용하기 시작하였다. 아메리카의 법학자와 법조계에서 가장 아메리카적이며, 출발이며 종착역인 분야, 기본적 제도인 헌법 분야에 뛰어들었다. 거의 모든 법조인과 법학자는 이 나라에서는 이윽고 어떤 토픽이든 헌법적 문제(Constitutional Issue)의 논쟁에 참가하기 때문이다.[251]

---

248) 한국에서 흔히 법과 문학을 왜 논의하는지, 그 의도가 모호할 때가 있다. 본격적인 법 이론의 형성을 위해서, '제도와 문화', '전혀 다른 문화의 제도'의 관계를 이해하기 위해서이다. 따라서 법제도(法制度)와 사회제도(社會制度)의 원형(原型)에 접근하지 못한 법의 문학적 분석은 세기말의 '대중 취미'나 딜레땅뜨 취미로 보인다.
참조. 같은 사람. Law and Literature, A Misunderstood Relation. 1988. Harvard Univ.

249) 같은 사람. The Economics of Justice, 1983. Harvard Univ.

250) Ⅱ. Constitutional Theory pp.171 – 258. 특히 pp.171 – 197. in Overcomming Law, 1995.

251) 한국 법학의 특징은 강단에서 취급하는 분과법이 각각 그 구성과 이론에서 독립해서 자율적으로 존재하는 데 있다. 즉 헌법, 행정법, 민법, 형법, 민사소송법, 형사소송법, 상법, 법철학, 법제사 등의 분야가 따로 강의되고 연구된다. 강의와 연구의 편의는 이윽고 나누어진 분야가 제 홀로 존재하는 듯한 착각을 주게 만들었다. 이론적으로 얘기하면 헌법적 논의는 여타의 모든 법 분야에도 중심적 과제가 된다. 다른 법 분야에서 기본법의 가치와

어떤 단행법, 분과법의 적용 문제도 이 나라에서는 마침내는 헌법 문제에 이르기 때문에, 포즈너는 아메리카 헌법전 모두에 대한 경제적 해석을 시도하였다. C. Beard 이후 법학자로서 어느 누구도 이런 시도를 본격적으로 한 적이 없었다.[252]

지금까지 대중적으로 알려진 아메리카 헌법의 경제분석은 다음과 같은 냉소적인 구절이다.

> 구대륙에서 많은 고난을 이기고 신대륙에 도착한 메이·플라워호의 이주자들과 후예들은 '信敎의 自由' 때문이었다. …… 현실적인 관찰자는 ……신대륙에서는 …… 종교의 자유뿐 아니고 ……토지의 자유가 더 우세하다는 것이다.[253]

포즈너 이전에는 어떤 법학자나 법조인도 아메리카 헌법 전부에 대한 경제적 해석을 본격적으로 시도할 수가 없었다.

이론적 탐구가 약한 것은 다음의 이유라고 보인다.

첫째, 법실정주의(法實定主義)의 강한 영향이다. 메이지 헌법 이후의 일본의 법학 또한 그러하다. 근원을 따지면 19세기의 프로이센의 법실정주의적 법치주의의 영향이라고 분석된다.

둘째, 위로부터의 근대화(近代化)가 특징인 2차 대전 이후의 신생 독립국에서는 아시아, 아프리카 어디서나 행정권(行政權)의 우위(優位)가 의회 입법 만능주의(議會 立法 萬能主義)와 결합하였다. 그 결과는 의회와 행정부를 연결한 다수파(多數派)의 입법 의지(立法 意志)가 나타난 제정법(制定法)이 거의 유일무이한 법의 원천(源泉)으로 사실상·단일한 효력을 가지게 되었다.

셋째, 다른 제정법에 비해서 헌법은 그 기본적 성격이 立憲主義 및 法治主義 전반의 문제와 연결되어 있다. 따라서 신생 독립국이 온전한 법치주의와 입헌주의를 가질 때까지는 다른 단행법에 비해서 항상 부분적으로 효력이 나타날 뿐이다. 따라서 기본법인 헌법이 다른 단행법 전체에 대해서 관련된다고 현실적으로 인식되지 않는다. 결과적으로 헌법 논의 따로, 다른 분과법 논의 따로가 당연시되는 것이다. 이것은 마치 부권(父權)이 몹시 약해진 '아버지 없는 사회(Fatherless Society)'의 아버지와 자녀들 간의 관계와 같은 것이다.

252) "1986년 노벨 경제학 수상자인 부캐넌은 사회계약론적 입장에서 헌법경제론을 구성하고 있는 반면에 1974년 노벨 경제학 수상자인 하이에크는 진화이론적 기초에서 헌법경제론을 개발하고 있다." 인용, 민경국 저, 『헌법 경제론』, p. iv, 머리말: 분석 목적(1993년, 강원대학교 출판국). 부캐넌과 하이에크는 경제학자이며, 법학자로 분류될 수는 없다.

253) 필자는 이 문장을 Lawrence Tribe의 Religious Autonomy in Constitutional Analysis, Harvard Univ. Press에서 1986년에 읽었다고 기억하나 쪽수를 찾을 수가 없었다.

1987년 포즈너는 먼저 C. 비어드를 별로 가치가 없는 것으로 얘기한 뒤, "이제 경제학이 헌법을 연구하는 데 어떻게 쓰이는가를 생각할 때, 헌법의 경제학적 연구방법은 8개의 특정한 토픽을 형성한다."고 하였다.[254) 가장 먼저 들 수 있는 것은 '입헌주의'에 대한 경제이론의 적용이다.

그 밖에 경제학적 방법에 의해 추구할 7개의 범주를 제시하였다.[255)

우리의 목적인 포즈너의 현대 경제학적 방법에 의한 근대 또는 현대의 국가제도의 분석에 앞서 일종의 준비체조가 필요하다. 즉 분석의 대상이 될 국가 사회제도를 우리가 기왕 가지고 있는 개념적 범주에서 해방시켜 원래의 모습, 또는 근대 이후의 국가주의 철학, 또는 다른 경향의 철학에 의해서 오염되지 않은 인간사회의 비교적 자연에 가까운 모습을 우선 직접 관찰함으로써 경제분석에 앞서서 그 대상의 참모습을 있는 그대로 보도록 한다. 이하에서 일리아드와 오디세이에 나타난 사회와 국가의 제도를 관찰한다. 인용은 포즈너가 행한 연구에서이나[256) 이것 역시 포즈너가 해석한 바에 따라서가 아니라 되도록 원전의 참모습을 직접 안내나 해석 없이 우리 자신의 감수성으로 파악하는 것이 좋다.[257) 그러나 한국의 법학도의 현재 단계로서는 그리스 고전을 안내 없이 직접 읽는

---

254) 같은 사람, "The Constitution as an Economic Document", pp.4-5, Vol.56, George Washington Law Rev(1987).

255) Richard A. Posner, The Constitution as an Economic Document, 56 George Washington Law Review(1987).

256) 같은 사람, 2장, 정의의 원천, 5 호메로스의 최소국가 pp.119-147 in The Economics of Justice.

257) Homer, The Odyssey, Translated by E. V. Rieu, Revised by his son D. C. H. Rieu, in consultation with Dr Peter v. Jones, University of Newcastle upon Tyne, Penguin Books, 1st published 1946. revised edition 1991.
Homer, The Odyssey, Supplementary Materials Prepared by Walter James Miller, General Editor, Hary Shefter, Washington Square Press, 1969.

것이 시간의 부담이 크다. 따라서 이와 같은 경제분석 아래에서
포즈너의 안내에 따르기로 한다.[258]

2. 고유의 의미의 국가제도에 있어서의 경제이론과 윤리[259]

2.1. 공동체의 가치[260] - 공공복리(公共福利)와 개인윤리(個人倫理)

일리아드 오디세이에서 나타난 공동사회와 국가 사회에 현대와
같은 국가 이데올로기가 존재한다고는 생각되지 않는다. 그러나 어

---

258) 포즈너가 서양 문명의 여명기인 호머 서사시에 나타난 선사(先史)와 기록시대의 경계선을
분석의 대상으로 택한 것은 Levi Strauss가 미개민족인 Nambiquara족의 직접 관찰에
나선 것과 대조할 만하다. 그러나 포즈너는 그의 고대 미케네 여명시대의 분석을 한국의
법학도를 위해 행하지는 않았다. 따라서 필자는 한국의 법학 교육가로서 알게 된 한국의
법학도의 특징과 편견을 전제로 포즈너를 재해석하기로 한다. 따라서 한국의 법학도에게
익숙한 법학 용어가 동원되는 것은 이들에게 편견 없는 기본제도에 대한 이해를 돕기 위
함이다. 오랫동안 한국의 비교법학도는 서양 법 제도에 있어서 국가별로 구분해서 파악하
는 국가주의(國家主義)를 기반으로 하는 접근에 익숙하였다.
이제 나라별 구분과 우열 같은 것을 넘어서서 서양의 기본제도가 그 여명기에 어떤 원형
(原型)을 보여주는가를 직접 관찰해야만 하는 시점에 이르렀다. 되도록 전형적인 연구에서
쓰는 설명적·서술적·가치 관련적 태도보다 직접 현장을 관찰하는 방법을 보여주고 싶
다. 포즈너가 쓴 현장기록적 방식이 역시 전형적인 법학 연구는 거리가 있고 필자의 접근
방식도 마찬가지일 것이라고 생각된다.
인용을 포즈너에서 재인용하지 않고 직접 호머의 서구어 역에서 하고자 했으나 1997년
1학기 특히 3월과 4월은 이를 불가능하게 했다. 필자는 고전 문헌학자는 아니다. 법학 교
육가일 뿐이다. 따라서 인류의 공통유산인 일리아드와 오디세이를 재인용하는 것은 한국
의 법학 교육가로서는 양해될 수 있다고 생각된다.

259) 이 용어는 한국과 동아시아의 법학도에게는 잘 알려진 것이다. Konstitution im Eigentlichen
Sinne 원래 이것은 근대적 의미의 헌법에서의 일정한 근대 가치가 부하된 국가제도와 대
비해서만 의미가 있다. 또한 현대적 의미의 헌법은 근대적 의미의 헌법과 같이 대비할 때
만 의미가 있다. 우리가 우리에게 익숙한 법학 용어를 떠나서 사례 연구(事例 研究,
Case Study)를 행하고자 함에도 이와 같이 관례적인 용어로써 시작하는 것은 한국의 법
학도에게 있어 고전 문헌을 직접 아무런 용어의 도움 없이 읽는 것이 아직은 힘들다는 판
단에서이다.

260) Posner. Supra. p.122.

떤 경우에도 사회가 존재하는 곳에서는 사회를 결합시키고 지속시키는 사회적 가치가 있기 마련이다. 똑똑한 법학도는 즉시 헌법철학의 가치를 애기할 것이나, 우리는 그와 같은 것을 벗어나서 아득히 인간의 공동생활의 가장 시초의 것에 가까운 문명의 때가 덜 묻은, 현대지식인의 용어에서 멀리 떨어진 고대사회를 탐험하고 있다.

일리아드와 오디세이 세계의 영웅들에 대해서는 우선 그들의 개인적 특징이 개인적 미덕과 관계된다. 동정이나 이타심[261]과 같은 심정적 요소가 기초가 된다.[262] 더 나아가서 우선 직계 가족에 대한 복지(福祉)의 관심, 더 나아가서 절친한 친구와 그 범위를 넘는 사람들의 복지에 대한 관심이다.[263] 복지라고 하나 영웅시(詩)의 대부분을 차지하는 모험과 투쟁 그리고 전쟁에서는 살아남는 것이 첫째의 복지 문제이다. 현대의 어의학(語義學)으로는 안전(安全)과 복지(福祉)는 구별된 법학 용어이다. 그러나 이 구별은 최소한의 생물학적 생존이 보장되고 난 연후의 구별일 뿐이다. 생존이 인간이 누릴 수 있는 모든 복지의 대부분을 차지하고 있는 생의 조건에 있어서는 현대의 수사학도 그 논리적 구성의 빛을 잃는다. 1997년 현재 모든 지식인의 담론이 겉도는 까닭은 그들이 구사하는 용어가 따지고 보면 특정한 시대와 역사의 산물일 뿐 어떤 경우에는 세기말(世紀末)에 진행되고 있는 실제의 문제에서 겉도는 언어일 수밖에 없는 경우가 많기 때문이다. 포즈너 또는 포즈너의 안내에 따라서 현대를 벗어난 우리는 이와 같은 기성 용어에

---

261) Posner. Supra. p.122.

262) Posner. Supra. pp.122 - 123.

263) Posner. Supra. p.122.

얽매이지 않기 위해서 기존의 학문 용어로써 진행되는 논의가 가지는 협소성을 벗어나서 새로운 성찰을 얻기 위하여 인간 문명의 원형을 찾는 것이다. 따라서 우리가 익숙한 기존의 법학 용어는 우리를 한계 지어 왔다는 것을 잘 알아야 한다. 호머시대의 복지(福祉)는 생존(生存) 그 자체이다.

동정(同情)이나 이타심(利他心)의 문제는 극심한 변화기에 있어서 제도의 문제보다 제도 안에 있는 인간의 미덕의 문제이다. 이것은 일종의 능력이다. 로크의 자연 상태와 홉스의 자연 상태를 구분 짓는 '시민의 덕'에 대한 묘사는 그것 자체가 유형화된 것이다.264)

호머시대의 관찰에서는 이기심과 자신의 생존에 대한 관심만 가진 일반인들과 다른 영웅의 한 사람인 아킬레스에게 있어서의 타인의 불행에 감응하는 동정과 이타심이 다른 특징과 같이 나타나 있다. 오디세이 세계에서도 보통의 지혜는 끊임없이 자신의 생존에 대해서 먼저 보장을 확보하도록 촉구하고 있다. 헥토르와 아킬레스를 읽을 때, 행간에 읽히는 우리들의 반응은 그와 같은 것이다.

서양적 전통에 의하면 동정이나 이타심의 요소는 심정적이라기보다도 지각적(知覺的)인 능력이라고 한다.265) 동양인의 파악으로는 동정이나 이타심의 출발은 심정적(心情的)인 것이 된다. 아담 스미스가 1764년 이후에 글라스고우에서 도덕철학의 강좌를 시작했을 때 다른 사람에 대한 고려 또는 타인에 대한 의무감과 지각력과의 관계를 논했다.266) 쉽게 얘기하면 한 사람이 다른 사람의

---

264) John W. Chapman And William A. Galston, (ed.) Virtue, Nomos ⅩⅩⅩⅣ Yearbook of The American Society for Political and Legal Philosophy, N.Y.U Press, 1992.

265) Posner. Supra. 122.

생각과 느낌을 이해하는 능력을 지각력(知覺力)이라 하고, 상상력을 구사해서 다른 사람에게 무엇이 일어나는지 고려할 수 있을 때 이러한 지각력(知覺力)을 갖추고 있다고 본다. 이런 맥락에서 볼 때 놀라운 사실은 타인에 대한 동정과 이타심은 흔히 생각하듯이 심정적이거나, 직관적이 아니다. 오직 타인의 상태를 이해하는 능력에서 출발한다. 이러한 동정과 이타심이 사회적 통제가 극히 약한 호머사회의 결합의 요소가 되고 있다.[267]

1770년대 이후에 절대주의가 시작할 때, 또는 붕괴할 때의 어떤 사회의 모습도 이런 점에서 논할 수도 있다. 오랫동안 계속되던 강한 사회적 통제(社會的 統制)가 약화될 때 '시민의 미덕'이 사회 결합(社會 結合)의 요소가 된다. 이미 논한 대로 홉스가 관찰한 자연 상태의 시민사회(市民社會)의 모습과 로크가 관찰한 시민들의 이러한 능력의 차이가 이후에 절대주의적(絕對主義的) 자연법론(自然法論)과 자유주의적(自由主義的) 자연법론(自然法論) 또는 현대에 와서 자유주의적 제도냐 아니냐로 분기되는 출발점이 되었다.

---

266) 포즈너, 위의 장, 위의 책, p.122. 또한 아담 스미스에 대해서는 참조, 金徹, 『러시아 소비에트 법 ─ 비교 법문화적 연구(比較 法文化的 硏究)』 부록 제6장 解題 (민음사, 1989, p.517). 현대의 경제학과 법학에서는 윤리학과 도덕철학과의 분리 및 거리가 1764년의 아담 스미스 시대보다 현격해졌다. 아담 스미스는 당시 글라스고우 대학에서 도덕철학 강의를 시작하였다. 그의 도덕철학은 법학(러시아법학의 아버지, 데스니츠키와 트레티아코프)과 경제학(아담 스미스 자신의 후기 저작)에 영향을 미쳤다.

267) 호머의 세계는 기원전 1000년의 미케네 문명으로서, 영웅담시(英雄譚詩)가 그러하듯이 몇 사람의 영웅적 특징이 두드러진다. 일리아드는 아킬레스의 분노와 그가 전장에 나타나기를 거절함으로써 그리스군에게 집중된 재난의 묘사이다. 참조. F. A. Wright, Lempriere's Classical Dictionary of Proper Names mentioned in Ancient Authors, Routledge & Kegan Paul Ltd. London and Boston.
또한 헥토르의 죽음으로 끝난다. 따라서 사회적 특징보다는 개인적 특징, 객관적인 일의 진행보다는 개인적인 성격, 우연한 일에 매이고 있다. 동양 고대의 영웅담도 몇 사람의 특징이 모든 국면을 좌우한다는 점에서 비슷하다. 몇 사람의 영웅담과 그들 간의 관계는 현대 법학의 용어로는 근대 입헌주의 이전의 고유의 의미의 정부와 헌법 시대의 특징으로 기술될 수 있다. 또는 제도(制度, Institution)보다도 인적 요소(人的 要素, Personal Element)가 돌출되는 특징으로 파악된다.

이러한 논의는 고대 호머사회 – 근대 시민사회 – 현대 해체기에 있어서의 어떤 사회 관찰에도 통할 수 있는 면이 있다. 원인과 결과를 따지지 말고 현대의 어떤 국가의 시민 도덕(市民 道德)은 그 국가가 그 이전의 중요한 시기에 있어서 절대주의적 경향이었던가 혹은 자유주의적 경향이었던가를 가리키는 바로미터가 된다.[268]

한국에서는 특히 지난 시절의 귀족적 법학도의 특징은 '강한 통제(統制)가 시민의 도덕을 보장한다.'는 사유 방식이다. 이 방식 자체가 인류의 오랜 문명사에 두루 통하는 것이 아니고 특정한 문화 안에서 제한적으로 통용되었던 사유 방식이다. 강한 통제(統制)를 동반하는 법치주의(法治主義)를 옹호하는 논리도 이와 같다. 단기적인 인과관계는 강한 통제의 법치주의가 시민의 결합을 촉진시키는 것같이 보인다(아테네와 스파르타의 비교). 이것 역시 타당 범위는 탁상에서 논할 것이 아니라 인류역사의 경험 더 구체적으로는 언제, 어디서, 어떤 조건에서 타당했느냐를 검증하여야 한다. 포즈너의 경제학적 분석의 가장 기초는 이와 같은 검증(檢證)의 태도이다.[269] 그의 표어 '효율의 극대화(Efficiency Maxization)'까지는 어느 정도 받아들여질 수 있었으나 막상 시장경제에 있어서의 '부

---

268) 법치주의(Rule of Law, Rechtsstaat, law – based state, pravovoe gosudarstvo)의 여러 문명과 나라에 있어서의 차이와 입헌주의(Constitutionalism)의 각기 다른 모습을 분석하는데 종전의 법학이 빠뜨린 것은 시민사회(Civil Society)개념이다. 시민사회는 법 개념은 아니나 법치주의의 정도와 입헌주의의 정도를 가늠하는 척도가 된다. 참조, Harold J. Berman, "The Rule of and the Law – Based State(Rechtsstaat)(with special reference to developments in the Soviet Union)", The Harriman Institute Forum, Vol.4, Nr.5 May 1991, The W. Averell Harriman Institute for Advanced Study of the Soviet Union, Columbia University.

269) Posner가 택한 법의 경제학적 분석 또는 경제의 법학적 분석은 다음과 같은 장점(長點)을 가진다. 1. 법의 경제학적 분석은 법학방법론(法學方法論)에 있어서 계량적 분석(計量的 分析)을 도입해서 법학의 사회과학화, 법 경험(法 經驗)의 계량화(計量化)를 촉진했다. 2. 경제의 법학적 분석(經濟 法學的 分析)은 현대 경제학에서 심하게 분리된 사회 과학의 규범적 요소(規範的 要素), 윤리성(倫理性), 도덕성(道德性)을 가까이 끌어들였다.

의 극대화(Wealth Maxization)'라는 단순화된 슬로건은 극심한 반발을 가져왔는데, 이것은 그의 이론을 함부로 슬로건화하고 함부로 선전을 위해 단순화시킨 그 자신의 책임도 있다.[270] 반복해서 얘기하면 포즈너의 특징은 이와 같은 슬로건에 있지 않고 지금 진행하고 있는 구체화(具體化)된 사례 연구(事例 研究)에 있다. 구체적인 검증(檢證)에 있다.

방금 논술한 호머시대의 타인에 대한 동정(同情), 이타심(利他心)은 윤리학의 용어로는 개인윤리(個人倫理)이다. 호머사회에서 보는 바대로 타인에 대한 동정, 이타심 또는 타인에 대한 공감은 한 집단 내에서는 의미가 있으나 집단을 넘어선 동정, 이타심, 공감에 대해서는 어떨 것인가? 집단과 집단이 부딪치고 있는 헬라군과 트로이군의 전쟁에서는 전면적인 해결이 될 수 없다. 그러나 이와 같이 동정과 이타심의 한계를 논리적으로 말하는 것은 지나친 듯하다. 타인에 대한 동정, 이타심, 공감(共感)은 어떤 경우에도 충돌의 해결을 쉽게 하기 때문에 호머사회에 있어서는 이와 같은 능력을 가진 사람이 언어의 가장 원래 뜻에 있어서의 긍정적인 정치(政治)와 관련된다.[271] 공감만으로 충분하지 않을 경우가 있다. 쟁점(爭點)에 있어서 이해관계를 분별하는 것이 요구된다고 보고

---

270) 참조, 포즈너, 1983년의 서문, v, 정의의 경제학, 1983.
　　"이런 윤리의 무정부 시대에 있어서 가격 이론과 가치 이론에 내재한 윤리를 나 자신은 '부의 극대화' 라고 부르는데 이 부의 극대화는 무질서한 시장에서 지금 팔리고 있는 다른 윤리적 상품과 같이 진열대에 놓일 만하다."
　　포즈너의 '부의 극대화'는 두 가지 용도로 쓰였다. 즉 지식 시장의 상표로서 우선 눈에 띄어야 한다. 그러나 그의 윤리는 그것에 그치지 않는다.
　　한국의 지식인뿐 아니라 많은 경우 궁극적인 윤리 감정과 도덕 감정을 학문의 출발점으로서 하고 있는 외국의 법학자들이 이의를 제기한 것은 포즈너의 첫 번째 특징 때문이었다. 참조, Sanford Levinson, "Some Reflection on the Posnerian Constitution", The George Washington Law Review, 1987.

271) Posner, Supra, p.123.

이 분별력을 포즈너는 이타심의 지각적 요소(知覺的 要素)로서 강조하고 있다.272)

2.2. 오이코스(Oikos): 가계(家系) 또는 가계(家計)

고대 세계의 특징을 고대법의 관점에서 보도록 한다. 우선 호머시대 사회에 있어서의 가족관계가 사회제도와 법제도를 대체하는 특징이다. 살인에 대한 처벌은 공적인 제도 밖에서 시행되며 희생자 가족에 의한 보복의 방식으로 행해졌다.273) 경우에 따라서 일리아드에서처럼 피살된 희생자는 살인자를 죽이는 대신에 보상을 받는 수도 있다. 보상은 개인적 중재에 의해 결정되고 국가는 개입하지 않는다.274)

따라서 가족과 가계가 가지는 엄청나게 큰 사회에서의 비중이 특징이다. 트로이 전쟁의 모든 경과가 이를 보여준다. 그리스인들은 트로이 국가라기보다도 트로이의 가장 중요한 가계인 프리암家와 싸우고 있다.275) 트로이 쪽에서 볼 때 트로이 전쟁의 성격은 뚜렷한 공공(公共) 목적(目的)이 없다.276) 호머시대의 사회는 큰 가계를 가진 가장이 왕과 유사한 역할을 한다. 주어진 지역 안에서 가장 큰 가계를 가진 강력한 사람이 전쟁에 임하여 전리품을 분배한다면 호머시대에는 왕과 유사한 역할을 하게 된다.277)

---

272) Posner. Supra. p.123. Values. Part2. The Origins of Justice.
273) Posner. Supra. p.124.
274) Posner. Supra. p.124.
275) Posner. Supra. p.125.
276) Posner. Supra. p.125.
277) Posner. Supra. p.125.

따라서 호머시대 사회를 구성하고 있는 기본단위는 다른 사회적 요소를 제외한 가계(家系)들이다.[278] 이때 가계를 Oikos라고 하고 가계는 많은 아들, 아내, 노예, 재산으로 이루어져 있다.[279] 큰 가계의 가장을 그리스어로 Basileus라고 한다.[280] 메넬라우스, 이도메네우스, 아킬레스, 오디세우스, 프리암, 아가멤논 모두가 전쟁 이전에 Basileus이다.[281] 외적 안전에 대한 공공의 보장과 정부 기능이 없기 때문에 사람들의 안전과 복지는 가계의 구성원으로서밖에 보장되지 않는다. 오디세우스가 오랫동안 부재중에 '그의 왕위를 노려서' 구혼자들이 그의 아내에게 쇄도했다고 읽혀 왔었다. 실제로는 오디세우스 가계에 있어서 가장이 부재중이었기 때문에 사람과 물건으로 구성된 그의 가계의 계승권을 위해서 찬탈자들이 활약했다고 볼 수 있다.[282]

호머의 고대사회의 특징은 다음과 같이 요약될 수 있다. 혈연(血緣)에 의한 가족 집단(家族 集團)이 사회적 실재이고 우리가 사회나 국가라는 이름에서 생각할 수 있는 공공에 의한 어떤 사회제도, 국가제도도 압도적인 가족 집단에 비해서는 무력해지는 것이다.[283]

---

278) Posner. Supra. pp.130 – 131.

279) Posner. Supra. p.127.

280) Posner. Supra. pp.126 – 127.

281) Posner. Supra. p.126.

282) Posner. Supra. p.126.

283) 가계 및 가족 집단의 압도적인 중요성은 호머시대의 사회뿐 아니라 다른 곳에서도 다른 시점에서도 찾아볼 수 있다.
어떤 법사회학자는 1917년 러시아 혁명 전후의 동유럽과 러시아 서부유럽 그리고 북미를 잇는 러시아 이민의 연구를 통해 인간이 가졌던 사회제도 중에서 특별한 변동기에 가장 오랫동안 가장 기초적으로 기능하는 것으로 가족 집단을 들고 있다. 참조, Georges Guervitsch. Sociology of Law. with a Preface by Roscoe Pound. Philosophical Library(1942).
가족제도(家族制度)의 중요성이 강조되는 것은 법 이론과 국가 이론의 관점에서는 가족제도를 제외한 다른 사회 영역이 공공복리(公共福利)의 영역이기 때문이다. 1997년의 한국

2.3. 고대사회의 특징 - 근대 사회와 현대 사회의 특징과의 대비

호메로스의 사회는 영웅들의 개인적 특징이 두드러지는 사회이다. 이 이유는 법 이론과 국가 이론에서 지적할 수 있다. 호메로스 시대의 사회는, 기구는 가지지만 실제로 기능이 없는 정부의 역설을 드러내는 것 같다.[284] 정부의 일반적인 민간에 대한 기능은 호메로스의 사회에서는 없는 것 같다. 사회 간접 자본, 즉 공공 도로, 항만, 건설, 화폐 주조, 기록 보존, 외국어 교육에 대한 규정, 경찰, 법정도 없다.[285] 국가의 방어에 대한 이유로 몇몇 지역에서는 어떤 종류의 세금이 부과된다. 그러나 왕에게 내는 세금이 공공 재정(公共 財政)과 잘 구별되지 않는다.[286]

트로이 정치 지배층의 중요한 문제는 Paris가 Hector의 형제이고 Priam의 아들이라는 것이다.[287] 역사적으로 국가의 성립은 각 가계

사회를 인류학적으로 관찰하면 다음과 같다. 한편에 가계(家系) 및 가족 집단(家族 集團)이 있다. 다른 한편에 공공복리(公共福利)가 있다. 어떤 개인의 문제가 가계 및 가족 집단에 의해서 해결될 수 있다면 그것은 사적(私的)인 영역이다. 어떤 개인의 문제가 가계 및 가족 집단에 의해 해결될 수 없다면 공적인 영역이다.

이 공적(公的)인 영역(領域)이 사회나 국가의 존재 이유가 된다. 어떤 사회의 근대성(近代性)은 그 사회의 고대성(古代性)과 반비례한다. 호메로스 사회는 최소한 기원전 1000년 전후로 짐작된다. 가계(家系)가 안전 보장(安全 保障), 공공복리(公共福利)의 모든 중요한 역할을 맡고 있다.

만약 기원후 2000년에도 개인이 속한 가족 집단이 안전 보장, 공공복리의 거의 모든 역할을 담당해야 되는 사회가 있다면, 이것은 호메로스 시대와 약 3000년의 차이를 두고 통시적(通時的) 유사성을 가지는 셈이 된다.

다른 중요한 문제가 있다. 어떤 사회에서 가계나 가족 집단이 중요한 사회 세력이 되고, 마치 호메로스 시대의 64명의 아들을 가진 메넬라우스 가계와 같은 대가족이 사회적 활동의 출발과 종착이 된다면 사회는 이와 같은 큰 가족 집단 몇 개가 각축하는 구조로 파악될 수가 있다.

법인류학적 분석은 현대의 테크놀로지가 발전시킨 모든 정교(精巧)한 개념 장치를 넘어서 가장 원시(遠視)적인 거리에서 어떤 사회의 특징을 고대사회와 대비(對比)시킬 수 있다.

284) Posner. Supra. p.126.

285) Posner. Supra. p.126.

286) Posner. Supra. p.126.

가 강력한 적을 막아내기에는 더 이상 충분히 강력하지 않을 때 가계의 연합을 시작한다.[288] 가계는 아주 오랫동안 자연적으로 지속되었고 호메로스에서 보는 바대로 강력한 사실상의 최소의 국가였으므로 더 큰 테두리에 종속되는 것에 저항한다. 반대로 말하자면 강한 국가가 출현하기 위해서는 거대한 가계들이 붕괴되어야만 한다.[289]

일리아드라는 큰 서사시는 가계(家系)에 대한 책임과 국가에 대한 책임의 갈등의 한 상징이다. 트로이의 프리암은 62명의 아들과 12명의 사위를 거느린 거대한 가계(家系)를 가지고 있었다.[290] 이 가계(家系)에 대한 책임과 그리스 국가의 하나인 트로이의 행정 수반으로서의 프리암의 책임은 충돌한다.[291]

일리아드에 있어서 가계에 대한 충성은 트로이 국가의 파멸을 야기한다.[292] 이 절의 출발을 국가나 사회의 공식 기구가 부재하는 곳에 있어서의 개인의 영웅주의로 시작하였다. 실로 고대사회로부터 시작된 영웅담은 – 동아시아에 있어서의 고대 영웅담의 하나인 삼국지를 포함해서 공식 기구(公式 機構), 공식 제도(公式 制度), 공식 윤리(公式 倫理)가 부재한 사회에 있어서 개인이 그의 개인적 원천과 자원을 동원해서 성공하는 사례의 과장적 표현이다.

일리아드와 오디세이에서 발견되는 것은 이와 같이 요약할 수 있다.

'공공(公共)'이 없는 곳에서 '사(私)'가 그 자리에 서게 된다.

---

287) Ibid. p.131.

288) Posner. Supra. p.131.

289) Posner. Supra. p.131.

290) Ibid. p.124.

291) Posner. Supra. p.131.

292) Posner. Supra. p.131.

'사회제도가 없는 곳에서 개인적 해결이 있을 뿐이다.'

마침내 이와 같은 맥락에서 말해질 수 있다.

'사회윤리(社會倫理)의 결핍이 오로지 충만한 개인윤리(個人倫理)를 요구한다.'

오랫동안 법 이론가와 공법 학도들은 윤리와 관계없는 공식 제도(公式 制度)의 골격(骨格)을 모으고, 비교하며, 열거하는 작업에 몰두하였다. 이것은 마치 시대를 확인할 수 없는 또는 각기 다른 시대에 속하는 디노사우르스, 아파트사우르스, 티라노사우르스와 같은 쥐라기시대의 큰 뼈들을 감정(鑑定)없이 수집하는 것과 같다.

호메로스의 서사시에서 발견되는 것은 어느 시대에나 공식 제도(公式 制度)는 같이 수반하는 공공(公共)의 윤리(倫理) 또는 사회윤리(社會倫理)를 가지고 있다는 점이다.

제도(制度)와 윤리(倫理) 간의 이 동반성(同伴性)이 잘 알려지지 못하고 한쪽에만 치우치게 된, 1997년의 어느 국가가 현대 국가의 형식적인 기구와 함께 기원전 1000년의 고대사회(古代社會)의 윤리를 함께 가진다면 이런 경우에도 개념적으로 유형(類型)화된 외관(外觀)에 따라 판단하며 문제 해결을 꾀할 수 있을 것인가?

3. 근대 입헌주의적 헌법에 있어서의 경제이론

3.1. 들어가는 말

한국의 헌법학에서는 입헌주의(Constitutionalism)라 함은 국민의 기본권을 보장하고 권력분립을 규정한 헌법에 의거하여 통치할 것을 요구하는 정치 원리를 말한다.[293] 또한 입헌주의적 헌법이라 함은 자유주의(自由主義), 법치주의(法治主義), 의회주의(議會主義) 등과 같은 일정한 이데올로기를 그 기초로 하면서, 개인의 자유와 권리의 보장 그리고 권력분립에 의하여 국가의 권력 남용을 억제할 것을 내용으로 하는 헌법만을 말한다. 이와 같은 헌법은 근대 시민혁명 이후에 비로소 등장하였다. 그러므로 이런 헌법을 가리켜 근대적 의미의 헌법, 역사적 의미의 헌법, 시민 국가의 헌법이라고 한다.[294]

이와 같은 의미의 근대 입헌주의적 헌법은 1215년(마그나 카르타), 1628년(권리청원), 1679년(인신보호법), 1689년(권리장전)을 포함하는 영국 불문헌법, 1776년 버지니아 헌법, 1787년 아메리카 연방 헌법, 1791년 프랑스 제1공화국 헌법을 들 수 있다. 성문 헌법으로서의 근대적 입헌주의적 헌법은 1787년의 아메리카 연방 헌법과 1791년의 수정1조, 수정2조, 수정3조, 수정4조, 수정5조, 수정6조, 수정7조, 수정8조, 수정9조, 수정10조, 1798년의 수정11조, 1804년의 수정12조, 1868년의 수정14조, 1870년의 수정15조, 1913년의 수정16조, 1913년의 수정17조, 1919년의 수정18조, 1920년의 수정19조, 1933년의 수정20조, 수정21조가 근대적 입헌주의라는 범주에 속하며, 한국의 통설에 따라 1945년 세계 제2차 대전 종료 이후, 즉 1951년의 수정22조, 1961년의 수정23조, 1964년의 수정24조, 1967년의 수정25조, 1971년의 수정26조는 현대적 복지국가

---

293) 다음의 한국 헌법학 교과서의 인용은 무순임. 김철수(박영사, 1996), 권영성, 『헌법학 원론』(법문사, 1995, p.5), 허영, 『한국 헌법론』(박영사, 1995), 최대권, 『헌법학』(박영사, 1989).
  또한 참조, 김철, 『한국 법학의 문제점, 법 제도의 보편성과 특수성』(서울: 훈민사, 2007).

294) 전형적인 모든 헌법적 교과서도 같은 취지이다.

헌법에서 다룬다.295)]

3.2. 포즈너의 여덟 가지 입헌주의 연구의 영역

"이제 경제학이 헌법을 연구하는 데 어떻게 쓰이는가를 생각할 때 헌법의 경제학적 연구방법은 8개의 특정한 토픽을 형성한다." 고 하였다.296)

3.2.1. 입헌주의의 경제이론

포즈너는 특히 어떤 종류의 기본제도의 변화를 가져오는 데 절대다수(super majority)를 요구하는 조항이 경제적으로 어떤 경과와 효과가 있는가를 지적한다.297)

3.2.2. 헌법적 장치의 경제성298)

이것은 기본적 제도의 헌법 원칙에 대한 것이다.

---

295) 헌법사(憲法史)에서 근대적 입헌주의적 의미의 헌법과 현대적 의미의 헌법의 분기점을 언제로 잡을 수 있을 것인가? 물리적인 시대와 함께 기본제도의 내용을 주의하여야 할 것이다. "양차 대전이 민주 진영의 승리로 막을 내리자 세계적으로 민주주의가 부활 내지 강화되었을 뿐 아니라 사회화(社會化)의 경향마저 촉진되었다." 권영성, 『헌법학 원론』(법문사, 1988, p.9).
이 표현에 의하면 1차 대전과 2차 대전이 모두 끝난 1945년을 '현대적' 복지국가의 헌법의 기산점으로 보고 있는 듯하다. 아메리카에 있어서는 1868년의 수정14조의 '법의 평등한 보호'의 채택이 일단 새로운 헌법의 시대를 여는 것으로 생각된다. 그러나 이 경우에 있어서도 2차 대전이 끝난 1945년을 세계사적인 전환기로 크게 볼 수도 있다.

296) Richard A. Posner, The Constitution as an Economic Document, p.4, 56 No.1 The George Washington Law Review, November 1987.

297) Ibid. p.4.

298) Ibid. p.4.

따라서 a) 연방 정부 안에서의 권력분립의 원칙에 대한
경제학 b) 연방 정부와 주 정부의 겹치는 주권의 영역에
있어서의 문제에 대한 경제학

3.2.3. 특별한 헌법적 원칙의 가장 넓은 의미에 있어서의 경제적 효과[299]

이 경우의 헌법 원칙은 자백의 증거 능력에 대한 제한
그리고 수정1조의 미디어의 자유 원칙을 들고 있다.

3.2.4. 어떤 헌법 조항과 원칙의 해석이 내재하는 경제논리를 가지고 있을 때[300]

예를 들면 언론의 자유의 조항이 사상의 자유시장의 보
장 장치로서 생각될 것이다. 또한 사유권 징발에 관한 조
항이 재산권의 보장 장치로서 생각될 때이다.

3.2.5. 기존의 헌법 조항을 재해석하거나, 새로운 수정 조항을 만드는 경우[301]

균형 예산 수정 조항과 같은 새로운 수정 조항을 통해
서 헌법을 자유 시장의 포괄적인 보호 제도로서 다시 형
성시키자는 최근의 제안들을 다루는 경우이다.

---

299) Ibid. p.4.
300) Ibid. p.5.
301) Ibid. p.5.

3.2.6. 이른바 이중 기준의 문제이다.302)

이중 기준의 의미는 역대 대법원이 인격적 영역에 속하는 자유 이른바 정신적 자유의 영역에서는 열정적으로 관여하면서 막상 경제 영역의 자유에 있어서는 거의 무관심한 태도에 관한 문제이다.

3.2.7. 헌법과 경제성장과의 관계303)

이 경우 헌법은 성문 법전과 해석된 모든 경우를 다 의미한다.

3.2.8. 판사가 경제분석을 헌법 해석의 지도적 원리로서 사용할 때 얼마나 자유롭게 느끼는가의 문제304)

이것은 결국 특정한 헌법 원칙이나 헌법 조항을 해석할 때 나타나는 것으로서 경제학과 헌법 해석과의 관계이다.305)

---

302) Ibid. p.5.
303) Ibid. p.5.
304) Ibid. p.5.
305) Ibid. pp.4 - 5.

4. 포즈너의 근대 입헌주의적 헌법과 법치주의에 대한 태도

다음의 두 가지 포즈너의 명제에서 출발하기로 한다.

명제1: 기본 제도와 헌법의 미덕은 나날의 변화하는 정치과정에서 '가장 기본적인 정치문제'를 빼는 데 있다.[306]

명제2: 종교 자유의 헌법 조항은 종교에서 오는 갈등을 줄였다 – 종교적 갈등은 파괴적이며, 시간 소모적이며, 시장 가치에 관계되지 않기 때문에 경제성장에 도움이 되지 않는다.[307]

명제1에 대해서 '왜?'라고 물을 때, 대답이 명제1 – 1이 된다. 왜 나날의 정치과정이 닿지 못하는 곳에 큰 기본 틀을 얹어 두는 것이 미덕이냐?

대답은 그렇게 하는 것이 '생산적'이기 때문이다.

명제1 – 1 기본제도로서의 헌법은 "사람들의 에너지를 해방시켜 생산적인 개인활동을 하게 한다."[308]

명제1 – 1에 대해서 '왜? 무엇으로부터 해방시켜서?'라고 물을 때, 대답은 명제2의 뒷부분에 있다. 정치적 갈등은 파괴적이며 시

---

306) Posner, The constitution as an Economic Document, 56 Geo. Wash. L. Rev. (1987).at 28.

307) Id. at 29.

308) Id. at 28.

간 소모적이며, 시장 가치에 관계되지 않아서, 경제성장에 도움이
되지 않는다.[309]

4.1. 포즈너 명제에 따른 입헌주의의 여러 단계에 대한 평가

다음 1에서 5까지 어느 단계에 어떤 공동체가 와 있는가가 평가
될 수 있다.

4.1.1. 첫 번째 단계: 기본제도(Institution) 또는 헌법(Constitution)은 갈등을 줄인다.: 정치적 갈등과 종교적 갈등이 각각 명제1, 명제2, 명제1 - 1의 주제이다.

4.1.2. 두 번째 단계: 제도(Institution)와 헌법(Constitution)은 갈등을 줄여서, 사람들의 에너지를 자유롭게 한다.

4.1.3. 세 번째 단계: 정치적 영역과 종교적 영역에서의 감소된 갈등은, 경제적 영역으로 향(向)한다.

4.1.4. 네 번째 단계: 공적 영역에서 갈등이 줄거나 완화되면, 사람들은 사적 영역, 개인적 영역으로 에너지를 돌린다.

4.1.5. 다섯 번째 단계: 개인적으로 생산적인 활동에 몰두할 수 있게 된다.

---

309) Id. at 28.

4.2. 포즈너 명제에 대한 가능한 객관적 해석 및 평가[310]

4.2.1. 명제1과 명제2의 열쇠가 되는 언어는 생산적인(productive, 1 - 1), 시장가치 / 비시장가치(market value / non market value, 2), 경제성장(Economic Growth)이다. 공통분모는 시장경제(Market Economy)이다.

4.2.2. 명제(1 - 2)의 상식적인 요약은 다음과 같다.

> 명제1: 갈등완화를 통해서, 즉 첫 번째 단계부터 다섯 번째 단계를 경유해서 개인적 활동에 몰두할 수 있게 된다.
> 명제1 - 1: 헌법 조항, 예를 들어서 외면적으로는 경제활동과 직접적으로 관계없는 통치 구조론의 규정과 실제는 생산활동을 조장하거나 저해하는 효과를 가진다.
> 명제2: 종교 자유 조항은 경제성장에 도움이 된다.

4.3. 명제(1 - 2)의 상식적 요약과 Posner 자신의 진술과의 비교

"포즈너는 경제학을 헌법의 연구방법론으로 쓸 때, 8개의 특정한 토픽(Topic)을 설정한다.[311] 그중 일곱 번째 주제가 헌법과 경제성장과의 관계이다.[312]"

---

310) Sanford Levinson, Some Reflections on the Posnerian Constitution, Vol.56, No.1, The George Washington Law Review, 1987.

311) Richard Posner, supra, p.4.

312) Ibid. 5.

4.2.의 상식적 요약과 포즈너 자신의 진술은 일치한다.

4.4. 포즈너 명제에 대한 문제점 및 비판적 관점

4.4.1. 명제(1－2)를 다음과 같이 요약할 수도 있다.

시장 가치의 다른 어떤 가치에 대한 우월한 위치를 강조하는 결과로 "헌법의 중요 조항이 오로지 시장 가치의 생산에 최종적인 목적이 있다."고 일부러 읽힐 수 있다. 정통적인 법 이론가는 즉시 반격 가능하고 무자비하게 파괴할 수 있을 정도로 비논리적이다.

왜냐하면 통치 구조의 조항들은 그 자체 목적, 성질, 연혁이 독자적으로 있으며, 종교조항도 그 자체 목적이 있어서 '경제성장'이란 효과는 정통적인 법학 논리로는 非논리적이다.

만약 "법은 논리가 아니라, 경험이다."라는 호움즈의 격언(Holmes Maxim)을 포즈너명제(Posnerian Proposition)에 적용시킨다면 논의가 달라질 것이다.

4.4.2. '비논리성'보다 더 큰 어려움은 포즈너의 명제가 가지는 윤리적 함의(Ethical Implication)이다.

    4.4.2.1. '시장의 수요에 따른 생산 활동만이 가치를 가진다.'라는 극단적 표현의 가능성이다.

    4.4.2.2. '이런 활동으로써 개인적으로 부(wealth)를 극대화(maximize)하는 것이 궁극적으로 사회와 세계의 공동선(Public Good)을 돕는 것이다.'

4.4.3. '부의 극대화(Maximization of Wealth)'라는 Posner의 표어 (Catch – Phrase)가 나타난다.

법학의 전통적 이념으로서의 정의(Iustitia, Gerechitigkeit, Justice)는 개념적으로 포즈너의 표어(Posnerian Catch Phrase)와 어떤 관계를 가질 것인가? 포즈너의 모든 저작이 이와 관련되고, 그 자신이 활발한 활동을 하고 있는 진행형(進行型)의 필자이다.

5. 입헌주의의 효율적(效率的) 정당성(正當性)

5.1. 더글러스 노스(Douglass C. North)의 제도이론(制度理論)

이미 지난 이야기이지만 근대 이후의 입헌주의적 헌법 장치가 어떤 경우에 '정부의 효과적인 통제를 약화시키며 생산성과 능률을 저하시킨다.'라는 언급이 있어 왔다. 경제분석은 그와 같은 잠재의식이 근거 있는가를 밝혀 줄 것이다. 지금 취급할 것은 입헌주의의 규범적 정당화이다.

그리고 이 과정에서 작용할 규범적 기준은 '부(富)와 효율(效率)의 극대화(極大化)'이다. 입헌주의를 위해 유리하게 근거를 제시할 두 부분의 논의를 검토한다. 이 논의는 모두 효율성(效率性)을 기준으로 해서 행해질 것이다.[313] 경제학자들은 일반적으로 헌법을

---

313) Donald J. Boudreaux & A. C. Pritchard "Rewriting The Constitution: An Economic Analysis Of The Constitutional Amendment Process", Fordham Law Review, Vol.62, 1993. 이 연구는 경제분석의 방식을 헌법 장치에 적용시킨 것으로 저자들이 밝

그들의 용어대로 한다면 어떤 사회와 국가에서 경제학적으로 의의가 있으며 경제학의 영역에서도 기본 용어로 다루는 '제도(Institution)'로서 취급한다.

이런 의미에서의 제도 개념을 중심으로 그의 학문을 진행시킨 사람은 더글러스 노스(Douglass C. North)이다.[314] 1990년에 출간된 『제도(制度), 제도 변화(制度 變化)와 경제적 성취(經濟的 成就)[315]』는 1990년대 초의 노벨 경제학상을 수상한 대표작이다. 그에 의해서 소개된 진화론적 가설은 다음과 같다.

"보다 열등한 제도는 경쟁에 의해서 보다 우수한 제도에 자리를 내어 준다."

우수한 제도는 인류의 문제를 보다 잘 해결하여 인류에게 보상함으로써 계속하여 생존하게 된다.[316] 노스와 토머스(1973년)는 제도를 경제 성취와 상대 가격 변화의 결정 요인으로 보았다. 또한

힌 바대로 포즈너의 부분적인 도움과 영향이 엿보인다.

314) Douglas North의 열거하는 대표적인 업적은 의외로 많지 않게 보인다.
1. 1955. "Location Theory and Regional Economic Growth", Journal of Political Economy, 63: 243–58.
2. 1984. "Government and the Cost of Exchange", Journal of Economic History, 44: 255–64.
3. 1986. "Is It Worth Making Sense of Marx?" Inquiry, 29: 57–64(이상이 논문이다).
4. 1981. Structure and Change in Economic History. New York: Norton(저서이다).
5. James D. Tracy(ed.), "Institutions, Transaction Cost, and the Rise of Merchant Empires." in The Political Economy of Merchant Empire. Cambridge University Press(출간예고)
6. 1990. Douglass C. North Institutions, Institutional Change and Economic Performance. Political Economy of Institutions and Decisions.
이 독창적인 학자는 의외로 과작(寡作)성향으로 보인다. 업적의 양보다는 질을 우선하는 학자로 보인다.

315) Douglass C. North, Institutions, Institutional Change And Economic Performance, Cambridge University Press.

316) 이 진화론적 가설은 이미 1950년에 Alchian에 의해 만들어진 것이다. 참조, Alchian, Armen A. 1950. "Uncertainty, Evolution and Economic Theory", Journal of Political Economy, 58: 211–21 이상은 North의 위 책에서 인용.

상대 가격의 변화는 보다 효율적인 제도를 건설하는 인센티브를 형성한다고 하였다. 이때 제도 변화의 원천은 상대 가격의 변화가 된다.

1981년 노스는『경제사의 구조와 변화』에서 방금 이야기된 상대 가격의 변화가 제도를 더욱 효율적으로 만든다는 이론은 포기하였다.[317]

어떻게 우리는 장기간에 걸친 경제의 전혀 다른 성취를 설명할 수 있을 것인가?

대답은 제도와 조직의 차이에 있다고 보는 것이다. 제도와 조직 간의 교호적인 역동 관계－상호 유기적인 작용이 제도 변화 방향을 형성한다는 것이다.

노스는 다음과 같이 설명한다.[318]

1. 제도는, 경제이론의 표준적인 강제(强制)와 함께, 어느 사회의 기회(機會)를 결정한다.
2. 조직은 어느 사회에 있어서의 이러한 기회를 선용하기 위해서 만들어진다.
3. 조직이 진화함에 따라서 조직은 제도를 변화시킨다.
4. 제도 변화로써 결과하는 경로는 첫째, 제도와 제도가 제공하는 인센티브 구조의 경과로써 진화하는 조직과의 공생(共生)하는 관계에서 형성된다. 또한 인간이 지각하고, 기회의 조합(組合)의 변화에 반응하는 피드백(feed back) 과정에서 형성된다.

---

317) Douglas North, Structure and Change in Economic History, New York: Norton.
318) Douglass C. North, Institutions, Institutional Change and Economic Performance, p.4, Cambridge University Press.

제도(制度)는 미합중국 헌법의 경우처럼 창조될 수도 있고, 영국 보통법의 경우처럼, 오랜 시간 진화(進化)할 수도 있다. 제도적 강제(制度的 强制)는 개인이 무엇을 해서는 안 되는 것, 즉 금지 사항(禁止 事項)과 또 때로는 어떤 조건하에서 개인이 어떤 행동들을 할 수 있는가, 즉 허용(許容)되는가를 포함한다. 여기서 정의된 대로 제도적 강제(制度的 强制)는 따라서 인간적 상호 교호작용(交互作用)이 그 안에서 행해지는 큰 테두리라 할 수 있다. 제도(制度)가 주는 강제(强制)는 따라서 경쟁적인 단체 스포츠에서의 게임의 규칙과 몹시 비슷하다고 할 수 있다. 왜냐하면 게임의 규칙은 형식적으로 쓰인 규칙뿐 아니라 형식적인 규칙을 보충하는 전형적으로 불문(不文)의 행위 법칙(行爲 法則)을 포함한다. 이와 같은 불문의 행위 법칙은 예를 들면 반대 팀의 주된 경기자를 의도적으로 부상시키는 것이 규칙 위반이라고 하는 것이다. 그래서 게임의 규칙과 불문(不文)의 비공식 행위 법칙(行爲 法則)이 때때로 위반되고 처벌이 행해지는 것이다. 이와 같이 보아 올 때 제도가 작용하는 본질적인 부분은 규칙 위반을 선언하고 어느 정도의 처벌을 행하는 것이 얼마만 한 비용(費用)을 요구하는가 하는 문제이다.[319]

---

319) Douglass C. North, Institutions, Institutional Change and Economic Performance, p.4, Cambridge University Press.

5.2. 중요한 문제에 대해 기본 입장을 '미리 밝히는' 장치로서 의 헌법[320]

경제학자들은 또한 헌법을 '먼저 입장을 밝히는 사회적인 장치'로 본다. 미래에 있어서 불확실한 결정의 일에 대해서 헌법 규정은 '먼저 사회적으로 입장을 밝히고', 선택 가능성의 테두리를 정한 것이다.[321] 경제학자들은 또한 통상의 선택 가능성이 많으면 많을수록 부(富)를 증대시킬 것이라고 가정한다. 그러나 "사람들은 앞으로의 오랜 기간 동안 자신의 이익과 일치하지 않는 성급한 행동 또는 잠재적으로 해로운 행동을 하지 않는다."[322]라고 보는 것이 전제(前提)이다. 따라서 가능하다면 미래의 선택의 범위를 제한함으로써 그와 같은 자신에게 해로운 행동을 할 가능성을 없애려고 할 것이다.

어떤 예민하며 오랫동안 영향을 미칠 주제에 대해서 미리 훨씬 이전에 기본적 입장을 정해 놓음으로써 그것의 장기 효용(長期 效用)을 극대화할 수 있을 것이다. 이것이 '미리 기본적 입장을 정해 놓는 것'의 유용성이다.

---

320) 이 용어는 Boudreaux와 Pritchard의 것이다. "Precommitment" 참조, Donald J. Boudreaux & A. C. Pritchard, "Rewriting the Constitution: an Economic Analysis of The Constitutional Amendment Process", p.123, Fordham Law Review vol.62, 1993.

321) Boudreaux & A. C. Pritchard, "Rewriting The Constitution: An Economic Analysys Of The Constitution Amendment Process" p.123, 1993.

322) 이 명제는 특별히 경제학적 연구의 전제가 된다. 사람들이 합리적인 행동을 할 것이라는 가정이 특별히 모든 경제학적 연구의 출발이 되는 것이다. 그러나 전형적으로는 근대 경제학의 특징인 이 합리성의 가정은 궁극적으로는 모든 근대 이후의 사회 과학과 법학의 전제 조건이다. 프로이드는 일견 인간 행동의 비합리성을 설명하였으나 그의 설명 방식은 역시 합리적인 인과 관계를 설명하는 것이다. 현실 인간 행동을 경제학과 법학이 예측 통제하지 못하는 것을 학문 자체에서 찾기보다 현상으로서의 인간 행동의 사실적 비합리성으로 보는 것이 타당하다.

인간의 합리성과 비합리성에 대한 가장 오래되고 용감한 서사시
는 오디세이와 관계된다. 그가 그의 동료인 선원들과 항해할 때
어떤 섬 부근에는 매우 아름다운 노래를 부르는 요정들이 있다는
것을 알았다. 바다 위로 튀어나온 바위 위에서 매혹적인 노래를
부르는 여자 요정 사이렌들의 노래는 너무나 아름다워서 오랜 기
간 바람과 파도에 시달린 항해자들은 그 노래를 듣는 순간 자신을
잊어버리고 노와 키를 움직이는 동작도 잊어버리고 이윽고 황홀한
느낌 속에서 바위 옆의 소용돌이치는 격류 속으로 배와 자신들을
던져 넣는 것이었다. 오디세우스는 그의 동료들에게 그 자신의 몸
을 마스트에 묶고, 자신의 동료들은 귀를 솜으로 막고 노를 젓게
했다. 이렇게 함으로써 그는 자신이 아무리 사이렌의 노래에 유혹
되어 암초에 가까이 가라고 비합리적인 명령을 내리더라도 동료들
이 자신의 명령을 듣지 못함으로써 동료들은 암초 근처에 가까이
가지도 않고 무사히 암초 지대를 빠져나가는 합리적인 행동을 취
하게 했다.[323]

이 에피소드를 개인에서 사회로 확장시키면, 헌법을 통해 미리
입장을 밝히는 것은, 중요하고 일정한 행동을 정부의 일상적인 힘
이 닿지 않는 곳에 그리고 미래의 권위의 손이 닿는 곳보다 높은
곳에 두는 것을 의미한다. 집단 선택(集團 選擇)의 범위를 제한함
으로써 헌법은 개인적 영역을 보호한다.[324] 따라서 '입헌주의는 사
회 전체를 마스트에 묶는 것이다.'

---

323) 인상적인 이 에피소드는 인간성의 합리성과 비합리성에 대한 고전의 성찰이다. Jon Elster,
    Ulysses and the Sirens: Studies in Rationality and Irrationality 36(1979). 인용은
    Boudreaux & A. C. Pritchard p.123, note 47, 1993.

324) Posner, The Constitution as an Economic Pocument, 56 Geo, Wash.L.Rev.
    (1987), at 28.

헌법 규정이 대단한 내구성(耐久性)325)을 가짐으로써, 어떤 사회의 다수로부터 어떤 행동을 그들의 손길이 닿지 않게 두는 데 성공했다.326) 사회는 개인과 마찬가지로 이론적으로 미래의 행동 코스를 미리 밝히고 결정할 수가 있다. 그러나 누가 앞으로의 행동 경로를 미리 밝히느냐를 결정하는 것은 헌법의 가치를 사회적인 '미리 밝히는' 장치로 평가하는 것을 복잡하게 만든다.

왜냐하면 헌법 규정들은 불가피하게 세대에서 세대로 이행되기 때문이다. 어떻게 어느 사회의 다수는 최소의 비용으로 그들의 취향을 미리 밝힐 수 있는가? 사회 전체의 취향은 세대와 세대 간에 있어서도 상대적으로 안정되어 있을 수 있다. 이런 전제하에서는 헌법을 창조하는 데 있어서 앞선 세대들에게 우선권을 주는 것이 '미리 밝힘'에 있어서의 최소 방식이다.327)

1789년 헌법 채택 이후 의회에서 제안된 10,000건 이상의 개정안 중에서 단지 27개의 개정안이 통과되었다.328) 이것은 208년의 역사에서 27건의 덧붙이는 방식의 첨가식(添加式)으로 평균 7.7년에 한 개의 개정안이 추가된 것이다. 또한 개정안의 통과율은 27 /

---

325) 여기서의 '헌법의 내구성'은 본 논의가 아메리카 헌법을 전제로 이루어졌기 때문에 경성(硬性)헌법을 전제로 하고 있다. 물론 연성(軟性)헌법을 가지고 있는 나라도 있으나 여기서는 경성헌법만을 가지고 논의를 이끌어 가기로 한다. 왜냐하면 대부분의 국가의 헌법이 경성헌법이며, 또한 한국의 헌법도 경성헌법이기 때문에 연성헌법을 전제로 한 논의는 별다른 실효성이 없기 때문이다.

326) 1. '민주주의는 다수의 지배이다.' 이 상식에는 다음과 같은 대구(對句)가 있다.
  2. '다수도 침범하지 못할 원칙이 있다.' 신생국의 입헌주의와 법치주의가 명제1의 성취에는 외견상 성공한 것같이 보인다. 그러나 명제2의 성취는 전혀 다른 문제이다. 입헌주의와 법치주의가 명제2가 아니었으면 결코 1760년대 이후 그 명맥을 유지하기 힘들었던 것은 역사의 교훈이다.

327) Stephen Holmes, Precommitment and the Paradox of Democracy, in Constitutionalism and Democracy 195, 218-19(Jon Elster & Rune Slagstad eds, 1988) 인용은 Boudreaux & A. C. Pritchard, 위의 논문 p.125, 주 53.

328) Boudreaux & Pritchard, p.112(1993).

10,000으로 0.27%로서 통과율은 0.3% 미만이다. 거의 통과되지 않았다. 이것은 연방 헌법 5조가 개정안에 다음과 같은 정족수를 요구하기 때문이다. 제안 정족수는 상하 양원의 각각 2/3가 필요하다. 또는 모든 주의 2/3의 의회가 필요하다. 의결 정족수는 다음과 같다. 모든 주 의회의 3/4의 동의 또는 모든 주협의회의 3/4의 동의가 필요하다. 이것이 초다수(超多數) 또는 절대다수(絶對多數)의 원리(Supermajority)이다.[329]

물론 이 나라의 헌법은 이 나라 특유의 역사의 산물이고, 또한 이 기본제도가 이 나라의 정치사, 경제사, 법제사에 영향을 준 것이다. 이 나라 역사의 어떤 부분에도 1789년 이전의 '건국의 아버지들'이 미리 입장을 밝힌 기본적 제도에 대해서 나중 세대들이 208년이 지나가는 동안 개정을 위한 소모적인 논쟁에서 시간을 잃은 경험을 발견할 수 없다. 외국인들은 이들의 기본적 제도와 그것에 200년 이상 충실한 아메리카의 시민 문화가 대단히 효율적이며 생산적이라는 것을 알 수가 있다.[330]

---

329) Ibid. p.112.

330) Tocqville은 19세기 초에 아메리카의 미래에 대해서, 아메리카의 법의 지배에 대해서, 아메리카 헌법의 영속성에 대해서 예견한 바가 있다. Tocqville에 대해서는 1993년 한국사회이론학회 춘계학술세미나의 주제발표 중 김왕식 교수, "Tocqville의 아메리카 기본제도에 대한 평가".

5.3. 정부기구(政府機構) 비용(費用)의 제한 방식으로서의 입헌주의331)

입헌주의의 경제이론에서 효율성, 정당화 다음으로 논의할 수 있는 것은 정부기구 비용의 절감이다.

민주 사회는 정부기구의 비용에 대해서 걱정해야 한다. 이 비용은 개인보다는 사회에 더욱 절실하게 자제를 요구한다. 일반적으로 사람들은 그들의 이해관계에서 행동할 것이다. 그러나 대표자들이 뽑아 준 사람들의 이익에 맞게 행동할 것을 투표자들은 기대할 수 없다. 통상의 경험이 보여주듯이 정기적인 투표조차도 정치인들로 하여금 그들을 선출해 준 다수의 이익에 맞게끔 행동하도록 완벽하게 강제할 수도 없다.332)

즉 유권자들은 그들의 의원이 완벽한 대표자로서 행동할 것을 기대할 수가 없다.

입법자들이 입법의 시장에 들어갈 때의 어렵고 힘든 일들이 그들로 하여금 넓은 의미의 국민들로부터 뽑아낼 수 있는 넓은 의미의 이득(利得)을 창출하도록 한다.333)

입법에 참여하는 의원들이 그들 유권자에 대한 완벽한 대표자가 되고자 소망하는 경우에도 정부의 다른 행동자가 기관 비용(機關

---

331) 이 용어는 Boudreaux와 Pritchard의 것이다. Ibid. B. Reduction of Agency Costs p.126.
또한 참조, James M. Buchanan, with R. E. Wagner and John Burton, The Consequences of Mr Keynes. Ⅱ. Constitutional Options for Fiscal Control pp.103 - 106 in James M. Buchanan, Constitutional Economics, 1991.

332) Boudreaux & A. C. Pritchard, p.127(1993).

333) Ibid. p.127.

費用)을 증가시키게끔 한다.

입법부의 의원들은 다른 부처의 행동자가 유효하게 행동하는 것을 감시할 수도 없다.

더욱이 감시 비용(監視 費用)은 집행부와 독립 기구의 정부 구성원으로 하여금 넓은 의미의 공중(公衆)을 희생하여 그들 자신의 이득을 최대화시킬 여지를 주곤 한다.334)

따라서 사회는 그들의 정치적 기관에 대해서 제한을 둘 필요가 있다. 정부를 치자와 국민 간의 계약이라고 보는 자유주의적 자연법론의 입장에 따르면, 국민은 정부 기관에 드는 비용을 절감하기 위해서 새로운 기관이 생기기 전에 정부에 대해서 제한을 가하지 않으면 안 된다.335) 일단 정부가 자리를 잡으면 정부기구의 행동자들은 강력한 이익 단체(利益 團體)를 형성해서 실질적인 기관 비용을 넓은 의미의 시민들에게 지우는 경향이 있다.336) 이러한 실천적 지혜가 1700년대 후반에 있어서 입헌주의적 제한에 대한 규범적 이유이다.

입헌주의는 이러한 정부 기관 비용(政府 機關 費用)을 절감하기 위한 약속이다. 예를 들면, 양원제(兩院制)나 권력 분립(權力 分立)은 이러한 이익 단체(利益 團體)가 부(富)를 이전시키는 것을 방지하기 위함이다. 결정권자가 나뉘어 있는 경우에는, 상하 의원은 합의(合議)를 이끌어 내는 비용을 증가시킨다. 또한 의원들이 이득을 취하기 위한 비용도 증가시킨다. 정부기구의 행동자들이 사용할 수

---

334) Ibid. p.127.

335) 자유주의적 자연법론에 대해서는 김철, 「입헌주의와 법치주의의 윤리적 기초」(한국 공법학 회지, 1997년).

336) Bourdeaux & Prichard, Supra.

있는 세출(歲出)과 지출 목적(支出 目的)을 제한하는 헌법 규정은
비슷한 효과를 가진다.337)

337) 이상의 분석은 지금까지의 한국의 헌법학에서는 생소한 실증적 공공 선택 이론과 관계있
는 듯하다. 규범적 공공 선택 이론은 James M. Buchanan이 주도한 것으로서 그는
1977년 헌법 계약에 있어서의 자유에서 시민은 헌법 계약에 의해서 비로소 그의 자유를
확보하고 유지할 수 있다고 하였다.
또한 정부 예산의 문제에 대해서는 참조, James M. Buchanan, "The Consequences
of Mr Keynes", Constitutional Economics, 1991.
한국의 공법 학도에게 익숙한 정부기구의 이론은 다음과 같다.
① 시민들 간의 사적 자치는 틀림없이 힘의 강약의 차이에 의해 문제를 야기한다.
② 문제 해결을 위해 정부가 개입하여야 한다.
③ 따라서 제2차 대전 이후의 현대적 복지국가에서는 많은 문제 해결을 위해 강력한 정
부, 큰 정부가 필요하다.
이 유형화된 공법 이론은 음미해야 될 점이 있다.
① 시민 문화의 수준이 올라가더라도 계속 사적 자치의 영역은 좁아져야 하는가?
② 규범적으로 타당한 정부 개입이 오히려 힘의 강약에 평형을 주지 않고 거꾸로 작용한
경험은 없었던가? 특히 경제 규제의 영역에서 경험적 연구가 필요하다.
③ 강력한 정부는 강력한 도덕성을 가질 때 사회문제를 해결할 수 있다.
이와 같은 실증적 경험과 규범적 윤리가 지금까지의 도식적인 공법 이론에 교과서적
정확성을 가지고 첨가(添加)되어야 한다. 그렇지 않으면 언제까지나 한국의 법학도는
모든 문제의 해결에 국가주의적 발상을 동원할 한쪽 방향의 지성(知性)만을 발달시키
게 될 것이다.
법의 경제분석의 이론은 한국의 법학도와 시민에게 보다 성숙한 시민 문화(市民 文
化)를 이루는 데 좋은 이론이 될 수 있을 것이다.

참고문헌

Article

Richard A. Posner, "The Constitution as an Economic Document", The 56 George Washington Law Review 4(1987).

Richard A. Posner, "The Social Cost of Monopoly and Regulation", The Journal of Political Economy 83, No.4(August 1975): 807 − 27 The University of Chicago Press.

Richard A. Posner, "Utilitarianism, Economics, and Social Theory", The Economics of Justice.

Sanford Levinson, "Some Reflections on the Posnerian Constitution", Vol.56, No.1, The George Washington Law Review.

Robert C. Ellickson, "Bring Culture and Human Frailty To Rational Actors: A Critique of Classical Law and Economics", 65 Chi − Kent L. Rev. 23(1989).

Malloy, "Invisible Hand or Sleight of Hand? Adam Smith, Richard Posner and the Philosophy of Law and Economics", 36 Kan. L. Rev. 209(1988).

Richard A. Posner "The Ethics of Wealth Maximization: Reply to Malloy", Vol.36, Kan. L. Rev(1988), p.261.

Richard A. Posner, "5 Legal Reasoning from the Top Down and from the Bottom Up", Part Two Constitutional Theory, Overcoming Law, 1995. Harvard Univ. Press.

Richard. A. Posner, Chapter 20 "Ronald Coase and Methodology" in Overcoming Law, 1995 Harvard Univ. Press.

R. H. Coase, "The Federal Communications Commission", The Journal of Law and Economics Vol.2 Oct. (1959).

Landes and Posner, "The Infleuence of Economics on Law: A Quantitative

Study", 36 Jnl. of Law & Economics(1995).

Edmund W. Kitch. ed. "The Fire of Truth: A Remembrance of Law and Economics at Chicago, 1932－1970", J.o. Law and Economics(1983).

Richard A. Posner, "Blackstone and Bentham", in Economics of Justice.

Richard A. Posner "Constitutional Theory" in Overcoming Law 1995.

Richard. A. Posner, "The Homeric Version of the Minimal State", The Economics of Justice(1983).

Richard. A. Posner, "A Taxanomy of Limited Governmemt. in The Homeric Version of the Minimal States", in Economics of Justice(1984).

Harold J. Berman "The Rule of Law and the Law－based State(Rechtstaat)" (with special reference to developments in the Soviet Union), The W. Averell Harriman Institute for Advanced Study of the Soviet Union Columbia Univ.

Donald J. Boudreaux & A. C. Pitchard "Rewriting The Constitution: An Economic Analysis of The Constitutional Amendment Process", Fordham Law Review, Vol.62, 1993.

Douglas C. North, "Location Theory and Regional Economic Growth", Journal of Poiltical Economy(1955).

Douglas C. North, "Government and the Cost of Exchange", Journal of Economic History(1984).

Douglas C. North, "Is it Worth Making Sense of Marx?", Inquiry(1986).

Alchian. Armen A, "Uncertainty, Evolution and Economic Theory", Journal of Political Economy(1950).

Jon Elster, "Ulysses and the Sirens", Studies in Rationality and Irrationality 36(1979).

Stephen Holmes, "Precommitment and Paradox of Democracy" in Constitutionalism and Democracy.

James M. Buchanan, with R. E. Wagner and John Burton, "The Consequences of Mr Keynes" Ⅱ. Constitutional Options for Fiscal Control, Constitutional Economics(1991).

Books

한국 헌법학 교과서

金哲洙(박영사, 1996)

權寧星(법문사, 1995)

허영(박영사, 1995)

Richard. A. Posner, Economic Analysis of Law, A Case Book Series, 1978.

Richard. A. Posner, The Economic of Justice, Harvard Univ. Press, 1983.

Richard. A. Posner, Overcoming Law, Harvard Univ. Press, 1995.

Richard. A. Posner, Law and Literature, A Misunderstood Relation, Harvard Univ. Press.

George J. Stiegler(ed), The Theory of Regulation, Series in Political Economy of Chicago Univ.

John H. Barton, James Lowell Gibbs. Jr, Victor Hao Li, John Henry Merryman; Law in radically different Cultures. West Publishing Co. 1983.

Homer, The Odyssey, Translated by E. V. Rieu Univ of Newcastle upon Tyne, Penquin Books 1991.

Homer, The Odyssey, General Editor, Hary Shefter, Washington Square Press, 1969.

Karl Popper, Open Society and it's Enemy.

F. A. Wrighting, Lemprieres Classical Dictionary of Proper Names mentioned in Ancient Authors, Routledge & Kegan Paul Ltd.

George Guervitsch, Society of Law, Philosophocal Libruary, 1942.

Douglas C. North, Institutions, institutional Change and Economic Performance, Political Economy of Institutions and Decision. Cambridge Univ. Press, 1990.

Douglas C. North, Structure and Change in Economic History. New York: Norton 1981.

James M. Buchanan, Constitutional Economics, 1991.

제7장

산업화 이후의 한국의 개혁에 대한 법사회학적, 법경제학적 조망은 보편주의적 시각으로 볼 때 어떠한가

산업화 이후의 한국의 개혁에 대한 법사회학적, 법경제학적 조망은 보편주의적 시각으로 볼 때 어떠한가?

− 교육개혁을 중심으로, 주도적인 경제개혁을 참조하면서

1. 들어가는 말

1.1. 개혁에 대해서 / 성자(聖者)들의 개혁 / 한국 현대사의 개혁

한국어에서의 '개혁'이라는 말은 세계사의 맥락에서 파악할 때 두 가지 어원이 있다고 보인다.338) 즉 reformation(개혁, 개정)과 reform(개혁하다, 개정하다)에서 온 것 같다. 두 단어는 '향상'이라

든가 '더 나은 상태의 복귀'라는 일반적인 말로 서로 구분 없이 쓰인다. 그러나 reformation은 16세기의 종교개혁, 어떤 특별한 도덕이나 종교적인 교의나 실천의 '중요한 변화'를 지칭하기도 한다. 종교개혁은 1555년 아우구스부르그(Augusburg)의 '종교화해'에서처럼 프로테스탄트에의 독일제국 내에서 시작했다. reform(개혁)은 부패한 관행이나 권력의 오·남용을 제거하고 더 나은 상태로 변화하기 위한 노력과 시도를 가리킨다. 따라서 reform(개정)은 종교적이 아닌 정치적이거나 입법적인 행동으로 나타나는 특별한 개선, 변경, 수정을 가리키는 특별한 의미를 지닌다.

1.1.1. 청교도 혁명(Reformation)과 개혁

어원으로부터 서양에서의 개혁 개관을 설명하고 그 뿌리만 언급하고 넘어가려 한다. 역사상 가장 큰 개혁은 '종교개혁'이었다. 종교개혁 이후 청교도들에게 있어서 '개혁'에 대한 믿음은 특별한 청교도적 슬로건이 되었다. 세상을 개혁하는 것이 기독교도의 의무라는 믿음이 생겨난 것이다. 그 후 근대에 들어서는 영국의 청교도 혁명시대에 '개혁정신'이 나타난다. 다음은 토마스 케이스(Tomas case)가 1641년에 영국하원에서 한 연설이다.

"개혁은 보편적이어야 한다. 모든 장소를 개혁하며, 모든 사람과 천직을 개혁하며, 재판의 벤치를 개혁하며, 하위직급의 공직을 개혁하며 (……) 대학을 개혁하며, 도시를 개혁하며, 나라들을 개혁하며, 하급학교를 개혁하며,

---

338) Dictionary of History of Ideas, Vol. Ⅳ, Charels Scribner's & Sons, Publishers.

안식일을 개혁하며, 성찬식과 하느님 경배를 개혁한다. 하늘에 계신 나의 하느님께서 심지 않은 모든 나무는 뿌리 뽑혀질 것이다.”[339]

한 세기 뒤에 밀턴의 말에 의하면 청교도들은 개혁 자체를 개혁하려고 하였다고 한다. 청교도 혁명 시기에 개혁은 ‘급진정치’로 생각되었다. 1649년에 종료된 청교도 혁명은 근대 시민사회를 꽃피게 한 전환점으로 평가될 수 있다.

1.1.2. 한국 현대사의 개혁

1.1.2.1. 권위주의 시대의 개혁 개관

한국에 있어서의 개혁의 연혁은 어떠했는가? 우선 형식적 의미의 개혁은 1961년 5·16쿠데타 이후에 가장 대규모로 그리고 극적으로 행해졌다. 1950년대와 1960년까지 행해졌던 개혁에 대해 회상을 해 본다. 1960년에 성립한 정부에 있었던 개혁시기에 시장과 동대문시장을 거점으로 맹위를 떨쳤던 정치깡패와 조직폭력배들, 군대의 힘으로 제압해서 서슬 푸른 조직폭력배 두목들을 수갑을 채운 채 서울시내 주요 간선도로를 행진하게 했다. 시민들은 갈채를 보냈다. 당시 영관급(소·중·대령), 위관급(소·중·대위) 위주였던 국가재건최고회의가 있었다. 그때까지의 한국 사회의 습속과 정반대로 최연소자가 분과위원장을 맡는 등 파격적인 인사였다. 입법, 사법행정권을 통합한

---

339) 마이클 왈쩌, 「성자들의 혁명: 급진정치의 기원에 대한 연구」(케임브리지, 매사추세츠 1965) 재인용, 헤롤드 버만과 김철, 『종교와 제도』(민영사, 1992, 121쪽).

국가비상위원회였던 최고회의의 분과위원장은 위관급과 영관급(대위, 소위, 중령)의 장교가 담당하였다. 삼십대가 주였으니, 당시 운영진은 아마도 한국의 역사상 통합된 권력을 가진 가장 젊은 세대였을 것이다. 또한 전국에 걸쳐서 여러 조직의 구조조정이 행해졌다. 그 명분은 주로 '부패한 구정권의 잔재'를 숙청하는 것이었다. 물론 부패 숙청도 있었겠다. 그러나 가장 큰 이유들 중의 하나는 그들이 쿠데타로 추방한 지난 정부가 되살아나는 것을 뿌리째 뽑는 것이었다.

개혁정책이 전반적인 사회공학으로 등장한 것은 '제1차 경제개발 5개년계획'이었다.

'제1차 경제개발 5개년계획'은 한국현대사에 있어서 가장 중요한 사례로, 급격한 위로부터 근대화의 예로, 우리나라 입법사에서 '위로부터의 급격한 근대화'로 기록된다. 수많은 입법이 경제개발과 이를 위한 개혁을 위해서 행해졌다. 입법만능이라 할 만큼 국가주의적 요소가 강했다. 어느 사회나 국가 이외의 자율적인 사회의 전개가 필수적인데, 이러한 자율적인 사회의 특징인 '사리(事理: Natur der Sache)'와 '조리(條理: Nature of things & matters)'가 인위적인 입법에서 항상 밀리게 되었다. 또한 자연법의 발견이 강한 입법론적인 기조에 밀려서 성숙한 국가공동생활을 위해 꼭 필요한 시민의 일상 사회경제생활이 국가주의적 필요에 의해 규제입법에 매이게 되는 결과가 나왔다. 결국 5·16쿠데타 이후에 한국의 법은 '법 실증주의적인 접근'이 되었다. 이것은 1961년에 성립한 정부,

1972년에 성립한 정부에서도 꽤 많은 영향을 끼쳤다. 윤리성의 결핍을 실정법에 의해서는 합리화할 수 있고 자연법에 의해서는 합리화할 수 없다는 생각이 심겨지게 되었고 그 이후에 법학 교육에 있어서 주된 흐름이나 서술방식도 ‘강한 법 실증주의적 편향’을 보였다. 1961년 성립된 정부 이후 ‘강한 국가주의’에 의거한 ‘국가사회건설’을 목표로 했기 때문에 법학이나 입법가의 역할도 당연히 자율적인 사회의 점진적인 육성 대신에 강한 통제를 기반으로 하는 ‘특수 도이칠란트류의 법치주의’가 점점 더 설득력 있게 인식되었다. 1970년대 들어와서 한국정부는 통치방식이 미국의 인권정책에 부딪치면서, 권리나 자유를 논하는 ‘법치주의’보다 행정권의 우위를 보증하는 형식적 의미의 ‘외관적 법치주의’로 발전되었다. ‘외관적 법치주의’는 당시 정부가 주창한 ‘경제제일주의’의 깃발과도 맞아떨어져 더욱 고착화되었다.[340]

정권의 출발과 함께 개혁의 기치를 내건 가장 대표적인 개혁은 1972년 ‘10월 유신헌법’이다. 유신헌법은 그때까지의 체제변혁 중에서 최대 규모였고 형식적 의미의 가장 파격적인 개혁이었다. 그 개혁은 입헌주의의 핵심이었던 대통령에 대한 ‘보통선거제도’ 자체를 없애 버리는 것을 골자로 하고 있었다. 그 다음 유신헌법에 버금가는 형식적 의미의 개혁으로는 1980년 10월의 정부의 출발 때다. ‘정의사회의 실현’이라는 기치를 내걸고 전면적인 개혁을

---

340) 김철, 「현대 한국 문화에 대한 법철학적 접근: 바람직한 시민사회 윤리의 정립을 위하여」, 『현상과 인식』(한국인문사회과학회, 2000봄/여름호, 37 – 38쪽).

꾀한 이 개혁 역시 대대적인 구조조정을 했는데, 정부를 비롯한 공식조직과 이와 연계하는 모든 조직에 이른바 '부패를 숙청하기 위해서' 대대적인 구조조정을 감행했다. 말할 필요 없이, 새로운 정부의 개혁에 반대자가 있어서는 안 되었다. 1988년 정부는 '대의명분'과 '형평정책'이 필요했다. 1987년 대대적인 시민과 학생들의 연합세력의 '6월 항쟁'(1980년대 초의 봉기 이후 최대봉기였다.)이 있었다. 1988년 정부는 이 '6월 항쟁' 이후에 성립됐다. 물론 6·29선언의 성립 결과 정치공작이 성공한 덕택이었다. 1988년 정부는 1980년 10월의 정부를 계승하고, 국민들의 '민주화 요구'를 충족시켜 당시 그 정부의 정당성을 확보해야 했다. 그러기 위해 또한 '개혁'이 필요했다. 물론 국민들의 '민주화 요구'를 충족시켜 줄 몇 가지 기본 원칙들을 받아들일 수밖에 없었다. 주도적인 정치세력들은 변신해야 했다. 갖가지 '민주화' 요구와 '자유화' 요구를 들어주었다는 식의 수사어구가 성행했고, 이 시기에 주도적인 정치세력들은 경제 세력화하였다.[341]

1.1.2.2. 군사 정부 시대의 대학개혁 개관

마지막까지 남아 있는 변화되기 힘든 곳이 어디냐? 가장 골치 아픈 곳은 대학이었을 것이다. 항의하는 젊은이들로서 대학은 모든 개혁의 목소리이기 때문이다. 1980년대에 응집화된 시민세력이 없는 상황에서 대학은 항의세력의 기점이 되었다. '공부하는 대학'은 올바른 얘기이지

---

341) 그 방식은 정치자금을 통한 정경유착이었다. 정치인의 비자금을 재벌기업이 조성하거나 관리·보관하는 방식이었다.

만, 권위주의 정권을 경험하면서 학생들은 '너희들은 공부나 해라'는 그 마땅한 소리가 제 효과를 발휘하지 못했다. 그 마땅한 가르침의 말이 이용되었기 때문이다. 문교부와 정보부의 촉각이 대학생들의 움직임에 곤두서 있었다. 어쨌든 1988년 3월에 성립한 정부는 제도적인 측면에서 '공부하는 대학 만들기'에 접근하기 시작했다. 물론 그 이전에도 졸업정원제, 학사고시제도 같은 것들을 시행했으나 그 결과는 신통치 않았다. 사회경제 사정이나 역사적 상황 같은 것을 제외하고 '선진국의 공부하는 대학'의 모델을 제시하는 것이 그 동기 여하를 막론하고 설득력이 있었다. 1970년대와 1980년대를 통틀어 권위주의 정부에서 가장 환영받는 직종은 경제전문가 집단과 교육전문가 집단이었다. 전자는 경제적 번영을 기술적으로 뒷받침하는 귀한 존재였다. 후자는 주로 대학 총장급들의 '인망 있으며 존경받는' 인사들이었다. 정권안보 차원의 시각에서 볼 때, 정권의 핵심인물로서 이들의 역할은 이중적인 것이었다. 물론 교육은 국가백년대계이다. 그러나 백 년보다 더 간절한 것은 5년 임기 또는 더 짧을지도 모르는 임기거나 혹은 대규모 시위가 정권의 성립과 붕괴 또는 붕괴의 위험(4·19혁명, 부마사태, 1980년 서울의 봄, 1987년 6월 항쟁)에 미친 영향을 기억한다면 이들의 지지와 역할은 정권안보에 필수적이었다. 1988년 3월에 성립한 정부 때부터 교육의 개혁의 문제는 어떤 동기에서든 항상 나타나기 시작했다. 이 시절부터 논의되기 시작한 '학문의 소비자' 논의도 같은 차원에서 이해될 수 있다.[342] 6월 항쟁 이후 1988년 3월에 성립된 정부는 처음부터 지식인과 대학인으로부터 강한 정당성의 위기에 직면하고 있었다. 이를 극복하기 위해 정부는 어떤 방법에서든지 대학제도 자체를 변형시킬 필요가 있다고 느꼈다. 당시 폐쇄적이었던 한국의 지식인 사회, 더 특화해서 대학생 사회에 걸맞지 않는 몇 가지 정책적인 개방을 단행하였다. '특정 이데올로기 서적에 대한 해금을 단행'하였다. '외설의 자유'를 허용하였다. 두 가지 정책은 대학생들이 정치적 부자유로부터 우회하여 다른 허수아비를 향하도록 유도하려는 것이었다.[343] 대체로 권위주의 정권시절의 교육정책 당사자

---

358) 김철, 「현대한국 문화에 대한 법철학적 접근: 바람직한 시민사회윤리의 정립을 위하여」, 『현상과 인식』(한국인문사회과학회, 2000 봄/여름호, 38-39쪽).

343) 위의 사람, 위의 논문 p.39, 세계사적으로 볼 때 1980년대 후반부터 진행된 동서냉전체제의 붕괴는 기왕에 공산주의, 국가주의, 권위주의, 전체주의로 분류될 수 있는 당시 소비에트 러시아와 동유럽 여러 국가의 체제해체로 나타났다. 김철 『러시아-소비에트법-비교법문화적 연구』(서울: 민음사, 1989). 해체의 주된 이데올로기는 자유화와 시장경제였는데 이 흐름에 따라서 1989년 동독의 붕괴가 나타나고 이어서 체코, 폴란드의 자유화가 진행되었다. 체코의 자유화에 대해서는 박영신, 『실천도덕으로서의 정치: 바츨라프 하벨의 사상』(서울: 연세대출판부, 2000). 그리고 김철 「체코와 러시아의 행정절차법의 발전」, p.31-61, 『법제도의 보편성과 특수성』(서울: 마이코인터네셔날, 1993). 소비에트 러시아의 해체와 새로운 러시아의 성립은 1917년 이후 지구상의 국가주의를 반분했던 이분법이 사라지는 20세기 최대의 사건이었다. 김철 「아메리카 합중국의 법체계와 러시아공화국을 비롯한 소비에트 유니온의 법체계」, 김유남(엮음), 『미소비교론』(서울: 어문각, 1992). 1992년 새로운 러시아헌법이 성립됨으로써 사회주의 국가에 종지부를 찍었다. 주의할 것은 이러한 해체와 붕괴를 '자유화' 또는 시장경제화라는 특징으로 파악하는 경우이다. 우리나라의 경우에도 1980년대 후반부터 자유화 또는 시장경제에 의한 민주화라는 세계사적인 변화의 바람에 노출되기 시작했다고 볼 수 있다. 비교법적인 관점에서 볼 때 동아시아의 권위주의 국가는 물론 사회주의 체제의 전체주의 국가와 그 양상이 같지 않다. 그러나 기묘하게도 자유화와 민주화의 세계적 경향은 공산주의 국가에 있어서나 다른 방식에 의한 권위주의 국가에 있어서나 그 충격과 효과에 있어서 비슷한 결과를 가져왔다는 것이다. 물론 한국에 있어서도 1948년 1공화국 성립 이후 명목상의 입헌주의를 채택하였고, 경제질서에 있어서도 시장경제를 근간으로 하는 자본주의 경제를 위주로 해 왔다. 그렇다 하더라도 한국에 있어서의 시장질서가 선진국형의 시장질서가 아니라는 것은 다음과 같이 증명할 수 있다. 우선 1945년 이후 1950년 한국전쟁이 일어날 때까지의 시장의 형성은 그 이전에 국부의 형성을 파악할 때 자연적인 요소보다 국가주의적인 요소가 더 크다(귀속재산처리법, 농지개혁법). 1953년 이후의 전후 부흥기나 기간산업을 부흥 건설하기 위

는 종전의 가장 강력한 잠재적인 정권의 정당성에 대한 도전자였던 대학생층을 실리와 비정치적 실용주의에 의해서 회유하고 순치하기 위해 그 역할을 다하였다.

1.1.2.3. 민정이양 이후(1993)의 개혁

1993년에 성립된 정부는 형식적으로는 권위주의 정부가 끝나고 민간인정치가가 행정수반에 선출된 역사적인 성격을 지닌다. 1961년 이후 일이다. 한국과 비슷하게 에스파냐에도 가장 오랫동안 권위주의 정권을 유지한 나라로서 프랑코 총통의 예가 있다. 한국에서 민주화의 바람이 불기 시작할 무렵 에스파냐는 내란 이후 권위주의 정치의 해빙기에 있었다. 에스파냐는 2차 대전 후, 가장 오랫동안 권위주의 정권이 유지되었다가 프랑코 총통의 지속적인 영향력을 완전 부인하지 않고, 국왕이 중재자의 역할을 함으로써 '점진적인 이양'으로 나아갔다.

1993년에 성립한 '문민정부'는 따라서 32년 만에 민간인 행정수반이 나타났으므로 그 '민주화'와 '자유화'의 정

해서 주로 외국원조에 의해서 기간산업을 건설하던 시기이다. 신업의 중점은 생활필수품이나 소비재의 최종유통과정은 일단 자연적 시장경제의 영역이라 할 만하다. 그러나 대체로 경제개발 5개년계획이 시작되던 이전에 이미 한국의 주요산업은 독과점의 모든 요소를 그 형성과정에서 가지고 있었다. 경제개발 5개년계획 이후의 주된 산업건설은 주요한 사업은 외국차관에 의해서 이루어지기 시작했고, 특히 기업이나 사실상 특혜를 받은 대기업이 아니면 이 시대의 총아가 될 수 없었다. 한국의 시장경제는 그 주요부분에 있어서 형성기의 역사상 독과점 시장의 요소를 강하게 배태하고 있었다. 자유화와 함께 쓰인 시장경제라는 것은 한국의 경우에서 그 의미가 자유경쟁 시장이라는 요소는 부분으로밖에 의미가 없었다. 따라서 사상과 학문의 자유시장이라는 언어는 막스 베버형의 이념적인 사고에서는 가능하나 한국역사에 있어서 시장형성의 개념과는 맞지가 않다. 이럴 경우 한국의 사회과학도나 또는 잠재적인 정책입안자는 정치적 자유화가 경제적 자유화와 같이 진행된 북미의 나라를 머릿속에 그리면서 자유로운 시장경제를 논할지 모르겠으나, 한국의 경제사회학적 컨텍스트로서는 더 검토되어야 한다고 할 수 있다. 이상의 인용은 위의 사람. 위의 논문 p.39 주 40에서 재인용되었다.

체성을 최대한 부각시킬 필요가 있었다. 이제야말로 32년 만에 '민주화'를 위한 '개혁'이 나타날 기대에 부풀었다. 그런데 지금에 와서 당시를 회고해 볼 때 '민주주의'와 '자유주의'는 정치이데올로기로서만 그치는 것이 아니라는 것을 깨닫게 된다. 당시 한국 사회는 국가는 늘 자율적인 사회를 통제하거나, 압도하거나, 항상 모든 사회 국면에 침투하려고 하였으니 대부분 정치적 생활영역이 우선이었다. 사회는 정치적 생활영역만이 아니다. '사회의 민주주의', '경제의 민주주의'와 같이 보다 더 근본적으로 시민 생활이 개방되고 자유롭기 위해 무엇이 필요한지에 대해 고민해야 했지만, 당시의 담당세력들은 경험이 없었다. 명목이든 형식이든 어쨌든 '민주화'와 '자유화'는 설득력이 있었고, 꼼꼼히 따지지 않는 한국인의 특성, 정서적이며 잘 잊기 쉬운 성격, 집단주의적이며 타인에 의해 쉽사리 영향을 받는 한국인들은 '민주주의'와 '자유화의 실제구조'와 '웅변으로 나타나는 사회이데올로기 및 정치이데올로기'를 구별하지는 못했지만 개혁은 전면적으로 진행되었다. 한국은 모든 것을 개혁하고 싶어 했다. 바꿀수 있는 모든 것을 바꾸는 것이 '민주주의'라고 생각했다. 당시 개혁은 구시대의 잔재라고 생각되는 모든 것이 대상이 되었는데, 그 무렵 급속하게 또 다른 물결, 즉 '세계화'에 노출되어 갔다.

1.1.2.4. 민정이양 이후의 교육개혁

1993년에 성립한 '문민정부'는 1945년 이후 약 50년 동안 지속된 한국의 교육제도에 대해서 충분한 검토 없이 정치적 열기로만 무엇인가 '손대기'를 원했다. 가장 작은 예로는 '국민학교'라는 명칭을 들 수 있다. '국민학교'라는 말이 일제잔재라는 것이었다. '국민'이라는 용어는 한국 헌법상의 용어이며[344] 언제나 쓰일 수 있는 평이한 용어임에도 불구하고 '국민학교'가 일제 때 쓰인 명칭[345]이라는 '일제의 잔재'라는 이유만으로 '초등학교'로 바꾸었다. '초등학교'라는 말은 아무래도 영어의 'Elementary School'의 번역어에서 나온 것 같았다. 한국에서 가장 문제시되었던 '국민학교'의 교육문제를 이와 같이 '명칭을 바꿈으로써' 형식적으로 접근한 것이었다. 휴전선에 가까운 동해안 초등학교에서부터 제주도 남단 가파도 마파도의 초등학교까지 일시에 학교 간판을 다시 걸었고, 선생님들의 출석부, 학적부 등 모든 서류에서 국민학교가 지워지고 새로운 명칭이 나타나게 되었다. 이른바 '간판개혁'을 한 것이다.

개인적인 에피소드를 하나 언급하고자 한다. 나는 1995년 새 대통령이었던 김영삼 씨가 받은 외국 모 대학의 명예박사학위수여식에서 우연히 전 김영삼 대통령의 수락연설을 들을 기회가 있었다. 그 연설에서 내 귀를 솔깃하게 한 것은 "동양의 정신과 서양의 물질을 적절히 조화하여……"라는 문구였다. 이 문구의 인용은 당시 한국의 지식인들이 흔히 갖고 있던 동서양의 특징에 대해 가지고 있

---

344) 주권은 국민에게 있고 모든 권력은 국민으로부터 나온다.

345) 실제로 일제 때는 소학교(小學校)라는 명칭이 쓰였다.

는 고정관념에서 나온 말이었다. 이에 대해 내가 분석을 하자면 다음과 같다. '이 문구는 어느 시대, 어떤 역사적 맥락에서 쓰였을까?' 아마도 동아시아 개항기에 닫혀 있던 일본, 중국, 한국의 전통사회에 충격을 가한 서구열강의 대포와 군함 그리고 산업혁명 이후의 과학기술로서 화륜선, 기차, 수력전기 같은 것에 대한 느낌을 기반으로 한 것이었을 것이다. 과학과 테크놀로지는 당시의 동아시아인들에게 물질문명으로만 받아졌고, 서양의 따라잡아야 할 대상이 '외형적인 이노베이션과 공장시설 같은 것'으로 보였던 것 같다. '동도서기(東道西器)'라는 말이 당시 모든 동아시아 계몽주의자들이 즐겨 취한 노선이었으니 그렇게 분석할 수 있을 것 같다. 2차 세계대전이 끝나고 50여 년이 지난 오늘날에도 중국과 한국 서양화, 근대화는 여전히 눈에 보이는 생산력에 그치는 경우가 많다. 즉 경제력에 우선을 두고 전 김영삼 대통령의 연설에서처럼, 서양의 기술, 서양의 생산력에 위주를 두고 '서양을 바라보는 인식'이 지배하고 있었던 것이다.

이러한 사고방식이 그대로 '대학개혁'에 적용되었다. 즉, 한국대학의 그 모든 구체적인 현황과 연혁을 일단 보류하고 대학의 어떠한 부분만 강조되었다. 그럼 '무엇이 강조되었는가?' 한국인에게 연상되는 대학이란 '교수단과 학생단의 집합체로 무엇인가 추구하는 열렬한 사람들의 단체'라기보다는 '대학은 물질이며 건물 그 자체이다'로 이해되어 있는 것 같다. 1990년대 중반부터 논의된 한국대학의 전반적인 개혁에 대한 세부항목을 종합해 살펴보

면, 대학개혁이라는 것이 '시설과 기자재에 대한 편집광적
인 추구'처럼 보인다. 이 시대의 대학론을 주도한 사유방
식 중 하나가 객관적인 통계지수와 지표를 나열하는 것인
데, 그것이 가지고 있는 취지는 바로 대학을 물질로 보는
인식을 저변에 깔고 있는 것이었다. 더 많은 투자, 더 많
은 경비, 지원이 좋은 대학을 만드는 것이 대학교육개혁
의 목표였고, 그러한 눈에 보이는 징표에 집착하는 모습
은 눈에 보이는 건물, 손으로 만져지는 시설에 누구라도
인정하지 않을 수 없는 최신 기종의 실험기자재가 대상이
었던 것이다.

1.1.2.5. 민정이양 이후의 '시장경제'와 교육과의 관계

이른바 '자유화'와 '민주화'로 요약되는 민정이양 이후
정부의 정치적 영역을 제외하면, 시장경제와 시장의 역할
에 대한 관심은 증폭되었다. 많은 경우, 종전의 통제와 계
획이 물러간 공백부분이 시장경제와 역할로 관심이 채워
진 것 같았고, 정부나 시민들이 기대하였다. 사회가 민주
화되는 과정 중에서 핵심은 교육기관 및 교육문제가 되었
다. 민주화 이후 오로지 '민주화'가 '시장화'를 의미하는
것으로 착각하여 많은 정책수립가들이나 대중계몽가들이
인식의 오류를 범했다. 시장이라는 마법적인 언어에 현혹
되어 근대 또는 현대 입헌민주주의의 당연한 개념요소인
'법의 지배'를 망각하기도 했다. 많은 착각들의 출발은 근
대 경제학의 전제인 '시장존재 개념'이었다. 즉, 수요와
공급이 만나는 자유로운 시장 즉 왜곡되지 않은 시장을

전제로 하는 시장존재 개념에 대한 것이었다. 한국에 있어서 유행했던 경제학도나 경제분석가들은 한국의 시장구조를 북아메리카나 이에 준하는 시장구조와 혼동하였다. 더 논의를 확대해 보자면, 한 시대의 촉망받았던 어떤 개혁주도인사는 한국의 사회구조를 그들이 청년이라는 이상주의시기에 관찰했던 선진 제국의 사회구조와 혼동하였다. 그들은 한국의 사회구조 중 특별히 시장구조가 어떤 품목들에 있어서 적절한 경쟁상태에 있지도 않았음에도 불구하고 사회부문의 기초, 공공 관련 부문을 오로지 시장경제에 맡기고자 하는 정책적 시도까지 했었다. 이런 당시의 시도가 진지하게 진행됐었다 하더라도 그것이 가져올 수 있는 파괴적 효과는 이루 말할 수 없는 것이었다.346)

1.1.2.6. 민정이양 이후의 교육개혁의 모델

1.1.2.6.1. 세계자유주의 국가의 중심에 서 있다는 착각

반성하건대 '그 당시의 교육개혁의 잠재적인 모델이 어디였던가?' 당시는 '세계화'의 열풍이 불고 있었던 때였다. 동유럽과 러시아의 자유화와 함께 외국자본이 밀려올 것처럼 기대에 부풀기 시작했고, '세계화'라는 보편적 가치를 등에 업고 주변부 국가의 사람들을 '세계 동포주의'로 포섭하여 세계국가일원이 되는 핑크빛 미래를 꿈꾸었다. 오랜 기간 권위주의적 통치에 복종해 온 한국인들이

---

346) 김철, 「포즈너의 공법학방법론」 중 Ⅲ. 법학방법론으로서의 경제분석과 한국에 있어서의 의미, 63－71쪽, 『공법연구 제30집 제4호』(2002년 6월. 한국공법학회).

별안간 세계시민으로서 1600년대, 1700년대, 1800년대서부터 시민사회를 형성해 온 이상적인 민주국가들과 어깨를 나란히 겨루는 듯한 착각에 빠졌었다. 거듭되는 세계화의 이데올로기는 이윽고 한국이 세계 자유주의 국가의 중심부에 속하는 착각을 심고야 만다. 사회제도와 법 제도 개혁에 있어서 한국은 그동안 한국이 겪었던 고통의 경험 그리고 그 고통에서 오는 교훈들의 재검토를 간과하고 오직 아메리카, 영연방국가, 도이칠란트, 프랑스, 일본과 같은 세계사를 주도한 중심부국가의 것들만 들여오려고 하는 큰 오류를 범하였다. 다시 말하자면, 당시 시대를 주도했던 핵심개혁인사들은 그들이 유학했던 청년시절, 이상적으로 보았었던 선진국가의 사회구조를 한국의 사회구조와 혼동하는 오류를 범하였다.

1.1.2.6.2. 자유지상론자의 맹점

당시 시대를 특징졌던 자유지상론자(Libertarianism)[347]의 지배적 논의방식은 합리성, 선택 그리고 자유라는 세 가지 키워드에 집중되어 있었다.[348] 자유라는 중심주제는 '정치적 선택', '시장에서의 유통', 그리고 '대학에서의 합

---

347) 한국에 있어서 자유지상주의에 대한 문헌은 최근에 들어서야 눈에 띈다. 역사적으로 자유지상론의 실재적 효과와 사건으로 나타난 경위에 대해서는 포스트 공산주의 이후의 동부유럽에 있어서의 진행사항을 관찰하기 전에는 적절한 예가 20세기에는 없었다. 자유지상주의의 동부유럽에서의 현실적 결과를 처음으로 증언한 사람은 스탠퍼드 법과대학원의 헌법교수인 로렌스 레식(Lawrence Lessig)이였다. 그의 저서 『코드: 사이버 공간의 법이론』(나남신서 881: 나남출판(2000년 1월 25일))의 서평은 김철, 서평 '코드: 사이버 공간의 법 이론' 『헌법학 연구』(제8권 제1호. 2002년 4월, pp.273－277).

348) 이와 관련하여 Cass Sunstein, "Norms and Roles", A written Version of the Coase Lecture, University of Chicago, 1995년 가을, The program for the study of law, philosophy & social theory, NYU School of law, 1995년 9월 7일자 볼 것.

리성 문제'로 요약된다. 이들의 자유 주제는 극히 단순한 방식으로 요약, 적용되는데, 단순논리가 현실에 적용된 대표적인 예는 "정부는 국민의 취향과 국민의 선택을 존중해야 된다."라는 기본명제였다. 이 논리가 시장에 옮겨 올 때, "시장은 구매자의 취향과 선택을 존중하여야 된다."라고 되는데, 이것을 대학으로 옮겨올 때는, "대학은 소비자인 학생의 취향과 선택을 존중해야 된다."라고 변형되는 것이었다. 이러한 점으로 당시 시대의 자유지상론자, 자유주의자, 법경제학자들의 방식은 맹점을 가지고 있었다.[349] 과연 한국은 '자유화 시대' 동안 이른바 '자유'라는 이름의 환상을 실현한 적이 있었던가? 몽유병 환자같이 '자유'라는 이름의 환상 속에서 방황만 한 것이 아니었나 싶다. 많은 한국의 피상적 지도자들이 말했던 '자유', '민주화', '시장의 자유'는 로렌스 레식이 말했던 '자유', '민주화', '시장의 자유'와는 전혀 달랐고, 그의 양심적인 충고에 귀 기울였다면 아마도 다른 대안적 사고를 할 수 있지 않았을까?

다음의 예는 한국의 역사적 경험이 아니라, 러시아의 충격요법[350]으로 로렌스 레식이 지적한 1989년 이후 세계체제 변동으로 인류가 겪었던 가장 극단적인 경험 중 하나이다.

---

349) 김철, 「현대 한국 문화에 대한 법철학적 접근: 바람직한 시민사회윤리의 정립을 위하여」 중에서 Ⅲ 외관주의, 명목주의, 형식주의: 위로부터의 근대화의 방식과 결과, 36쪽, 『현상과 인식』(2000년 봄 / 여름호, 한국인문사회과학회).

350) 김철, 2007ㄴ, 197 "한 때 마르크스에게 홀렸다가 이제는 제프리 삭스에게 홀렸다." 제프리 삭스는 러시아 해체기에 급격한 시장경제와 가격 자유화의 충격요법과 관계된다.

"자유지상주의라는 미사여구. 시장이 지배하게 하고 정부의 간섭을 배제하라. 그러면, 반드시 자유와 번영이 성숙할 것이다. 모든 것들은 스스로 해결할 것이다. 국가의 지나친 규제는 필요 없고, 들어설 여지도 없다. 그러나 모든 것이 스스로 해결되지 않았고, 시장이 번창하지도 않았다. 정부는 불구가 되었으며, 불구가 된 정부는 자유에 대한 만병통치약이 아니었다. 권력은 사라지지 않았다. 단지 정부에서 마피아로 옮겨 갔으며, 때로는 국가에 대해서 마피아가 조성되었다. 치안, 사법, 교육, 의료 등 전통적인 국가기능의 필요성이 마술처럼 많았다. 필요를 충족시키는 사적 이익들도 등장하지 않았다. 오히려 사적 요구들이 충족되지 않았다. 사회의 치안이 사라졌다. 지금의 무정부상태가 이전 세대의 온건한 공산주의를 대체하였다. 번쩍이는 네온사인은 나이키를 광고하고 있었고, 연금생활자들은 사기 주식 거래로 생계비를 다 털렸으며, 은행가들이 모스크바 거리에서 훤한 백주에 살해되었다. 하나의 통제 시스템이 또 다른 것으로 대체되었지만, 어떤 시스템도 서구의 자유지상주의자들이 말하는 자유체제는 아니었다."[351] 이것은 물론 극단적인 다른 나라의 역사의 경험이다. 그러나 성숙한 비교주의자들은 1989년 이후의 지구촌에서 일어난 체계변동의 경위를 다른 나라의 역사의 경험에서도 일단의 교훈을 읽을 수가 있다.[352]

---

351) 김철. 위의 서평 p.277.

352) 김철. 『포즈너의 공법학방법론(1)』 중 Ⅲ. 법학방법론으로서의 경제분석과 한국에 있어서의 의미 p.68 특히 주 28) 엄격한 의미에서는 대비될 수 없는 너무나 상이한 역사적 괘적을 가지고 있는 사회도 어떤 단면에 있어서는 대비(contrast) 또는 유사성(similarity)을

대변동 시기에 한국의 경제학자, 교육학자, 경영학자, 공공정책 관련 학자들은 단기적, 미시적 효과를 주안으로 두고 국가정책 형성에 관여하였다. 그들은 주로 실증적, 계량적 방식을 써서 한국에서 나타나는 현상들을 접근하였는데, 우선 그들이 썼던 통계가 어떤 근거로 산출되었는지부터 짚어 볼 필요가 있다. 그 다음 짚어 봐야 할 것은 '그들이 이미 방향이 정해진 정책들에 대해서 어떻게 정당성을 부여했는지'이다. '정책을 정해 놓고, 그것을 뒷받침하는 일에 학자들이 동원되지는 않았는지'에 대한 의문이 제기되어야 하는 것이다. 우리는 그동안 이러한 문제에 대해 의문이 제기된 적이 별로 없다. 과연 그 많은 학자들이 '국가정책 형성을 주도하였는가?' 질문 그대로 의문을 제기해 본다.

1.1.2.7. 민주화의 반성

한국의 민주화를 돌이켜 생각해 볼 때, "당시 가장 언급됐었던 '정부의 행정수반이 민간인으로 이양됐다'는 것 외에 다른 것은 무엇을 들 수 있을까?" 단지 '정부의 행정부수반이 민간인으로 이양됐다'는 것이 '민주화됐다'고는 할 수 없는 일이다. 나는 한국의 민주화에 대해서 몇 가지 짚어 봐야 한다고 생각한다. 오래 지속된 사회구조와 경제구조에 대한 통찰 없이는 그리고 사회의 민주화와 경제의 민주화가 진행되지 않는 '민주화'는 또 다른 통치 이데올로기에 불과하다는 것을 당시 정부는 간과하였다.

찾아볼 수 있다. 물론 본질론(essentialism)적인 사고로서는 이런 대비는 불가능한 것이다.

이 시기에 불어온 '세계화'는 한국에게 또 다른 부담감으로 작용했다. 당시 문민정부는 일단 선진 국가를 흉내 내는 것이 세계화라는 선입견을 갖고 있었던 것 같고, 이를 매스미디어를 통해 사회이데올로기로 '민주화'와 '세계화'를 통치이데올로기화하였다. 미국과 같은 선진 국가들을 흉내 내는 것은 엄청난 비용을 요구했다. 한국의 모든 대학들은 미국과 준하는 선진국의 명문대학들과 비교되었고, 역시나 인적자원시설들이 비교되었다(이 비교가 과연 의미가 있는 비교인가?).[353] 대체로 1997년 외환위기 이전

----

[353] 이 시기에 유행했던 교육개혁의 서곡으로 들 수 있는 것은 매스 미디어를 통한 한국교육 기관의 실태 공개였다. 일반 시민이 한국의 교육 기관과 그 현황에 대해서 정보를 얻을 수 있었던 매스 미디어의 문제 제기는 장점과 함께 부작용을 가지고 있었다. 우선 그 정보의 질을 측정하기 이전에 한국의 대표적인 언론사들의 자료수집과 자료 분석 능력에 대해서 일반시민이나 전문가 계층이나 아무도 의문을 제기하지 않았다. 그 이유 중 하나는 한국은 1945년 이후 연속된 독재정치에 대해서 불신을 가졌던 일반시민들이 상대적으로 독재와 싸웠다고 간주된 언론사에 대해서 경외감을 가지고 있었다. 이것은 1950년대부터 1970년대까지의 정치상황에서 그러했고, 1980년대 이후에는 약간의 변형은 있었으나 대체로 이른바 민주화 자유화의 시대가 시작될 때까지 계속되었다. 그러나 독재에 대한 투쟁과 언론사의 자료수집 능력 및 분석능력 또는 한 국가의 공공정책에 대한 비전제시 능력은 다른 문제이다. 다시 음미할 수 있는 것은 교육개혁이 논의되기 시작한 1989년 전후부터 교육학자들을 비롯한 전문가 계층의 정부정책의 자료수집 및 분석에 종사한 그 종합적 방향과 근거는 기묘하게도 일반시민에게나 대학의 전문인에게 잘 알려지지 않았다. 민주화의 시대에 정부가 각종의 개혁을 추진하면서, 개혁의 필요성과 당위성을 고취하기 위해서 언론 매체를 사용하였다. 그 전형적인 방법은 다음과 같다. 즉, 정부정책 형성에 관여하고 있는 전문가 계층－한국의 경우에는 대부분 대학 교수급의 인사를 통하여, 다시 말하자면 스타급의 공공정책 관여자들을 통하여 주요 언론 매체에 그들을 기명 칼럼으로써 개혁의 비전과 개혁의 방식을 개진하게 하였다. 즉, 주요 매체에 자주 등장하는 전문가들이 공공정책에 관여하게 되었는데 인과관계는 한국의 경우 그 역방향도 얼마든지 생각할 수 있다. 관련되는 여러 전문 학회가 정부 개혁의 주된 테마를 주제로 전문적인 학술 대회를 개최하였다. 이 두 종류의 채널이 자유화와 민주화의 시기 전후에 한국에서 주요한 개혁 정책을 논의한 방식이다. 그런데 기묘하게 느껴지는 것은 정부, 전문가, 언론, 학회 이 네 개의 주된 행위자가 특정 개혁을 위해서 논의하는 경우, 세밀한 부분을 제외하고 거의 정부가 주도하는 한 가지 방향으로 결론을 단일화한다는 것이다. 물론 부분적인 이견이나 반대가 있기도 했다. 그러나 정말 믿을 수 없는 것은 문민정부 초기나 또는 국민의 정부 초기를 생각한다면 정부 주도의 어떤 정책도 언론이나 전문가 계층이나 더 나아가서 연구 단체인 각종 학회 어떤 채널을 통해서도 그것을 추진하는 강도를 어느 정도라도 상쇄할 만한 반대의견을 내놓은 적이 없다는 것이다. 주된 흐름은 매스 미디어에 있

까지 한국은 '자유'라는 이름의 환상, '세계화'라는 이름
의 환상에 젖어 있었던 듯하다. 개발독재시대의 '경제개
발'이라는 국가이데올로기에 한국의 국민들은 정신없이
비용을 지불하여 왔는데, 문민정부에 들어와서는 '자유화
와 민주화'라는 국가이데올로기에 정신없이 비용을 지불
하였다. 앞의 비용과 뒤의 비용이 합쳐져서 1997년 11월
한국의 시민 모두에게 외환위기라는 계산서가 발급되었던
것이었다.

2. '경제와 법'의 충돌 – 한국에 있어서의 개혁의 문제

2.1. 경제 지상주의와 그 지속적인 영향354)

초기 산업화 시절 국가정책은 이후에 다음과 같은 영향을 주었
다.355) 당시 경제지상주의의 사회분위기는 '경제성장' 빼고는 모든
가치들을 오직 문서상에만 존재하는 명목적인 것들로 만들어 버렸
었다. 사람들은 물질적 부와 직접적으로 관련이 없는 것들은 가차
없이 내쳤다. 그렇게 사회적으로 훈련되었다. 생산성, 효율성을 증

어서나, 각종 학회의 순수 학술대회에 있어서나 똑같이 정부가 주도하고, 그 주된 북소리
를 치는 사람은 스타급 전문인이며, 대부분의 전문가급 인사들은, 정치가 관련된 경우를
제외하고는, 대부분 그 북소리에 맞춰서 논조를 정한다는 것이다.

354) 경제지상주의에 대한 전반적 문제에 대해서는 박영신, 『한국 사회의 성찰적 인식 – 전통, 구
조, 과정』 제2부 자본주의와 오늘의 삶, 제3장 한국 사회의 변동과 경제주의 p.105, 제5장
자본주의의 문화적 비극 p.155, 현상과 인식 1995. 또한 같은 사람 「우리 나라 권위구조
의 정신분석학」, 『정신분석학과 우리 사회』(한국 사회이론학회 엮음, 2001 가을 / 겨울).

355) 김철, 위의 논문, 위의 책, 34 – 35쪽.

명해야만 정치의 유효성을 증명하는 유일한 방법이 되었는데, 초기 산업화 때 국가이데올로기에 따라 사회를 거대한 공장으로 환치시키는 것이 공공복리에도 가장 적합한 것이라고 국민들에게 선전되었다.356) 학교, 대학도 역시 마찬가지였다. 정신적 문화는 오로지 생산성을 보조하는 데에만 의미가 있다고 공공연하게 선포되었다.357) 이 시대에 주도적인 기업들은 애국자로 평가되었고, '수출드라이브 정책'에 의해 엄청난 특혜가 대기업에게 주어졌다. 약 30년 후 우리는 그 대표적인 기업이 부실화의 온상이었다는 것을 알게 된다. 1997년 '외환위기'는 아이러니하게도 초기 기업형성사에 뿌리를 두고 있었다. 당시 한국을 먹여 살렸던(당시 그렇게 언급되었던) 그 몇몇 대기업과 금융기관이 30년 후에는 한국에게 최대의 위기를 안겨 주었다. 많은 재벌기업들이 시장에서의 자생력과 경쟁력에 의해서 성장했다기보다는 정부로부터의 많은 특혜를 입고 규모를 확장했다. 또한 전체주의 국가에서나 볼 수 있는 강한 정경유착으로 정치적 영향력을 강화시켜 왔던 것이다. 비주류문화 속의 지식인, 학자, 얼마 되지 않는 비판적 인사들을 제외하고, 한국의 여러 사람들('부유해지기를 열망하는' 그리고 '중산층인 체하는 서민들')은 이 시절(산업자본형성기) '한국의 기업형성사'의 영향에서 자유롭지 못했다.

이러한 민족적 · 사회적 관습은 기업, 대학, 정부의 모든 영역에서 그리고 '자유화'와 '민주화' 이후에도 지속되었다. 그러나 정치활동의 자유, 정치적 표현의 자유와 같은 것들은 달라졌다. 그러나

---

356) Chull Kim, Legal Education - A Brief in Historical, Sociological Perspetive - 韓國 法學의 反省, 私刊本, Seoul, 1997. Myko Int'1. Ltd.

357) 김철, 「현대 한국 문화에 대한 법철학적 접근: 바람직한 시민사회 윤리의 정립을 위하여」, 『현상과 인식』(24권 1 / 2호, 통권 80호, 2000년 봄 / 여름호, pp.34-35).

자유주의를 기준으로 한다 할지라도 '경제적 고려'와 '윤리적 고려' 간의 현저한 불균형은 심각했다. 이것을 '자유주의'라 불러야 할지 그렇지 않으면 '변장된 유물론자의 세계인'지 구분하기 힘들 정도였다. 자유주의적 입헌주의의 특징은 정신적 자유가 다른 자유에 대한 우위에 있어야 되는 것이 정상이다.[358] 그러나 한국의 경우, 민주화 이후 '재산권의 자유'가 점차 사회분위기를 압도하게 되고 기업과 기업의 소유주는 점차 약화되는 권위주의와 정부의 탈규제를 틈타 사회에 대한 기업의 통제력이 강화되었다. 이것은 통상 학계에서 말하는 자유주의적 입헌주의의 특징이라 할 수 없었다. 이것이 1997년 11월 이전 한국의 '민주화'였다.

2.2. '국민의 정부'(1998 - 2003년) 개혁의 전반적인 성격

2.2.1. 경제개혁의 방식이 교육개혁에도 적용되었다는 전제

이 시대 정부의 가장 큰 과제는 1997년 '외환위기'로 초래된 'IMF관리체제'로부터 벗어나는 것이었다. 따라서 국정 전반의 가장 큰 핵심은 경제정책이었다. 다른 국가 정책들도 분야가 다를지라도 경제정책과 연결되어 있다. 그러니 교육정책은 말할 것도 없이 경제정책과 연결되어 있는 게 당연했다. 그러나 교육정책은 경제정책과는 엄연히 다른 영역이다. 그럼에도 불구하고 한국에서의 국가정

---

358) 이것은 흔히 헌법이론에서 논의되는 '정신적 자유의 우월적 지위(preferred position of freedom of expression)'를 지칭하고 있다. 만약에 재산권의 자유가 정신적 자유에 비해서 우월한 위치에 서게 된다면 이것은 근세 절대주의하에 있어서의 중상주의(Mercantilism)의 가치와 같게 된다.

책 성립과정은 믿기 힘들 정도로 주도적인 국가정책에 맞춰서 진행됐다. IMF 외환위기 극복에 모든 주안점이 두어지고 경제정책이 정부 존립의 존재이유가 되었다. 다른 독립적인 영역의 정책들도 주도적인 흐름의 소용돌이를 벗어날 수 없었다. '국민의 정부' 개혁에서 '교육의 영역'도 그 주도적인 흐름에서 자유롭지 않았다. 정책 입안자, 정책 실행자, 정책의 현장에 있는 사람들의 사고방식, 결정양식, 행위 양식의 문제가 있기 때문이다. 정책분석의 실증적 방식은 최근 한국에서도 널리 사용되었다. 그런데 역사적 연구의 방식에서 볼 때 이 같은 실증적 방식은 문제가 될 수 있다. 정책분석의 미시적, 실증적 연구보다 더 긴요한 것은 일정 기간의 정책의 하부구조라고 할 수 있는 '정책문화의 문제'이기 때문이다. '정책문화'라면 막연하게 들리기 쉬운데, 이미 위에서 언급했던 사고방식, 결정의 양식, 행위 양식 같은 것을 포괄하는 것으로 전혀 막연하지 않다. 그리고 '정책문화'는 결국 근본적인 문제인 '가치관의 문제'로 귀결된다.

'국민의 정부'의 국가정책 및 정부정책의 문제를 볼 때, 경제정책, 교육정책, 사회정책, 문화정책, 복지정책 등의 영역별로 나누어 고찰해야 하는 이유가 여태껏 언급한 위의 이유들에 있다. 모두가 고유한 다른 영역의 문제들이기 때문이다. 그러나 이미 말한 대로 한국에 있어 정부정책은 국가가 정한 국가이데올로기에 따라서 그 주도적인 흐름을 갖고, 그 틀 안에서 모든 영역의 문제가 자유롭지 않았다. 즉, 어떤 분야이건 어떤 영역이건 막론하고 주도적인 사고방식, 결정양식, 행위 양식이 지배하고 있었다. 거시적으로 한국의 개혁을 관찰해 보면 경제정책의 가치관과 행위 양식에 의해 좌지우지되었음을 쉽게 알 수 있다.

나의 주된 관심은 말할 필요도 없이 '한국정부의 교육개혁'에 대한 '역사적 고찰'이었다. 역사적으로 볼 때, 한국정부의 교육개혁은 '그 시대의 주된 관심에 의해서 분야와 영역을 막론하고 주도적인 행위 양식과 가치관에 의해서 결정되어 왔다'는 전제하에서 시작한다. 따라서 교육정책을 볼 때, 교육정책을 논함에 있어 경제정책을 살펴보지 않을 수 없다. 참으로 한국의 사회과학도가 선진 제국의 분화된 제도와 정책, 법과 정부정책을 전문적으로 연구하고 와서, 한국의 법과 정책을 분야별로 따로따로 독립시켜 논하려고 하면, 그것을 보고 '실정에 맞지 않다'며 한국의 역사적 흐름 앞에 무기력해질 때 답답하다. 또는 미시적으로는 정확하고 정밀하나 조금만 떨어져 보면, 역사적 흐름 속에 주어진 프레임워크에만 충실한 '정당화시키는 역할'에만 기여할 뿐일 때도 답답하다. 한국의 법과 정책의 문제, 정부정책의 문제는 동시에 여러 분야를 한자리에서 논의하는 다학문적 방식이 아니면 제대로 파악할 수 없는 이유가 여기에 있다. '국민의 정부' 경제개혁 방식이 교육개혁에도 그대로 적용되었다는 이유로 나는 다음과 같이 경제개혁의 방식 특징을 고찰하고 그 영향을 살피기로 한다. 많은 경우 경제개혁 방식의 교육개혁 방식에도 그대로 드러나는 것을 알 수 있을 것이다.

2.2.2. 구조조정의 시대

후일의 사가들은 '국민의 정부'의 시대를 '구조조정의 시대'라고 부를 것이다. 일반 기업과 금융기관의 구조조정 문제는 이 시대 각 분야에서 가장 큰 주제가 될 것임은 분명하다. 동시에 그들은 그 시대를 한국에서 법치주의의 지평이 획기적으로 넓어진 시대라고 부르게 될지도 모른다. 또 그렇게 부를 수 있게 돼야 한다. 왜냐하면 구조조정의 문제는 본질적으로는 법치주의의 문제이기 때문이다.[359] 나는 기업과 금융기관의 구조조정문제를 일반인이나 경제논자처럼 순수한 경제적 사건으로 보지 않고 본질적으로 법치주의의 문제로 파악하고 있다. 아마도 이런 나의 파악이 법학의 훈련을 받지 않은 사람에게는 이해하기 힘들지도 모르겠다. 그렇다면 우선 기업과 금융기관의 구조조정문제를 더 알기 쉽게 시장의 문제로 출발해 보기로 하자. "어째서 한국의 구조조정의 문제가 외관상으로는 정확히 경제문제인데, 그 본질에 있어서 법의 문제인 '법의 지배'가 되는 것일까?" '법의 지배'가 어렵다면 '상식의 지배'라고 해도 좋을 것 같다.

2.2.3. 한국정부의 변하지 않는 행동양식

이 질문에 답하기 위해서는 지금까지 계속된 한국정부의 변하지 않는 행동양식을 검토할 필요가 있다. 기업의

---

359) 오수근, 「기업구조조정과 법치주의」 한국공법학회・전국경제인 연합회 공동 학술대회『경제행정과 법치주의』중에서 【제2주제: 금융행정과 법치주의】 발표문, 2000년 12월 19일.

합리화 과정을 다음과 같은 내용으로 요약할 수 있다.[360]

첫째, '시장의 원칙'이 필요한 영역, 즉 기업의 합리화에 대한 문제에 대해서 보면, 정부는 '정부정책'으로 경제개발, 산업합리화의 기치 아래 시장을 대치하였다. 1969년에서 1980년대 후반까지 부실 대기업 및 주요산업에 대한 구조조정 방식을 예로 들어 보자. 권위주의 정부 시대의 산업합리화 조치(부실기업퇴출)는 시장원칙에 기반한 것이 아니었다. '시장원칙'이 아니라 해서 '제정법 근거'라도 있다고 볼 수 있느냐. 그것도 아니다. 그것이 아니라, 아무런 근거 없이 경제 관료가 부실기업 퇴출 여부를 결정하였었다. 정부가 명령했던 '은행을 통한 금융지원' 역시 투명한 기준과 절차에 의한 것이 아니었다. 이는 산업합리화 조치(부실기업퇴출)가 한 번도 입법적, 사법적 통제의 대상이 된 적이 없었다는 것을 의미한다.[361]

정치적 권위주의에서 벗어났다고 했던 '국민의 정부' 이후의 행동양식은 어떠했을까? 그때는 '시장원칙'에 의해 행동했을까? '제정법 또는 법의 원칙'에 따라 움직였을까?

2.2.4. '법의 일반원칙'을 인정하지 않는 입법시도

한 법학자는 1997년 외환위기 이후 진행됐던 '기업개선작업(워크아웃)'이 이전의 권위주의 정부가 개발독재시대 때 경제개발방식으로 구사했던 '산업합리화 조치의 연장

---

360) 오수근, 위의 논문.
361) 오수근, 위의 논문, 앞의 학회 발표문.

이다'라고 보았다.362) 그 이유는 '채권·채무관계의 조정'
이라는 지극히 사법(司法)절차가 사법부에서 다룰 기회를
갖지 못한 채 행정부의 영향 아래 이뤄진 것을 들고 있기
때문이다. 1999년 후반부터 '기업개선작업(워크아웃)'이
가진 이런 사법(司法)인 문제 중 일부를 해결하기 위해
이른바 '프리팩(prepack)'의 입법을 추진하였다. '프리팩
(prepack)'이란 기업들에 대한 '파산기획안(prepacked plan)'
을 가리키는 말이다.

1년 반 가까이 진행된 입법시도에서 재정경제부는 법의
일반원칙(General Principle of Law)조차 인정하지 않으려
하였다. 예를 들면, '합의는 당사자 간에만 유효하다'는
것이나 '소급효'는 원칙적으로 인정되지 않는다는 문명국
에서 널리 받아들여진 시민 생활의 기본질서를 무시하고
입법을 하려고 하였다.363)

외환위기 이후 기업구조조정에서 벌어진 대표적인 일이
이른바 '빅딜(big deal)'이다. '기업 간 대규모 인수합병'을
내용으로 하지만 그러한 거래가 당사자인 회사 간 흥정을
통해서 이뤄진 것이 아니고 정부나 정치인의 영향력에 의
하여 결정되었다는 것이다.364) 지금까지 고찰한 이 절의
결론은 다음과 같다. '국민의 정부'의 주된 업적으로 불리
는 '구조조정'이나 '기업개선작업(워크아웃)' 그리고 '파산
기획안(prepack)'에 있어서 정부정책 당사자의 기본적인

---

362) 오수근, 앞의 논문, 앞의 발표문.
363) 오수근, 같은 논문, 같은 발표문.
364) 오수근, 같은 논문, 같은 발표문.

태도는 놀랍게도 어떤 점에서 개발독재시대 정부정책 당
사자의 태도와 너무나 흡사하게 닮아 있다.

2.2.5. 정부정책이 법의 일반원칙보다 우월한 예

그 태도는 "정부정책이 '조리나 사리', '법의 일반원칙'
이나 '사법부의 판단'보다 우월하다"는 것이다. 법 전문가
가 아니라도 '민주주의'는 '상식의 지배'에서 출발하는
'이성의 지배'가 '법의 지배'로 자연스레 옮겨 가는 사회
를 의미한다는 것을 우리 모두는 안다. '국민의 정부'의
가장 큰 업적이었던 '경제정책'은 그 실상 내용을 본다면
결국 '행정권과 비교할 수 없는 우위' 속의 실행이라는
점에서 국민의 정부 당사자들이 그토록 매도했던 지난날
의 정부의 태도와 전혀 다른 점이 없었다. 지난날 개발독
재시대 국가, 행정권 우위의 국가, 권위주의의 국가의 정
책시행과 본질적으로 크게 다르지 않았다. 그리고 그 태
도가 구조조정의 문제에서 그대로 드러났던 것이다. 문제
는 그것이 구조조정에서 끝나지 않고, 모든 영역에서 나
타났다. 경제정책을 예로 든 것은 한국에 있어서 한국정
부가 항상 그래 왔고, 또 1997년 외환위기 이후에도 그래
왔던 것처럼 경제정책이 모든 국가작용을 리드하는 역할
을 했기 때문이다. 경제정책이 이러하다면, 교육정책은 말
할 필요도 없이 그 경제정책의 수행방식을 그대로 답습하
는 것이 1960년대 이후 한국정부의 변하지 않은 일관된
태도였다.

3. 개혁방법론으로서의 경제분석:
한국에 있어서의 경위, 평가 및 반성[365]

3.1. '경제적 고려'

법학방법론으로서의 '경제분석(economic analysis of law)'을 한국에 적용하는 데 어떠한 문제가 있었는가? 논의해 봐야 할 문제이다. 나는 이러한 문제의식을 가지고 '공법학방법론' 논문에 나의 견해를 밝힌 바 있다.

"이제부터 한국정부가 개혁의 방법론으로서 채택한 경제분석의 한국에 있어서의 역할을 음미해 보기로 한다. 지금까지 한국정부는 교육개혁의 방법으로서도, 넓게 본다면 1980년대 후반 이후 세계적인 규모에서 짧게 본다면 1993년의 문민정부의 교육개혁과 1998년의 국민의 정부의 교육개혁에서, 다른 여러 가지 동기도 있겠으나, 무엇보다도 경제적 고려 또는 제도의 경제분석을 그 주된 프레임워크로 사용했기 때문이다."

한창 '법의 경제분석'이 본 고장에서 논란을 부르고 있을 때의 에피소드를 소개하고자 한다. 1987년 5월 스탠퍼드 법과대학원에서 있었던 리차드 포즈너(Richard Posner)의 '법의 경제분석' 특별 강연에서 법과대학원 2학년 학생이 질문을 했다. "법제도의 경제분석이 물론 유용할 것입니다. 그러나 인간의 정서 중 마지막 부

분 즉 심미감 같은 것이 영향을 미치는 일에 대해서는 어떻게 경제분석을 하시겠습니까?" 이 질문은 다음과 같이 변형시켜 볼 수있다. "기본권 중 학문의 자유, 표현의 자유, 넓게는 정신적 자유에 해당하는 영역에 대해서는 어떻게 경제분석을 하겠는가?"이다. 한국에 있어서도 이 질문이 중요한 것은, '자유화', '민주화' 그리고 이후 '교육개혁의 여러 요인들'에 대해 이 질문을 던질 수 있다는 데 있다. 세부적인 제도개혁을 실증적으로 논의할 수도 있다.366) 그러나 실증적으로 제도개혁을 논의하기에 앞서 문민정부의 교육개혁 이후 그리고 또한 1997년의 외환위기 이후에 '국민의 정부'가 교육개혁을 통하여 그 이전의 교육개혁 시도와 다른 점은 무엇인지 언급해야 한다. '그 이전의 교육개혁 시도와 가장 차이가 나는 방향과 동기가 있다면 그것은 무엇일까?' 그것은 말할 필요도 없이, 이 기간 동안 세계체제이론에서 읽을 수 있는 것처럼, 제도에 대한 경제분석 기본태도가 변한 것이 그것이다.

3.2. '경제적 고려'가 신자유주의적 사고를 고무하지 않았나

법과 경제 또는 법의 경제적 접근·제도의 분석은 다른 나라 사회과학자들(주로 사회학자, 윤리학자)로부터 회의적인 평가를 받아왔다. 한국에서는 '법의 경제분석은 신자유주의적인 사고를 부추기는 역할을 하는 것이 아닌지' 하는 의문제기가 있었다. 한국의 법

---

366) 예를 들면 교육법 영역에 있어서 최근의 논의는 참조 김철수 『헌법과 교육』 특히 제2편 교육 중 제1장 교육법의 이념과 문제점, 제2장 고등교육법의 발전과 대학의 역할, 제3장 교육에 대한 판례, 제4장 법학 교육과 국제 교육, 제5장 바람직한 교육정책의 내용 참조. 이 책에 대한 서평으로서는 김철, 「서평 헌법과 교육」 김철수 저, 『헌법학 연구』(제8권 제2호, 2002. 10. 한국헌법학회).

학자들로부터는 더 회의적인 눈초리를 받았다. 한국이 지난날이나 오늘날에 있어 정책결정이 법원칙에 의하기보다는 빈번히 '경제적 고려에 의해서' 결정되는 경우가 많았기 때문이다. 그 한 예로 그린벨트 해제(개발제한지역 해제)의 가장 큰 동기는 '토지이용의 효율성 제고'였다. 이 명분은 의심할 여지없이 '개발제한지역 해제'의 근거를 '법제도의 경제분석의 결과'로 돌리기 일쑤였다. 한국에서 정책결정에 있어 '경제적 고려'가 '법원칙'이나 '공공복리'보다 우선하는 원칙이 되었다. '경제적 고려'가 '도덕원리'나 '윤리의 문제'를 압도했음은 물론이다. 실로 한국역사에 있어서 1961년부터 1979년까지 18년 동안의 개발독재기간을 특징지은 경제개발방식은 '경제적 고려' 원칙이 모든 원칙들 우위에 설 수 있는 논리로 자리 잡게 된 것이었다. 한국의 민주화가 정부차원에서 시작된 1993년 이후에도 '신자유주의'라는 이름으로 경제적 논리는 모든 것을 압도하는 우위에 서게 되었다. 단지 '민주화'의 상징을 위해서 때때로 값비싼 상징조작을 행해야 했을 때만을 빼고 말이다.[367]

다음은 어떤 환경법학자들이 '경제적 고려'에 대해 생각하는 논리이다. 이것은 그동안 내가 관찰한 환경법학자들의 주요 한 갈래로 제시된 논리였다.

"법의 경제분석이 등장하면 그 논리가 어떠하든, 결과적으로 한국에서는 개발의 문제에 있어 개발주의자의 이익을 위해 봉사를 하게 된다. 지난날의 경험에서 어떤 정책결정을 함에 있어 '경제적 고려'가 개입하면, 그 결과는 결국, 재계 즉 대기업 집단의 이익에 가까운 쪽으로 흘러가게 된다. 마지막으로 공교육에 '경제적 고려'

---

367) 민주화 과정 중의 상징조작으로서 비용을 생각하지 않은 예로는, 일제 잔재를 일소한다는 대의명분으로 아직도 쓸 수 있는 오래된 건물을 없앤다든가 또는 해방 이후 1990년대까지 써 온 국민학교라는 명칭을 초등학교로 바꾼 것 등을 들 수 있다.

가 들어가면, 어김없이 교육원칙은 느슨해지고, 기업이나 영리가 강조되는 경향으로 치우친다.”는 것이다.

3.3. ‘법의 경제분석’에 대한 회의

여러 가지 이유로 ‘법의 경제분석’이 회의적인 눈초리로 따가운 시선을 받아 온 것은 사실이다. 그러나 ‘법의 경제분석’이 다 회의적인 것은 아니다. 나의 짧은 견해로는 회의시되어 온 ‘법의 경제분석’은 다음과 같은 점에서 재고려될 수 있을 것 같다. 우선, 상식적인 차원에서 ‘모든 것은 다 함께 어우러져 함께 작용’한다는 것을 전제로 할 때 ‘법의 경제분석’은 완전히 무시될 수 없다. 왜 ‘법의 경제분석’이 나오게 되었는가를 고려해 볼 때, 그것은 필연적으로 ‘어떤 필요’에 의해 나온 것임은 분명하다. ‘법의 경제분석’의 태생에 대해 정당화하려는 것이 아니라, 적어도 ‘법의 경제분석’의 존재를 부정할 필요는 없고, 단지 그 사용에 있어서 ‘중립적이고 객관적인 과학’으로 거듭나야 할 필요성을 강조하고 싶다. 한국의 역사에 있어서는 ‘법의 경제분석’이 가져온 문제들 그리고 가져올 문제들이 크기 때문에 더욱 조심해야 할 것이다. 한국에 있어서는 ‘어떤 학문이나 지적인 도구가 그 자체로는 중성적이거나 중립적이더라도 그 쓰임의 동기에 따라서 결과가 달라졌다’는 것을 쉽게 찾아볼 수 있다.

대표적인 사례로 ‘개발제한지역 해제’를 살펴볼 수 있다. 도시과밀지역에 자리하고 있는 개발제한지역을 해제하는 경우 어김없이 ‘토지의 이용도가 높아지고 효율성(경제학적 언어인)이 높아진다.’

는 근거가 나온다. '거주공간이 더 확대되고 주거용 토지 공급이 늘어난다.'는 얘기이다. 그런데 개발제한지역이 시민공원으로, 휴식공간으로 이용되고 있었다면, 공공복리는 더 확대되는 것인가, 축소되는 것인가? 이 문제는 '개발제한지역이 해제됨으로써 얻어지는 주거공간의 확대는 쉽게 경제적 이익으로 계산하면서 주민의 건강권, 휴식권, 일조권 등의 공공복리는 쉽게 경제적 이익으로 계산되기 어렵다'는 데에서 풀기가 쉽지 않다. 그러나 계산이 전혀 불가능한 것은 아니다. '법의 경제분석'으로 공공복리와 같은 개념도 풀어서 계산할 수 있기 때문이다. 예를 들어, 주민들이 인구과밀로 인해서 겪게 되는 문제를 '법의 경제분석'으로 계산해 볼라치면, 인구과밀로 인한 환경상의 문제로 야기되는 어려움은 이윽고 주민들의 의료비 부담으로 나타날 수 있다. 과다한 자극으로 인해 생기는 '과민성' 질병 때문에 사고율의 증가(돌발적 사고, 교통사고, 없어도 좋을 마찰, 전혀 근거 없는 갈등이 가져오는 생업의 불이익 같은 것)들이 사회적 비용으로 계산될 수 있는 것이다. 즉, 이 경제적 비용 계산문제의 경우에 문제의 표면에는 경제분석이 있는 것 같지만 자세히 들여다보면 문제의 속에는 '누가 주도적으로 어떤 경제분석을 하느냐?'라는 권력의 문제가 숨어 있는 것이다. 운동부족으로 만성 성인병을 앓고 있는 한 주민이 자신의 막대한 치료비를 부담하고 있을 때, 그 주민은 녹색지대가 사라지는 것에 대하여 자신의 '건강문제' 측면에서 경제분석을 할 것이다. 반면, 땅값이 오르기만을 바라고 있는 녹지대 주변의 토지소유자는 그와는 전혀 다른 경제분석을 할 것이다. '어떤 계산이 정책으로 반영될 것이냐'는 '어떤 쪽의 데스크에서 정책이 채택되느냐'라는 권력의 문제가 된다.

3.4. 중성적 언어와 정치적 상징조작

이와 같은 논란의 여지에도 불구하고, '법의 경제분석'이 탄생했고 이에 대한 논의를 그치지 않고 있는 이유는 무엇일까? 위 예를 통해 본 바와 마찬가지로 '제도나 법의 경제분석'은 자체로는 전통적인 방식과 마찬가지로 중성적인 것이다. 경제분석 이전에 주로 쓰여 왔던 전통적인 언어도 자세히 따져 보면 개념 자체는 중성적이나 '누가 어떤 때 그 언어를 구사해서 무엇을 얻으려 하는지'에 따라 지배적 이익에 봉사하기도 하고 그렇지 않기도 했다. 예를 들어 '경제개발'이라는 언어는 어떤 국가나 사회에서 모든 가치에 우선하는 순위를 가지게 될 때 그리고 합리성을 넘어서서 어떤 종류의 열정에 호소하게 될 때 '경제개발'이라는 언어는 중성적인 경제학적 용어라기보다는 국가 이데올로기 또는 사회 이데올로기가 되었다. 이런 전통적인 언어도 '실제로 어떻게 해석되고 쓰이느냐'에 따라 얼마든지 달라질 수 있기 때문에 실제로 분석적 방법에 의해서 그 언어의 개념을 실체와 목적 또는 명목적 가치 여부를 따져 보아 가려낼 수 있다.[368] 그러나 그것이 쉽지는 않다. 이야기의 초점을 다시 교육개혁으로 가져가 보겠다. '교육개혁'에서 역시

---

[368] 법학에 있어서 전통적 개념적 언어(conventional and conceptual language)와 더 분석적 또는 사회과학적 언어(more analytic or social science language)의 문제에 대해서는 1995년 뉴욕 법과대학원의 The Program for the Study of Law, Philosophy & Social Theory; Fall 1995(organizer, Professor Ronald Dworkin)에서 논의된 바 있다. 전통적 개념적 언어의 대표자는 Ronald Dworkin이었으며 사회심리학적 언어의 대표자는 Cass Sunstein이었다. 물론 이 프로그램에는 Posner는 참가하지 않았으나 포즈너는 경제학자가 아닌 법학자로서 전통적이고 개념적인 법학언어에 경제학적 언어를 추가한 거의 최초의 법학자로 생각된다. Dworkin과 Posner의 입장의 문제에 대해서는 전체적으로는 이야기하기 힘들다. 단지 The Ethical and Political Basis of Wealth Maxinization에 대해서는 보라. Dworkin's Critique of Wealth Maximization 107, Richard A. Posner, The Economics of Justice, Harvard University Press Cambridge, Massachusetts and London, England 1993.

이러한 점을 같은 궤적의 논의로 가져올 수 있겠다. '교육개혁'이라는 언어가 어떤 합리성을 넘어서서 국가이데올로기 또는 사회이데올로기가 돼 왔던 점이 있다. '문민정부'나 '국민의 정부'는 새로 성립된 정부의 정당성과 효율성을 투표권자들에게 알리기 위하여 '개혁'이라는 언어를 '합리성을 넘어선 과장된 열정'으로 국가이데올로기화하였다. 국민의 입장에서도 당시 정부의 개혁은 그 초기와 5년 뒤가 확연히 다름을 여러 번 경험하였다. '개혁'이 어떤 필요에 의해 추진되었다기보다는 정치적 상징조작의 동기로 이용된 것은 아닌지 반성해 볼 일이다.

'경제학적 언어는 전통적 언어보다 어떤 점에서는 상징조작이 쉽지 않다'고 말할 수 있을지도 모른다. 그러나 나는 '가장 중립적인 통계수치조차도 통계처리방법에 의해 결과조작이 가능하다'고 생각한다. 즉, '모집단의 샘플링을 어떻게 하느냐'에 따라서도 달라질 수 있고 '통계수치해석을 어떻게 하느냐'의 문제로도 결과가 달라진다. 사람들이 객관적인 것이라고 믿고 있는 그 통계 역시도 '누가 무엇을 위해 통계수치를 만들었느냐'라는 권력의 문제가 따른다는 것이 나의 생각이다. 또 사람들은 자기 마음에 들지 않는 통계는 신뢰하지 않으려 하는 경향을 가지게 된다. 따라서 '권력의 문제'와 '선입견의 문제'가 통계학에서도 자유롭지는 못한다.

3.5. 비시장경제 영역과 시장경제 영역의 혼동

한국 법학자들이 넓게는 법과 제도의 '경제분석', 좁게는 교육제도의 '경제분석'을 할 시에 몹시 주의해야 될 점이 있다. 1980년도 후반에서부터 빈도 높게 사용된 '시장경제'라는 용어에 관한 점이다. 한국에서는 '비시장경제(non‑market economy) 영역'과 '시장경제(market economy) 영역'을 혼동하는 경우가 많다.[369] 그 첫 번째는 교육제도라는 교육법·공교육 영역을 시장경제 영역과 혼동하는 것이었다. 한국에 있어 권위주의 정부가 물러났던 1980년대 후반에도 이 기초적인 문제가 기묘하게도 만연했다. 전문가와 비전문가를 막론하고 공교육 영역과 시장경제 영역을 구분하지 않는 우를 범하였다. 다른 자본주의 나라들의 경우에서 국가의 교육제도를 정할 때(교육 전반에 대한 틀을 정할 때), '경제적 고려'가 최우선시되지 않는 것은 '교육분야'는 '시장경제'와 엄연히 구분되어야 할 '비시장경제 영역'이기 때문이다. 자유화 이후 한국의 전문가와 지식인들은 일반시민들과 마찬가지로 이 혼란을 겪었다. 왜냐하면 너무나도 많이 경제적 논의와 시장경제에 대해서 많은 시간을 할애하였기 때문이다. 너무나 구분 없이 '국가정책'이라는 큰 테두리 안에서 바로 '교육제도 문제'로 '경제문제'처럼 똑같은 태도와 어조로 정책을 진행했다.

3.6. 한국이 참조한 대륙법학과 시장경제

한국의 법학영역으로 들어가 보면, 한국의 '법영역'에서는 '시장경제 원칙(경제학에서 가장 미리 쓰는 선재개념(preexisting concept))'을 법 개념의 '당연한 전제'로서 받아들이지 않았다. 왜냐하면 '헌

---

369) 시민 또는 소비자의 입장에서 볼 때 시장경제에서의 행동과 비시장경제에서의 행동은 구별된다. 한국의 경우 교육을 받을 권리와 학습권을 둘러싼 학부모들의 행위 양식은 '비시장영역'에서의 행동의 예이다.

법학 영역'에서는 '기본권제한사유로서 국가안전보장, 질서유지, 공공복리'에 많은 시간을 할애하고 있었기 때문이었다. '공익법(Public Interest Law) 영역'에서는 계약 자유나 사적인 자치원리가 가져오는 자유와 형평의 침해에 관심을 기울였다. 상대적으로 '법영역'에서는 경제메커니즘에 대해 오히려 무관심하였다. 1980년대 후반에 1917년 이후 세계의 법 제도를 크게 둘로 나누었던 '사회주의 법체계'가 와해되면서 한국이 이러한 '법영역'에서의 파격적인 변화의 물결을 타고 한국의 법조계는 시장경제현황에 대해 오히려 무신경한 측면이 있었다.[370] 이것은 조심스러운 나의 견해이다.

---

370) 예를 들면 규제법의 기본이 되는 행정법의 총론부분에서 한국의 강단법학이 전형적으로 설명의 예를 드는 사례를 보자. 행정행위로서 가장 빈도수가 높은 허가의 경우 전통적인 한국의 공익법 관계를 다루는 행정법학 교과서에서 자주 나타나는 예는 공중목욕장업, 주유소업과 거리제한에 관한 판례(김도창, 『행정법론 상』(1983년, p.303) 공중목욕탕 영업허가(홍정선, 『행정법원론 상』, p.318), 사회경제 사정의 변화에 따른 적절한 사례는 나타나지 않는다. 심지어 거의 사문화도나 고물상영업법 등을 허가의 예로 들고 있다. 또한 전당포 영업허가 또는 총포류 제조허가를 예로 들고 있다(김동희, 『행정법1』, p.247). 산업금융자본주의에서 본격적인 문제가 되는 금융업의 허가라든지 경제규제의 가장 중요한 핵심 문제로 등장하는 영업허가 같은 것들은 거의 언급하지도 않는다. 한국행정법의 기본틀이 아직도 1919년 이후 1925년 전후에 대륙에서 영향을 끼쳤던 순수법학의 방식에 의하고 있다는 대표적인 예이다.
이러한 강단법학의 외부 환경은 어떠했는가? 1960년대부터 시작된 경제 개발계획은 정부가 모든 기획 업무를 담당하는 형태로 진행되었다. 정부는 필요한 산업이 무엇인가 결정하고 이를 담당할 기업을 선정하고, 필요한 자금의 조달방법까지도 고안을 해서 당해 기업에 배정을 하였다. 오수근, 「기업 구조조정과 법치주의」, '금융행정과 법치주의' 주제 발표(한국 공법학회·전국 경제인 연합회 공동 학술 대회 '경제행정과 법치주의', 2000년 12월 19일), 다시 말하자면, 시장경제나 이에 대한 사법적(司法的) 해결이 아니라 정부정책이 기업의 투자와 자금 조달까지도 담당하였다는 것이다. 이런 경제 형태를 도저히 '항의와 시장 원칙을 기본으로 하는' 헌법상의 시장경제라고 할 수 없을 것이다. 고도의 계획경제가 주된 산업의 구조를 결정하고, 부분적으로 중요하지 않은 산업 부문이나 유통구조에서 원래적 의미의 시장경제가 통용되었다고 할 수 있다. 이런 경제 환경에서 환영받는 규제법은 어떤 것이었을까? 한국에 있어서의 강단법학 중 규제법에 대한 부분은 그것의 원형이 유래한 1925년 전후의 원산지를 상기하게 한다. 즉, 1919년 내지 1925년의 오스트리아와 도이칠란트의 역사적 단계는 이제 막 오스트리아-헝가리 제국과 프로이센 제국의 제한적 군주제에서 벗어나고 있는 중이었다. 한국에 있어서의 그 영향은 전혀 사회경제 사정에 관계없이 여전히 정부정책이 모든 것을 결정하는 행정 주도의 국가에서 요구되는 관료법학에 봉사한 결과를 낳았다고 할 수 있다.

3.7. 통제와 계획이 물러난 공백 부분을 시장이 대신 채웠는가

법적 정치적 영역만 제외하면, '자유화'와 '민주화' 이후에 '경제와 시장의 역할'에 대해서 관심이 높아졌다. 종전의 통제와 계획이 물러간 공백부분을 시장이 대신해 줄 것으로 정부나 시민들이 기대하였다.[371] '시장의 역할'과 '시장경제의 메커니즘'이 크게 강조되었는데 이 또한 그 시절의 '국가이데올로기' 내지 '사회 이데올로기'의 명목적 측면과 결합한 감이 없지 않다. '시장의 역할'과 그 시장의 역할을 전제로 하는 '자본주의 경제학의 원리'를 신봉하게 된 것이다. 시장과 시장의 경제학이 강조되다 보니 보편성의 범위에 대해 무시하고 '자유화'와 '민주화'를 '시장화'로 잘못 이해한 측면이 크다. 예를 든다면 사회민주화 중에 우리 사회에 있어서 어떤 핵심이

---

371) '시장의 문제'에 대해서 한국에 있어서는 다음과 같이 그간의 사정을 요약할 수 있다. 첫째, '시장의 원칙'이 필요한 영역, 즉 기업의 합리화에 대한 문제에 대해서는 정부는 '정부정책'으로 경제 개발, 산업 합리화의 기치 아래 시장을 대치하였다. 예, 1969년~1980년 후반까지의 부실 대기업 및 주요 산업에 대한 구조조정 방식. 권위주의 정부 시대의 산업 합리화 조치(부실기업 퇴출 조치)는 시장원칙 또는 제정법상 근거 없이 행해졌다는 것이다. 경제 관료가 퇴출 여부를 정하였고 은행을 통한 금융지원 역시 투명한 기준과 절차에 의한 것이 아니었다. 그 결과 산업 합리화 조치는 한 번도 입법적·사법적 통제의 대상이 된 적이 없었다. 이상의 요약은 전적으로 다음의 획기적인 발표문 및 논문에서 인용한 것이다. 오수근 「기업 구조조정과 법치주의」, '금융행정과 법치주의' 주제 발표(한국 공법학회·전국 경제인 연합회 공동 학술 대회 '경제행정과 법치주의'. 2000년 12월 19일). 1997년 외환위기 이후 진행된 기업개선작업(워크아웃)도 "산업 합리화 조치의 연장이다." 오수근. 위의 발표문.
채권·채무관계의 조정이라는 지극히 법적인 절차가 사법적으로 다툴 기회를 갖지 못한 채 행정부의 영향 아래 이루어진 것이다. 1991년 후반부터 워크아웃이 가진 이런 문제 중 일부를 해결하기 위해서 이른바 Prepack의 입법을 추진하였다. prepack이란 미국 파산법의 Prepackaged Plan을 가리키는 말이다. "1년 반 가까이 진행된 입법시도에서 재경부는 법의 일반원칙조차 인정하려 하지 않았다. 예를 들면 합의는 당사자 간에만 유효하다는 것이나 소급효(遡及效)는 원칙적으로 인정되지 않는다는 것을 무시하고 입법을 하려고 하였다." 오수근. 위의 발표문.
외환위기 이후 기업구조조정 과정에서 벌어진 일이 이른바 빅딜이다. 기업 간 대규모 인수 합병을 내용으로 하지만 그러한 거래가 당사 회사 간의 흥정을 통해서 이루어진 것이 아니고 정부와 정치인의 영향력에 의하여 결정되었다는 것이다. 오수근, 위의 발표문.

될 만한 분야로서 교육기관 및 교육의 문제를 들 수가 있다. '교육 민주화'가 1990년대 이후 오로지 '시장화'를 의미하는 것으로 정책 수립가나 대중 계몽가나 상당수의 지식인들이 착각하였다. '시장화' 라는 마법적인 언어에 현혹되어 근대 이후 또는 현대 입헌주의의 당연한 개념요소인 '법의 지배 또는 법치주의'를 망각했었다.[372]

3.8. 시장구조와 사회구조에 대한 혼동

법치주의를 망각했었는데 그것은 한국시장구조와 선진시장구조 와의 혼동이다. 한국의 경제학도나 경제분석가들이 '자유로운 시 장' 즉 '왜곡되지 않는 시장'을 상정하는 데 '한국의 시장구조'를 '북아메리카나 혹은 서양의 이상적인 시장구조'와 혼동하였다. 그 말인즉, 한국의 어떤 시기의 촉망을 받았던 개혁인사들은 한국의 사회구조를 그들이 청년의 이상적인 시기에 수학하였던 선진국 여 러 나라의 사회구조와 혼동하였다. 교육개혁의 영역에서 이런 혼동 은 이미 권위주의 정부의 후기부터 나타나기 시작했다. 이른바 교

---

372) 시장경제와 법치주의의 관계에 대해서는, 한국공법학회 · 전국경제인연합회 공동 학술대회, '경제행정과 법치주의' 2000. 12. 19 제2주제: '금융 행정과 법치주의'의 주제 발표자 오수근(이화여대 법학과) 교수는 흔히 오로지 국가경제정책의 일환이라고 생각되는 기업 구조 조정의 본질이 법치주의의 문제라고 파악하고 법치주의의 관점에서 볼 때 구조조정 의 문제는 시장 법치주의 실현의 관건이 된다고 하였다. 특이한 것은 사법학자인 오수근 교수는 금융 구제 행정의 분야를 조사하던 중 한국에 있어서의 법치주의는 그동안의 경찰 서 법치주의뿐 아니라 시장 법치주의를 실현하여야 한다고 주장하였다. 교육문제는 국가 적 차원에서는 공교육의 문제로서는 말할 필요도 없이 비시장영역의 문제이다. 따라서 교 육현안에 있어서의 법치주의의 문제는 기업 구조조정이나 금융 구조조정과 같은 경제적 문제에서보다도 더욱 직접적인 본질문제라고 볼 수 있다. 경제정책이라는 외관 때문에 법 치주의를 망각해서는 안 되는 것은, 교육정책이라는 현안 때문에 법치주의를 망각해서는 안 되는 것과 마찬가지이다. 이때의 법치주의는 법의 일반원칙과 사법부에 의한 최종적 해결이라는 지극히 평범한 근대 입헌주의의 내용이다.

육의 소비자 개념이 1988년에 성립한 정부 후기부터 나타났고 문
민정부 때부터 본격화되기 시작한 교육개혁은 그 전제가 되는 밑
그림으로서 시장경제의 상황이 전혀 다른 선진국을 상정하고 있었
다. 국민의 정부의 교육개혁까지 이어진 일련의 조치의 사고방식
역시 우선 국민소득이 엄청나게 차이가 나고 시장경제의 연력이
수백 년에 이르는 최선진국의 제도를 직수입함으로써 우선 가시적
인 개혁효과를 과시하려고 하였다.

시장경제의 일반의 한국에 있어서의 현황을 든다면 한국의 사회
구조 중 특별히 시장구조는 어떤 품목에 있어서도 이상적인 경쟁
상태에 있지 않았다. 즉 오랜 권위주의적 통치를 거친 1980년대
후반과 1990년대 초반의 한국 경제의 구조는 그 사회구조와 마찬
가지로 독점구조와 과점구조가 두드러지는 특징을 가지고 있었다.
선재하는 사회구조와 시장구조의 정직한 인식과 현황파악을 뛰어
넘어서 자유와 민주화의 정치적 열풍을 타고 사회 부면의 기초·공
공 관련적 부분을 오로지 시장경제에 맡기고자 의도하는 정책적
시도는 설혹 그 의도가 진지하다 할지라도 파괴적인 효과를 가져
오는 예가 외국에서 발견되었다.373)

373) 엄격한 의미에서는 대비될 수 없는 너무나 상이한 역사적 괘적을 가지고 있는 사회도 어
   떤 단면에 있어서는 대비(contrast) 또는 유사성(similarity)을 찾아볼 수 있다. 물론 본질론
   (essentialism)적인 사고로서는 이런 대비는 불가능한 것이다. 권위주의 사회가 이른바 자
   유화와 민주화를 거치면서 나타내는 다음 단계의 시장화 또는 민영화의 여러 가지 양상
   중에서, 극단적인 예로는 1917년 이후 대표적인 사회주의 법 제도였던 소비에트 러시아
   의 예를 들 수 있다. 구 소비에트 연방이 해체되면서 이전에 표방하였고 의거하였던 사회
   주의적 가치의 법 제도도 와해되기 시작했다. 일단 정치적 측면을 제외하고 논하기로 하
   자. 경제적 측면에 있어서 급격한 해체와 인위적인 형성기에서 러시아 국민의 고통은 시
   작되었다. 물론 해체의 초기 프로그램이었던 고르바초프 방식(스칸디나비아식의 사회민주
   주의)이 급진주의자였던 옐친 방식에 패배하고 나서의 경위이다. 러시아 경제의 해체 및
   형성에 있어서 가장 급격한 충격 요법으로서 "급격한 시장경제"는 약 70년 이상 지속된
   러시아 사회의 인프라 스트럭쳐를 거의 붕괴시킬 만한 경과를 가져왔다. 한 사회가 그 사
   회의 역사적 전개의 단계를 무시하고 충격요법에만 의거할 때, 어떤 결과를 가져오는가의
   생생한 교훈이라고 할 수 있다.

따라서 '법의 경제분석'은 중립적인 과학이 되어야 한다. '법의 경제분석'의 태도가 '법의 사회분석'의 태도와 마찬가지로 있는 그대로 파악하는 태도여야 한다. 법 제도의 장이 되는 '시장 또는 사회의 구조'를 '법의 경제분석'이 왜곡하는 것이 아니어야 한다. 정직하게 시장의 구조와 사회의 구조를 현황 그대로 과학적 방식 또는 경제학적 방식에 의해서 파악하는 태도가 중요한 것이다. 그래야 그 분석을 통해 나온 결과가 '미래의 시장경제의 활성화'를 가져올 수가 있다. 존재하는 시장의 불균형과 사회의 왜곡된 구조를 무시하고 이상적인 사장과 정상적인 사회구조에서 가능한 단기간의 급진적인 개혁을 따라 추진하는 것은 과학적인 태도가 아니다. 대중 선전기구를 통해서 '사회 이데올로기화'되고 '국가 이데올로기'로까지 높여지는 폐쇄적·권위주의적 사회의 특징으로 변질되는 '법의 경제분석'은 지양해야 한다.

1990년대 후반까지 진행된 러시아 사회에의 급격하고도 전면적인 시장경제 제도의 도입과 사영화(私營化)는 어떤 효과를 가져왔는가? 여기에 대한 러시아 내부 지식인의 참담한 비판에 대해서는 참조; Aleksei Kiva, "Whence Spring the Roots of Bolshevism in Russian? — Even the 'Conscience of the Nation' May Lose Its Conscience" Russian Politics & Law 1995 / Vol.33, No.1 M.E Sharpe Inc. NY 물론 러시아 외부의 다른 프레임 워크를 가진 지식인은 다른 관찰을 할 수도 있다.

제8장

서양 법 사상 전통에서의 이원론과 법의 현대화는 경제위기와 관련해서 어떤 관계가 있는가

서양 법 사상 전통에서의 이원론과 법의 현대화는 경제위기와 관련해서 어떤 관계가 있는가

-신칸트학파의 방법이원론은 1929년 이후의 세계 대공황의 도전에서 어떻게 변용했는가

1. 들어가는 말

고대 문명의 종교 사상과 고대 그리스 철학의 전통이 발전시킨 형이상학적 이원론은 종교학, 신학, 철학, 그리고 법학의 교차적 관심 분야이다. 서양 사상의 전개에서 중세의 양검이론(Zwei-Schwert Theorie)은 이론이 아니라 실제로 중세 천 년간의 서유럽 세계를 지상의 권력과 교회의 권력으로 이분화하는 현실적 제도가

되었다.

그렇지만 형이상학적 이원론은 세속법과 교회의 법이라는 이분법적 구도 안에서도 자연법이라는 또 하나의 입지점을 가짐으로써 이론적으로 신의 법과 인간의 법 가운데 어느 쪽에도 속하지 않을 수 있었다. 자연법은 후고 그로티우스(1583 – 1645)에 이르러서 중세 천 년 동안의 종교와 교회의 위광에서 벗어나서 인간의 이성과 양심에 근거를 두기 시작했다. 이후 시민혁명을 가능케 한 근대 자연법은 이와 같은 맥락에서 생성되었다.

이 대목까지는 근대까지의 학문이 그러했던 것처럼 신학, 철학, 법학 및 모든 미분화된 인문사회과학의 공통되는 부분이다. 따라서 이 글의 다음 절인 '형이상학적 이원론과 자연법'은 현대에 있어서도 성과 속이라는 이분법적 구도를 기본으로 하고 있다고 여기는 신학자들과 관심을 공유할 수 있다. 이미 중세 말의 그라티아누스 시대에도 신학과 법학은 공통점이 있었다. 현대 한국의 신학이 성과 속의 전통적인 이분법을 견지하면서도 다시 성찰하는 것처럼[374] 한국의 전통 법학이 견지한 이원론[375]을 성찰하기 위함이다.

한국의 법학이 급속히 변화하며 전개되어 가는 현대 사회 안에서 한편으로는 종교 및 윤리와 분리되고[376] 다른 한편으로는 인문과학, 사회과학을 비롯한 현대 과학의 성과에서도 분리되어서[377]

---

374) 이 성찰은 '프로테스탄트 윤리의 재인식'으로 나타나기도 하고(박영신, 1980, 2008) 또한 왜곡된 이분법적인 사고 형태에 의해서 성스러움과 세속적임, 교회와 사회를 구별하는 전통을 성찰하여야 한다는 논의도 있다(강희천, 1995).

375) 신칸트학파의 전성기였던 1920년대와 1930년대의 방법이원론의 영향 아래 당위와 존재, 규범과 사실 세계를 엄격히 분리해 왔다.

376) 법과 제도의 종교적 차원, 종교의 한 차원으로서의 법 제도와 규범, 기독교가 서구법의 발달에 미친 영향에 대해서는 이 책(해롤드 버만 / 김철, 1992)을 볼 것.

377) 인문학(역사학, 철학)과 사회과학(사회학, 심리학, 경제학)의 시점을 받아들여 한국의 지금까지의 법학을 성찰한 것은 이 책(김철, 2007ㄱ)을 볼 것.

고립된 율법학으로 진행되는 데 대한 많은 우려가 있어 왔다.[378] 한국 법학 내부에서도 법학 교육을 담당하는 강단법학가와 법 이론가들이 1910년대에 형성되고 1920년대와 1930년대에 걸쳐서 설득력이 있었던 법학방법론에 대해 성찰하고 있다(서울대학교 법학연구소, 2006: 1 – 199)(한국법철학회, 2008).

이 글의 목적은 다음과 같다. 첫째, 본고는 현대 한국의 법학 교육의 기반이 된 신칸트학파의 방법론적 이원론이 주류 서양 사상사에서 어떤 위치를 차지하는가를 밝힌다. 둘째, 본고는 신칸트학파의 방법론적 이원론이 서양과 같은 형이상학적 전통이나 중세 천 년의 이원론적 세계관의 구조가 없는 한국에서 어떻게 쉽사리 단순화된 규범론과 당위론으로 전개되었는가를 밝힌다.

2. 형이상학적 이원론[379]과 자연법

2.1. 형이상학적 이원론의 원천으로서 헬레니즘과 유대교

서양의 지적 전통 중에서 가장 오래되고 이후의 문명과 문화에 지울 수 없는 영향을 미친 것은 형이상학적 이원론이다. 플라톤에 의하면, 이원론은 다음의 비유에서 시작한다. 즉, 사람은 동굴에

---

378) 분절화, 편린화되지 않은 온전한 법학의 방법론에 대해서는 이 책(김철, 2007ㄴ)을 볼 것.

379) 형이상학(Metaphysics)과 이원론(Dualism)의 합성어이다. 거의 모든 철학사는 형이상학을 고대 그리스 초기부터 설명한다(버어트란트 러셀, 1945). 한국에서 형이상학적 이원론이라는 용어를 쓰기 시작한 법학자는 황산덕이다(황산덕, 1965: 31). 형이상학적 이원론을 법철학사를 설명하는 키워드로 본격적으로 강의에서 사용한 예는 김철이다(김철, 1993: 12; 김철, 2004: 32).

간혀 있는 죄수와 같다. 그는 동굴의 벽면을 향해 앉아 있고, 동굴의 벽에 비치는 그림자를 보고 있다. 동굴 입구에 켜진 일렁이는 불빛에 의해 동굴 바깥에 있는 세상의 그림자가 동굴 벽면에 비춰지고 있다. 이와 같이 사람은 세계의 참모습을 직접 볼 수 없고, 그의 존재의 조건, 즉 간힌 사람의 인식 조건에 의해 오직 세계의 그림자만을 알 수 있을 뿐이다. 우리가 우리의 감각 또는 인식 작용에 의해서 파악하는 세계는 눈에 보이는 현상의 세계이다(러셀, 1960: 148 – 233; 최재희, 1975: 41 – 42).

2.1.1. 플라톤

플라톤은 눈에 보이는 세계와 구별되는 세계를 말한다. 이것은 이데아의 세계이다. 이 세계는 변전무상한 눈에 보이는 현상계보다 더 가치가 있고 불변하는 세계이다. 눈에 보이지 않는 이 세계가 실재의 세계이다. '세상의 것'에 늘 주목하면서 살아가는 현대인의 어떤 경향에 비추어 보면, 이것은 세상을 사는 태도로서 세상 것에 대한 낮춤과 함께 세상의 것을 넘어서는 가치의 추구로 나타나서 이른바 세속주의적 생활 태도에 대한 경멸과 함께한다(김철, 2004: 33).

플라톤의 형이상학적 이원론은 경험적으로 증명할 수 없는 이데아의 세계를 설정한다는 점에서 형이상학이며, 눈에 보이는 세계와 눈에 보이지 않는 세계를 이원적으로 구분한다는 점에서 이원론이다. 이것은 고대 유대교에서 지상의 왕국과 하나님의 왕국이라는 이원적 파악과 병행할 수 있는 인식 구조를 가지고 있다. 경건한 고대 유대인에게 이 세상 질서라는 것은 그것 자체로 가치 있는 것이 아니라 성서에 나타난 하나님의 질서에 합치될 때만 따를 수 있는 것이었다.[380] 이윽고 도래할, 이 세상을 초월하는 하나님의 왕국 곧 천국에서의 영원한 삶이 더욱 바람직한 것이 되었다. 플라톤의 이원론에 있어서도 이데아의 세계는 현상의 세계보다 우월하다. "플라톤의 손은 이데아의 세계, 즉 지상이 아닌 다른 세계를 가리키고 있다."(Plato, 1988: 370)

2.1.2. 아리스토텔레스

이에 반해서, 그의 제자 아리스토텔레스에게 있어서 현상과 실재의 관계는 플라톤에 있어서와 같이 분리되지 않는다(러셀, 1960: 234). 그에게 있어서는 다른 문제가 더 중요하였다(Copleston, 1993: 292). 예를 들면 다음과 같은 것이다. "여기 도자기를 만들고 있는 도공이 있다. 그는 흙을 빚어서 질그릇을 만들고 있다. 흙은 흔히 얘기되듯 재료이다. 흙이 도기가 되는 것은 도공의 손을 거쳐 형체를 얻기 때문이다." 아리스토텔레스는 흙과 같은 질료가 도기로서의 형상을 가지는 생성의 진행을 주목한다(최재희, 1975: 49). 이를 잘 나타내는 또 다른 비유가 있다. "스코틀랜드의 북부 호수에는 네스라는· 고생대 시대의 괴수가 살고 있다고 전승되고 있다. 네스가 호수면 아래에 있을 동안에는 아무도 괴물의 존재를 경험할 수도 증명할 수도 없다. 그것이 모가지 이상이라도 수면 이상에 드러낼 때, 비로소 사람들은 사진을 찍거나 눈으로 본 증

---

380) 갠지스 문명을 포함한 고대 문명은 어디서나 종교문화의 특징을 띠고 있는 것은 고대 그리스가 철학으로 옮아가기 이전에는 종교문화의 성격을 가진 것과 같다(F. M. Cornford, 1991). 따라서 하나님의 세상과 속세의 구별이라는 유대주의를 한 원천으로 한 서양 고대 문명은 피안과 차안의 구별이라는 고대 종교를 발달시킨 갠지스 문명과 종교문화의 색채가 강하다는 점에 있어서는 공통점이 있다(김철, 2004: 33).

인을 세우거나 해서 그의 존재를 증명할 수 있을 뿐이다. 그것이 물 아래 있을 때를 잠세(潛勢)라고 한다. 그것이 물 위로 고개를 내밀 때 현세(顯勢)라고 한다(김철, 2007ㄷ: 18).

이와 마찬가지로 흙은 잠세에 있고, 도자기는 현세에 있다고 할 수 있다(Frederick Copleston, 1993: 312). 아리스토텔레스에게 인간의 인식에 있어서 감각과 진리의 관계는 플라톤과는 다른 관계를 가지기 시작했다. 감각과 진리는 항상 분리되지는 않는다. 그래서 "아리스토텔레스는 그의 손으로 땅을, 즉 지상을 가리키고 있다."(안병욱, 1967) 형상과 질료에 대한 정리는 다음과 같다. ① 질료는 형상을 가짐으로써 그 현실성을 가지게 된다. ② 형상을 얻지 못한 질료는 단순한 가능성에 불과하다. ③ 질료가 가능성의 상태에서 형상을 얻어 현실성에 이를 때를 생성이라고 한다. ④ 모든 생성 과정에서 순수하게 기계론적으로 이루어지는 일은 없으며, 모든 일은 목적론적으로 일어난다(김철, 1999: 24; Copleston, 1993: 310).

고대 그리스인들은 자신 밖의 세계 즉 외계 또는 우주를 파악할 때 눈에 보이는 것과 눈에 보이지 않는 것과의 관계를 생각하였다.[381] 위에서 든 플라톤과 아리스토텔레스의 예는 그들이 생각한 '보이는 것'과 '안 보이는 것'과의 관계이다.[382] "눈에 보이지 않는 문화에 주목한 것은 고대 그리스 문명의 경우 비교적 일찍 발달되

---

[381] 아리스토텔레스는 (1) 눈에 보이며 소멸할 것, (2) 지각할 수 있으며 영원한 것, 예를 들어 천체, (3) 지각할 수 없으며 영원한 것으로 분류한다. Aristotle의 *The Metaphysics, Book E*에 보인다(Copleston, 1993: 291).

[382] 현대 철학자 중에서 만년에 철학을 눈에 보이는 것(외관)과 진정한 존재와의 이원론에서 재출발한 것은 한나 아렌트이다. 그는 그의 최후의 저작의 제1장 Appearance에서 W. H. Auden의 시구로써 시작하고 있다. "Does God ever judge us by appearances? I suspect that he does"(Hannah Arendt, 1978: 19).

었다."383)

2.2. 형이상학적 이원론과 자연법384)

2.2.1. 서양 고대 문명에 있어서의 시민법, 만민법, 자연법의 관계

2.2.1.1. 시민법

처음에 로마가 도시국가로서 있을 때에는 로마 시민의 법인 '시민법(Ius Civile)'만이 있었다. 그 후에 로마는 차례로 인접해 있는 여러 민족을 정복하면서 그 판도 안에는 각기 다른 민족의 법의 지배를 받는 수많은 이민족이 포함되기에 이르렀다. 이때에 로마가 무력을 배경으로 로마의 시민법의 준수를 그들 이민족에게 강요하였다면, 그것은 확실히 '형평과 선' 즉 정의의 이념에 맞지 않게 될 것이다. 바로 여기에 각종 이민족에게 보편적으로 타당한 좀 더 고차적인 법이 필요하게 되었다.

2.2.1.2. 만민법

이러한 이유로 다수 민족을 상대로 한 '만민법(Ius Gentium)'이 나오게 되었다. 따라서 만민법의 근본정신은 '항상 형평하고 선한 것'을 찾으려는 태도에 있었고, 그 목적은 틀림없이 '각자에게 그의 것을 주는 항상 불변하

---

383) 이것을 한국 현대 문화의 분석에 사용한 것은 이 책(김철, 2000)을 볼 것.

384) 자연법의 역사를 고대로부터 중세와 근세 및 근대에 이르기까지 분석하기 위해서 형이상학적 이원론의 전통을 사용한 한국의 학자는 황산덕이다(황산덕, 1965: 31-237). 그러나 2)-②의 글은 Harold J. Berman의 *Law and Revolution*(1983)에 가장 크게 의존하였다.

는 의지'인 정의였다. 그 후 로마 제국은 동방의 한구석인 축소된 판도(비잔틴) 안에서 그 여명을 유지하고 있었으나 정의의 이념만은 변함없이 보존되었다. 그것은 실제로 제정된 만민법을 통하여 나타나면서 또한 모든 입법에 있어서도 그것을 목표로 지향되어야 할 모든 법의 영원한 이념으로서 인정되었다. 그리고 바로 여기에 로마의 자연법(Ius Naturale) 사상의 특수성이 있다(황산덕, 1965: 130; 최태영, 1977: 55; Hans Julius Wolff, 1951: 82-83).

2.2.1.3. 자연법

이와 같은 자연법의 성격을 고대 로마 3세기 중엽을 기준으로 활약한 법학자들이 다음과 같이 말했다. ① Paulus: 항상 형평하고 선한 것이다(Digesta, I, 1, 11). ② Gaius: 법에 의하여 또는 관습에 의하여 지배되는 모든 국민이 준수하는 법은 일부는 그들에 고유한 것이고 일부는 전 인류에 공통된 것이다. 즉, 어떤 국민이 자신을 위하여 자신이 제정한 법은 그 국가에 특유한 것이다. 이것은 그 국가에 특유하다고 해서 시민법이라고 부른다. 그런데 자연의 이성(naturalis ratio)이 만인 사이에 제정한 법은 만인 사이에서 다 같이 준수되는 것이다. 이것은 만민이 그것을 사용한다고 해서 만민법이라고 부른다(Digesta, I, 1, 9). ③ Ulpianus: 한 사람, 한 사람에게 그의 것을 주는 영원히 그치지 않는 의지이다(황산덕, 1965: 128; 최태영, 1977: 55; Hans Julius Wolff, 1951: 82-83).

2.2.1.4. 자연법은 절대자의 존재를 전제로 하였다

이미 후기 스토아학파와 헬레니즘 문화에 있어서 '자연법'은 절대자의 존재를 전제로 하였다. 따라서 그것은 쉽게 그리스도교와 결합하였다. "로마는 세 번 세계를 정복하였다. 첫 번째는 로마의 군대로써, 두 번째는 로마 가톨릭으로써, 세 번째는 제도와 법으로써"(Rudolf Von Jhering, 1852 – 65)(최태영, 1977: 244)이다. 로마법의 특징은 자연법에 있었다. 로마·가톨릭은 자연법을 통해 시민법 대전(유스티아누스 법전)의 주된 동기를 주었다(황산덕, 1965: 127).

2.2.2. 서양 중세의 자연법의 성격

2.2.2.1. 그라티아누스

1140년에 볼로냐의 수도사 그라티아누스는 서양 역사에서 최초로 가장 포괄적이고 체계적인 법학 논문집을 썼다(Kuttner, 1960: 2-19). 그 제목은 『A Concordance of Discordant Canons』이다. 그의 첫 번째 저작은 101개의 부문으로 나누어져 있다. 그중 첫 번째 20개의 법의 항목에서 그는 신의 법, 자연법, 인간의 법, 교회의 법, 왕의 법, 제정법, 관습법으로 분류하고 이들 사이의 관계를 설명하였다. 이 범주들은 고대 그리스의 아리스토텔레스의 방식에 따라 고대 로마 법학자들이 이미 만든 것들로 자연법과 실정법, 보편법과 나라의 법, 그리고 관습법과 제정법을 구별하였다. 그라티아누스는 이들 열거된 법의 순서를 정하고 관계를 설명했다(Berman, 1983: 145).

2.2.2.2. 신의 법과 인간의 법 사이에 있는 자연법

그라티아누스는 자연법을 신의 법과 인간의 법 사이에 다 두었다. 신의 법은 성서의 계시에 나타난 신의 뜻 자체이다. 자연법은 역시 신의 의지를 반영하고 있으나 동시에 인간의 이성과 양심에서도 발견된다(Harold J. Berman, 1983: 145). 따라서 그라티아누스는 세속 권위의 대표인 군주의 법(Leges)은 자연법(Ius Naturale)을 능가해서는 안 된다고 결론짓고 있다(Friedberg, 1879, 1959). 마찬가지로 교회의 법은 자연법을 침범해서는 안 된다. Ius(법)는 Lex(제정법)보다 상위 개념이다(Berman, 1983: 145).

2.2.2.3. 토마스 아퀴나스의 자연법

토마스 아퀴나스(Thomas Aquinas, 1225 – 1274)는 영구법과 자연법 및 사람이 정한 법을 구별하였다. 우주를 지배하는 절대자의 이성 자체가 영구법(Lex Aeterna)이고, 자연법은 영구법 중에서 인간의 이성을 통하여 인간에게 알려진 법이며, 사람이 정한 법은 자연법이 구체적으로 적용된 예에 불과하다(황산덕, 1965: 152; Berman, 1983: 287).

성 어거스틴(Augustine, 354-430)은 "정당하지 않은 법은 결코 법이 아니다."라고 주장하였다(황산덕, 1965: 139). 최고의 스콜라 철학자이고 그의 체계가 오늘에 이르기까지 가톨릭계의 모든 교육기관에서 가장 정당한 유일한 체계로 받아들여지고 있는 성 토마스 아퀴나스는

"사람이 정한 법은 질서 유지를 위해서 지켜져야 한다. 그러나 만약 사람이 정한 법이 신의 법(Lex divina)―즉 영구법이나 자연법―에 위반될 때는 법으로서의 효력을 상실한다."라고 주장했다(Berman, 1983: 109―110; 황산덕, 1965: 152).

3. 근대 자연법의 특징

근대 자연법이 인간의 이성을 기초로 한 낙관적 합리주의의 경향을 갖게 된 것은 서양 중세 천 년을 통해서 그리고 근세에까지 자연법에 대한 가장 정통적인 해석을 하고 있던 스콜라 철학에서부터 해방된 탓이다(김철, 1993: 26, 35). 스콜라 철학의 자연법에서부터 근대 자연법의 이성적 합리주의로의 이행기에 결정적인 역할을 한 이론은 사회계약론과 사물의 본성론(Natur der Sache)이다.

3.1. 사물의 본성론

이 중에서 중세 전통의 자연법, 스콜라 철학의 자연법에서 신적인 요소를 제거하더라도 이미 인간의 양심과 이성은 하나님으로부터 부여받은 것으로 여전히 자연법을 성립시킨다는 것을 증명한 것은 네덜란드의 그로티우스(Hugo Grotius)였다. 그는 사물의 본성론을 극적으로 표현하였다. "신이 존재하지 않는다고 가정하는 것은 경건하지 않은 일이다. 그러나 만약 극단적으로 신이 존재하지 않는다고 하더라도 사물의 성질, 자연의 성질, 물건과 일의 본래적 성질은 변하지 않을 것이다. 즉 2×2=4이다. 물의 성질은 위에서 아래로 흐른다."(김철, 2007ㄴ: 274)

그로티우스는 좁은 의미의 또는 원래의 의미의 자연법을 다음과 같이 정의하고 있다. "인간의 지성과 일치하는 이 사회보전(societatis custodia)의 본능은 원래적 의미의 법(즉 좁은 의미의 자연법)의 원천이 되는 것인데 이 법에는 타인에 속한 것을 침범하지 않을 것, 우리가 타인의 그 무엇을 점유하든 그것으로부터 이익을 얻을 경우에는 그것을 반환하는 것, 약속을 지키는 것, 자기의 과실로 말미암은 손해를 배상하는 것, 일정한 사물이 인간 사이에서 형벌에 해당하는 것을 인정하는 것이 포함된다."(그로티우스, Prolegomena 38)[385]

3.2. 낙관적 합리주의

근대 자연법의 특징인 낙관적 합리주의는 '신으로부터 받은 것' 대신에 인간의 '이성에 의해서 간단명료하게 알 수 있는 것' 또는 인간의 보통의 상식과 경험에 의해서 누구나 알 수 있는 것으로 정의된다. 프랑스 인권선언 1조에 의하면 "우리는 다음의 사실을 스스로 명백한 것으로 받아들인다. 사람은 태어난 때부터 자유롭고 평등하다." 자연법에서 초월적이며 신적인 것을 제거하면 근대 자연법에서와 같은 인간의 이성과 양심 중심이 되고 법의 지배의 초점은 이성의 원칙에 돌아가게 된다(해롤드 버만 / 김철, 1992: 236).

---

385) 전문 61구절로 되어 있는 프롤레고메나에는 그로티우스의 근본 사상이 요약되어 있다. 우선 만민법, 자연법, 의사법 등에 관한 정의를 내리고 있다.

3.3. 근대 자연법의 상대주의 경향

따라서 근대 자연법의 경위는 인간중심적, 개별 인격 중심적 경향으로 흘러가서 '사람이 만물의 기준'이라는 프로타고라스적 명제의 상대주의에 귀착할 수 있다. 이것은 근대 자연법의 2대 요소 중 하나인 사회계약설이 "사람과 사람의 계약, 합의가 사회의 출발이다."라는 내용이기 때문에 더욱 그러하다. 이러한 계약설의 논리적 극단의 하나는 다음과 같은 물음을 낳는다. "합의와 동의가 이뤄지면 인간도 잡아먹을 수 있나?" 론 풀러(Lon Fuller)는 이러한 계약설을 픽션으로 구성해서 질문을 유도한다(풀러, 1979: 20).

4. 형이상학적 이원론의 전통과 법학에서의 방법이원론[386]

4.1. 방법이원론과 '법 판단의 전제가 되는 사실관계'

형이상학적 이원론의 전통은 이원론,[387] 이분법, 방법이원론으로

---

386) "이리하여 법철학은, 라드브루흐에 의하여, 평가적 고찰로서의 의의를 가지게 되는데 이러한 법 가치의 고찰은 그에 의하여 또다시 다음과 같은 두 면에서의 한정을 받게 된다. 첫째로, 그는 칸트의 이원론에 입각하여, 존재로부터 당위를, 가치무관계한 것으로부터 가치관계적인 것을 추단하는 것을 원리적으로 불가능하다고 단정한다. 이리하여 법에 관한 실증주의, 역사주의, 진화주의는 모두 거부되고, 법의 당위와 법의 존재는 각각 별개의 고유법칙에 의하여 지배된다고 하는 라드브루흐의 방법이원주의(Methodendualismus)가 인정된다."(Radbruch, herausg. von Erik Wolf., 1956: 96)(황산덕, 1965: 401)

387) 칸트(Kant)의 철학은 이상과 현실을 엄격히 구별하는 이원론의 입장을 취하고 있다는 점에서 그 근본적인 특색의 하나를 나타내고 있다. 한국의 개화기 이후의 법학은 칸트의 이원론의 영향 아래에 있어 왔다. 칸트의 이원론의 내용은 다음과 같다. "우리가 현상계에서 확립할 수 있는 자연과학의 지식은 현상계 이외의 세계에까지 미칠 수는 없다. 즉, 현상계의 배후에 있는 물자체(Ding an Sich)는 자연과학적 개념 구성의 한계 밖에 있다. 그리고

이어진다. 이것은 법학방법론과 관련되므로 법철학에서도 중요한 문제이다. 먼저, 2008년 8월 현재 국내에서 출간된 중요한 법학 기본서의 구조와 항목 및 쓰인 방법을 살펴보도록 하겠다. 한국의 법학계에서 어떤 법학이 어떻게 강의되고 있는가를 사회과학적 방법으로 조사한 문헌은 찾아보기 힘들다. 따라서 필자의 경험에서 논의할 수밖에 없다. 구한말 법관양성소 설립 이후 100년 이상의 한국 법학의 역사에서 아직까지 변함없는 사실은 법학 교과서의 내용이나 가르치는 내용과 방식에서 법 판단의 전제가 되는 사실 관계의 문제를 완전히 축출하였다는 것이다. 이른바 순수 법학의 이러한 규범 인식의 철저화는 법철학적으로는 신칸트학파388)의 '당위와 존재의 이원론'(황산덕, 1965:387)에서 나온 것이다.

다음에 존재(Sein)와 당위(Sollen)의 관점에서 보면, 모든 교과서의 저술은 이분법의 전제 위에서 당위와 규범에 집중하고 있다. 한국 법학 교과서는 사실적 측면, 즉 사회학적 측면은 존재의 영역으로 분류하여 법학에서 정식으로 취급하지 않았다. 이것은 법학이란 어디까지나 규범의 문제에 국한해야 한다는 전제 때문이다. 최근의

이러한 한계 밖의 세계는 실천 이성이 지배하는 세계인 데 반하여, 여기에서 실현될 도덕의 이상은 인간의 노력에 의하여 실현되어야 하는 것 다시 말하면 당위(Sollen)인 것이며 있는 그대로의 존재의 세계인 것은 아니다. 사실의 세계는 약간의 예외도 허용될 수 없는 인과율이 지배하는 것이지만 이상에 의하여 규정된 도덕의 세계에는 사실의 여하에는 관계되지 않는 당위의 법칙이 시행되고 있다." 라드브루흐가 법의 당위와 법의 존재는 각각 별개의 고유 법칙에 의하여 지배된다고 하여 방법 이원주의를 수립하였을 때의 근거가 칸트의 이원론에서 흘러나온 것으로 추정된다.

388) 신칸트학파는 마르부르크학파와 서남도이칠란트학파를 포괄한다. 마르부르크학파는 대표적으로 한스 켈젠(Hans Kelsen, 1881-1973)을 들 수 있으며, 켈젠의 철학적 입장은 당위와 존재를 엄별한다(황산덕, 1965: 404). 서남도이칠란트학파는 빌헬름 빈델반트(Wilhelm Windelband, 1848-1915)와 우리나라에 잘 알려진 구스타프 라드브루흐(Gustav Radbruch, 1878-1949)를 들 수 있다. 신칸트학파는 존재와 당위를 분리해서 파악하는 이원론으로 공통된 특징을 가지고 있다. 철학 일반의 사조로는 1920년대에서 1930년대에 풍미하였다(황덕, 1965: 391)

법학자들이 어떤 법철학적 견해를 공식적으로 표명하든지 간에, 그들의 텍스트와 강의의 항목은 변함없이 한국 법학 100년을 일관한 순수 법학의 입장에 서 있다고 볼 수 있다.[389]

4.2. 강단법학의 규범주의적 접근은 다른 접근을 봉쇄한다

이상과 같은 법학 개념의 이중적 성격에 대해 한국의 강단법학에서 예를 들어 살펴보겠다. 첫째, 법 개념에서 사회학적 또는 사실의 영역에서의 규율과 규범 영역(즉 형식으로 존재하는 규범에 의한)에 있어서의 규율로 이분하고 오로지 형식을 갖춘 규범에 의한 규율과 규제만을 법학 또는 법의 영역에 포함시킨다. 둘째, 한국의 강단법학에서 초학자들에게 법 개념을 소개할 때에는 규범적 의미의 법(Recht im Normativen Sinne)과 실질적 또는 사회학적 의미의 법(Recht im sachlichen Sinne od im soziologischen Sinne)으로 나누어 설명한다. 이러한 이분법에서는 규범 주의적 접근 이외에 사실적이며 법사회학적인 접근은 봉쇄된다.

4.3. 1920년대와 1930년대의 신칸트학파의 현실적 영향

이와 같은 엄격한 이원론 아래에서의 경직된 관료적 형식주의가 2차 대전 이후 계속 한국의 강단법학 또는 교과서 법학의 주류가 되었다. 일반적으로, 서남도이칠란트학파의 빈델반트(Windelband)는

경성제대 법철학 교수인 오타카 아사오(尾高朝雄)를 통해서 영향을 미치고 같은 학파의 구스타프 라드브루흐는 1920년대와 1930년대부터 해방 이후 계속해서 한국인 번역자들을 통해서 반박할 수 없는 권위를 갖게 되었다. 이 두 사람과 함께 한국 법학에 더욱 근본적인 영향을 미친 신칸트학파의 학자는 마르부르크학파의 한스 켈젠이다.

한국에서는 인물 중심의 법철학 사상에 대한 관심 때문에 마르부르크학파의 한스 켈젠과 서남도이칠란트학파의 라드브루흐를 별개로 취급하나 서양 법철학사의 흐름이나 법학방법론의 입장에서 볼 때 존재와 당위의 이원론이라는 소위 방법이원론에서 출발하므로 공통점이 더 크다고 볼 수밖에 없다(황산덕, 1965: 387, 400, 403). 또한 1920년대 이후 한국과 일본에 끼친 현실적 영향은 법학의 범위를 법 판단의 전제가 되는 사회적 사실에서 거의 완전히 분리해서 오로지 규범주의적 접근, 곧 법규범의 가장 현실적 형태인 법규와 명령의 문자적 해석에 집착하는 경향을 가중시켰다.

방법이원론이 동아시아에 끼친 법학적 계몽주의의 영향은 부인될 수 없다. 최소한 현실과 구별되는 규범의 존재를 법학의 초기에 계몽하였다. 그렇지만, 방법이원론에는 문제가 있었다. 방법이원론의 계보를 밝히는 것은 한국 법학에 영향을 미쳤고 1920년대와 1930년대의 대륙 법학의 주된 방법론이었던 방법이원론(즉, 규범과 사실의 엄격한 분리론)에 대한 반성 때문이다.[390]

---

390) 신칸트학파의 계보(황산덕, 1965: 387 – 410)(김철, 1993: 15 – 1).
    A. 마르부르크학파(Marburger Schule) – A – 1. Herman Cohen(1842–1918) A – 2. Paul Natorp(1854–1924) A – 3. Rudolf Stammler(1856–1938) A – 4. Hans Kelsen (1881–1973)
    B. 서남도이칠란트학파(Sued – west – deutsche Schule) – B – 1. Wilhelm Windelband (1848–1915) B – 2. Heinrich Rickert(1863–1936) B – 3. Emil Lask(1875–1915)

4.4. 법학의 탄탄한 소재는 사회관계에서 일어난 사실의
세계이다

한국의 법학은, 법학도가 교과서와 강의실에서 경험하는 대로, 다른 인문 및 사회과학(사회학, 정치학, 경제학, 심리학, 인류학, 경영학)과 방법론에서 큰 차이를 보이고 있다. 한국 법학은 사실의 세계와 규범의 세계가 전혀 다른 세계에 속하는 것으로 보고 이들을 서로 분리해서 취급한다. 법학은 규범을 다루므로 사실의 세계, 사실의 과학, 사실관계는 전면적으로 추방한다. 법학은 사실 세계를 다루는 학문이 아닐 수 있다.

그렇지만, 법학은 판단의 학문이다. 그런데 판단의 소재는 사회생활 관계에서 일어난 사실관계이다. 바꾸어 말하면, 법학은 사실관계에 대한 판단의 전 과정을 다루는 학문이다. 따라서 법학을 추상적으로 이론화하지 않고 오히려 재판 과정 전후에 전개되는 모든 과정(입법 과정, 기소 절차, 재판 과정, 집행 과정)에 관한 학문이라고 정의할 수도 있다.[391] 만약 법학을 오로지 당위의 법칙만을 다루는 것으로 한정하면, 그것은 판사나 재판에 관여하는 주요 행위자들의 행위의 일부만을 포함한다. 즉, 그들의 책상 위에 놓인 법전 내의 법규와 규칙만을 다루는 법학에 그칠 것이다. 이런 법학은 어떤 특정한 법치주의 국가의 특정한 사회상을 전제로 한 것이다.

B - 4. Gustav Radbruch(1878-1949)

(최태영, 1977: 301)은 신칸트학파는 주로 선험적 방법을 순화하여 논리주의에 치중하는 마르부르크학파와 주로 가치철학, 문화 문제, 문화과학방법론을 내세우는 서남독일학파로 구별된다 하고, 켈젠은 마르부르크학파에서 제외하고 있다. 그러나 선험적 방법과 논리주의에 치중한다면 한스 켈젠이 마르부르크학파의 가장 중요한 법철학자임은 말할 필요도 없다.

391) 입법학의 한국에서의 수립에 대해서는 최대권 교수의 저작들이 선구적이다.

4.5. 신칸트학파는 제한적 입헌주의 시대를 배경으로 한다

이러한 역사적 통찰에 대해서는 아직까지 논의된 적이 적다. 신
칸트학파의 선험적 입지가 아무리 철학적으로 훌륭하다 하더라도
오늘의 우리는 이들의 선험적 이론을 경험적으로 검증할 수밖에 없
다. 즉, 이들 법철학자들이 활약한 1920년대와 1930년대의 세계는
그 자체로 의미 있는 것이 아니라 더 소급해서 그들이 성장해 왔던
1919년 이전의 앙시앵 레짐의 법질서와 그 질서 아래에서 제한적
입헌주의의 법을 습득한 긴 소년기와 청년기를 배경으로 한다.[392]

4.6. 규범 / 사실의 이원론은 성(聖) / 속(俗)의 중세 이원론과
비견된다

지금까지 살펴본 대로, 형이상학적 이원론의 영향을 받은 선험
적 이론에 기초를 둔 법학의 방법론은 신칸트학파의 방법이원론에
서 대표적으로 나타나는 대로 당위 법칙과 사실의 세계 사이에 높
은 벽을 쌓음으로써 규범이 사실의 세계에서 분리되는 경위를 보
여 주었다. 이것은 마치 고대 그리스의 형이상학적 이원론에서 출
발한 중세의 신의 법과 인간의 법의 이원론이 중세 사회가 진행될

---

392) 한스 켈젠은 1881년부터 1973년까지 생존하였다. 1914년 1차 대전이 발발하였을 때
33세였으며 1918년 1차 대전이 끝났을 때 37세였다. 그가 37세였을 때 비로소 그의
출생, 성장, 교육의 주된 장이었던 오스트리아 – 헝가리 제국이 붕괴한 것이다. 다시 말하
자면 37세 이전의 한스 켈젠의 사회문화적 배경은 합스부르크 왕가(1493 – 1918)가 절
대군주 내지 제한군주로서의 역할을 한 앙시앵 레짐의 중심적인 제국이었다. 이 글의 취
지와 의도는 한스 켈젠 법학방법론의 의미 내용 자체보다도 1921년 이후 한국 법학에
미친 영향이다. 한국과 일본에 훌륭한 켈젠 전문가가 있어 온 것은 존중할 만하다.

수록 하나님의 나라를 대표하는 성(聖)의 세계와 지상의 권력을 대표하는 속(俗)의 세계를 점차로 분리시켜 간 것과 비교할 수 있다.

그러나 이미 형이상학적 이원론의 영향을 받은 중세 교부철학에서도 하나님의 법과 지상의 권력 사이에 자연법이라는 개념이 있었다. 이 자연법에서 근세 이후에 신의 뜻이라는 요소가 점차로 약화되면서 인간의 이성과 합리성이 강조되게 되었고 근대 시민혁명을 가능케 하는 근대 자연법이 나타났다. 사실과 규범 혹은 존재와 당위의 이분법은 위에서 살펴본 것과 같이 하나님의 세계와 지상의 세계만큼 이원적인 요소다. 이 이원론을 극복할 수 있는 용어였던 자연법은 근대 시민혁명 이후 점차로 정치적 에너지로 기억되고 제도 법학에서는 멀어지게 되었다.

4.7. 규범 / 사실의 간격을 극복하는 장치: 자연적 이치

현대 시민사회에서 규범과 사실 간의 간격을 극복할 수 있는 다른 법학적 장치가 없을 것인가? 이미 논한 바대로, 근대 자연법에의 통로를 열었던 네덜란드의 그로티우스는 사물의 본성론으로 불릴 수 있는 논의를 개시하였다. 사물의 본성론은 이와 같이 서양적 개념이나 사회구조나 역사의 진행 속도가 전혀 달랐던 다른 문명권에서는 최소한의 합리성을 추구하는 규범과 사실 간의 중간 지역이 없을 것인가?

5. 자연적 이치와 조리

5.1. 자연적 이치와 조리

사물의 본성이 서유럽의 민법에 실정법학 용어로서 등장한 것은 스위스 민법 제1조 제3항이다.[393] 이것의 로망스어 표현은 jurisprudence / giurisprudenza로 되어 있고, 독일어 표현은 Lehre und Ueberlieferung로 되어 있다(곽윤직 / 손지열 / 김황식 / 양창수(엮음), 2005: 55).

조리의 원조에 해당하는 Naturalis Ratio(자연적 이치) 개념을 원용한 가이우스(Gaius)의 만민법 이해가 있다. 조리는 문명국에 의하여 승인된 법의 일반원칙 혹은 원리라고 봄이 가장 타당할 것이다(곽윤직 들, 2005: 54). 조리에 대한 이러한 이해는 일련의 근대적 민법전의 전통 속에서도 확인된다고 한다. 특히, '자연적 법 원칙(die natuerlichen Rechtsgrundsatze)'에 의할 것을 규정하는 오스트리아 민법 제7조와 국가 법질서의 일반원칙에 의할 것을 규정하는 이탈리아 민법례 제12조가 그러하다(곽윤직 들, 2005: 54-55).

우리나라 법률 체계에서 조리라는 용어가 나타나는 것으로는 민

---

393) 필자의 본고에서의 사고의 경위는 서양 철학사에 있어서의 주류로서 형이상학적 이원론의 근세와 근대까지의 궤적을 더듬는 데에서 시작했다. 그리스 로마 중세 유럽과 근세 및 근대의 자연법사상은 오늘날 특정한 지역주의, 국가주의를 넘어선 인류 공통의 유산이 되었다. 이러한 보편주의적 맥락에서 필자로서는 서유럽의 법학 중 독일에 있어서의 1945년 이후의 법철학의 흐름에서 본 자연법과 사물의 본성론을 참조하려고 한다. "벨첼의 입장에서 자연법에 남아 있는 내용은 무조건적 구속력을 갖는다는 이념, 사회윤리적 행위의 (규범적) '법칙성'에 관한 사상 그리고 규범적 구속력을 가진 '사물논리적 구조'가 존재한다는 전제일 뿐이다. 그리하여 이 연구의 마지막 부분에서 벨첼은 '사물의 본성(Natur der Sache)'이라는 이름으로 경험적 실재의 영역에서 법을 존재론적으로 근거 지으려고 시도하는 새로운 발전 경향을 암시하고 있다."(노이만, 윤재왕 옮김, 1996: 448-449) 또한 다른 맥락에서 '규범적 의미가 있는 존재 구조'라는 표현을 쓰고 있다. 또한 사물의 본성과 자연법에 대해서는 이 책(심재우, 1999: 31-58)을 볼 것.

법 제1조가 있다. 민법 제1조에서는 "민사(民事)에 관하여 법률에 규정이 없으면 관습법에 의하고 관습법에 규정이 없으면 조리(條理)에 의한다."라고 규정되어 있다. 여기서 법률은 성문법을 의미하며, 관습법(慣習法)은 사실인 관습을 사회 통념적으로 인정한 것으로서 대표적인 불문법이다. 그리고 제3차적인 법원(法源)으로서 조리가 존재한다.

처음에 조리라고 번역했던 'Natur der Sache'의 서양어에 해당하는 것을 살펴보겠다. 조리의 로망스어 표현은 jurisprudence / giurisprudenza이다. 이것의 원조는 고전 로마 시대의 가이우스가 만민법(Ius Gentium)에서 원용한 자연적 이치(Naturalis Ratio)이다. 따라서 이미 말한 바와 같이, 사물의 본성과 자연적 이치는 같은 의미이며, 문명국에 의하여 승인된 법의 일반원칙 정도의 넓이와 같게 된다(곽윤직 들, 2005: 54). 이런 넓은 의미를 한자어의 조리(條理)로 번역한 것이 과연 온당하다 할 수 있는가?[394]

---

394) 현대 한국에서 조리가 법학 용어이기는 하지만 한자로 쓰인 한자 문명권의 어의학적 근거는 있어야 될 것이 아닌가. 조리의 문헌학(文獻學)상 근거는 무엇인가? 『논어(論語)』 전 주문 '학이일(學而一)'에 사리(事理)라는 용어가 나타나고 있다. 거기에서 "하늘에 대한 것은 천리(天理)요, 인간에 대한 것은 인리(人理)요, 사물에 대한 것은 사리(事理)이다."라고 쓰고 있다. 동양 고전에서 등장하는 사리의 법학적 용어가 조리라고 추정된다(김철, 2007ㄴ: 83-88). 그러나 인리와 구별되는 사리는 다시 그 의미를 확정해야 될 것이다. 'Natur der Sache(Nature of Things or Matters)'는 근대 이후는 자연적인 성질 이상을 의미하는 것으로서 물(物)의 본성을 따지는 것이다. 그로티우스(1583-1645) 시절에는 사물의 본성이란 새롭게 발견해 가는 자연과학상의 성질로부터 출발할 수 있었다. 그러나 루소와 프랑스 인권선언, 버지니아 권리장전의 시대의 자연의 본성은 놀랍게도 인간의 본성론으로 전개되어 "인간은 원래 자유롭고 평등하게 태어났다(프랑스 인권선언 1조)."라고 인간의 본성을 주장하기에 이르렀다.

5.2. 법의 일반원칙으로서의 조리

　법의 일반원칙으로서의 조리는 민법의 취지에 비추어 성문법규와 관습법이 아닌 일체의 법 인식 자료라고 해석하는 것이 가장 넓은 해석이다(곽윤직 들, 2005: 54-55). 따라서 법률개정안, 협의의 사물의 본성, 일반적으로 이해되는 법의 일반원칙, 법안 등을 포괄하는 것으로 이해된다. 이러한 의미의 조리는 실정성이 없으므로 법 존재 근거로서의 법의 원천은 아니다(곽윤직 들, 2005: 55).

　현대 한국 공법학에서 조리를 어떻게 해석하고 있는가? 일반 사회의 정의감에 비추어 반드시 그러하여야 할 것이라고 인정되는 조리는 법 해석의 기본 원리로서 또한 성문법, 관습법, 판례법이 모두 존재하지 않는 경우 최후의 보충적 법의 원천으로서 중요한 의미를 가지고 있다. "조리의 내용은 시대와 사회에 따라 변동이 있을 수 있지만, 근자에 일반적으로 행정법 이론상 조리 내지 일반법 원칙(allgemeiner Rechtsgrundsatz)으로서 신의 성실의 원칙(신의칙)(이를 명문화한 예로 국세기본법 15), 신뢰 보호의 원칙, 비례・평등의 원칙 등이 중요시되는 경향이 있다."(김도창, 1986: 141) 또한 조리법의 항목에서 신뢰 보호, 비례・평등의 원칙을 같이 논하고 있다. 특히 신뢰 보호의 원칙을 영미법상의 금반언(禁反言, Estoppel)의 법리와 비교하고 있다(김도창, 1986: 141). 즉, 그것은 일방 당사자가 전에 자기가 주장했고 타방 당사자가 이를 신뢰하였거나 신뢰할 가치가 있는 어떤 사실상태의 존재를 부인하지 못하는 원칙을 말하며, 이런 의미에서 국왕도 이 원칙의 기속을 받는다. 말하자면, 정부는 언제나 신사여야 하고, 가령 납세자는 세무 공무원으로부터 공정한 집행을 받을 것을 기대하고 또 받을 권리가 있다는 것이다. 그리하여 미국에서도 최근 선의신뢰제도의 입법 노력이 꾸준히 추진되고 있다(김도창, 1986: 141-142).

5.3. 한국 법에 있어서 조리의 문제

마지막 질문이 남게 된다. 한국 민법과 행정법에 있어서는 명백히 조리는 보충적 효력밖에 없게 된다. 그러나 만약 제정법이 조리법에 현저하게 반대 방향일 때에는 어떻게 될 것인가? 민법 제1조의 해석론으로는 끝나지 않을 것이다. 조리법이 평등원칙이나 비례 원칙까지 포함한다는 것을 인정한다면(김도창, 1986: 148), 결국 헌법상의 원칙이라는 것도 가장 넓은 의미의 조리 내지 조리법이 헌법의 조문으로 구현된 것이라고 말할 수 있다. 왜냐하면 조리 내지 조리법의 원형인 Natur der Sache의 가장 넓은 의미는 정의의 원칙이 되기 때문이다. 다시 근대 자연법 중 추상적 자연법으로 환원되고 있다(심재우, 1999: 31).

6. 결론

6.1. 법의 존재론적 근거

법을 존재론적으로 근거 지으려는 노력이 2차 대전 이후의 서유럽 대륙의 경향[395)]이라 한다면, 그러한 철학적 노력 이전에 이미

같은 방향의 노력이 신대륙의 사회학적 법학에서 나타났다고 할
수 있다(김철, 2007ㄱ: 50-67). 한 걸음 나아가, 법학방법론에 있
어서의 획기적인 전회는 이미 19세기 초의 구대륙에서 맹아를 찾
을 수 있다.396)

6.2. 신칸트학파의 시대가 어떤 도전을 받았나

신대륙의 법학방법론에 있어서 최신의 과학적 방법을 서슴없이
사용한 선구자들은 이러한 이전의 전통적 방법을 보충하는 것을
'사회학적 방법'이라 하였다(김철, 2007ㄱ: 188). 구대륙에서 신칸
트학파의 법철학의 시대인 1920년대 급격히 변동하는 사회적 맥락
속에서 아메리카 법학자들은 그때까지의 법학이 너무나 규범적이어
서 법의 사회 안에서의 효력을 전혀 무시한다고 비판하기 시작했다.

6.3. 대공황 전기의 각성

무엇이 이들로 하여금 관례적이며 인습적인 법학방법론을 초과
하기 시작했는가? 딜레땅뜨 취미나 현학적인 동기가 아니었다. 당
시 세계적으로 대공황 전기였고 세계 정치 경제 사정은 전체주의
세력이 신흥 세력으로 부상하고 있었다. 1930년대까지 그들의 각
성은 이전의 존경하던 선배들이 행한 법학 연구방법이 이제는 부

---

395) 심재우 교수는 법을 존재론적으로 근거 지으려는 시도로써 사물의 본성론을 전개한 많은
    논문들을 열거하고 있다(심재우, 1999: 42).

396) 자유 법학, 심리학적 법학, 사회학적 법학에 대해서는 이 책(김철: 2007ㄱ: 185-188)
    을 볼 것.

적절해졌다고 느낀 것이다. 당시 경제 사회의 강한 필요성은 법학
도로 하여금 그때까지 취급하지 않았던 사회적 사실을 다루는 분
야에 접하도록 했다. 아무도 사회적 사실에 대한 어떤 과학이 법
학의 내용에 도움이 되는지 미리 알 수도 증명할 수도 없었다. 그
러나 현실의 강한 필요성이 그들로 하여금 '무엇이든 도움이 된다
면' 해 볼 만한 용기를 주었다.397)

6.4. 왜 이런 논의가 어려운가

이 글의 중심 테마의 맹아는 이미 1993년 가을 학기 법철학 강
의에서 시도한 것이다. 이후, 15년간의 자제와 보류, 연구, 관찰을
거치고 발전시킨 것이다. 저자의 한국 법학방법론 전반에 대한 보
다 넓고 구체적인 논의는 저자의 최근 저서, 『한국 법학의 철학적
기초 – 역사적, 경제적, 사회·문화적 접근』과 『법제도의 보편성과
특수성 – 한국 법학의 지향점을 위한 비교법적 시도』에서 본격화되
고 있다. 워낙 오래된 한국 교과서 법학의 편향과 고착이 법학계
밖에서는 전공의 벽 때문에 잘 알려져 있지 않아 왔고, 법학계 자
체에서는 논의 자체가 기피되다가 최근 로스쿨 입법에 대한 사회적
관심과 함께 부분적으로 논의되어 왔다(김정오, 2007)(최봉철, 2007).

---

397) 법학방법론으로서의 법 현실주의에 대해서 이 책(김철, 2007ㄱ: 185–189)을 볼 것.

참고문헌

강희천,『종교 심리와 기독교 교육』(서울: 대한기독교서회, 2000).

해롤드 버만 / 김철,『종교와 제도 - 문명과 역사적 법이론』(서울: 민영사, 1992).

곽윤직 / 손지열 / 김황식 / 양창수(엮음),『민법주해 제1권 총칙(1)』(서울: 박영사, 2005).

김도창,『일반 행정법론(上)』(서울: 청운사, 1986).

김정오,『현대 사회사상과 법』(서울: 나남 2007).

김철,『한국 법학의 철학적 기초 - 역사적, 경제적, 사회·문화적 접근』(서울: 한국학술정보, 2007ㄱ).

김철,「사리와 조리에 대해서」,『법제도의 보편성과 특수성』(서울: 한국학술정보, 2007ㄴ).

______,『법 제도의 보편성과 특수성』(서울: 훈민사, 2007ㄴ).

______,『법철학 강의록』, 사간본(서울: 숙명여대 법과대학, 2007ㄷ, 2004, 1999, 1993).

______,「현대 한국 문화에 대한 법철학적 접근: 바람직한 시민사회윤리의 정립을 위하여」,『현상과 인식』2000년 봄·여름호 제24권 1 / 2호(통권 80호).

______,『러시아 소비에트법 - 비교 법문화적 연구』(서울: 민음사, 1989).

노이만, 울프리드, (윤재왕 옮김),「1945년 이후 독일의 법철학」(한국법철학회 엮음)『현대법철학의 흐름』(서울: 법문사, 1996).

러셀, 버어트란트,『서양철학사(상)』(정석해·한철하 옮김)(서울: 한국번역도서주식회사, 1960).

박영신,「'초월'의 추방, 그 문화의 정황」, 한국인문사회과학회 2008년도 춘계학술대회 '한국 사회와 세속 문화', 2008년 5월 31일 감리교 신학대학 백주년기념관 국제회의실.

서울대학교 법학연구소,「특집 21세기 법학 교육의 방향모색」,『서울대학교법학』제47권 제4호(통권 제141호).

심재우, 「사물의 본성과 구체적 자연법」, 한국 법철학회(엮음), 『법철학
　　연구』, 1999 제2권(서울: 세창출판사, 1999).
안병욱, 『철학 개론』(서울: 삼중당, 1967).
최대권, 『법과 사회』(서울: 서울대학교출판부, 1992).
최봉철, 『현대법철학 - 영어권법철학을 중심으로 - 』(서울: 법문사, 2007).
최재희, 『서양윤리사상사』(서울: 서울대학교출판부, 1975).
최태영, 『법철학 - 서양법철학의 역사적 배경』(서울: 숙명여대출판국, 1977).
황산덕, 『법철학입문』(서울: 박영사, 1965).

Arendt, Hannah, *The Life of Mind*(New York: Harcourt Brace, 1978).

Barker, John. W. *Justinian and the Later Roman Empire*(Madison, The
　　University of Wisconsin Press: 1977).

Berman, Harold J., *Law and Revolution - The Formation the Western Legal
　　Tradition*(Cambridge: Harvard University Press, 1983).

Cicero, *De Republica* Ⅲ *22 / 33*. trans. by Keyes. 1928.

Copleston, Fredrick, *A History of Philosophy, vol.1: Greece and Rome*(NewYork:
　　Doubleday, 1993).

Cornford, F. M. *From Religion to Philosophy*(New Jersey: Princeton, 1991).

Friedberg, E.(ed.), 49. Decretum, *Corpus Iuris Canonici, vol.1*(1879: reprinted,
　　Graw, 1959) & 55. Ibid. Dist. 9, c. 1.

Fuller, Lon L. "The Case of Speluncean Explorers", Harvard Law Review
　　Association(엮음), *Introduction to Law*, 20(Cambridge: Harvard
　　University Press, 1979).

Grotius, Hugo, *Prolegomena* 38.

Hall, Jerome, *Readings in Jurisprudence*(Bloomington: Indiana University
　　Press, 1938).

Institute for International and Foreign Trade Law Georgetown University
　　Law Center(엮음), *Orientation In The U. S. Legal System*(Washington
　　D. C.: G. T. U., 1979).

Jhering, Rudolf Von, *Geist des romischen Rechts 4 Bde*(1852 - 65).

Kim, Chull, "Religion & Law in East - Asian Culture of Chinese Confucian

Influence", 『법 제도의 보편성과 특수성』(서울: 훈민사, 2007ㄴ).

Kuttner, Stephan, *Harmony from Dissonance:An Interpretation of Medieval Cannon Law*(Latrobe, Pa., 1960).

Plato, *The Laws of Plato,* Translated, with Notes and an Interpretive Essay, by Pangle, Thomas L.(Chicago: The University of Chicago Press, 1988).

Plato, (in Twelve Volumes) Ⅹ, *The Laws*(Volume I, Books i−vi), Translated by R. G. Bury(London: William Heinemann, 1967).

Radbruch, *Rechtsphilosophie, 5. Auft.* 1956(herausg. von Erik Wolf).

Russel, Bertrand, *A History of Western Philosophy −and social circumstances from the earliest times to the present day*(Cambridge: Cambridge University press, 1945).

Schulz, Fritz, *History of Roman Legal Science*(Oxford: Oxford University Press, 1946).

Wolff, Hans Julius, *Roman Law−An Historical Introduction*(Norman, University of Oklahoma Press: 1951).

Wright, F. A. *Lemprier's Classical Dictionary*(London: 1972, 147).

제9장

한국 법학의 반성 – 경제위기와 관련해서

한국 법학의 반성 - 경제위기와 관련해서

- 1910, 1920년대 이후의 한국 법학의 관행이 현대적 상황에서 어떤 세계사적 맥락을 참조해야 되는가?

1. 들어가는 말

저자는 이 글에서 1. 한국 공법학에 있어서의 외국법의 문제를 논의하고, 2. 한국 법학이 외국으로부터 수입한 법치주의 개념에 대한 재검토를 한다. 3. 수입된 법치주의를 사용한 역사적 예로서 러시아에 있어서의 법치주의를 고찰한다. 4. 해방 이후의 한국의 교과서가 다루는 법치주의의 기반이 되고 있는 한국 문화에 있어서 개화기 이후 평균인의 의식의 일부가 된 법치주의의 의미를 법인류학 및 법사회학적으로 살펴본다. 5. 한국 법학이 따르고 있는 서양법 전통의 법치주의의 원류를 밝히기 위해서 '서양 법 전통에 있어서의 고차법(高次法)'을 해롤드 버만의 이론에 따라 고찰한다. 6. 서원우 교수가 요약한 해방 이후 한국의 공법학의 특징으로서 특수 독일적 법치주의의 문제를 다룬다. 7. 한국에서 식민지 시대와 해방 이후 줄곧 세계사적인 보편주의의 등불 아래서 명백히 하지 않았던 19세기 도이칠란트에 소개된 법치주의의 성질을 밝힌다.

한국 법학계에 외국법을 공부한 학자들이 늘고 있다. 전통적으로 이론적인 배경을 제공한 프로이센과 도이칠란트 그리고 흔히 이야기하는 대로 같은 대륙법계에 속하는 프랑스에서 본격적으로 다년간 공부한 분들, 학자로서 인정받은 분들뿐만 아니라 종전에는 비교적 희소했던 영미권 출신의 학자와 실무가도 늘어나고 있다. 이제는 몇 사람의 개척적인 소개자가 외국 이론의 대강을 극히 개괄적으로 설명하는 단계는 지나서 각 분과법에서 상당히 정밀한 부분까지 공부한 분들이 심도 있게 외국법을 소개하고 있다.

극히 단순한 에피소드로 시작해 보기로 한다. 우리가 가난했던 시절, 잘사는 집에 대한 호기심이 대단했다. 어느 집에는 우리 집에 없는 가제도구가 있고 그 집 식구들은 우리들이 지키지 않는 법도를 지키며, 질서 있게 행동하는 경우가 있었다. 또 더 큰 어느 집은 물질적으로뿐만 아니라 자손들의 번영도 대단해서 하는 일마다 잘 뻗어 나간 것을 본 적도 있다. 큰 집, 작은 집, 이름 있는 집, 부잣집, 관록이 많은 집, 학문이 많은 집 모두가 선망의 대상이 되었다. 어떻게 다른 집들은 그렇게 잘살까? 일마다 잘될까? 법도가 높을까? 명성이 높을까 하며 날마다 가난한 집에서는 다른 집의 좋은 점을 칭찬하고 무엇인가 배우려 애썼다.

이것은 비유이다. 한국은 가난한 집으로서 선진국의 큰 집을 선망했고, 무엇이든 선진국의 것이라면 빨리 들여와서 그들처럼 번영하면서 살기를 원했다. 아마도 전 세계적으로 한국의 학자만큼 외국법에 대한 탐구열이 높은 경우도 없을 것이다. 21C를 남겨 놓은 현 시점에서 이제 다시 음미해야 할 것은 그동안 정신없이 들여오고 모방했던 수십 년간을 정리해야 될 단계에 이르렀다. 가난한 집의 자식들이 저마다 외지로 나가 보다 잘사는 집들의 자식들을 모방하고 그들의 법도를 배워서 돌아왔다. 첫째 아들은 언덕 너머 대가 집의 법도가 가장 좋다고 한다. 둘째 아들은 개울건너 양반집의 질서가 가장 좋다고 한다. 셋째 아들은 장거리의 부잣집의 물산이 가장 좋다고 한다. 넷째 아들은 보다 현실적이어서 그런 집들은 모두 우리 집과는 너무 거리가 있고 그저 재 너머에 있는 친척 아저씨의 집이 좋다고 한다.

이것은 썩 좋은 비유는 아니다. 특히 개인의 가계와 나라의 경영을 평면적으로 비유했다는 점에서 그렇다. 그러나 이 비유가 가리키는 점이 있다. 모든 아들은 자신의 경험한 한도 내에서 자신의 인식범위 내에서 최선의 법도를 배웠으나 이 여러 아들이 있는 가계는 앞으로 어떻게 되겠는가?

학문의 발전에 따라서 물론 법학도 분화를 거듭한다. 그러나 아무리 심오한·정치한 법학의 어떤 분과도 법학 밖에서 본다면 필경은 한국 법학의 한 부분밖에 되지 못한다. 어느 나라의 법학도 어느 특정한 분과만 독립해서 다른 분과와 관계없이 따로 고도로 발전한 예는 없다.

두 가지 문제를 제기하였다. 한국 법에 있어서 외국법의 문제 그리고 분과법의 법학 전체와의 관계 이 두 가지 문제를 논의하기 위해서 잠정적으로 문화라는 개념을 쓰기로 한다. 왜냐하면 한국 법은 어떤 경우에도 한국문명과 한국 문화의 일부분이며 한국 법학은 역시 어떤 경우에도 한국의 문명과 문화현상의 일부분이기 때문이다. 이런 논의에서는 조심성이 필요하다. 우선 한국 문화라고 할 때 그 사전적 의미는 미래형이라기보다는 전통형을 지칭하는 경우가 많고 열린 시대를 가리키기보다는 닫힌 지난 시대를 가리키기가 쉽기 때문이다. 또한 한국 법이라 할 때 개화기 이후 격동의 시기 동안 우리가 힘들여 배워 왔던 전 과정을 포괄하기보다는 열린 법체계와 대비되는 오히려 외따로 떨어진 닫힌 법체계를 연상하기 쉽기 때문이다. 이유는 개화기 이후 우리나라 법학의 역사는 외국법 수용 내지 모방의 역사였기 때문이다. 그럼에도 불구하고 2천 년을 수년 앞둔 현재에서 이와 같은 논의를 할 수밖에 없는 것은 문명과 문화의 원심력이 지나치게 세어졌을 때 해체의 우려가 있고 따라서 구심력의 문제가 생기지 않을 수 없기 때문이다. 우리나라 개화기가 밝은 계몽의 시기가 되지 못한 것은 다른 식으로 고찰할 수 있겠으나 극히 단순하게 원심력과 구심력의 균형이 깨진 결과라고 얘기할 수 없을 것인가?

2. 한국 법에 있어서의 외국 법학의 문제

2.1. 개화기의 외국제도

우리나라에서 외국의 제도를 도입(최종고, 1982)하기 시작한 것은 병인, 신미양요를 거쳐 강화도 조약 때부터라고 하겠다. 개화기의 시작에서는 이때부터 의식적으로 다른 나라의 문물과 제도를 배워야 한다는 개화파가 나타났다(이광린, 1974). 일본 배경의 개화파, 청나라 배경의 개화파, 러시아 배경의 개화파, 일찍부터 아메리카의 앵글로-색슨 제도까지 개화파로 기록되어 있다. 역사적으로 우리나라의 개화에 직접 영향을 끼친 나라는 일본이다(김철, 2007b: 89-100). 가깝고 정치적 영향이 컸으므로 일본을 통해 개화가 이루어졌다. 일본 개화기는 프로이센계, 네덜란드계, 그리고 브리튼계의 제도를 받아들인 것이다. 2차 대전 이후 승전국이었던 아메리카의 경제와 제도를 가장 열심히 배운 학생이 일본이었다(위의 사람, 윗글).

2.2. 일본과 한국의 외국에 대한 태도

어느 통계에 의하면 일본인으로, 최선진국의 경제학 최종학위를 받은 숫자는 한국인과 비교해서 절반이 되지 않는다고 한다(문영극, 1992). 또한 일본의 법학자가, 외국에서 활약하고 있는 경우를 제외하고 외국에서 최종학위를 받은 경우가 한국의 경우와 대비할 때 어떤 통계가 나올지 궁금하다. 아마도 경제학과 유사한 통계가 나오지 않을까 한다. 외국의 유수한 대학에서 법학의 최종적 학문 학위를 끝까지 추구하는 외국 학생들은 동아시아 출신으로서 대만, 한국, 일본이었던 때가 있었고, 경우에 따라서 필리핀과 베트남이 추가되기도 했다. 일본의 경우 일본 내의 대학에서 종사할 교수 지망생이 외국에 장기 체류하는 경우는 한국이나 대만보다 희소하다고 한다.[398]

2.3. 프로이센과 도이칠란트 법에 대한 심취

또한 한국 법학이 관례적으로 인정한, 흔히 이야기되는 대륙법계 중 프로이센 도이칠란트법의 연구에 있어서도 전 세계에서 어떤 독립국가도 그렇게 열렬히 그리고 때로는 이의 없이 심취하는 경우가 드물다고 한다. 이것은 통합 유럽의 미래와 관계된 유럽 공동체의 법에 대한 관심과는 궤적을 달리한다고 볼 수밖에 없다. 왜냐하면 유럽공동체의 법은 구성원인 유럽 여러 나라의 사정에 두루 통하는 법이 될 수밖에 없고 따라서 특수한 성격, 게르만인의 특수성과 관련된 부분은 오히려 유럽공동체의 앞날에 부담이 될 것이기 때문이다.

동양인의 버릇대로 중용을 취하기 위해서 최근에 증가하고 있는 아메리카 법학의 경우도 같은 식으로 말해야 될지도 모르겠다. 그러나 한국 법학이 지금까지의 영향을 받은 것을 참조한다면 도이칠란트법에 대해서와 똑같이 언급할 필요가 없을지도 모르겠다. 왜냐하면 우리는 지금 한국 법과 한국 법문화를 얘기하고 있는 것이지 학문 전반, 문화 전반 특히 대중문화나 매체문화를 논의하고 있지 않기 때문이다.

2.4. 세계 2차 대전 이후의 3분법의 시대

최근의 한국 법학에서 검토 없이 되풀이하고 있는 이분법 즉, 대

---

398) 2006년 한국 도산 법학회와 서울대학교의 초청으로 방한한 도쿄대학 법학부의 이또 마꼬도(伊藤實) 교수가 7월과 8월 동안 서울 중앙법원 파산부 회의실에서 연속 강좌를 가졌을 때의 대담 내용.

륙 법 발원의 학문 경향과 흔히 얘기하는 대로 영미법 발원의 학문 경향을 집단주의적으로 구별하는 버릇을 경계하지 않을 수 없다. 물론 서구의 비교법학자의 가장 간단한 교과서에도 법계를 분류하고 역사적으로 앵글로－아메리칸 법계와 시민－대륙법계를 구별하고 있기는 하다(르네데이비드, 1968, 1978). 이 구별에 대해서는 1차 대전 이후와 특히 2차 대전 이후 점차로 양 법계가 상호 교차하고 있다는 설명 이외에 더 최근의 진행을 덧붙여야 한다. 2차 대전 이후의 대표적인 비교법 논의는 시민－대륙법계, 앵글로 아메리칸 법계, 사회주의 법군의 삼분법이 세계의 법계를 설명하는 것으로 유지되어 왔다(김철, 1989).

2.5. 1989년 이후의 대변동

그러나 1989년 동유럽－러시아혁명－은 세계 비교법학 지도에 전례 없는 변화를 가져왔다. 결론은 삼분법이 고착되어 있는 냉전·탈냉전의 법 논리는 급격하게 변동하고 있다(김철, 1992c: 74－77). 서구의 학자가 대륙법과 영미법을 구별할 때는 역사적 진행에 큰 차가 있다는 것을 인정한다(Hazard, 1969, Berman, 1971). 그러나 개항 이후의 동아시아의 학자가 대륙법과 영미법의 차이를 이해하는 정도는 서구의 전형적인 비교법의 견지와 다르다는 것을 지금까지 잊고 있었다. 한국인은 서구의 전형적인 비교법 주의자가 될 수 없다.

2.6. 서양 법 전통

동아시아인에게 법계보다 더 큰 것은 기저가 되는 문화와 문명의 문제이다(김철, 2003, 2007: 82). 다시 말하자면 대륙법계와 영미법계의 구별보다 더 크고 근본적인 것은 '서양법 전통(Western Tradition of Law)이라는 일관성이 존재하느냐'의 문제이다(해롤드 버만, 1983). 해롤드 버만은 1983년의 20세기 최대의 기념비적인 저작에서 종전의 비교법적인 구별을 넘어서서, 서양 법 전통의 형성에 있어서의 혁명의 역할을 법제사에 추가하였다(위의 사람, 위책). 따라서 이런 비교법적인 전환에서 볼 때 대륙법계와 영미법계의 고전적인 구별은 동아시아인들이 그들의 교과서에서 유형화시킨 그런 거대한 차이점이 다른 시점에 의해서 정리되고 있다.

2.7. 서양 법 전통에서 의미 있는 것

대륙법계와 영미법계의 역사적인 구별은 있어 왔으나 새로운 시대의 새로운 시점에서는 오히려 서양 법 전통을 형성시킨 다른 중요 요인에 주목하고 있다. 한국식으로 얘기하면 영미법계나 대륙법계의 구별이 다른 전제조건을 가지고 있다는 것을 동아시아인들은 알 수 없었다. 세계법의 역사에서 의미 있는 것은 서양 법 전통에 있어서의 시민혁명을 비롯한 혁명의 전통이라고 한다(Eugen Rosenstock Huessey, 1938, 해롤드 버만과 김철, 1992: 310-311).

3. 법치주의 개념에 대한 재검토

3.1. '독일형 법치주의'와 '영미형 법치주의'의 유형화

법치주의부터 생각해 보기로 한다. 한국의 법학 초학자가 법치주의의 개념을 처음 만나는 것은 아마도 헌법학 책이 아닐까 한다. 설명하건대, 독일과 영미로 구분한다(권영성, 2005: 150, 김철수, 2006: 191－193, 허영, 2007: 613－615). 즉 독일에서는 법치국가(Rechtstaat)의 개념을 중심으로 해서 계몽군주시대 때부터 시작되었다고 한다. 영국에서는 법의 지배(Rule of Law)의 개념을 중심으로 의회민주주의하에서 발달되었다고 설명한다(권영성, 위의 책, 김철수, 위의 책, 허영, 위의 책). 또한 행정법 교과서에서는 당연히 서두에 법치주의에 대한 도입부분으로 시작한다(김도창, 1983: 109, 김동희, 2007: 29, 홍정선, 2007: 42－44). 학생의 입장에서는 그 모든 설명에도 불구하고 법치주의와 입헌주의의 관계, 또한 법치주의와 민주주의의 관계가 썩 명료하지 않다. 그냥 독일과 영국의 법치주의가 다르다는 것으로 받아들이고 만다. 도이칠란트에 있어서도 입헌주의와 법치주의의 관계, 법치주의와 민주주의의 관계가 계몽군주시대 때부터 항상 문제가 되어 왔다는 것은 알기 힘들다(김철, 2007b: 54-57).

3.2. 자유주의냐 왕권주의냐는 고려하지 않는다

또한 교과서에서 유형화된 흔히 이야기 되는 대로 '독일형 법치주의'와 '영미형 법치주의'가 언제의 이야기인가? 어떤 역사적 시점에서의 이야기인가? 2007년 현재에 있어서의 법치주의는 어떤 모습인가? 현재의 모습이 차이가 있다 하더라도 혹시 공통되는 목표가 있지나 않을까? 차이가 있더라도 그 차이는 특정한 시점의 모습일 뿐, 도이칠란트나 잉글랜드 혹은 아메리카의 법학자들은 어떤 공통된 사고를 하지 않을까 하는 생각은 할 수가 없다. 장단점이 있다면 혹시 서로 장점은 가지려 하고 단점은 버리려 하는 지식인에 있어서의 당연한 사고는 전혀 없을 것인가? 도이칠란트의 자유주의자와 잉글랜드의 자유주의자의 차이는 얼마나 될 것인가? 튜더 왕조(김철, 2007b: 61 - 63)의 왕권주의자와 빌헬름 프리드리히 대제(김철, 2007b: 57)의 왕권주의자는 차이가 있기는 하겠으나, 한국의 법학도가 독일과 영국을 구별하는 만큼 클 것인가?

3.3. 독자적 사고가 빠진 법학

이 모든 것을 당장 대답하기에는 우리는 너무나 독자적인 사고를 하는 버릇을 키워 오지 못했다. 원전이 가지는 권위, 외국어로 표시된 문자와 현실과의 동떨어짐, 문자화된 법과 실제로 행해지는 법의 차이 이런 것들이 우리 법학자로 하여금 지극히 평이하고도 당연한 분별력을 가지는 것을 방해했다(김철, 2007a: 348). 그 이상으로 후진국의 법학자들의 공통된 문제는 법 제도를 다루기 전에 일정한 법 제도의 문화적 토양 그리고 그 문화가 성립된 경과에 대해서 충분한 주의를 하지 않은 탓이 아닐까?(김철, 2007a: 서문) 비교문화적인 고찰이 결국은 독자적 사고에 이른다는 것을 몰랐으

리만큼 바빴다는 것이 아닐까?

3.4. 법치주의는 문화적 토양에서 자란 것이다

법치주의조차도 문화적 토양에서 자란 나무라는 얘기를 하고 싶다. 대부분의 법학자들이 외국에서 배운 법치주의는 좋은 수종이기는 하나 그 나무가 어디에서 잘 자란다는 것까지는 알아 오지 못했다. 잉글랜드의 법치주의, 튜더정부와 스튜어드정부에 있어서의 법치주의(김철, 윗글), 바이마르 공화국에 있어서의 헌법발전(권영성, 1984)에 대한 약간의 고찰이 있을 뿐이다. 또한 한국의 법학자들에게 항상 문제가 되어 왔던 이른바 영미형 법치주의와 이른바 독일형 법치주의에 대해서 그렇게 오랫동안 전거(典據)와 출전의 문제가 있어 왔음에도 본격적으로 종합적인 고찰을 한 것이 드물다고 할 수 있다. 분과법의 각 영역에서 비교법적인 고찰을 할 때 항상 문제가 되는 소위 독일 법에 근거하느냐 또는 소위 영미법에 근거하느냐는 고민은 본격적인 이론가의 입장에서는 이론의 소지가 되지 못하는 것이지만 실제적으로는 한국의 법학계를 항상 힘들게 하는 기본적 갈등요소[399]이다. 어떤 학자의 경우 "해방 이후

---

[399] 한국 법학의 현실은 때로는 공식적인 출판, 공식적 논문, 형식을 갖춘 언급에서 나타나지 않는 기본적인 문제를 깔고 있다. 왜 흔히 이야기하는 대로 소위 독일 법, 소위 영미법의 이분법이 학자 사회에 있어서나 그의 사유방식에 있어서나 그렇게도 오랜 풀기 어려운 숙제가 된 것일까? 이 문제를 현상 그대로 학자의 학문배경으로만 생각하려 한다면 이 또한 동어 반복이 될 것이다. 대체로 한국에 도입된 비교법적 방법은 어떤 테마나 제도에 대해서 주도적인 법문화의 인용을 고루고루 하는 것이 학위논문 제작 시의 무난한 방식으로 되어 온 듯하다. 즉 1. 독일의 제도, 2. 영미의 제도, 3. 일본의 제도, 4. 한국의 지금까지의 제도라는 식이다. 일견 반박할 수 없는 이와 같은 기술방법은 그러나 잘못될 경우 대단히 피상적이고 어느 하나의 제도에도 충분하지 못하는 그런 단점도 가지고 있다. 이런 방식이 잘못 쓰일 경우에 대륙법과 영미법의 이분법적인 태도를 그 근본에 있어서 완화시킨다고는 생각하지 않는다. 이른바 '세계의 법 제도', '법의 만화경' 같은 제목은 서구

계속 독일형 법치주의와 미국형 법치주의의 구별이 시대적 경향으로 나타났다."라고 기술하고 있다.[400] 잠정적으로 이 독일형 법치주의와 미국형 법치주의는 어떤 공법학자에게는 문제 접근의 방식이 될 수는 있다.

4. 외국에서 수입한 법치주의의 개념을 사용한 예로서의 러시아에 있어서의 법치주의

예를 들면 1993년 소비에트연방에 이어서 러시아 공화국의 헌법이 성립될 때 방금 이야기된 독일형 법치주의와 미국형 법치주의의 이분법적 문제가 제기된 적이 있다(Brucel. R Smith, 1993). 그 내용에 대해서 형식적인 고찰을 하기 전에 우리는 이와 같은 질문을 하지 않을 수 없다.

의 법학자 중에서 초기 비교법론을 발전시킨 사람들의 방식으로서 어느 정도 비교인류학적인 관심을 깔고 있다. 이 경우 주도적인 법문화를 이미 가진 사람들이 '법의 만화경'으로서 백과사전적인 고찰을 하는 것을 비판적으로 보는 경우도 있다. 지식은 어느 경우에도 단순한 재미이거나 심지어는 여행 다니는 사람의 관광적 호기심 같은 것과는 다른 측면이 있어야 되지 않을까? 이런 면에서 본다면 다시 동어반복이 되는데, 어느 한 제도라도 충분히 음미해서 깊이 연구하는 것이 오히려 도움이 된다고 할 수 있다. 그러나 문제는 거기에서 그치는 것이 아니다. 특정 제도에 대한 전문가가 한국의 경우 종합적인 이론가를 겸하게 됨으로써 다른 제도에 대한 불관용, 몰이해 같은 것을 동반함으로써 종종 초학자들에게 그릇된 오리엔테이션을 주는 경우가 있다. 기반이 되는 문화의 비교나 다른 사회구조의 비교가 근저에 있어야 나열식을 면할 수 있을 것이다.

400) 한국에서 미국헌법의 영향과 교훈. 이 언급은 한국 법학계가 해방 이후 직면했던 가장 기본적인 문제를 그나마 정면에서 언급한 것으로서 그 표현의 문제를 떠나 진지함이 엿보인다. 한국의 학계의 경우 그 문제가 기본적이고 만성적이며 학계 전반에 걸친 문제일수록 공식적으로 언급하지 아니하고 개인적으로 해결하려는 습성이 있어 왔다(서원우, 1987).

4.1. 사회주의 법체계의 포기

이 어찌된 일인가? 한때는 20세기 법체계를 3분하였던 사회주의 법체계의 모국이었던 러시아가(김철, 1989) 사회주의 법체계를 포기하였다.[401] 다시 러시아는 그의 법체계와 헌법제도에 있어서 이른바 주도적인 서양제도를 다시 수용하는 단계로부터 출발하였다. 이 단계에 있어서 우리는 반문하지 않을 수 없다. 이것은 당연한 것인가? 사회주의 혁명 이전에 있어서 이미 러시아는 오랫동안 국가제도를 존속시킨, 나폴레옹 전쟁 당시 유럽 최대의 제국이었다.[402]

4.2. 러시아의 법치주의 전통

도이칠란트의 어떤 학자는 "러시아는 강한 법치주의 전통을 가지고 있지 못하다."라고 기술하고 있다(Karin Schmid, 1992).[403] 도이칠란트 법치주의의 시각이라고 보인다. 왜냐하면 어떠한 외국의 영향도 보여 주지 않는 러시아의 관습법을 담고 있는 루스카이아 프라우다(Russkaia Pravda)는 11세기까지 소급한다(김철, 1993). 비

---

401) 러시아 헌법제정 전후의 사정은 서구의 주된 법체계에서의 법학자가 참여, 조언하였다. 대단히 특기할 만한 사항은 한국의 법학계와 유사하게도 아메리카와 도이칠란트의 법학자들이 경쟁적으로 참여한 점이다. 상세한 사정은 후술한다.

402) "유럽혁명의 실패는 러시아의 콧대를 높였다. 러시아는 홍수에 잠긴 유럽에 홀로 우뚝 서서 유럽 구체제의 구원자가 되었다. 자유주의적, 급진적 유럽인에게 러시아는 지고한 적이었다. 증오했으나 존경했고 최대의 유럽국가로 인정했다." 러시아와 1848년의 혁명(김철, 1989)

403) 1990년까지의 법 발전을 주로 다루고 있다. 도이칠란트법과 제정 러시아의 관계에 대해서 개략적인 것은 구체적으로 법학에 대한 문제는 아니나(이인호, 이 논문은 제정 러시아에 있어서의 지식인과 학자 그리고 관료에 대한 프러시아의 영향을 다룬 것이다. 자유 석공회는 프리맨(Free man)의 번역서로서는 적절하지 않게 보인다. 프리메이슨(Free Mason)은 18세기 잉글랜드에서 시작된 비밀결사로서, 프로이센에서는 영향력 있는 인사들의 결사이었다.)

잔틴 문화의 계승자로서 동로마 제국 패망(15세기) 이후 군주에 의한 법 개혁, 수집의 법전 편찬은 짜르(Czar) 러시아의 주요한 과업이 되었다. 자유주의적 개혁의 군주 Alexander(1801 - 1812)는 러시아 권리장전(Russian Charter of rights)을 계획하였으며, 알렉산더의 개혁 2기(1807-1812)시대의 미하일 슈페란스키(Michael Speransky)는 법과 합법적 절차에 기반을 둔 군주체제를 기도했다. 법치국가의 계몽 군주적 개념을 시도하였다(김철, 1993). 어떻게 해서 11세기부터의 러시아 관습법은 자취를 감추고 어떻게 해서 소비에트 해체 이후의 헌법제도와 법치주의에 외국의 법학자들이 더욱 강한 영향을 끼친다는 것인가? 이것은 정서적인 의문이 아니라 방법론적 질문이다. 이 질문에 해답하는 것은 많은 시간이 걸릴 것이다.

4.3. 자유주의 법 제도의 맹아

자유주의적 법 제도라면 이미 제정 러시아 때에도 그 맹아가 있었다고 우리는 본다. 모스크바대학 법학부의 최초의 러시아인 교수[404]이며 최초로 러시아 언어로 강의하는 러시아법사의 교수였던 데스니츠키는 그의 법학 교육 방법론에서 1764년 이후의 스코틀랜드의 아담 스미스의 영향을 받고 있다. 자유주의적 법 제도의 러시아에 있어서의 주창자였던 그는 비교적 일찍 대학의 직책을 떠났다고 한다(김철, 1989). 실로 220년 만에 러시아에 있어서의 자유주의적 법 제도가 다시 나타났다고 할 수 있다.

---

404) 1768년 이전에는 모스크바 대학 법학부의 교수는 전원 프로이센인이었고, 도이칠란트어로 강의했다고 한다. 따라서 1768년 데스니츠키가 최초의 러시아인 러시아어를 쓰는 법학교수였다고 한다(김철, 1989).

4.4. 법에 기초를 둔 국가

1988년경부터 고르바초프 행정부의 주된 슬로건은 '법에 기초를 둔 국가(Pravovoe gosudarstvo)' 즉 법치국가였다. 법치주의가 새로운 개혁의 중심테마가 되었다. 종종 이 러시아어의 번역은 미국에서는 '법의 지배(Rule of Law)'로 하기도 한다. 그러나 '법에 기초를 둔 국가'와 '법의 지배'는 차이가 있다.[405]

4.5. 빌려 온 법치주의와 반작용

러시아 법치주의의 개혁 이전의 문제는 무엇이었던가? 먼저 볼셰비키 혁명 전(1917년 이전) 제정 러시아 학자들에 의해서 법치주의는 뜨거운 논쟁의 대상이 되었고, 물론 그것은 19세기 도이칠란트의 법학자들로부터 빌려 온 것이었다. 이 법치주의는 혁명 후에는 소비에트의 정치와 법 문헌에서 공식적으로 비난의 대상이 되었다. 이론적으로 법치주의는 마르크스 레닌주의와 충돌하였다.

---

405) 윌리엄 버틀러는 '법에 기초를 둔 국가'와 '법의 지배'의 차이를 인정하여 '법의 지배국가'라는 표현을 사용한다. 그 이유는 법 개념 중에서 보다 넓고 보다 근본적인 개념을 옹호하는 사람들에게 혜택을 주기 위함이라고 한다. 이때 넓은 의미의 법은 권리와 정의 그리고 언제 어디서나 우선하는 도덕법칙과 일치하며 어떤 시민이나 국가에 의해서도 침범되지 않는 법의 넓은 개념이라고 설명한다(William E Butler, 1990, recited from Harold Berman, 1991). 도이칠란트어로서의 법치주의는 러시아어의 법치주의와 대체로 같게 보는 것이 서구학자들의 시각이었으나 이것을 영어로 번역할 때 도이칠란트어와 러시아어의 법치주의는 똑같은 어려움이 있다. 즉 영어권에서의 '법의 지배(Rule of Law)'로 해석하느냐 또는 방금 우리가 한국어로 쓴 '법에 기초를 둔 국가'로 해석하느냐의 문제이다. 버틀러가 러시아어를 번역하는 데 있어서 그의 영어에 있어서의 법의 지배와 같은 넓은 법 개념을 사용한 것은 러시아어의 앞으로의 법 발전에 그와 같은 희망을 표시한 것이라고도 볼 수 있다. 이미 논한 대로 엄격한 의미에서 도이칠란트어나 러시아어의 법치주의와 영어의 법의 지배는 차이가 있다. 참고 유럽에 있어서 형식적 법치주의의 발달에 대해서는(김철, 1993) 참조.

"법은 모든 사회에서 지배계급의 의지의 반영이며, 국가는 궁극적으로 법에 의해서 구속되지 않는다."라는 것이 마르크스주의의 교의였다.

4.6. 해체기의 법치주의: 서구전통의 부활

그리고 실제에 있어서는 우리가 관찰한 바대로 법치주의의 개념이 소비에트 지휘부에 의해서 페레스트로이카 글라스노스트 그리고 민주화에 덧붙여서 강조되었다. 또한 1917년 이후 처음으로 소비에트의 법학자들은 법치주의의 개념에 있어서 그들을 한편으로는 플라톤, 아리스토텔레스, 키케로로 연결을 시키고 다른 한편으로서는 로크와 칸트에까지 정치사상과 법사상을 연결시켰다(Harold Berman, 1991). 또한 혁명 이전의 제정러시아의 계몽주의 시대와 계몽군주에 의한 자유주의적 개혁 시대에 논의되었던 것들 중에서 러시아의 법치주의와 도이칠란트의 법치주의를 논한 학자들이 다시 각광을 받고 있다. 역사는 71년 전으로 돌아갔다. 통일된 동서독이 그의 정신적 유대에서 괴테의 문학작품을 다시 확인하듯이 공산주의를 벗어던진 러시아는 도스토옙스키와 투르게네프의 두 가지 전통으로 돌아갔다. 이미 짐작하듯이 계몽시기에 있어서의 법치주의의 뉘앙스도 자유주의적 개념에서 수정된 군주주권에까지 두 가지의 방향이었다. 그러나 페레스트로이카까지의 지배적인 소비에트의 법학자들의 특징은 국가에 의해서 포고되고 인정된 법률과 분리되거나 혹은 더 높은 권위를 가진 어떤 법의 개념도 일반적으로 무시하거나 거부하였다.[406] 법사상에서 볼 때 따라서 소비에트 법은 헤겔과 마르크스의 지적 전통 즉, 강한 국가주의에 의한 이데올로기의 실현이라는 맥락에 서 있었다.

이제 우리는 한국어에 있어서 법치주의의 분명한 의미를 밝히는 데 이르렀다.

5. 한국 문화에 있어서의 법치주의의 의미

5.1. 유교의 반법적 성향

전문어로서의 '법치주의'는 아마도 번역어로 보인다(권영성, 위 책, 김철수, 위 책, 허영, 위 책). 여기에 혼란이 있다. 우선 이씨 조선까지 계속된 중국문화의 영향하에서 법치(法治)는 흔히 예(禮)와 대립되는 위치에서 파악되었다(Chull Kim, 2007b: 271). 즉 가장 전형적으로는 춘추전국시대의 한비자의 법치사상이며, 그것의 실현은 진나라의 천하통일로서 나타났다. 이때 법의 성질은 주권자의 명령을 문서화한 것으로 가장 엄격한 의미에서의 실정법이었다. 법의 개념이 이와 같이 이론의 여지없는 절대 권력자의 무력과 폭력을 배경으로 한 명령어였기 때문에 유교적 이상향을 추구한 철학자들은 이를 기피하고 폭력정치와 동일시한 것이다. 그들의 유토피아는 다른 방식에 의해서만 가능했는데 폭력 장치를 동반한 국가

---

406) 각주 7과 같은 논문. 덧붙일 것은 이따금씩 자연법의 방향에 대해서 약간의 주의를 전혀 하지 않는 것은 아니었다. 그러나 국가의 권위와 밀착된 법, 즉 실정법주의에 대한 강한 집착이 1990년대에 이르기까지의 소비에트 전통의 법학자의 가장 큰 특징이다. 이런 점에서 이미 해체되었으나 소비에트 법체계는 존 우(Jhon Wu) 교수가 1955년에 사회주의 법은 논리적 목표를 향해 추구되는 실증주의라고 주장한 것은 타당한 것이다. 김철, 1989.

실정법이 아닌 보다 인간화된 인간관계의 이치에서 공동사회를 건설하려 했던 것이다(김철, 윗글). 오랜 전통사회를 통해(갑오경장 때까지) 지식인과 귀족적 관료인들에게 영향을 미친 동양의 경전은 따라서 국가의 무력을 배경으로 한 실정법을 사회의 구성원리로 하는 데 반대하였던 것이다. 유교의 반법적(反法的) 성향은 이와 같은 배경에서 계속된 것이다. 이런 전통사상은 동양적 전제정 아래에 있어서의 수천 년을 꿰뚫고 흘러 현재에 있어서도 동아시아인의 어떤 지적 특징을 이루고 있다(김철, 윗글). 실정법을 무시함으로써 폭군이 자주 나타나는 국가주의에 대해 등을 돌림으로써 이 지역의 지식인들은 상대적으로 제한된 자유를 누렸던 것이다. 예와 법을 상치된 것으로서 전자를 인간화된 이치로 파악하는 태도는 현대 한국에서도 정신의 기저를 이루고 있다.

5.2. 개화기, 메이지유신, 외관적 입헌주의

개화기 이후 정반대의 지식인 그룹이 등장하였다. 한국의 개화는 일본의 압도적인 영향하에서 주로 일본의 근대화를 가까이 두고 행해질 수밖에 없었는데, 군주정치밖에 경험하지 못했던 구한말의 지식인들이 메이지 유신의 성과에 대해서 경탄한 것은 이론의 여지가 없다(이광린, 1969, 1973, 1974). 구한말의 자유민권운동에 대해서는 극히 제한적인 것밖에 학계에 보고된 바 없거니와 반외세, 민족주의적 성향, 독립자존의 태도 이와 민권운동에 대해서는 더 연구가 필요하다.[407] 따라서 근대화를 위한 국가건설을 위해서 법

---

[407] 구한말의 민권 운동에 대해서는 독립 협회의 연구가 밝혀 줄 것이다(이황직, 2007). 당시

치주의를 수입할 때 군주를 중심으로 한 유럽형의 법치주의가 걸맞게 보였을 것이다. 외관적 입헌군주제도라도 그들에게 있어서는 대단한 성취로 여겨졌을 것이다[408].

5.3. 전통 유럽형 법치주의

전통 유럽형 법치주의의 전형은 계몽적 절대주의에 입각한 프로이센의 경우를 들 수 있고, 이것이 1871년 이후 비스마르크헌법 아래에 있어서 실정주의 공법이론으로 전개되었다(김철, 2007b: 56 – 57). 1997년 현재 한국의 현대인이 가치 개념으로 파악하는 근대적 입헌주의의 이념형과는 약 120년 이상의 물리적 거리가 있을 뿐 아니라 100년을 더 거슬러 올라서 1794년 프로이센 일반란트법(김철, 2007a: 54 – 55)의 성립 당시까지 가더라도 지역적으로 프리드리히 빌헬름대제의 통치의 지역과 1789년의 프랑스혁명의 직접적인 영향권과는 아득한 거리가 있음을 알 수 있다(김철, 위의 책: 서문).

의 조정이 대내적으로는 부패하여 민중을 착취하였으며, 대외적으로는 외세에 의존하였다는 점에서 번외세운동이 간접적으로 민권운동과 관련되었을 확률이 높다. 그러나 독립운동이 자주적 정부를 지향하였다면 민족주의적 성향으로 우선 민족적 구심점으로서 종래의 관습대로 군주를 옹호하였을 것으로 이 점에서는 민권운동의 한계가 있었을 것이다.

408) 유럽에 있어서 계몽적 절대주의와 형식적 법치주의의 결합에 대해서는 의외로 국내문헌이 많지 않다. 또한 1945년 이후 그토록 많은 법학자들이 유럽에서 수학하거나 유럽의 문헌으로 연구·강의하였음에도 그 모든 법학의 전제가 되는 전통적 유럽형 법치주의의 역사적 배경에 대해서는 연구가 희소하다(김여수, 1976). 또한 많은 법학자들이 해방 이후 정치적으로 수입된 민주주의에 대해서 그 위장된 모습에 대해서 환멸을 느끼면서 그 불안정의 대가를 무의식적으로 전통적인 유럽형의 형식적 법치주의에서 위안을 받으려 한 것이 아닌가 생각되기도 한다. 한국지식인의 속성은 안정감을 중시하는바 민주주의 가치가 표류할 때 형식적 법치주의의 약속이라도 믿어보고 싶은 마음이었을지 모르겠다. 그러나 어떤 역사에도 입헌주의와 법치주의가 분리되고 입헌주의가 표류할 때 법치주의가 그 형식으로나마 안정감을 준 예는 없었다고 본다(이정희, 1986).

5.4. 개화기의 법학적 지식인

1910년 한일합방 이후 1919년 이후에야 근대적 대학교육의 시
초가 나타났는데, 이와 같은 식민지 정책에 의한 문화정치는 어떤
지식인들을 산출하였을까? 1930년대에 활약한 한국의 신문학가의
한 사람인 춘원 이광수의 작품에서 나타난 법학적 지식인의 예를
들 수가 있다.[409] 직접적으로 나타나지 않으나 그들의 사회 환경,
인간관계, 행태를 미루어 보건대, 그들이 의식하는 법의 세계는 지
극히 제한된 것이 아닐 수 없다. 압제적인 통치체계인 식민지정부
아래에서 주어진 최소한의 계층이동(김철, 2007b: 251 – 253) – 가

---

409) 두 사람의 전형을 대중 앞에 내세운다. 관립대학 법학도이며, 일본으로부터 작위를 받은
그러나 몰락한 가문의 아들과, 그 자신은 극빈한 농촌출신이면서 재산이 있는 양반(당시
1930년대에 구한말의 관직 명칭을 그대로 쓰고 있다. 이 소설의 배경은 1930년대인데,
경성에 있어서의 거의 모든 유력 가문들이 일본으로부터 귀족작위를 받았든가 구한말의
고위관직을 역임해서 그 대가로 상당한 토지를 소유하고 있는 실정을 알 수 있다.)의 가정
교사와 집사를 겸해서 고학하고 있는 민립대학 법학도 이 소설은 춘원 이광수의 대**표**작인
무정보다 더 알려진 것이며 표면적으로는 당시 브나로드운동을 고취한 것이라고 한다. 관
심을 끄는 것은 당시 경성에 있어서의 법학도와 유력가문과의 관계 또한 식민지 지식인들
의 혼인 행태 같은 것이다. 이 문헌을 인류학적 시점에서 볼 때 한국인의 의식의 어떤 원
형(Archtype, Urform)을 밝히고 있다. 시점은 전통사회와 근대사회의 교차점으로 보이며,
1997년 한국의 법학 교육, 그것의 현황, 그것의 개선에 대해 제도적 접근을 시도하는 사
람들은 한국인의 의식의 원형에 대해서 주의해야 함을 환기하고자 한다. 즉, 많은 제도적
개선이 한편의 일이라면 다른 일방 막상 한국인의 의식 자체의 원형은 달라지지 않는 부
분이 있다는 것을 인류학적 시점이 말해 주고 있다. 제도개혁이 종종 기대했던 결과를 가
져오지 못하는 것은 한국인의 어떤 달라지지 않는 원형 때문이 아닌가? 이 원형을 춘원
이광수가 표현한 것이 아닌가 보인다. 청년 지식인들의 이상주의적 표현과 실제의 행태가
지극히 제한된 식민지 상류사회에서 어떻게 나타나는가를 그려 주고 있다. 그들은 대단한
엘리트이며 혹은 이상주의자이며 혹은 민중주의 / 귀족주의이기도 하나, 그들의 갈등은 실
제로 어떤 행동을 하는가, 어떤 선택을 하는가에 있다. 표명된 사회윤리와 그들이 개인적
으로 보여 주는 개인윤리와는 현저한 격차가 있다. 이와 같은 이중성이 문제로 느껴지지
아니하고 오랫동안 일반인에 의해서도 받아들여질 때 한국의 지속적인 사회윤리, 법과 윤
리의 문제는 일종의 공모의식을 가지고 이중성을 띠게 될 것이다. 현대 한국의 법학도의
행위체계가 이와 같이 1930년대 식민지하의 지식인의 행위체계로 설명될 수 있을 때 한
국인의 이해는 어떤 다른 사회과학적 방식보다 인류학적 조망이 적절하다고 본다(이광수,
Chull Kim, 1991).

난한 농촌청년이 국가시험을 통해 신분상승을 하는－을 법학의 목
표로 하는 경우는 독립 이후에도 표류하는 통치체계(이제는 식민
지정부가 아니라 민족정부이다.) 아래에서 동치체계에 거슬리지 않
고 주어진 절대 조건 안에서 신분상승을 하는 해방 이후의 법률가
집단(위의 사람, 윗글: 253－256)도 그 원형에 속한다 할 것이다.
따라서 식민주의의 유산은 법학의 분야에서 해방 이후 반세기에도
(서원우, 1987, 277－278) 의식의 원형에서 살아 있다 할 것이다.
따라서 도구적 법치주의(김철, 2007b: 55)는 어떤 경우에도 안정을
유지해 주며 한국인의 어떤 방향의 의식의 원형에 잘 맞았다고 할
수 있다. 이 범위를 벗어나는 법치주의는 학자에게나 학도에게 불
안감을 주며, 가외(加外)의 희생을 요구하는 것처럼 느껴지는 것이
다. 지금까지 한국어에 있어서의 법치주의를 한국 문화에 있어서의
법치주의로 고찰하여 보았다.

6. 서양 법 전통에 있어서의 고차법(高次法)

6.1. 12세기의 신의 법과 자연법은 국가를 능가했다

　　서양 법 전통에 있어서, 국가보다 높은 법의 개념은 12세기에 처
음으로 체계화된 신법(神法)과 자연 법의 이론으로 되돌아간다. 그
리고 이와 같은 넓은 법 개념이 교회법의 관할에 속하는 사람들과
세속법에 속하는 사람들 간의 갈등관계 그리고 세속 법체계에 있
어서도 왕의 법, 봉건법, 도시법, 상인법에 속하는 사람들 간의 갈

등관계로 돌아간다. 실로 교회법과 세속법의 관할 충돌이 정치적 주권보다 더 높은 법의 원천을 찾아내는 노력으로 이어졌다(Harold Berman, 1983). 한국의 법학도도 익숙한 자연법과 실정법의 구별은 처음에는 신학자들과 교회법학자들에 의해서 쓰였다. 그들이 실정법이라고 했을 때 입법자에 의해서 부과된 법을 가리키는 것이며, 그들이 신의 법이라고 했을 때 한편에 있어서는 성서에서 다른 한편에 있어서는 인간성, 인간이성과 양심에서부터 출발한 자연법이 연원이 된 것이다.

6.2. 교회가 왕권에 복속해서 비로소 자연법이 능가되었다

16세기와 17세기에 이르러서 부분적으로 교회가 왕권에 복속함으로 인해서 통치자의 의도보다 더 높은 법의 원천이라는 생각이 처음으로 심각하게 도전되었다. 그러나 국가의 최고 통치자가 그의 뜻을 맞추어야 될 신의 법이나 자연법이 존재한다는 것은 여전히 부정되지 아니하였다.

6.3. 존재와 당위의 구별은 근세 절대주권을 강화시켰다

이 시대 새로운 철학적·과학적 개념이 법학에 있어서 당위와 존재의 구별을 하게 되었고, 이 구별 때문에 주권에 대한 새로운 정치이론은 누구나가 주권자의 명령이나 존재하는 어떤 법에 대해서 도전하는 권리를 부인하였다. 당위와 존재의 구별이라는 한국의 법학도가 처음부터 익히는 당연한 전제는 근세 국가주의 시대의 산물이며, 이와 같은 편리한 법철학으로 말미암아 근세 절대주권은 강화되었으나 법학은 이전의 풍부한 내용을 상실하였다.

6.4. 국가주의에 입각한 법학

이와 같은 국가주의에 입각한 법학에 의해서 신의 법과 자연법은 존재하는 법의 영역으로부터 제거되어 도덕의 영역으로 물러갔다. 따라서 남아 있는 법은 오로지 국가의 실정법으로서 강제력을 가지는 법이 되었다.

6.5. 시민혁명의 법학상 의미

이와 같은 16세기와 17세기의 절대주의 왕권에 봉사한 법학과 법 개념에 대해서 반격을 가한 것이 17세기 잉글랜드와 18세기의 아메리카 및 프랑스혁명이었다(Harold Berman, 1991).

6.6. 메이지유신의 영향

우리나라의 경우 1910년부터 시작된 식민지치하 이전에도 구한말의 법관 양성소시대에도 일본의 메이지유신(1989)(Richard H. Minear, 1970)의 영향을 받았다고 할 수 있다. 메이지 헌법 주석서를 쓴 이토 히로부미에 의하면 "황제는 하늘에서 내려왔으며, 신적인 성질을 갖고 있으며, 신성불가침이다(Ito Hirobumi, 1889)." 따라서 대한제국의 경우 그 성질상 절대군주 내지 계몽군주의 초기 모습이었으므로 일본의 경우를 참조했다고 할 수 있다.

6.7. 영국의 법의 지배

역설적으로 법의 우위라는 의미에서의 법의 지배는 가장 최초로는 1649년의 재판에 회부되어 반역죄로 사형언도를 받은 찰스 1세에 의해서 쓰였다. 찰스 1세는 청교도 혁명 때 청교도 의회에 대해서 자신의 변호하기를 의회는 그를 재판할 법적 권위를 가지고 있지 못하며 따라서 그 재판은 영국의 근본법을 위반했다고 항변했다. 그는 주장하기를 청교도체제는 법의 지배 없이 권력이 지배했으며 이 왕국이 번영했던 모든 정부 체제를 변화시켰다고 주장했다(Harold J. Berman, 1991). 1885년에 다이시는 영국과 미국에서 널리 쓰이게 되는 '법의 지배'라는 용어를 그의 헌법학 입문에서 사용했는데 법의 지배란 정의의 어떤 기본원칙은 심지어 가장 높은 입법당국에 의해서도 합법적으로는 침해할 수 없다고 하였다. 찰스 1세와 마찬가지로 그는 가장 기본적인 법 원칙을 근본법 즉 영국 헌법에서 찾았다. 일시에 제정된 것은 아니었으나 1215년의 마르나·카르타, 1628년의 권리 청원, 1679년의 인신 보호령(Habeas Corpus) 그리고 가장 중요한 것은 1689년의 권리장전과 함께 역사적으로 진화하는 보통법(Common Law)에서 찾았다.

6.8. 미국의 법의 지배

‘법의 지배’의 용어는 미국에 있어서는 다소 다른 의미로 쓰이게 되었다. 영국이 합법성의 역사적 기초를 강조한 데 비하여 미국인들은 연방과 주의 성문 헌법적 기초를 강조하였다. 연방과 주의 헌법은 종교의 자유, 스피치의 자유,[410] 언론의 자유 그리고 결사의 자유와 같은 시민의 자유를 선포하였다. 더하여 미국헌법 수정 5조와 14조에 담긴 적법절차의 미국적 개념은 ‘절차적 정의’뿐만 아니라 ‘실체적 정의’까지 포함하게 되었다. 미국인들은 그들의 영국 조카들과 달리 의회 대신에 사법부에 헌법을 지킬 권위를 부여함으로써 견제와 균형의 정부체계를 도입하였다. 따라서 이것은 법의 지배의 개념에 새로운 차원을 추가한 것이 된다. 왜냐하면 적절한 사례에 있어서 시민은 어떤 법원에서도 입법부에 대해서 그의 법률이 틀렸다는 것을 다룰 수 있게 된 것이다. 새롭게 만들어진 입헌주의와 입헌성은 지금 이야기된 여러 가지 원칙들을 다 의미하는 것으로서 미국에서는 쓰인다(Harold J. Berman, 1991).

6.9. 신대륙의 입헌주의와 자연법 이론

신대륙의 입헌주의에 내재하는 철학은 영국의 역사적 법학뿐만 아니라 자연법의 이론을 내부에 가지고 있다. 즉 이성과 양심에 뿌리를 둔 어떤 종류의 도덕 원칙은 법적 구속력을 가지는 것으로서

---

410) 아메리카 헌법에 있어서의 스피치의 자유는 우리나라의 언론의 자유에 속하는 일부를 포함한다. 즉 공개적 연설은 스피치의 자유에 속한다. 언론의 자유는 우리나라에서의 언론매체의 자유에 해당된다.

생각된다. 이 점에 있어서 국가주의에 기원을 둔 절대주의적 입헌주의와는 날카롭게 대비된다.[411] 이 헌법의 언어는 법적 문서에 성문화되어 있어 있다는 의미에서는 실정적이다. 그러나 헌법 언어가 궁극적으로 '자연'과 '자연의 신'에서 유래되었다는 점에서는[412] 그들의 성문화된 형식을 뛰어넘는 것이다. 따라서 헌법의 언어는 세대에서 세대로 옮아가면서 새로운 상황에 맞게 법원에 의해서 의식적으로 조심성 있게 조정되는 것이다(Harold J. Berman, 1991).

6.10. 프랑스의 법치주의

프랑스 혁명에 있어서 군주에 의한 자의적인 통치와 귀족의 불의한 특권에 대한 공격은 주로 '인간과 시민의 권리'의 이름으로 행해졌다. 그리고 인간과 시민의 권리는 입법, 행정, 사법을 엄격히 분리함으로써 보호될 것이었다.[413] 1791년의 헌법은 개인의 자연적 자유에 리스트를 포함하고 있었고 입법부는 여기에 침해할 아무런 법적 권한이 없다고 선언하였다. 그러나 실행의 문제에 있어서 그들에게는 영국과 같은 오래된 역사적 전통에 호소할 수도 없었고 입법부를 구속하기 위해서는 법의 궁극적인 원천은 입법행위이며 입법부의 입법권에 대한 외부적 통제는 단지 선거구민의 정치적 통제인 셈이다. 행정부와 사법부는 입법부를 견제하거나 균

---

411) 1776년과 1781년의 아메리카 헌법은 1871년의 비스마르크 헌법과는 스펙트럼의 양 극단에 있다.

412) 이것은 1776년의 독립선언서에 나타난 언어이다.

413) 삼권분립의 이론은 흔히 몽테스키외의 '법의 정신(1748년)'에까지 소급한다. 몽테스키외는 권력분립의 원칙을 잉글랜드 헌법에 유래한다고 잘못 인용하고 있다(Harold J. Berman, 1991).

형 시킨다고 생각되지 않으며 오히려 입법된 법률을 각각 집행하거나 적용할 뿐이다.[414] 따라서 프랑스에 있어서의 법치주의는 고차법(김철, 1993, 1994)이 아니라 국민의 여론에 프랑스 국가가 마지막으로 책임지는 것이라 생각된다. 따라서 법학적 용어로는 이러한 프랑스 헌법장치는 실정법이 이론을 반영하는 것으로 보인다. 실정법 이론에 의하면 법은 일단의 법적 규범과 규칙으로 구성된다. 이러한 법적 규범과 규칙은 국가에 의해서 입법되거나 인정되고 강제적 제재에 의해서 강행된다. 프랑스 헌법에서는 프랑스 인민의 이름으로 국민의회에서 제정된 법에 대해서 더 고차의 법적 권위의 이름으로 도전할 수 있는 방법이 없다. 그 고차법이 역사에서 유래되었든 도덕원칙에서 유래되었든 개인 인격의 자연권은 실로 인간의 본성과 인간이성에서 유래한다. 그러나 이러한 자연권은 그것 자체가 입법부의 의지를 전복시킬 만한 자연법을 창출하지는 못한다(Harold J. Berman, 1991).

---

414) 1791년의 헌법은 프랑스에서는 입법부의 입법행위의 결과인 법에 우월한 것은 없다고 선언했다. 이런 견해는 계몽시대의 개념을 반영하는 것으로서 '사람에 의한 정부'가 아닌 '法에 의한 政府'라는 계몽시대의 이념을 나타내는 것이다. 종종 흔히 우리가 이야기하는 대로 '인치(人治)'가 아닌 '법치(法治)'라는 식의 단순 법치 개념은 지금까지 얘기되어 온 법의 지배와 혼동되어 왔다. 그러나 구별되어야 한다(Harold Berman, 1991). 동아시아에 있어서 법치주의의 내용이 가장 간략하게는 '인치가 아닌 법치' 그리고 '법은 의회가 만든다'는 것으로 프랑스에 있어서 앙시앵 레짐의 절대 왕권시대를 벗어나는 데 있어서 중요했던 것처럼 역시 동아시아인들이 동양적 전제 정을 벗어나는 데 필요했던 것처럼 보인다. 그러나 현대의 대중 민주 정치에서 정치권력이 불의하게 의회의 다수 석을 점하는 경우에 있어서는 이와 같은 계몽시대의 기초적 법치주의만으로는 견제와 균형이 불가능하다는 것을 알 수 있게 된다. 따라서 잉글랜드에 있어서의 오래된 불문의 전통 또는 아메리카에 있어서 '냉정한 이차적 사고'를 할 수 있는 '가장 덜 위험한 정부기구(司法府)'의 강력한 견제장치가 더 진화된 제도이다. 도이칠란트에서는 1945년 이후 헌법재판소에서 다수당의 횡포에 의해서 제정된 위헌적인 법률에 대해 위헌 판결을 내림으로써 의회에 있어서의 다수당의 횡포를 견제하는 역할을 해 왔으며, 이로써 의회 내에서의 소수당의 권익 보호를 함과 아울러 소수당이 지나치게 과격한 행동으로 다수당의 법안 통과를 저지할 필요가 없게 만듦으로써 지나친 정치적 불안정을 예방하는 역할을 하고 있으며, 이러한 모든 것을 통해서 궁극적으로는 일반국민의 권익을 옹호하고 있다.

7. 우리나라 법학에 대한 몇 가지 성찰

해방 이후에 한국의 법학이 계속 참조한, 전쟁 이전의 도이칠란트에 있어서의 법치국가의 개념은, 그 이념으로 다음의 다섯 가지 요인을 들고 있다(서원우, 1987).

① 법률의(더구나 법률만의) 전능(Omnipotenz)

② 행정의 법률에 의한 구속

③ 위법한 행정행위에 대한 국가 책임(Staatsschaftung)

④ 행정재판제도

⑤ 독자적으로 발전된 공법(Öffentriche Recht)의 존재(서원우, 위 책)

이것은 1910년대의 도이칠란트, 아니 프로이센의 공법학자(Richard Thoma, 1910: 274)에 의해서 정리된 특징으로[415] 1960년 다른 정치 문화의 저자에 의해서(서원우, 위 책) 다음과 같이 대조된다. 즉 열거된 5가지의 특징은 같은 시대에 있어서 앵글로 색슨 법문화의 특징인 법의 지배(Rule of Law)와 대척(對蹠)적인 점에 있다고 한다(Ernst Fraenkel, 1960: 196).

이와 같이 고찰해 볼 때 본(Bohn) 기본법 제정 이전의 도이칠란트의 법치국가의 이념(Idee der Rechtsschtaat)은 특수 독일적 법치국가 개념이라 할 만하다(서원우, 위 책).

또한 이러한 특수 독일적, 아니 특수 도이칠란트적 법치국가 개념을 여러 세대에 걸쳐서 전수하고 내재화한 주변 국가의 법치주의도 이러한 맥락에서 특수한 법치주의로 부를 수 있다.

---

415) 1910년은 세계 1차 대전 이전이며, 동아시아에 있어서 신흥 공업국가 일본이 대한 제국을 병합한 해이다.

이와 같이 볼 때 해방 이후 한국의 법치주의에 가장 큰 영향을 미친 것 중의 하나는 특수한 도이칠란트의 법치주의라고 볼 수 있다.

8. 한국 법학에 영향을 미친 19세기 도이칠란트에 소개된 법치주의[416]

8.1. 법과 국가를 동일시하는 법치주의

19세기 초에 도이칠란트의 법과 정치사상에 소개된 법치주의 (Rechtsstaat)는 역시 실증주의 법학의 반영이다. 이 용어는 다양한 의미로 쓰이게 되었지만 원래의 개념요소는 법과 국가를 동일시하는 것이었다.[417] 법치주의는 역사적 발전에서의 국민이 아니라 가

---

[416] 본고의 심사자는 한국 공법의 특징을 소개하는 것으로 논문을 종결할 것을 권유하고 있다. 그러나 지금까지 한국의 법학계에서 밝히지 못한 것은 한국의 법학에 영향을 미친 도이칠란트의 법치주의 역시 그 나라에 19세기에 소개된 것이라는 점이다. 따라서 한국 공법학의 특징을 그 연원에서 밝히기 위해서 19세기에야 비로소 도이칠란트에 소개된 법치주의와 그것의 직접적 영향으로서의 러시아를 빼놓고는 한국 공법학의 한 가지 특징을 지적할 수가 없다. 심사자의 지적에 감사하면서 아직은 해방 이후의 한국 공법학의 특징을 정면으로 밝힐 수 없는 상황에서 간접적으로 19세기 도이칠란트에 소개된 법치주의가 어떤 내용이며 그것이 제정 러시아에 어떤 영향을 미쳤는가를 설명하지 않을 수 없다.

[417] 법치주의의 용어는 1892년에 처음으로 Robert von Mohl의 저작에서 나타난다. 그러나 Immanuel Kant까지 소급한다. 그리고 칸트는 같은 용어를 사용하지 않고 비슷한 개념을 발전시켰다. Friedrich Darmstaedter는 1930년에 법치주의의 '고전이론'과 '현대이론'을 구별하고 있다. 법치주의의 고전이론은 중세까지 소급되며 칸트의 저작에서 정점을 이룬다고 한다. Otto von Gierke는 Althusius에 관한 그의 저작에서 마지막 장을 법치주의의 이념에 할애하고 있다. 그는 역시 알투지우스를 통해서 12세기까지 소급하고 마침내 자연법 이론에까지 도달한다(Harold Berman, 1991, O. V Gierke, 1968). 그러나 이러한 법철학적 고찰은 법치주의의 도이칠란트 용어가 폰 몰이나 다른 사람에 의해서 처음으로 쓰일 때 실제로 가졌던 의미보다 더 넓은 의미를 오로지 사상사를 통해 재부여될 때 정당화될 수 있는 것이다. 다름슈테터는 19세기를 통해서 도이칠란트 법치주의는 법과 국가를 동일시한 시정 주의적 법학을 전제로 했으며 법에 대한 국가의 우선을 인정했다고 한다.

장 우위의 정치적 권위의 의지가 또한 자연적 이성과 양신이 아니
라 입법자의 의지가 법의 궁극적 연원이며 강제요소라고 하는 것
이다. 그러나 가장 우위의 정치적 권위도 법에 기초하여야 된다는
것이고 이때 국가는 법치국가를 구성한다는 것이다. 중요한 것은
절대 군주국가와의 구별인데 절대 군주국가는 군주의 자의에 의해
서 통치되는 것이고, 법치국가는 법에 의해서 다스려져야 되는 것
이고 국가가 제정하는 법에 의해서 구속을 받는다는 것이다. 또한
법을 적용할 때 일관성이 결여된다든가 일관성이 없음으로써 부패
시키지 않는다는 것이다. 이러한 뜻의 법치 국가의 개념은 완전히
지배적이지는 않았지만 19세기와 20세기 초기의 도이칠란트와 러
시아의 법사상과 정치사상에 영향을 끼쳤다(Harold J. Berman, 1991).

8.2. 도이칠란트와 러시아 법치주의의 공통점

도이칠란트의 '법치주의'의 개념이나 러시아의 '법에 기초한 국

또한, "도이칠란트 법치국가와 입헌주의의 차이는 법치국가에 있어서의 법의 지배는 통치
자의 양보 위에 기초하는 것이다. 통치자의 양보라는 것은 권력의 행사에 있어서 국가가
자기 제한적으로 종사하도록 선택하는 것이다. 그러나 입헌주의에 있어서는 권력의 제한
이라는 것은 역사적 전통과 철학적 원칙에 의해 확립된 권리의 문제로서 발견되는 것이
다."(슈테터, 1974) 이 차이는 형식적으로 들리겠지만 실제적 효과는 매우 크다. 다음과
같이 비유를 들 수 있다. '모든 힘을 주고 있는 아버지가 때때로 아이들에 대해서 독재를
행사하는 것을 당분간 자제하거나 심지어 아이들에게 어떤 자유의 영역과 행동의 독립성
을 부여하는 경우'와 '행동의 자유와 자기 결정의 자유가 가족 구성원 안에서 주장되고,
원래 있는 것으로서 받아들여지는 어떤 가족' 간의 차이이다. 전자는 전능한 가부장의 경
우이고, 후자는 민주적이고 화평한 가족 구성원의 경우이다. 전자는 도이칠란트 법치주의
(法治主義)의 비유이며 후자는 입헌주의(立憲主義)의 대비이다. 동아시아인들의 동양적
전제정(專制政 oriental despotis)의 지난 역사는 입헌주의보다는 전능한 가부장적 도이
칠란트형 법치주의가 지난날의 전통주의(傳統主義)의 연장선에서는 자연스러웠다고 볼 수
있다. 메이지 헌법(1889) 이후의 일본 그리고 갑오경장(1894) 이후 한국은 가부장적 도
이칠란트형 법치주의에 더 친한 상황이었다고 볼 수 있다(Harold J. Berman, 1991).

가’의 개념은 다음과 같은 점에서 일치한다. 국가가 법의 연원으로서는 가장 최고의 법원(法源)이라는 규정에서 도이칠란트의 법치주의와 러시아의 법치주의는 법을 도구로 하는 지배이고 ‘법의 지배’ 즉 ‘법 자체의 지배’는 아니다. 이 차이점은 근본법(fundamental Law)을 전제로 하느냐에 달려 있다. 근본법은 그 연원이 국가 밖에서의 원천에서 나오는 것이고 근본법의 변경에 있어서는 국가도 무력한 것을 의미한다(김철, 1993, 1994, a1992).

순전히 이론적으로는 파시스트나 또는 독재체제도 법치국가를 구성할 수는 있다. 역사적 예에서 보는 바대로 도이칠란트 제3제국의 국가 사회주의 아래에서 법학자들은 도이칠란트국가의 법치주의라는 근거하에서 사람들을 강제수용소로 보내는 재판을 옹호한 적이 있다.[418]

도이칠란트와 러시아의 법치국가의 특징은 법의 기본 형태와 연원이 역사법학에서 이야기하는 관습이 아니요 선례도 아니요 자연법 이론에서 이야기하는 형평도 아니요, 오로지 입법이라고 주장하는 데 있다. 관습 선례 그리고 형평은 실정주의 법 이론에서는 입

---

418) 법치국가의 역사 중 이 부분이 법학 초학자나 외부 인사들에게 법의 효력 및 법치주의의 진정한 의미에 관해서 이해하기 힘든 부분이다. 특히 한국에서는 법의 이념을 1. 질서, 2. 법적 안정성, 3. 정의로 설명하고 도이칠란트의 대표적 법철학자인 라드부르흐가 2차 대전 이후 법적 안정성에서 정의를 더 중요시하게 되었다고 요약한다. 법학자의 개인윤리로스는 이해가 되나 도이칠란트 법치주의의 역사로서는 거친 설명이다. 또한 한국의 법과 대학에서는 법치주의는 형식적 법치주의와 실질적 법치주의로 나누어진다고 설명하고, 2차 대전 이후에는 실질적 법치주의로 진전한다고 설명한다. 형식과 실질로 구분하는 2분 법적 논리는 19세기 이후의 강단법학의 대표적인 유형이다. 그러나 어떻게 형식적 법이 실질적 법이 되느냐를 설명하지 않고 있다. 2분법의 개념으로는 법조인의 행태를 분석한 연구가 있다(Richard A Posner, 1995). 이 부분은 어떤 국가의 위기 시에 법조인의 생각과 행동이 어떻게 나타나는가를 분석한 것이다. 앞부분은 제3국에서의 도이칠란트의 판사들이 어떻게 행동했는가를 분석한 것이다.
제3국의 법치주의의 성격에 대해서는 법학뿐만이 아니고 도이칠란트 문화 및 문화 연구가들의 최근 업적이 참고가 된다. 예컨대 도쿄 대학 독문과의 최근 주요 연구 테마가 ‘넓은 의미에 있어서의 제3제국의 사회상’이라고 한다.

법으로 융합된다. 이럴 때 관습, 선례형평을 법으로 만드는 것은 입법 당국에 의해서 받아들여지고 국가 권력에 의해서 강제될 때 이다.

8.3. 강한 실증주의 경향

따라서 19세기 유럽의 법사상에 있어서의 강한 실정주의 경향은 다음과 같은 특징을 가지고 있다. 국가의 법은 동질적이고 완벽하게 다양한 연원의 법을 일괄적으로 입법행위에 의해서 법전화하는 것이다. 법전편찬운동이 국가법주의의 표현이자 국민적 통일의 상징으로 나타나는 것이다.[419] 법전편찬의 경우 국가의 모든 법질서가 입법부에 의한 입법행위에 담겨지는 정도에 따라서 넓은 의미의 법(Recht droit pravo jus)은 좁은 의미의 법(Gesetz, loi, zakon, lex)과 일치하게 되는 것이다. 따라서 '법의 지배'는 '법률의 지배'로 되고 법률의 지배는 '법을 도구로 하는 지배'가 되는 것이다.[420] 고르바초프 행정부가 법을 기초로 하는 국가 또는 법치국가 또는

---

419) 제정 러시아에 있어서는 1700년부터 1829년까지 법전편찬운동이 실패하고 1830년에서야 비로소 러시아 제국 법률 전집(Plonoe Sovranie) 42권이 편찬되었다. 러시아에서의 법전편찬의 전통은 1917년 이전에 있었던 연소적인 일련의 법전에 의해 증명되었듯이 한층 거슬러 올라간다. 루스카이아 프라브다(Russkaia Pravda)(러시아 법률)는 11세기에 채택되었다(김철, 1989).

420) 한국에 있어서의 법치주의는 교과서적 설명, 특히 철학적·사상적 설명이나 헌법학적 설명에 있어서는 넓은 의미의 법치주의를 의미하였다. 그러나 막상 분과법에 있어서의 법치주의가 각론에 들어가게 되면, 좁은 의미의 법 즉 '법률에 의한 지배'로 바뀌는 것이 상례였다. 또한 이론가에 의한 설명은 넓은 의미의 법치주의가 되고 막상 실무가에 의한 적용은 좁은 의미의 법률에 의한 지배로 밝혀지는 것이 지금까지의 경험이었다. 따라서 법의 지배, 법치주의, 법치국가에 어떤 철학적 사상적 국가학적 의미를 부여하더라고 그것은 사전적이거나 어의학(語義學)적 문제일 뿐 국민의 경험은 여전히 '가장 좁은 의미에 있어서의 법률의 지배'로 경험되어 오는 것이다.

법치주의를 슬로건으로서 내걸었을 때의 '법에 기초를 둔 국가 (Provovoe gosudarstvo)'는 위와 같은 내용이었다. 마르크시즘에서 벗어나서 페레스트로이카를 시작했을 때 최초로 러시아 정부는 마르크시즘이 폐기한 제정 러시아의 법치주의를 들고 나온 것이다. 1988년 이후의 사정은 이후에 상술한다. 페레스트로이카 시대의 법치주의는 큰 흐름으로 보아서 소비에트 시대에 받아들여졌던 극단적 형태의 법실증주의와 다르지 않고 이때의 법은 넓은 의미의 법이 아니며 전체적으로 정당성이나 정의를 포함하기보다는 만들어진 법의 절대성을 의미하는 것이었다.

8.4. 한국에서 논의되지 않았던 부분

한국에서 논의되지 않았던 부분이 법치주의와 입헌주의와의 관계 또한 법치주의와 민주주의와의 관계라고 이미 말하였다. 법치주의와 입헌주의와의 관계가 밝혀지지 않으면 영영 한편에서는 '법과 질서'를 강조하고 다른 한편에서는 '국민의 권리'를 주장하는 상태가 계속될 것이다. 페레스트로이카가 법치주의를 슬로건으로 내걸었으나 이윽고 전반적인 문제는 입헌주의의 문제로 확대되어 간 것이 이것을 가리키고 있다.[421]

---

421) 법치주의와 입헌주의와의 관계는 비단 후진국과 중진국에서만 문제되는 것은 아니다. 실로 이 관계는 전형적인 민주주의 국가에서도 주기적으로 문제되는 것이며, 그 문제의 사이클이 급격할수록 위기상황으로 느껴지는 것이다(필립 노네이와 필립 셀즈닉, 1978).

참고문헌

권영성, 「바이마르공화국 후기에 있어서의 헌법발전」, 『비교 헌법학』(법문사, 1984).

권영성, 『헌법학 원론』(법문사, 2005).

김도창, 『행정법론(상)』(청운사, 1983).

김동희, 『행정법I』(박영사, 2007).

김여수, 『법률사상사』(박영사, 1976).

김철, 『한국 법학의 철학적 기초 – 역사적, 경제적, 사회·문화적 접근』 (한국학술정보(주), 2007(김철, 2007 a)).

김철, 『법 제도의 보편성과 특수성 – 한국 공법학의 지향점을 위한 비교 법적 시도』(훈민사, 2007(김철, 2007 b)).

해롤드 버만과 김철, 『종교와 제도 – 문명과 역사적 법 이론』(민영사, 1992(김철, 1992a)).

김철, 『러시아 소비에트 법 – 비교법 문화적 연구』(민음사, 1989).

김철, 미발표 영문원고, Russian Jurisprudence, 1992(김철, 1992b).

김철, 「미국과 소련의 법체계」, 김유남 엮음, 『미소 비교론』(어문각, 1992(김철, 1992c)).

김철, 『해체기(解體基)의 비교 제도론(比較制度論)』 / 가치와 제도(Myko International Ltd., 1994).

김철수, 『헌법학개론』(박영사, 2006).

문영극, 『本民과 東明國』(Myko International Ltd., 1992).

서원우, 「한국에서 미국헌법의 영향과 교훈」, 『헌법이념과 행정법』(한국공법학회, 1987).

이광수, 『흙』(한국문학전집, 정음사).

이광린, 『한국개화사연구』(1974, 일조각).

이광린, 『개화당 연구』(1973, 일조각).

이정희, 『동유럽의 역사』(대한교과서주식회사, 1986).

이황직, 『독립협회, 토론공화국을 꿈꾸다. 민주주의 실험 천 일의 기록』 (2007).

최종고, 『한국의 서양 법 수용사』(박영사, 1982).

필립 노네이와 필립 셀즈닉, 김철 번역(미출간)『법과사회의 변동』(1978).

허영, 『헌법과 헌법이론(상)』(박영사, 2007).

홍정선, 『행정법원론(상)』(박영사, 2007).

Brucel. R. Smith *"Constitutionalism in the New Russia"*, The Brookings Institution, 1993.

Brucel. R. Smith & Gennady M. Danilenko ed, *"Law & Democracy in the New Russia"*, The Brookings Institution, 1993.

Chull Kim, "Legal Education – A Brief in Historical Socialogical Perspective – Collection of Essays", 『법제도의 보편성과 특수성』(훈민사, 2007).

Chull Kim, "Religion & L: aw in East – Asian Culture of Chinese Confucian Influence", 『법제도의 보편성과 특수성』(훈민사, 2007).

Ernst Fraenkel, *Das amerikanische Regierungssystem*, 1960. 196.

Eugen Rosenstock Huessey, *Out of Revolution – a Portrait of Western People*, Dartmouth Univ. press 1938.

Harold Berman, "The Rule of law and the Law – Based State(Rechtsstsst), *The Harriman Institute Forum"* Vol.4 Nr, May 1991 The W. Averell Harriman Institute for Advanced Study of the Soviet Union.

Harold Berman, *Law and Revolution: The formation of the Western Legal Tradition*, Harvard University Press, 1983.

Ito Hirobumi, *Commentaries on the Constitution of the Empire of Japan* tr, Ito Miyosi, Tokyo, 1889.

Karin Schmid, "Legislation on Administrative Procedure in Czechoslovachia and the Soviet Union", in Feldblugge ed. *The Emancipation of Soviet Law*, Martinus Nijhoff Publishers, 1992.

Rene David, Major Legal Systems In the World Today – An Introduction to the Comparative Study of Law(English Translation by Brierly) 1968. A second edition of this book was published in 1978.

Richard Thoma, "Rechtsstaatsidee und Verwaltungsrechtswissenschaft" *Jahrbuch d. oeff. R, bd.4* (1910).

Richard A Posner, *Overcoming Law*, "The Profession in Crisis German and Britain" Harvard University Press, 1995.

Richard H. Minear, *Japanese Tradition And Western Law*, Harvard University Press, 1970.

William E Butler, "The Rule of Law and the Legal system" in Stephen White, Alex Pravda, and Zvi Gitelman, editors, *Development in Soviet Politics*, 1990.

책을 마무리하며

이 책은 다음의 9가지 작은 주제로 구성되어 있다. 각 장은 작은 소제목 아래 1.1., 1.2. 순으로 내용이 진행되어 있다. 각 장의 문단 내용의 편차가 심한 것은 아직 이루어지지 않은 적은 양의 연구내용을 반영한 것으로 최대한 불필요한 내용과 부정확한 내용은 게재하지 않았음을 알린다. 읽는 이들의 양해를 바란다. 관련 발표와 관련 논문은 다음과 같다.

01 경제위기 때의 법학: 뉴딜 법학의 회귀 가능성
-2008년 이후 세계경제 상황과 세계 대공황 전기의 법사상

관련 발표 1. 김철, 「빈곤과 부에 대한 차별문제: 헌법과 파산법의 눈에서」 한국 사회이론학회 2005년 후기학술대회 빈곤과 우리 사회 2005년 12월 성신여자대학교

관련 발표 2. 김철, 「현대 법학의 공공성의 문제: 위기 때의 법학 - 세계 대공황 전기의 법학과 뉴딜 법학의 귀환 가능성」 한국인문사회과학회 2008년도 후기 학술 대회 2008년 11월 한동대학교

관련 논문 게재 1. 김철, 「위기 때의 법학: 뉴딜 법학의 회귀 가능성 - 현대 법학에 있어서의 공공성의 문제와 세계 대공황 전기의 법사상」 국제 헌법학회 한국지부 세계헌법 연구 제14권 제3호 2008년 12월

02 경제위기와 아노미의 법학
 ─사회적 문화적 아노미가 어떻게 경제적 아노미와 연결되어 있는가?

관련 발표 1. 김철, 「아노미 이론과 평등권에서의 기회균등」 한국 사회이론학회 2008년 하계 학술대회 뒤르켐과 우리 사회 2008년 6월 숙명여자대학교

관련 논문 게재 1. 김철, 「뒤르켐의 아노미 이론과 평등권에서의 기회균등」, 한국 사회이론학회, 사회이론, 2008년 가을 / 겨울 통권 제34호

관련 단행본, 한국 사회이론학회 편, 뒤르켐을 다시 생각한다(서울, 동아시아, 2008).

03 경제사와 법은 서로 어떤 영향을 미치는가?
 ─세계경제사, 보편주의적으로 바라본 시점─

관련 논문 1. 김철, 「공법 이론 발달사와 경제사, 과학기술사와의 대화」 107 – 142, 법 제도의 보편성과 특수성(서울, 훈민사: 2007)

04 1989년 이후 세계체제가 자유화되면서 한국에서 역시 이뤄졌던 자유화 과정은 어떠했는가?

관련 논문 1. 김철, 「한국에 있어서의 자유주의와 자유지상주의에 대한 반성」 한국 사회이론학회, 사회이론 2006년 가을 / 겨울

05 1980년대 이후 세계법학의 가장 큰 도전이었던 경제학적 법학방법론의 형성과 의미, 그 한계는 어떠한가?

관련 논문 1. 김철, 「경제학적 공법학방법론 – 포즈너를 중심으로」 한국 법학의 철학적 기초(서울, 한국학술정보, 2007)

06 1980년대와 1990년대의 아메리카 법학의 주류를 이루었던 입헌주의 경제학의 한국에 있어서의 의미는 무엇인가?

관련 논문 1. 김철, 「포즈너의 입헌주의 경제학과 한국 법 제도의 법경제학적 접근」 한국 법학의 역사적 기초(서울, 한국학술정보, 2007)

07 산업화 이후의 한국의 개혁에 대한 법사회학적, 법경제학적 조망은 보편주의적 시각으로 볼 때 어떠한가?
– 교육개혁을 중심으로, 주도적인 경제개혁을 참조하면서 –

관련 논문 1. 김철, 「개혁의 법사회학적, 법경제학적 조망」 한국 법학의 역사적 기초(서울, 한국학술정보, 2007)

08 경제위기와 관련해서 서양 법 사상 전통에서의 이원론과 법의 현대화는 어떤 관계가 있는가?

- 신칸트학파의 방법이원론은 1929년 이후의 세계 대공황의 도전에서 어떻게 변용했는가

관련 논문 1. 김철, 「형이상학적 이원론 아래에서의 당위와 존재의 문제와 현대 법학의 과제」 한국인문사회과학회, 현상과 인식 2008년 가을호 제32권 3호 통권 105호

09 한국 법학의 반성 - 경제위기와 관련해서

- 1910, 20년대 이후의 한국 법학의 관행이 현대적 상황에서 어떤 세계사적 맥락을 참조해야 되는가

관련 논문 1. 김철, 「한국 공법학의 반성」 한국 사회이론학회, 사회 이론 2007년 가을 / 겨울호(통권 제32호)

제1장 내부에서 1.4의 내용은 흔히 잊기 쉬운 역사적 사실의 강조를 위하여 다른 부분에서 되풀이 되었다. 그리고 제5장 3.1부터 3.1.1까지의 내용은 제7장 3.3부터 3.8까지의 내용에서 거듭된다. 그 이유는 다음과 같다. 5장은 법의 경제분석론의 총론에 해당되고 7장은 각론에 해당되어서, 총론의 중요 부분을 독자들에게 각론에서 다시 환기시키기 위함이다.

이것은 나의 오랜 관심사의 종합이며, 그간 가져왔던 의문들에 대한 해답의 갈구에서부터 출발한다. 서양에서 태어나고 발달되어

온 법학이 척박한 불모지 한국에 들어와 그간 많은 한계를 극복해 오면서 나아온 과정들을 두려운 마음으로 바라보며 고민하였다. 그 고민들의 과정에서는 한국에서의 법학의 역사를 한국의 특수한 상황으로 해석하려고 하기보다, 법학 그 자체의 뿌리를 찾아 당시 법이 태생되었던 경제, 사회, 문화적 배경들, 시대적 상황들을 재고려하여 전체를 아우르는 맥락에서 고민하는 것이 그 해답에 가까워지는 길이라 생각하였다. 세계사의 어려운 사회경제적 상황 속에서 꽃처럼 피어난 법학의 지혜와 슬기를 이 책을 통해 한국 사회에 전하고 싶다. 그동안 한국에서 기적적으로 빠르게 발전해 온 법학은 태생적으로 많은 한계점을 극복해 왔다. 한국의 빠른 경제, 사회, 문화적인 발전과 더불어 혼란스러운 한국시대사에서 이뤄진 법학의 역사에 새삼 감탄해마지 않으면서도 한국의 법학 그 본연의 자체 모습으로 들여다보고자 위의 9가지 질문으로 나의 고민을 종합해 본다. 이러한 해답의 갈구가 한국 법의 태생적 한계와 뿌리를 더욱 보강하는 작은 불씨로 작용하기를 바란다. 관련 학회의 선생님들과 선배들, 후배들, 도와준 친구들과 교육 조교, 학부 조교와 학생들에게 감사한다. 이 책의 국가적 중요도를 미리 알아준 한국학술정보(주)의 임은정 선생과 편집담당 이지연 선생, 디자인 팀장 곽유정 선생에게 거듭 고맙다고 인사한다.

사항 및 인명 색인

1. 01, 02, 03, 04, 05, 06, 07, 08, 09는 장을 표시한다.
2. 그 다음 숫자는 절을 표시하고, 그 다음 숫자는 항을 표시하고, 그 다음 숫자는 목을 표시하고, 그 다음 숫자는 더 자세한 제목을 표시한다.
3. 예를 들면 강단법학(08.4.2)은 8장 4절 2항을 표시한다.

김철

서울대학교 법과대학 졸업.
동 대학 박사과정 수료.
Fulbright fellowship으로 Georgetown University National Law Center를 거쳐, University of Michigan Law School Graduate Study 졸업.

New York University Law School(Dworkin), research scholar 및 University of Santa Clara Law School(Jimenez), visiting scholar. Harvard Law School(Harold Berman), Columbia Law School(Randle Edwards), Stanford Law School에서 단기 연구.

한국공법학회 부회장, 한국헌법학회 부회장, 한국사회이론학회 회장, 한국인문사회과학회(현상과 인식) 회장 역임. 공법판례 및 이론 연구회, 한국법철학회, 한국법사학회, 법사회학회, 법심리학회, 도산법연구회 회원. 행정판례연구회 회원 역임.

서울대학교 법과대학, 서울대학교 사회과학대학, 서울대학교 행정대학원, 고려대학교 국제대학원, 서울시립대학교 대학원, 숭실대학교, 서강대학교, 경희대학교, 홍익대학교에서 강의.

현재, 숙명여자대학교 법과대학 교수.

뉴딜 법학의 회귀 가능성

경제 위기 때의 법학

초판인쇄 | 2009년 3월 6일
초판발행 | 2009년 3월 6일

지은이 | 김철
펴낸이 | 채종준
펴낸곳 | 한국학술정보㈜
주 소 | 경기도 파주시 교하읍 문발리 513-5 파주출판문화정보산업단지
전 화 | 031) 908-3181(대표)
팩 스 | 031) 908-3189
홈페이지 | http://www.kstudy.com
E-mail | 출판사업부 publish@kstudy.com

등 록 |
가 격 | 38,000원

ISBN   978-89-534-1401-3 93360 (Paper Book)
        978-89-534-1402-0 98360 (e-Book)